순암 안정복의
학문과 사상

순암 안정복의 학문과 사상

임형택 외 지음

순암연구총서 — 6

순암선생 탄신 300주년 기념 국제학술회의 논문집

성균관대학교 출판부 순암 안정복 선생 기념사업회

간행사

지난 2012년은 순암順菴 안정복安鼎福 선생 탄신 300주년이 되는 해였다. 선생은 명문인 광주廣州 안씨安氏 가문에서 태어나 영특한 자질에도 불구하고 자신의 경륜을 펼칠만한 관직에 오를 기회를 얻지 못하고 평생을 재야에서 학문에 전념한 학자였다. 선생은 35세 때부터 성호星湖 이익李瀷 선생을 사사師事하여 성호 선생이 개창開創한 경세치용학經世致用學을 이어받아 근기실학近畿實學의 지평을 넓힌 실학자였다.

선생의 학문의 자취와 결과물은 다행히 초서농抄書籠과 저서농著書籠으로 남아있어 후학들이 선생의 학문과 사상을 연구하는 데에 결정적인 자료가 되고 있다. 초서농과 저서농을 통하여 볼 때 선생은 80평생을 한결같이 연구와 저술에 몰두했음을 알 수 있다. 선생은 『성호사설유선星湖僿說類選』을 편찬하여 성호의 학문을 요약, 정리하는 한편, 『성호사설』에 비견되는 『잡동산이雜同散異』라는 백과전서적 찬록물纂錄物을 남기기도 했다. 뿐만 아니라 『동사강목東史綱目』, 『열조통기列朝通紀』, 『임관정요臨官政要』, 『하학지남下學指南』 등의 저술을 통하여 역사학, 지방행정, 교육 등 다방면에 걸쳐 괄목할만한 업적을 남겼다. 이 중 『동사강목』은 선생 필생의 역작으로 우리나라 민족사학民族史學의 토대가 되어 후일 박은식朴殷植, 신채호申采浩 등의 민족사학 수립에 커다란 영향을 미쳤다.

이와 같이 한국 사상사에 거대한 족적을 남긴 선생의 탄신 300주년을 맞아 2011년에 '순암 선생 탄신 300주년 기념사업회'가 결성되었다. 기념사업회에서는 탄신 300주년을 기념하기 위한 여러 사업을 기획했는데 이미 출판된 순암연구총서順菴研究叢書 5권은 그 기념사업의 일환이다. 순암연구총서는 지금까지 출판되었던 2권의 단독저서와 학계에 발표되었던 논문들 중에서 63편을 엄선하여 수록했다. 여기에는 1965년에 발표된 논문부터 최근의 논문들이 망라되어 있으며 외국 학자와 북한 측 학자의 논문 3편도 함께 수록되어 있다. 이제는 쉽게 찾아보기 어려운 초창기 논문을 포함해서 여기저기 흩어져 있던 순암 연구 논문들을 한데 묶음으로써 앞으로의 순암연구를 위한 하나의 초석이 될 것이라 감히 자부해 본다.

이번에 출간되는 제6권은, 2012년 11월 2일, 3일 양일간 개최되었던 '순암 안정복 선생 탄신 300주년 기념 국제학술회의'에서 발표되었던 10편의 논문을 필자들의 수정을 거쳐 수록한 것이다. 그러므로 이 논문집은 순암연구의 최신 성과물이라 할 수 있다. 제7권은 국립중앙도서관이 소장하고 있는 방대한 분량의 순암가順菴家 장서를 처음으로 학계에 보고하는 것이다. 이 순암가 장서에는 『안정복일기安鼎福日記』를 비롯한 귀중한 자료들이 포함되어 있다. 비록 순암가 장서 전체를 체계적으로 연구한 것은 아니지만 앞으로의 순암 연구에 적지 않은 도움을 줄 것이라 생각한다.

이 연구총서를 간행하는 데에 물심양면으로 아낌없는 도움을 주신 광주안씨廣州安氏 광양군파廣陽君派 종중과 논문의 게재를 허락해 주신 필자 여러분들께 깊은 감사의 뜻을 전한다. 또한 순암가 장서를 맡아 연구해주신 고문서학회 김현영 회장 이하 여러분들에게 감사를 드린다. 그리고 연구총서 출판의 편집을 맡아 고생한 함영대 간사와 성균관대학교 출판부의 현상철 팀장에게도 고마운 마음을 전한다.

2013년 10월

성균관대학교 명예교수, 순암 안정복 선생 기념사업회 회장

송 재 소宋載卲

차
례

성리학과 실학의 관련성 문제

「함장록」의 분석

임형택

1. 시작하는 말

「함장록」은 순암 안정복安鼎福(1712~1791)이 성호 이익李翼(1681~1763) 선생을 집으로 찾아가 뵙고 가르침을 받은 일을 기록한 글이다. 사실의 보고적 성격을 갖는 내용이다.

「함장록」에는 순암이 직접 경험한 성호의 생활의 단면이 자연스럽게 그려지는데, 그 만남은 어디까지나 스승과 제자 사이의 만남이기에 학문적 대화를 위주로 하고 있다. 이 텍스트는 전체로서 학자적 일상을 보여주는 것이다. 따라서 「함장록」을 분석한 본고는 '성호의 삶의 일상'을 먼저 살펴보고 이어서 '성호와 순암 사이의 학적 대화'를 검토하는 것이 순서로 여겨진다. 이 학적 대화 또한 학문적 일상의 일부분임이 물론이다.

우리 선조들은 공적인 제도가 없었는데 학문을 어떻게 하였을까? 위대한 업적을 남긴 학자들은 실제로 어떤 생활환경에서 학문을 하였을까? 그리고 수준이 높은 스승과 제자 사이에 가르침은 어떤 방식으로 이루어졌을까? 학문하는 우리로서는 특히 관심사가 되지 않을 수 없는 물음인데 이렇다 하게 밝혀진 사실이 있는 것 같지 않다. 본고는 이런 의문점에 구체적인 사례 연구로서 의미를 갖게 되길 기대한다.

제자는 스승에게 무엇을 물었고, 스승은 어떤 대답을 했던가? 스승은 제자에게 학문을 어떻게 가르쳤고, 제자는 스승의 가르침을 어떻게 받아들였던가? 「함장록」이 담고 있는 핵심 내용임이 물론이다. 「함장록」을 분석한 시각 또한 여기에 맞춰졌다.

한국 실학연구사에서 쟁점이 되고 있는 사안의 하나는 실학이 성리학의 연장선에 있는 것이냐, 아니면 '탈성리학적' 혹은 '반성리학적'인 것이냐는 것이다. 실학의 성격에 관한 문제인데 지금도 학계에서 심심찮게 논란이 되고 있다. 성호학은 한국 실학의 본격적인 출발점으로 공인된 터이며, 성호와 순암의 학문적 만남으로 한국 실학의 중요한 학맥이 형성되기에 이르렀다. 본고가 이 쟁점사안에 관련해서도 구체적인 사례 연구가 되기를 희망한다. 하나의 사례 고찰에 해당하기 때문에 여기서 도출된 결론은 한계가 있을 수밖에 없다. 하지만, 사례 자체가 한국 실학의 중심을 형성한 부분이라서, 그런 만큼 의미를 가질 수 있을 것으로 여겨진다.

성호와 순암 사이에 오고간 학문적 대화는 이 「함장록」보다 실은 편지글에서 더 많은 것을 확인할 수 있다. 성호와 순암의 문집을 보면 두 분 사이에 주고받은 편지글이 서書라는 문체로 수십 통 수록된 것이다. 내용이 훨씬 풍부하다. 이 물론 두 분만의 특수한 방식이 아니며, 전근대 사회에서 학문의 소통과 교류가 이루어진 일반적인 관행이었다. 성호와 순암의 학문적 관계를 본격적으로 연구하자면 응당 이 편지글로 들어갈 필요가 있다.

그런데 「함장록」은 사제간의 학문적 대화가 직접 대면으로 전개되는데다가 학자의 일상이 꾸밈없이 드러나는 특징이 있다. 본고에서 나는 『함장록』을 재료로 삼아 학자적 일상을 묘사하면서 성호와 순암의 학문적 관계를 살피려고 한다. 성리학과 실학의 관련성을 해명하려는 문제의식을 염두에 둔 것이다.

2. 「함장록」 개관

「함장록」[1]은 전편이 모두 4,877자로 엮어진 글이다. 한문의 압축적인 표현 형식의 특성으로 보면 상당히 긴 편에 속하는 것이다.

'함장'이란 『예기禮記』 「곡례상曲禮上」에 스승이 제자를 가르칠 때 한 길 정도 거리를 둔다고 나와 있는데서 유래하여, 강학의 자리를 가리키거나 스승에 대한 존칭으로 쓰는 말이다. 「함장록」이란 곧 스승을 찾아뵙고 대화한 기록이란 의미로 붙인 제목이다. 서두에 「함장록」을 쓰게 된 경위를 간략히 적고 있다.

> 성호가 세상을 떠나심에 평소 선생님으로부터 받은 깊은 사랑을 생각해 보면 은덕과 의리가 함께 무거운 데다 대들보가 무너져 내린 듯한 심경은 날이 갈수록 절실해졌다. 이에 옛 문서 상자를 들추어 (스승과의) 4일의 일록日錄을 찾아내서 이제 따로 정리하여 조그만 정성을 붙인다. (『순암집』 권16, 장1 좌)

성호가 세상을 떠난 것은 계미(1763)년 음력으로 12월 17일이었으니, 「함장록」의 작성 연대는 1764년경으로 잡혀진다. 「순암연보」에 "성호 선생의 부음을 듣다"는 기사 아래 심상心喪을 입었으며, "선생께 학문을 물은 기록으로 「함장록」이 있다"고 밝혀 놓았다. 성호가 돌아가신 당시 순암의 나이는 53세였다.

1 「函丈錄」은 『순암집』 권16 雜著 張1~14에 수록되어 있다. 본고에서 「함장록」은 번역하여 인용하고, 원문을 제시하지 않으며 면수만 밝힌다.

위 인용문에서 「함장록」은 4일의 일록을 정리한 것이라고 했는데 바로 여기에 의문점이 있다.

성호가 사시던 집은 지금 안산시 상록구로, 성호의 묘소와 기념관이 위치해 있는 지역이다. 순암은 자기 처소를 「함장록」 서두에서 "광주廣州 경안면慶安面 덕곡德谷의 선산 아래"라고 밝혔으니 지금 이곳에 순암의 산소와 종가가 있다.

순암은 전부터 성호선생을 흠모하여 배움을 청하려고 하다가 35세 때에 비로소 찾아뵙는데 1746년 10월 17일이었다. 당시 성호의 나이는 66세였다. 이때 성호 댁을 이틀이 걸려 찾아가서 1박을 하고 돌아왔다. 이듬해 9월 20일에 두 번째 찾아가서 역시 1박을 하고 돌아왔으며, 다시 1748년 12월 14일에 세 번째 찾아가서 이번엔 하루를 더 머물러 2박을 하고 돌아왔다. 이렇게 순암이 성호선생께 문학問學을 한 날수는 도합 4일이 된다. 이후로 한 번 문병을 간 적은 있었으나 사정이 있어 곧 돌아와야 했으며, 다시는 직접 찾아뵙지 못하고 말았다.

순암이 살던 광주의 덕곡과 성호가 살던 안산의 성촌星村(당시 행정구역으로 성촌은 광주부에 속해 있었음)은 거리가 2백 리里 정도로 그렇게 먼 길은 아니었다. 그럼에도 이런저런 사정 때문에 직접 찾아뵙는 일은 용이하지 않았다고 한다. 대신 앞서 언급했듯 순암이 성호를 만난 이후 17년 동안에 편지로 자주 학문적인 소통을 한 것이다. 그렇긴 해도 성호를 뵙고 직접 학문을 논한 전후 4일이 순암으로서는 더없이 소중한 경험이었으며, 해서 특별히 기록으로 남긴 것임이 물론이다.

그런데 『순암집』에 실린 「함장록」에는 첫 번째 찾아뵈었을 때의 사적만 기재되어 있다. 서두 다음에 이어진 「함장록」의 원문은 "병인년 10월 16일 집에서 출발하여 17일 오후에 점섬占剡(성촌의 별칭)에 당도했다"로 시작하여 그 이튿날 아침식사를 한 다음 하직인사를 드리고 "드디어 물러나 돌아왔다"는 것으로 전편이 끝난다. 「함장록」은 실상 첫 번째 찾아뵌 기록이 다고, 다음 두 번째와 세 번째는 기록이 보이지 않는 것이다. 이 점을 어떻게 설명할 것인가? 왜 이렇게 되었는지, 지금으로서는 밝힐 근거가 잡히지 않는다. 두 가지로 추정해

볼 수 있겠다.

하나는 두 번째 만남과 세 번째 만남의 기록은 실전되었거나 문집의 편찬 과정에서 삭제되고 첫 번째 기록만 전해졌을 것이다. 다른 하나는 순암이 당초에 두 번째와 세 번째를 첫 번째 기록에다 포함시켜서 구성했을 것이다. 다른 하나의 경우는 논리적으로 상정해 보긴 했으나 가능성은 희박하다. 「함장록」 자체의 성격과 순암의 서술태도로 미루어 아무래도 그렇게 꾸밀 수는 없지 않겠는가. 그렇다면 지금 우리가 읽는 「함장록」은 온전한 상태가 아니라는 결론에 도달한다. 물론 단정하긴 어렵지만 이렇게 생각할 수밖에 없다. 허나 현전하는 「함장록」은 첫 번째 만남의 기록이 전부 다지만 하루의 기록이라고 믿어지기 어려울 정도로 풍부한 내용을 담고 있다.

그리고 「함장록」에서 또 하나의 조그만 의문점이 있다. 전근대 사회에서 사문師門에 입문하기 위해 찾아갈 때는 으레 폐백幣帛을 지참하는 것이 예절인데, 이를 집지執贄라고 일컬었다. 그런데 「함장록」은 이런저런 사실들을 상세히 기록하면서도 집지에 관해서는 아무런 말도 비치지 않고 있다. 예물로 무엇을 준비해 갔는지는 굳이 언급하지 않을 수도 있겠다. 그러나 제자로 받아들이는 어떤 간소한 절차라도 행해졌다면 기록에서 빠질 수 없는 대목이다. 「함장록」을 읽어보면 성호가 처음 대면한 순암을 제자로 받아들이는 과정은 절차라고 할 것도 없이 자연스럽게 서술되어 있다.

성호는 초면의 순암에 대해 “전일에 서로 만난 적이 있소”라고 물어서 순암은 “뵌 적이 없습니다” 하고 자기의 성명을 말씀드린다. 이에 성호는 “내가 소시 적에 안 전부장安典簿丈을 만난 적이 있는데 그대[尊]와 어떻게 되시오”하고 다시 묻는다. 안 전부장이란 이는 순암의 증조부인 안건행安健行(1625~1711)으로 전부典簿(종친부에 속하는 5품직)란 벼슬을 지냈으며, 성호의 선배이기 때문에 존칭을 쓴 것이다. 성호는 바로 이어서 “나의 외숙이 그대의 종증조인 진사장進士丈과 동서간이어서 그대의 집안 일을 잘 알고 있소”라고 친근감을 표하고 있다. 성호가 진사장이라고 칭한 사람을 순암은 도동대부桃洞大夫라고 밝히는데 족보상에서 안서채安瑞采(1657~1721)로 확인이 된다. 성호는 이처럼 순암과 세의世誼

가 자별한 관계임을 확인하고 나서 "그대는 무슨 일로 여기를 왔소"라고 묻는다. 이에 순암은 몸을 굽혀 예를 표한 다음 이렇게 말씀을 드린다.

> 저는 나이가 40이 가까운데 학문의 방도를 알지 못하고 있습니다. 선생님이 도를 강구하시는 처소가 멀지 않은 줄 듣자옵고도 정성이 부족하와 10년을 흠모하는 마음을 가지고 이제야 비로소 찾아뵙습니다. (위의 책, 장2좌)

순암의 대답에 "선생은 묵묵히 빙긋이 웃기만 하며 편안하고 즐거운 표정을 지으시는데 꾸미는 듯 보이는 태도는 전혀 없다"고 한다. 순암은 선생님의 이런 표정을 이미 자기를 제자로 받아들인 것으로 읽는다. 그래서 곧바로 학문상의 대화로 이어지게 된다. 성호의 순암에 대한 호칭 역시 처음에는 "그대[尊]"이었는데 이로부터 "군君"으로 바뀌는 것이다. 이 두 분의 관계는 스승과 제자로 학연을 맺는데 하등의 형식적 절차를 요하지 않았던 것으로 여겨진다.

사제간에 학문적 대화의 말문을 먼저 연 것은 순암이었다. 순암은 미리 준비해 간 듯 『대학大學』의 소위 '보망장補亡章'[2]에 대해 먼저 문제를 제기한다. 이로부터 이어진 논의는 성호가 적극적으로 주도한 형세였다. 취침은 닭이 여러 번 울 무렵이었으므로 2, 3시경이었을 듯싶고 기상도 매상昧爽이라 했으므로 동이 트지 않은 새벽이었다. 저녁식사, 짧은 취침, 아침식사의 시간을 빼고는 학문적 대화가 계속된 것이다. 이에 대한 자세한 기록이 다름 아닌 「함장록」이다.

2 『大學章句』에서 朱子는 『대학』 원문의 格物致知를 말한 부분에 결락이 있는 것으로 보아 "程子의 뜻을 취해서 보충한다"고 하면서 제시한 단락이 있다. 이를 보망장이라 이른다. 보망장은 『대학장구』가 지닌 권위로 經文과 같이 인정을 받았으나, 객관적인 근거를 제시하지 않았기 때문에 의혹을 불러일으켰고 하나의 쟁점사안이 되었다.

3. 성호의 삶의 일상

우리가 학문과 사상을 파악하자면 주체의 현실, 즉 학자가 어떤 처지에서 사고하고 작업을 했나 살피는 것이 당연히 요망된다. 되도록 자세히 그 대상인물의 삶의 일상으로 밀착해 들어갈 때 우리의 인식은 리얼리티를 획득할 수 있지 않을까.

지금 이 「함장록」은 학문적 대화가 이어지는 사이사이로 순암의 눈에 포착된 성호의 일상이 그려져서 성호의 삶에 대한 미시적인 인식을 어느 정도 가능하게 하는 텍스트이다. 이제 성호가 어떤 주거환경에서 학문을 하였고 삶의 기본인 생활은 어떠했는지 눈여겨 본 다음 성호의 신상으로 눈을 돌려 볼까 한다.

1) 주거환경

순암은 성호의 집을 찾아 들어선 장면을 이렇게 그려낸다.

> 조그만 산자락을 넘어가니 산자락이 다한 곳에 한 초가집이 나왔다. 마당가에 노복이 있다가 손님을 보고 와서 절을 하는 것이었다. 나는 그에게 물어서 선생님 댁임을 알고 말에서 내려 통고한 다음, 바로 들어갔다. 사랑채는 삼간으로 앞의 한 칸은 토청土廳(토마루)이었고, 뒤 두 칸은 방인데 모양새가 심히 소박하고 누추했다. 선생의 중씨인 옥동玉洞(이서李溆)이 육영재六楹齋라고 이름 붙인 건물이다. (위의 책, 장1~2)

성호의 가계는 남인의 명문으로서 특히 학자를 많이 배출한 가문으로 손꼽혔다. 성호의 부친 이하진李夏鎭이 남인이 권력으로부터 밀려난 결정적 계기가 되었던 경신환국(1680년) 때 평안도 운산雲山 땅으로 유배를 간 까닭에 성호는 멀리 변경에서 태어난다. 성호가 태어난 그해 부친이 작고하여 바로 이듬 해 1682년 선영이 있는 여기 성촌으로 들어와 살게 되었다. 가세가 영락했기 때문이다.

성호가 그 위대한 학문을 이루고 제자와 강학을 한 처소는 초가삼간이다. 기둥이 여섯 개라는 뜻에서 육영재六楹齋라고 불렀는데, 이는 성호의 셋째 형님인 옥동 이서李漵(1663~1723)가 이름을 지은 것이라 한다. 옥동이 서법으로 일가를 이루어 옥동체로 일컬어지고 있으니, 아마 비록 초가삼간이라도 '육영재'라는 현판이 옥동체로 달려있지 않았을까. 한 칸은 토마루로 되어 있다 했으니 얼마나 질박한 규모였는지를 짐작케 한다.

이곳은 지금 찾아가면 성호가 사시던 때와는 상전벽해로 달라진 상태이다. 필자는 1977년으로 기억되는데 성호의 묘소를 참배하러 간 적이 있었다. 성호의 묘소 가까이 건너편 아래로 초가집 몇 호의 마을이 있었는데 저 곳에 성호가 사시던 집터가 있다고 했다. 육영재 그대로는 아니었던 듯싶은데 집터에 초옥이 있었으며, 집 앞의 우물은 성호가 마시던 옛 우물이었다. 1976년 당시 '반월半月 신공업도시'를 조성한다는 정부발표가 나왔다. 성호의 묘도 이장을 할 수 밖에 없다 하여, 유관 학계 및 학자들이 나서서 성호선생 유적보존을 위한 여론을 일으켰던 것이다. 그런 결과로 성호의 묘는 공원화한다는 명분으로 겨우 유지될 수 있었다. 그래서 이후 성호묘소 아래 성호기념관이 들어서게 되었고 지명도 안산이라는 옛 이름을 되찾았다. 그러나 개발의 논리에 밀려 성호의 묘 주변으로 있었던 성호의 윗대, 아랫대 산소들은 모두 옮겨졌을 뿐 아니라, 순암이 찾아갔던 성호 선생의 그 집터는 흔적도 없이 바뀌고 만 것이다.

2) 식생활

순암이 성호 앞에서 첫 물음으로 개시된 『대학』 담론이 미처 끝나지 않아 저녁식사가 나오는데 절차가 이러했다.

이윽고 석식이 차려졌다는 말과 함께 여종이 상을 내와서 먼저 나의 앞에 상이 놓였다. 나는 몸을 굽히고 물러나 감히 먼저 받을 수 없다는 뜻을 표하는데 선생님 앞으로 또 상이 놓였다. 선생님께서 숟갈을 들며 먹기를 권해서 나도 숟갈을 들었다. 선생님은 제반祭飯을 하고 나는 제반을 하지 않았으며, 선생님께서 먹기를 시작하여 나도 따라서 먹었다. (위의 책, 장3좌)

사대부가의 식사예절의 한 사례라고 하겠다. 성호가 행한 제반은 농신農神에게 감사의 뜻을 표하는 의식으로 우리말의 '고수레'에 해당하는 것이다. 주객간에 상을 따로 차려 내는 것도 그 때의 법식이다. 순서를 지켜서, 시작할 때는 상이 객 앞에 먼저 놓이고 주인 앞엔 뒤에 놓인다. 식사를 들고 나서 물이 나오고 상을 내갈 때 역시 이 순서를 꼭 지켰다. 이를 '빈주의 예[賓主之禮]'라고 말했다. 이처럼 제반과 빈주의 예가 이행되는 식사예절을 보았거니와, 순암 앞에 놓였던 상에는 어떤 음식이 차려졌을까?

밥은 그릇에 차지 못했으며, 반찬은 새우젓이 백사기 접시에 조금 담겼고 무김치가 한 접시, 따로 토호갱土瓠羹이 놓여 있었다. 반찬은 간이 모두 짠 편인데 절약하는 뜻임을 짐작할 수 있다. 상과 그릇은 다 정갈했다. (위와 같음)

손님 밥상에 밥도 한 그릇이 못되고 찬은 기껏 새우젓과 무김치 두 가지 뿐이다. 토호갱이란 국은 무엇인지 분명치 않으나 호박이나 박속으로 만든 것이지 싶다. 성호댁의 식생활이 얼마나 검소했던지 실로 우리 눈앞에 역력하다. 성호의 경제적 상황에 관해서 다산의 기록이 있다.

성호선생은 소시엔 몹시 가난해서 추수가 겨우 12석石이었다. 이를 12개월로 나누어 놓고, 10일 지나서부터 양식이 떨어지면 어쨌거나 따로 다른 물건을 마련해서 팔아 곡식을 구해 죽을 쑤어 연명했다. 그리고 새달 초하루에 비로소 곳간의 곡식을 꺼내 먹었다. 중년으로 와서는 연간 24석을 거두어 매월 2석을 배정했으며, 만년에는 60석을 거두어 매월 5석을 배정할 수 있었다. 아무리 양식이 떨어져 곤란하더라도 이달에는 다음 달 양식을 결코 손대지 않았다. 이는 좋은 방도이다.[3]

다산은 성호가 서거하기 한해 전에 태어났다. 그래서 직접 만날 기회는 얻지 못했고 사숙私淑해 마지않았다. 위 성호의 행적은 전문傳聞에 의거한 것이지만 신빙할 수 있다고 본다. 성호의 가정경제는 소시에서 만년 사이에, 연간 소득이 12석에서 60석으로 어떻게 5배나 확대될 수 있었을까? 농사는 가작家作으로 했을까, 병작倂作으로 했을까? 이런 점들이 궁금한 사항으로 떠오르는데, 구체적인 실상을 지금의 나로서는 알아낼 길이 없다. 짐작컨대 성호 자신의 학자적 명성이 높아가면서 글을 받아가거나 학문을 물으러 오는 사람들이 늘어가고 그에 따라 폐백도 늘어난 것이 수입원의 한 몫이 되지 않았을까 싶다. 그런데 무엇보다 가계 경영의 비결은 위에 서술된바 철저한 규모와 근검절약이었을 것이다. 순암이 방문할 당시 성호의 나이는 66세였으므로 노년이다. 형편이 훨씬 나아진 시기였음에도 한 달 6석으로 소비에 충당하기에 빠듯했던 모양이다.

선생님은 웃으며 "내 집이 가난해서 음식이 워낙 형편없기 때문에 오는 손님 입에 맞지 않아서 더러 행찬行饌(여행 중 휴대한 음식, 인용자, 이하 같음)을 가지고 와서 먹는 이도 있다네"라고 말씀하셨다. (위의 책, 장2 우)

3 丁若鏞, 『與猶堂全書』 詩文集 卷18, 「爲尹輪卿贈言」, "星湖先生蚤歲貧甚, 秋穫僅十二石, 分之以配十二月, 旬後糧絶, 卽別辦他物, 變賣得粟米, 以給饘粥, 至新月初一, 始出庫中粟食之. 中歲收二十四石, 每月用二石, 晩年收六十石, 每月用五石, 雖窘匱百端, 此月之內, 終不犯彼月糧. 此良法也."

순암은 성호의 이 말씀에다 "전에 들으니 정모鄭某가 와서 식사를 할 적에 행찬을 들여와서 먹었다 한다"는 주석을 붙인다. 그리고 성호의 식생활에 관련해서 자기의 소회를 적고 있다.

> (선생님의) 상재지탄傷哉之歎(가난의 괴로움)이 대개 이와 같았다. 그러나 선비라면 응당 가난은 상례常例로 여겨야 할 일이다. "나물을 씹어야만 백 가지 사업을 이룰 수 있다[咬菜做百事]"는 옛말은 뜻이 아주 좋다. 일상에서 긴요하기로 음식보다 더 한 것이 없다. 마땅히 긴요한 곳에서 먼저 극기克己 공부를 하여 이 생활습관이 쌓여서 타고난 체질처럼 편하게 되어야 할 것이다. (위의 책, 장3 우)

범상한 듯싶지만 실로 의미심장한 내용의 발언이다. 사족들이 정치권력에서 소외된 경우 영호남 지역은 지주적 기반에서 안정된 생활을 누리며 문한文翰을 이어갈 수 있었으나, 근기 지역은 사정이 많이 달랐다. 정치적 부침에 영향이 직접적인데다가 실세를 하고 보면 대개 토지가 척박해서 가난을 면하기 어려웠다. 위에 "나물을 씹어야 백 가지 사업을 이룰 수 있다"란 격언은 『소학』에 보이며 『목민심서』에도 나오는데 인간이 배고픈 고통을 체험해야만 사업뿐 아니고 학문도 견실해 질 수 있다고 순암은 자기 자신에게 다짐을 하고 있다. 성호가나 순암가는 정치적으로 공동 문명체일 뿐 아니라, 삶의 현실 또한 마찬가지였다. 고궁固窮의 자세로 가난을 생활화하여, 돈독히 학문에 힘쓰는 것이 공동의 출구전략이었던 셈이다.

3) 성호의 인상 및 일상생활

> 눈을 들어 선생님을 보니 키는 보통을 넘는데 수염이 좋고 눈빛이 사람을 쏘는 듯했다. 머리에는 당건唐巾을 쓰고 검은 비단을 접어 쌍각雙脚으로

몇 자를 뒤로 드리웠다. 당건 위로 포건布巾을 겹쳐 썼으니 지난 5월에 실내室內(부인을 이름)가 돌아가신 까닭이다. (위의 책, 장2 우)

순암의 눈에 비친 성호의 첫 인상이다. 우리가 볼 수 있는 성호의 초상화는 근래 제작된 것인데 이런 이미지를 제대로 살려냈는지 솔직히 나는 잘 모르겠다. 성호가 머리에 쓴 당건이란 선비들이 집안에서 일상으로 착용했던 탕건이다. 따라서 당건은 일반적인 의관의 일종인데 당건 위로 느린 쌍각이 특이한 것이었다. 뒤에 밤이 깊어 모자를 벗을 때 순암이 쌍각의 의미에 대해 묻는다. 이에 성호는 옛날 사각건四脚巾의 유제遺制라 하면서 설명을 하고, 이어 도포, 갓 등 의관제도에 미쳐서도 길게 언급하고 있다. 성호가 의관제도에 대해서도 관심이 각별했던 사실을 확인할 수 있다.

성호는 당건 위에 삼베로 만든 건巾을 덧쓰고 있었다. 그해 5월에 성호의 부인이 돌아가셨으므로, 포건을 쓴 것은 그 표시였다. 순암이 찾아갔을 당시 성호댁은 상기喪期 중에 있었던 것이다.

성호는 아들 하나를 두었으니 이맹휴李孟休(1713~1751)로 만경현령을 지냈기 때문에 「함장록」에서 그를 만경萬頃이라 호칭하고 있다. 이맹휴는 예학에 정통한 학자로 순암과 동년배지만 상주로서 복중인 까닭에 손님을 나와서 만나지 않는다. (이맹휴의 아들, 성호의 손자가 할아버지 옆에서 항시 모시고 있는 것으로 그려지는데 이 아이는 아명이 여달如達이고 뒤에 구환九煥으로 불렀다.) 순암이 먼저 조문하기를 청하여 여달의 안내를 받아 상차喪次로 가서 상주를 대면해서 조문의식을 행한다. 그러고 나서 밤에 만경이 성호의 처소로 나와 모시고 앉았다가 혼정昏定을 한 다음 절을 하고 들어간다. 다음날 성호가 기상하자 만경이 여달을 데리고 나와 배알하고 물러서 시좌侍坐를 하는 것이었다. 혼정신성昏定晨省의 예를 곡진히 이행하고 있음을 볼 수 있다.

성호와 순암이 기상을 한 시각은 새벽이었다. 2, 3시까지 대화가 계속 되었던 터이므로 겨우 한숨 자고 깬 셈이다. 성호는 일어나면서 "평소에 늘 인정후人定後(밤 10시 이후)에 잠을 자고 매상시昧爽時에 일어나는 것으로 정해놓고 있다"

고 말한다. 이날은 학문토론에 팔려서 늦게 잠들었지만 기상시각은 평소와 마찬가지였다. 이러한 성호의 학자적 일상 속에 성호와 순암 사이의 학문적 대화가 끼어 있었다.

4. 성호와 순암 사이의 학문적 대화

순암이 성호를 방문한 당일 저녁때부터 시작된 대화는 다음날 아침 순암이 떠날 때까지, 중간에 두 번의 식사시간과 짧은 취침 시간을 제외하고 쉼 없이 이어졌다. 비록 두 분 사이에 주고받은 말이었지만 그야말로 학술의 향연이요, 한 마당의 연토회硏討會였던 셈이다. 물론 체계적일 수 없고 순암이 묻거나 성호가 제기하는 데 따라 자연스럽게 주제가 바뀌면서 진행된 것이다. 성호는 기왕에 작성해 놓은 자신의 저술 중에서 일 부분이나 도설圖說을 대화중에 꺼내 보여주기도 한다.

고금의 학술을 거침없이 종횡으로 토론한 대화의 중심은 처음부터 경학經學에 두어져 있었다. 역사서술에 관해서는 한 번 언급되었을 뿐이다. 그리고 또 공통의 관심사는 학문을 어떻게 할 것인가라는 방법론적인 문제였다. 이 두 가지 사안으로 가닥을 잡아서 요지를 정리해 보기로 한다.

1) 경학經學 담론 및 사론史論

성호와 순암의 첫 만남에서 펼쳐진 학술적 대화의 중심을 이룬 경학 담론은 『대학』으로부터 시작되어 『중용』으로 이어지며, 잠깐 『맹자』로 가서 『시경』과 『역경易經』으로 넘어가더니 홍범구주洪範九疇, 설시법揲蓍法 등에까지 뻗어 나간다. 그 내용 및 논지를 전부 파악해서 설명하자면 일이 결코 만만하지 않은데다가 방만해 질 텐데, 여기서는 사례로 몇 가지 점을 들어보는 정도로 그친다.

궁극적으로 성호는 크게 기대되는 제자를 맞아서 어떤 방향으로 학문적 지침을 주고자 했던지 살펴보기 위한 것이다.

● 『대학』·『중용』에 대해서

『대학』과 『중용』은 본디 『예기禮記』의 한 편으로 들어 있었던 것인데 송대에 와서 사서四書로 편성됨에 따라 『논어』·『맹자』와 나란히 특별한 위상을 갖게 된 책이다. 주자가 『대학』을 수기치인修己治人의 방법론으로, 『중용』은 도통道統을 전한 내용으로 더없이 중대한 의의를 부여한 것이다. 그래서 각기 장구章句로 정리, 체계를 세운 교본으로 만들어 냈으니 곧 『대학장구』와 『중용장구』이다. 이 주자의 『대학장구』와 『중용장구』는 『논어』·『맹자』와 함께 유학의 기본 텍스트로서, 과거시험의 표준서로서 그야말로 경전적 권위를 누리기에 이르렀다.

우리나라에서도 마찬가지로 중시했던바 두 텍스트는 아울러 '용학庸學'이라고 일컬어졌다. 성호 또한 『대학장구』와 『중용장구』를 기본 텍스트로 인정한다. 그럼에도 성호는 두 텍스트를 어떻게 읽은 것인가 하는 문제를 제기하여 매우 심각하게 제자를 일깨우고 있는 것이다.

> '용학庸學'을 읽어보면 구절구절마다 의문점이 있다. 요즘 사람들은 독서를 함에 의문을 갖지 않기 때문에 학문이 향상하지 못한다. 사람이 학문을 하는 것은 이 두 책에서 벗어나지 않는데, 공부를 제법 좋아한다는 자들도 모두 이 책에만 골몰해 있기 때문에 마침내 소득이 없다. 매우 안타깝다.
> (위의 책, 장5 좌)

『대학』과 『중용』에 대한 토론이 길게 진행된 다음에 성호가 결론적으로 한 말이다. 요컨대 『대학장구』와 『중용장구』에 대해서 의문을 갖고 비판적으로 읽지 않기 때문에 학문이 진보하지 않는다고 성호는 개탄을 하였다.

앞서 진행된 담론의 내용을 보면 『대학』에 대해서는 순암이 최초로 질문했던 보망장補亡章에 대한 논의에서부터 혈구지도絜矩之道에 대한 독법으로 나가, 격물치지格物致知의 문제로 들어가서 『대학』의 구조적 인식을 위해 성호 자신이 『대학질서大學疾書』에서 그렸던 대학도大學圖를 제시하고 있다. 대학도는 일찍이 양촌陽村 권근權近이 작성 퇴계退溪 이황李滉이 성학십도聖學十圖에서 약간 수정해 받아들였던바, 성호는 모두 만족스럽게 여기지 않고 개작을 한 것이다. 『중용』에 대해서는 성호가 먼저 중용의 대의를 묻는 것으로 시작하는데 순암이 귀신장鬼神章에 대한 자기 견해를 제출하며, 성호는 그 전문의 구성을 체계적으로 파악하는 논의를 개진하고 있다.

이와 같이 펼쳐진 여러 주제들은 그 하나하나가 간단치 않은 사안이어서 다 언급하자면 논의가 복잡해질 수밖에 없다. 그래서 사례의 하나로 『대학』에서 '혈구지도絜矩之道'를 들어보기로 한다.

'혈구지도'란 군자가 치국평천하를 이룩하는 방도로서 역설한 개념이다. 도의 실현에 중대한 의미를 갖는 방법론이 곧 '혈구'이다. 그렇다면 '혈구지도'는 어떻게 하는 것일까? 지금까지도 소상하게 풀리지 않은 사안의 하나이다. 이에 관한 『대학』의 원문은 두 번에 걸쳐서 강조하는 어세로 나온다. 한번은 위에서 노인을 노인으로, 고아를 고아로 잘 보살피면 백성들은 저절로 효도하고 우애하며 배반하지 않게 된다. 때문에 군자는 '혈구지도'를 중요시한다는 것이다. 이어서 또 상하관계에서 윗사람이 싫어하는 바로 아랫사람을 부리지 않고 아랫사람이 싫어하는 바로 윗사람을 섬기지 않으며, 평등관계에서 오른편 사람이 싫어하는 바로 왼편 사람을 사귀지 않고 왼편 사람이 싫어하는 바로 오른편 사람을 사귀지 말아야 하나니 이것이 '혈구지도'라는 것이다.[4] 즉 '나로 미루어 남

4 『大學章句』 傳十章, "所謂平天下在治其國者, 上老老而民興孝, … 上恤孤而民不倍, 是以君子有絜矩之道也. / 所惡於上, 毋以使河, 所惡於下, 毋以事上, … 所惡於右, 毋以交於左, 所惡於右, 毋以交於右, 此之謂絜矩之道."

에게 미친다[追己及人]'는 의미여서 유교의 기본 실천방안인 '서恕'와 통한다고 보겠다. 성호가 의문을 제기한 것은 '혈구'라는 두 글자의 풀이에 기존의 통설과 다른 독법을 제시한 것이다.

> "絜矩之道"(章句 傳10章)
>
> ○ 기존의 풀이 : 矩로 絜하는 道(자로 재는 도)
>
> ○ 星湖의 풀이: 絜하야 矩하는 道(헤아려서 바르게 하는 도)
>
> (『대학장구』에서 주자는 "絜은 재다는 뜻이며, 矩는 사각형을 그리는 도구다"고 주를 달았으므로 기존의 풀이는 주자의 주에 의거한 풀이다.)

성호의 독해로 '혈구지도'는 사물을 헤아려서 바른 도리를 얻음을 뜻하는 것이다. 성호는 새벽에 일어나자 바로 학술담론을 재개하는데 '혈구'의 문제를 다시 꺼내든다. 어제 제자를 충분히 설득시키지 못했다고 판단했던 듯 문법적으로 자상한 설명을 한다.[5] 그러고 덧붙인 말이 있었다.

> 선비는 응당 치지致知로 학문을 하고 실행을 중요하게 여겨야할 것이다. 그런데 순진하고 조심성 많은 사람은 본떠 따르기만 힘써서 정해진 길을 밟아 궤도를 지키기에 그칠 따름이라. 그래서 견해가 끝내 선명하지 못하지. 선비는 응당 지식을 위주로 공부해야할 것일세. (위의 책, 장12 우~좌)

'혈구지도'의 독법은 그야말로 성호의 독견이다. 당시는 물론이고 중국과 한

---

5 성호가 絜矩에 대해 재차 해설한 말은 이러하다. "'矩로 絜하는'이라고 풀이하면 아무래도 말이 되지 않는다. 이제 '칼로 물건을 자른다' 하면 응당 刀割이라 해야지 割刀라 하면 말이 틀리지 않는가. 또 '몽둥이로 물건을 친다'하면 응당 杖擊이라 해야지 擊杖이라 하면 역시 틀린 말이 된다. 지금 만약 '矩로 絜하는'이란 뜻이라야 한다면 응당 '矩絜'이라고 써야지 '絜矩'라고 쓸 수 없지 않은가. 그래서 '絜하야 矩하는"이라고 읽어야 옳은 줄 알았던 것이다."(『順菴集』 권16, 장12)

국에 오늘날 통용되는 해석은 대개 '기존의 풀이'와 동일하다. 어느 편이 옳은지 판정하기 쉽지 않으나, 어법상으로 보면 성호의 독법이 맞는 것 같다. 어쨌건 기존의 권위에 머리 숙여 성설成說을 따르지 않고 독창적으로 궁구했던 그의 학문자세는 더없이 분명하다. 성호가 '혈구' 두 글자의 풀이에 그토록 열을 올렸던 데는 배움을 청하러온 제자에게 '지식'의 중요성을 일깨우기 위한 충정이 담겼을 것이다.

• 『시경詩經』의 음시설淫詩說

성호는 "『주역』과 『시경』은 읽기 가장 어려운 책이라" 한다. 『주역』은 성인의 뜻이 담겼고 『시경』은 시인의 뜻을 표현한 것이기 때문에 후인으로서는 속속들이 알아내기 어렵다는 것이다. 정자程子는 『역전易傳』을 짓고 스스로 "칠분서七分書(담겨진 뜻의 7/10만 파악했다는 의미)라고 일렀으나 자부를 크게 했다"고 보지 않을 수 없으며, 주자는 『시집전詩集傳』에서 "대지大旨를 직접 지었으나 시인의 본뜻이 과연 그런지 알 수 없다"는 지적을 하고 있다. 정자 주자 같은 현인으로서도 『역경』이나 『시경』의 해석은 한계가 있을 수밖에 없다는 취지의 말인데 그렇다면 이 '읽기 어려운 책'에 어떻게 접근할 것인가? 성호는 원전으로 돌아가서 자신의 눈과 마음으로 읽어야 할 것임을 역설한다.

> 무릇 시를 읽을 때는 응당 그 뜻이 있는 바를 자세히 음미하여 풍송諷誦을 하면 거의 고인의 성정이 담긴 곳을 헤아릴 수 있을 것이다. (위의 책, 장6 좌)

그러고 나서 성호는 음시설淫詩說에 대해 이견을 제기하고 있다. 주자는 『시집전』에서 특히 정풍鄭風과 위풍衛風의 시편들을 음란한 내용으로 규정지어, 도덕적으로 선한 시는 본받도록 한 것이거니와, 악한 시도 반면교사로 삼도록 한 것이라 주장했다. 이 음시설에 대해 성호는 "시 3백편은 한마디로 말해서 사무사思無邪라"고 했던 공자의 말씀을 『시경』 이해의 기본으로 전제한 다음, "정풍 위풍의 음분淫奔이라고 한 시를 악기의 반주에 맞추어 노래하고 탕자와 정녀情女들로 하여금 '너희는 음란한 생각을 갖지 말라'고 하면 어불성설이다"라고 단호하게 비판한 것이다. 음시로 규정했던 시편들은 달리 해석을 해야 맞다는 주장이었다.

• 『강목綱目』의 필법에 관한 문제 제기

주자의 방대한 학문 체계에서 역사학의 성과로 중요시되는 것은 『자치통감강목資治通鑑綱目』이다. 이 『강목』은 중국역사를 정통론에 입각해서 서술한 것인데 포폄褒貶을 가해서 기술한 점이 특색이다. 공자가 『춘추』에 도입해서 '춘추필법春秋筆法'이라고 하는 그것이다. 성호는 『강목』을 '전부 다 주자의 붓에서 나온 것은 아닐 것이다'고 단서를 붙인 뒤에 필법에 문제점이 있는 것으로 두 조목을 예시한다.

> 원위元魏의 호태후胡太后가 임금 아무개를 시했다[弑其君某]고 썼는데 사실은 어미가 아들을 죽인 것이다. 무릇 아랫사람이 윗사람을 죽인 것을 '시'라고 하니 이 경우에 '시'라고 쓴 것은 부당한 것 같다. 또한 양웅揚雄에 대해서 '사死'라 쓰면서 이임보李林甫 따위에 도리어 '졸卒'이라 쓴 것은 무슨 까닭인지 모르겠다. (위의 책, 장9 우)

이러한 성호의 지적에 순암은 승복하지 않고 "모후母后가 후계의 임금을 죽인데 '시'라고 쓴 뜻에 대해서는 『강목』의 범례 주註에 이미 언급하고 있습니다. 또한 여자는 남편이 죽으면 아들을 따르는 것이 도리이기 때문이 아니겠습니까. 왕망王莽은 찬탈을 한 역적임에도 양웅이 그 신하노릇을 했기 때문에 '사'라고 쓴 것이요, 이림보에 대해서는 관직을 붙이지 않았으니 이미 포폄한 뜻을 나타냈으므로 '졸'이라 쓴 것이 타당한 듯합니다."라고 스승에게 반대하는 자신의 견해를 개진한다. 성호 또한 순암의 말을 긍정하지 않고 "나는 그렇게 하는 것이 옳은지 모르겠다"고 응답한다.

이 대목에 와서 사제간에 최초로 의견대립을 보인 셈이다. 원위 호태후가 아들을 죽인 행위에 대해, 아들이라도 제위를 계승했으므로 군주이며 여자로서 지켜야 할 삼종지도三從之道에 저촉되었으니 '시'라 쓴 것이 타당하다고 순암은 생각한 것이다. 그리고 사상가로 역사상에 위대한 입적을 남긴 한나라 양웅의 죽음에 그가 반역을 도모한 왕망의 신하노릇을 했다 해서 폄하하여 주자가 '사'라고 쓴 것은 후세에 쟁점이 되었던 사안이다. 성호가 주자를 비판하는 데 대해서 순암은 주자를 옹호하는 입장이다. 사제 간의 의견대립에서 스승에 비해 제자 쪽이 보수적 입장을 드러냈다고 볼 수 있겠다.

이 소단원을 마무리하는 뜻에서 두 가지 점을 언급해둔다. 하나는 성호의 주자에 대한 태도이다. 위에서 본 경설과 사론이 증언하듯 성호의 의론은 주자의 성설成說을 비판한 내용이 사실상 대부분이다. 성호는 자신의 『맹자질서孟子疾書』에서 춘왕정월春王正月을 논한 글과 정지변井地辯 두 편을 보여주고 웃으며 "이는 주자를 반박한 일대 망론妄論일세"라고 한다. 변명조의 겸손으로 들린다. 그런데 이에 붙여서 한 말이 있다. "곧 '주자의 충신'이 되기 위함이지. 주자가 보시더라도 크게 배척하진 않을 듯싶네." '주자의 충신'이란 유래가 있는 문자인데 원나라 때 진력陳櫟(자字는 수옹壽翁, 주자학을 학문의 종지로 삼던 학자)이 주자가 범한 착오를 지적하면서 "주자의 충신이 되기를 바라지 주자의 영신佞臣이 되기를 바라지 않노라"고 말했다 한다. 성호가 '주자의 충신'이 되고자 한다는 발언은 단순한 변명으로 그치는 것은 아닐 터다. 이에 대해서는 뒤에 다시 논할까 한다.

다른 하나는 「함장록」에서 경세經世 문제는 거론하지 않은 점이다. 관심이 없었다기보다 미처 화제가 돌아가지 못했던 것으로 여겨진다. 성호의 짧은 언급이 있을 뿐이다. "다른 여러 학문이 어렵지 않은데 오직 경학이 가장 어렵다. 경학은 그래도 문자가 있어서 의지할 곳이 있지만 사무事務에 이르러서는 본래 형체가 없으니 가장 알기 어렵다." '사무'란 경세의 실무를 가리키는 말이다. 비록 짧지만 뜻 깊은 격언으로 생각된다.

2) 학문 방법론

순암은 벼르고 벼르던 끝에 성호를 찾아갔던 뜻은 첫째로 자신의 처지에서 학문을 어떻게 해야 하느냐에 있었을 터요, 성호 또한 일견해서 크게 촉망되는 순암에게 어떤 방향으로 학문의 길을 인도하느냐는 문제를 신중히 생각했을 터다. 사제 간의 경학담론이 한참 진행되는 중간에 순암은 국궁鞠躬을 하고 가르침을 청한다. 국궁은 두 손을 모으고 머리 숙이는 예절인데 이 경우 특히 중요한 가르침을 청하는 뜻에서 새삼 국궁의 자세를 취했을 것이다. 순암이 묻는 말은 이러했다.

> 지금 세상은 학술이 지리멸렬한 상태에 당론黨論이 횡행하고 있습니다. 한쪽 편은 비록 따로 연원이 있다고 하나 그들의 학문은 단지 훈고訓詁 소주小註에만 얽매여 있으며, 그들이 외우고 익히는 것은 『중용』·『대학』·『심경心經』·『근사록近思錄』에 지나지 않습니다. 그나마 이록利祿에 끌려가는 자들이 많습니다. 다른 편은 곤궁·치폐해져서 여유가 없기 때문에 이 일에 뜻을 두지 못합니다. 학문을 강구하지 못하고 도가 밝혀지지 않는 까닭은 실로 여기에 있습니다. 학문하는 요체를 듣고자 하옵니다.(위의 책, 장7~8)

위에서 훈고 소주에 매인데다가 출세주의에 빠져있다는 한쪽 편은 곧 당시 집권당인 서인－노론측을 가리킨다. 이에 대해서 곤궁·치폐하여 학문에 힘쓰기 어려운 형편이라는 다른 편은 권력에서 밀려난 남인측을 지칭하고 있으니 다름 아닌 성호와 순암의 입장이다. 성호도 순암을 처음 대면했을 때 "우리들이 곤궁·치폐하여 뿔뿔이 흩어진 상태는 대체로 다 그렇다"고 개탄해 마지않았던 터였다. 이런 고민 속에서 순암은 스승에게 "학문하는 요체"를 물은 것이다.

순암의 고민을 듣고서 성호는 "지금 상황은 양편이 모두 다 병폐가 있지만 그렇다고 이것으로 단정해서 논리를 세우는 것은 옳지 않다"고 한다. 또 성호는 말하기를 "한편이 세도世道를 주장하여 의리를 만들어가지고 재갈을 물리는 수단으로 삼고 있는 것은 참으로 두려운 일이다"고 한다. 다름 아닌 노론측이 국시로 내세운 존명대의尊明大義를 가리키는 것이다. 이점을 심각하게 우려하면서도 아주 침착한 학적 대응자세를 사고하고 있다.

> 학문은 오직 뜻을 겸허히 갖는 데 있다. 뜻을 겸허히 갖는 공부를 오래하게 되면 의리가 저절로 성숙하여 마음이 평온하고 기운이 화평하게 될 것이다. 그 요체는 오로지 자기 일신에 달려 있는 것이요, 타자와 관계되는 것이 아니다. (위의 책, 장8 우)

요컨대 주체확립을 강조한 논법이다. 저들이 아무리 출세주의로 가더라도 나는 '알찬 학문'을 추구할 것이요, 이들이 곤궁한 나머지 학문을 폐기하더라도 나는 극기克己하여 참된 학문에 힘써야 한다는 주장이다. "그러자면 어떻게 해야 하겠습니까"라는 순암의 재차 질문에 성호는 두 측면을 강조하고 있다. 하나는 도덕적 자아확립을 뜻하는 '입어례立於禮'라는 공자의 말씀을 원용하여 덕성의 함양을 강조한 것이다. 극기복례克己復禮이다. 다른 하나는, 성호가 누차 강조한바 지식추구인데 관련하여 자득自得을 말한 것이다. "학문은 자득이 귀하다. 참으로 이 일이 귀함을 알아서 마음에 자득하게 되면 면강교위勉强矯僞(억지를 부리고 거짓을 행하는 것)의 버릇이 없어져서 날로 참되고 바른 지점으로 나아가게 될 것이다." 스승이 제자의 물음에 준 답은 지금 우리가 읽으면 너무 추상적인 느낌이 든다. "참으로 자득이 있어야만 억지를 부리고 거짓을 행하는 버릇이 없게 된다"는 말씀은 소중하게 들리긴 하는데 과연 자득을 어떻게 이룰 수 있는지 의문이 든다. 성호 역시 자신의 답이 미진하다고 생각했던 것 같다.

이튿날 일어나서 학술토론이 재개되는 과정에서 이 문제를 재차 거론하고 있다.

> 세상 사람들은 모두 정주程朱이후로 경서經書의 뜻이 크게 해명되어 더 밝힐 곳이 없으며, 따르기만 하면 될 뿐이라고 말한다. 이 말이 대체로는 맞지만 꼭 그렇지도 않다. 성현이 후인에게 바라는 바는 그 의리를 연구해서 밝혀내도록 하자는데 있다. 뜻이 어찌 더 밝힐 곳이 없다하여 후인으로 하여금 말하지 못하도록 했겠는가. 이는 정주의 본뜻이 아니다. (위의 책, 장12 좌)

학문의 방법론으로서 옛사람이 마련한 틀을 그대로 지켜 추종하지만 말고 자신이 탐구해서 새로운 의미를 개척하라는 취지다. 그래야만 참다운 자득이 생긴다는 뜻이다. 이러한 성호의 말씀에 순암은 조심스럽게 반론을 제기한다.

> 감히 여쭙건대 또한 두 단계로 보아야 할 것 같습니다. 행실과 덕성이 갖춰지고 지식이 탁월한 사람이라면 선생님 말씀처럼 해도 좋겠습니다. 하지만 공부가 깊지 못한 후생으로서는 지식이 아직 견고하지 않은데 오로지 지식을 밝히는 것을 위주로 삼고 선인들의 오류를 찾기로 든다면 필시 새로운 것만 좋아하고 기이한 것을 찾는 버릇이 생겨서 선인을 경시하는 폐단이 생길 우려가 있습니다. 그런즉 '근수규구謹守規矩'를 주장으로 삼는 것이 대원칙이 되어야 할 듯합니다. 어떨까요? (위의 책, 장12 좌)

이러한 순암의 재 질문에 성호는 "참으로 그렇겠지"하고 일단 긍정하는 태도를 보인다. 성호로서는 제자의 위의 발언에 대놓고 틀렸다고 말하기가 어려웠을 것이다. 실제로도 순암이 지적한 그런 병폐가 지금의 세상에는 물론 그 당시에도 없지 않았을 듯싶다. 그래서 일단 긍정해 놓고 뒤에 가서 부언을 하고 있다.

> 서인의 학문은 오로지 '근수규구謹守規矩' 네 글자로 세상을 탈 없이 살아가는 결정적인 방편으로 삼고 있다. 그래서 지식이 끝내 거칠게 됨을 면치 못하고 있으니 매우 딱한 일이다. (위의 책, 장12~13)

성호의 발언은 일차로 서인-노론측의 학문경향을 두고 한 말이지만, '근수규구'라는 표현을 그대로 써서 순암에게도 경종을 울린 것으로 여겨진다. '근수규구'는 원래 기존의 학설이나 틀에 집착하는 규범주의로 흐를 우려가 다분히 있거니와, 집권층의 경우 일종의 처세술로 빠지고 말았다는 지적이다.

그러고도 성호는 아침식사 후에 하직하고 떠나는 순암에게 "군은 연부역강年富力强하니 마땅히 지식에 힘써야 할 것이네. 지식이 밝은 연후에라야 가는 길이 평탄해서 막힘이 없는 법이지"라고 다시 또 지식의 추구에 힘쓸 것을 당부하고 있다.

5. 순암의 실학 : 성호학星湖學의 계승과 관련해서

순암은 성호가 기대했던 대로 과연 학문을 대성하였다. 『동사강목東史綱目』과 『열조통기列朝通紀』라는 저술로 역사학에서 뚜렷한 업적을 남겼던 것은 주지하는 사실이다. 이우성李佑成 선생은 "성호가 근기학파의 대종으로 실학의 학문방법과 사상적 기반을 확립시켜 놓았지만 성호의 문하에는 백화난만百花爛漫한 기상으로 여러 갈래의 새로운 경향이 다채롭게 전개되었다. 그중에도 소장층少壯層의 급진주의를 대표하는 인물이 녹암鹿庵 권철신權哲身이라면 노성층老成層의 온건주의를 견지한 인물이 순암이다"[6]고 성호학파에서 순암의 위치를 자리매김했다. 성호학파에서 녹암이 좌파라면 순암은 우파를 대변하는 존재가

6 이우성(1995), 「순암집 해제」, 『한국고전의 발견』, 한길사, 332면.

된 것이다.[7]

『함장록』의 분석을 통해 성호와 순암의 학자적 일상을 묘사한 이 글은 성호학의 계승관계의 현장을 살펴보려는 의도를 가지고 있었다. 이제 주자학에 대한 태도와 서학(천주교)에 대한 입장을 언급하는 것으로 끝맺음을 삼고자 한다. 학계의 쟁점 사안의 하나인 실학과 성리학의 관련문제에 관해 비록 짧게나마 구체적 논의가 될 것이다.

앞 장에서 익히 보았듯 성호가 순암에게 시종일관 강조했던 학문 방법론은 고인의 설을 묵수하지 말고 의문을 가져라, 그리하여 새로운 지식의 탐구에 힘쓰라는 것이었다. '의문'과 '지식', 이 두 단어는 학문의 전당으로 들어가는 열쇠였다. 그런데 성호는 이렇게 하는 것이야말로 '주자의 충신'이라고 말했다. '주자의 충신'이란 관용어이긴 하지만, 한낱 변명조의 수사적 표현으로 돌릴 성질은 아니었다. 성호는 자신이 저술한 『중용질서中庸疾書』의 후기에 이렇게 적었다.

> 이 책은 장구章句를 굳게 지켜 감히 바꿔놓지 않으면서 『장구』에서 말하지 않는 내용을 기탄없이 말했다. 그 취지는 요컨대 문로門路를 탐험해서 부자夫子의 본지로 돌아가기로 노력한 때문이다. 만약 『장구』 밖에 말을 한 자라도 덧붙이면 외람된 짓이라고 한다면 이는 나의 진심을 이해하지 못할 뿐 아니라, 주자를 제대로 아는 도리도 아닐 것이다.[8]

---

7 순암의 학문성격을 단적으로 규정한 문구로 "其學問則經經而緯史, 其門路則濂洛而關閩"(순조 원년 鄭瀚이란 분이 순암의 시호를 청하기 위한 上疏文에 나오는 구절, 『순암집』 年譜 장65)을 들 수 있다. '經經緯史'는 실학적 학문태도를 표출한 말이며, '濂洛關閩'은 宋學=성리학적인 학문방향을 의미한다. 순암의 학문을 한송절충漢宋折衷으로 규정한 셈이다. 당시 경직된 분위기에서 보수정통의 입장으로 순암을 평가한 것인데, 그럼에도 성호의 실학적 측면을 매몰시키지 않은 것으로 여겨진다.

8 李瀷, 「中庸疾書後說」, "是書也堅守章句, 莫敢移易, 而章句之所不言時或不憚言之. 其意都只爲探討蹊徑, 務歸於夫子本旨. 若曰章句之外一字皆濫云爾, 則是不但不識愚之所存, 亦非

위 인용문에서 '장구'란 주자가 『중용』의 원문을 장구로 정리해서 텍스트로 정한 그 자체를 가리키고, 거기에 주해를 붙여서 『중용장구』란 이름으로 간행한 책을 가리키는 두 가지로 쓰이고 있다. 성호는 주자가 정한 장구 자체는 경전으로 인정하면서 주해는 『중용장구』를 묵수하지 않고 자기 소견대로 주자의 설과 다른 해석을 내리는 것도 거리껴하지 않았다. 경학의 지식을 창출한 셈이다. 성호는 어디까지나 주자가 마련한 『중용』의 틀을 존치하고, 그 틀 속에서 새로운 해석을 가했으며, 그렇게 하는 목적지를 주자의 본지本旨로 상정하고 있었다. 이 점은 『중용』과 『대학』이 공히 마찬가지였다.

'의문을 가져라', '지식의 탐구에 힘쓰라'는 성호의 이 가르침에 순암의 반응은 적극적이지 못했다. 순암은 반론을 제기하진 않았지만, 공부하는 태도로서는 근수규구謹守規矩가 아무래도 긴요하다는 생각을 표명했던 터였다. 성호가 돌아가신 뒤의 일인데 순암은 녹암 권철신에게 학문 방법론의 문제로 논쟁적인 서한을 보낸 바 있다. 순암은 녹암에 대해 자기주장이 앞서고 침잠 치밀한 노력이 부족해서 그런 식으로 나가면 잘난 척하여 겸허하게 받아들이는 자세가 부족해져서 결국 진덕수업進德修業의 큰 공부에 방해된다고 공박을 한다. 그리고 첨부한 말이 있다.

> 공公은 매양 『대학』은 고본古本 자체가 좋으니 개정할 필요가 없다 하며, 또한 격치장格致章은 그대로 있으니 보망補亡이 필요 없고 청송장聽訟章은 어긋나고 탈락된 곳이 없다고 주장하신다지요. 이는 공이 자득한 견해가 아니고, 이미 선유先儒들이 여러 가지로 말하지 않았습니까. 나의 소견으로는, 먼저 『장구』를 충분히 익혀서 주자의 본의에 한 구절 한 글자라도 행방을 숙지한 연후에 비로소 제가의 설을 살펴보고 그 의론을 검토해야 한다고 항상 말해왔습니다. 지금 공부가 축적되고 정밀하지 못한 상태에서

所以知朱子也乎."(『韓國經學資料集成』 中庸 3, 大東文化硏究院 1989, 239면.)

> 무슨 새로운 의론이 눈에 들어오면 가슴 사이에 넣어두었다가 입에 붙은 대로 옳으니 그르니 하고 소리를 높이면 학문의 진취에 무슨 유익함이 있겠습니까?[9]

위의 끝 대목에서 순암이 심각한 병폐로 지적한 것은 녹암이 꼭 그렇다는 뜻은 아니다. 학문하는 태도가 겸허의 자세를 잃고 새로움만을 좇다보면 그렇게 될 우려가 있다는 말이다. (당시 그런 병폐를 노정한 경박자들이 순암의 눈에는 적지 않았을 것이다.) 또한 순암은 『대학』은 고본古本으로 돌아가야 한다는 주장이 꼭 틀렸다고 단정한 것도 아니다. 다만 과정상에서 『대학장구』를 기본으로 삼아 익숙히 학습한 연후에 신설을 접하거나 다른 방향을 모색해야 한다는 생각이었다. 이는 성호가 『대학장구』와 『중용장구』를 기본 틀로 정해놓고 해석한 태도와 유사한 면이기도 하다.

한국의 경학사는 큰 방향에서 성격을 구분해 보자면 '주자학적 경학'과 '탈주자학적 경학'으로 양분할 수 있다. 요컨대 전자는 주자의 경전주해를 기본으로 삼은 위에서 궁구한 방식이요, 후자는 주자의 주해를 여러 경학적 성과의 하나로 격하시킨 위에서 경전에 접근한 방식이었다. 대체로 성리학자들의 경학이 전자에 속한다면 실학파 학자들의 경학은 후자의 성향을 띠고 있었다. 성호의 경우 주자학적 경학의 외피를 쓰고 있으면서 탈주자학적 경학의 내용을 실현한 것으로 볼 수 있을 것 같다.[10]

성호학의 좌파 계통은 녹암을 거쳐서 다산에 이르러 탈주자학적 경학으로 성격이 확실하게 되었다. 다산 경학의 탈주자학적 성격은 그 자신의 철학이 이

---

9 安鼎福, 順菴集』 권6, 장15 「與旣明書」, "公每謂大學古本自好, 不必改定. 又謂格致章自存, 不必補亡. 又謂聽訟章似無着落. 此非公自得之見, 先儒已爛漫言之矣. 愚意則常謂讀章句爛熟, 其於朱子本意, 一句一字, 皆有下落. 然後始觀諸說, 觀其議論而已. 今無積累專精之工, 而客見新義橫在肚間, 率爾曰此是而彼非, 其於進學之工, 有何益? "

10 임형택(2009), 「한국경학의 역사적 의미와 그 정리사업」, 『민족문화』 33, 한국고전번역원.

기론의 패러다임을 벗어남으로서 가능했다. 순암은 경학에 있어서는 「경서의의經書疑義」 한권이 문집에 실린 정도이고 특별한 성과를 남기지 않았다. 반면 『동사강목東史綱目』과 『열조통기列朝通記』는 실학파의 역사학으로서 최대의 성과라고 평가해도 좋을 것이다. 그의 저술목록에 『잡동산이雜同散異』란 문헌이 있다.[11] 굉장히 방대한 내용인데 서명이 말해주듯 다양하고도 새로운 지식정보를 담고 있는 것이다. 이와 함께 그의 저서롱著書籠과 초서롱抄書籠이 증명하는 박학적인 학문 태도는 지식을 강조했던 성호의 간곡한 가르침의 실천이라고 보아도 좋을 것이다.

실학은 조선조 후기에 일어난 신학풍으로 성립한 것이다. 그것은 일국사적 현상이 아니었다. 한・중・일 3국에서 실학으로 호명할 수 있는 신학풍이 각기 정황은 같지 않았지만 공히 발생했던 터이므로 실학 개념을 동아시아적 차원에서 제기할 필요가 있다. 동아시아 지역에서 역사적 동시성으로 실학이 발생한 데 있어서는 내적 요인과 외적 요인을 짚어볼 수 있다. 내적 요인은 17세기 이래 동아시아 대국大局의 변화에 맞물린 한・중・일 각국이 처했던 현실이지만 여기서는 이에 관한 언급을 생략한다. 외적 요인이라면 서세동점으로 일컬어지는 전지구적 변동의 파장이다.

한반도상에는 행인지 불행인지 이 지구적 변동의 파장이 마치 사각지대처럼 직접 닿지 않았다. 그러다가 18세기 성호와 순암의 시대에 드디어 서교는 이 땅에서 문제시되기 시작했다. 성호는 학자로서 누구보다도 서학 및 서교를 예의銳意 주시했거니와 순암은 여기에 학문적 관심이 지대했다. 그리하여 순암은 「천학고天學考」와 『천학문답天學問答』을 저술하였다. 서세가 몰고 온 사상적 충격과 정신적 위기에 대한 학적 대응이었다. 순암의 천주교에 관련한 발언을 청

11 『雜同散異』는 규장각소장에 2종이 현전하고 있다. 하나는 저자의 초고본으로 42책(3책 결)이 남아 있으며, 다른 하나는 전체 53책으로 후사본이다. 53책본은 외견상으로 잘 정리되어 있지만 초고본에 담긴 다양하고 새로운 지식정보가 많이 삭감된 듯 보인다.

취해보자.

> 『시경』에는 "상제가 너에게 임해 계시니 네 마음을 이랬다저랬다 하지 말라.[上帝臨汝 無貳爾心]라" 했고, 또 "상제를 마주 대하고 있다[對越上帝]", 또 "천명을 두려워하라[畏天命]"고 나와 있다. 우리 유학은 계신공구戒愼恐懼하여 홀로 있을 때 조심하지 않음이 없다. 경敬을 위주로 해서 상제를 공경해 받드는 도리가 이보다 더 할 수 있겠는가. 그러니 서양 선교사를 기다릴 것 없이 분명하다. 통탄할 바는 서양인들이 상제를 사적으로 자기네들의 주인으로 삼고서 우리 쪽은 모르고 있다고 말하는 것이다.[12]

순암은 유학의 기본 입장에 확고히 서서 천주교에 사상적·종교적으로 대응하고 있다. 위 인용문에서 유학의 경전에 자재해 있는 상제=天를 서학의 천주와 농일시한 순암의 관점이 매우 주목할 곳으로 생각된다. 순암은 우리 유교의 상제를 서양인들이 독점하고 사유화한 것을 통탄한다. 성리학적 천리天理가 아닌 상제=천 개념을 부활, 유교 고유의 천학天學을 일깨워서 서학에 대응논리를 삼은 것이다. 다산이 취했던 서학대응논리와도 통한다고 보겠다. 순암은 다산처럼 신독愼獨을 새롭게 해석하여 천주교 신앙에 대응한 실천 방법론을 마련하지는 못했지만 '계신공구'의 대상으로서 상제의 존재를 발견하였다. 순암과 다산은 서학에 대한 태도에 있어서 대척적이었음에도 성호학파로서의 공통점을 지녔던 것으로 보인다.

실학은 성리학의 연장선에 놓인 것은 아니었다. 그것은 어디까지나 17세기 이래 당면한 내적 현실의 해법을 찾아 고민하고 외적 상황에 대응책을 강구함

12 『順菴集·年譜』 74歲詩, 「與人書」, "詩曰: 上帝臨汝, 無貳爾心. 曰: 對越上帝, 曰: 畏天命, 無非吾儒戒懼謹獨, 主敬涵養之工, 尊事上帝之道, 豈過於是? 而不待西士而更明也. 所可痛者, 西士以上帝爲私主, 而謂中國人不知也."

으로 해서 형성된 신학풍이다. 따라서 실학이 성리학에 대해 비판과 극복의 의미를 갖게 됨은 불가피했다. 그렇다 해서 양자를 무관한 것으로 치부할 수는 없다. 한국 실학은 16세기 성리학의 축적한 고도 위에서 발양, 변모한 것이다. 따라서 실학의 학맥을 찾아가면 뿌리가 성리학에 닿게 된다. 성호학의 연원이 퇴계학에 있다는 것은 정설이거니와, 실학의 다른 여러 유파의 경우 율곡栗谷이나 혹은 어떤 학자로 소급해서 연맥 관계를 파악하는 할 수도 있을 것이다.

안정복의 천학관天學觀과 예수회의 이성선교理性宣教

가와하라 히데키

1. 서론

안정복은 조선후기의 실학자로 생졸년은 1712년(숙종 38)~91년(정조 15). 자는 백순百順이고 호는 순암順庵, 한산병은漢山病隱, 우이자虞夷子, 상헌橡軒 등이다. 본관은 경기도 광주. 남인. 봉호封號는 광성군廣成君, 시호는 문숙文肅이다.

안정복은 일찍이 거자擧子의 업業을 버리고 과거에는 응시하지 않은 채 평생동안 학문연구에 정력을 쏟았다. 영조, 정조의 양조兩朝에 출사하여 세자익위사익찬, 목천현감 등이 된 것을 제외하면 한조산관閑曹散官을 지낸 것에 불과하다.

그 학문에서 특필할 점은 크게 세 가지다. 첫 번째는 이황(1501~70) → 이익(1681~1763)으로 이어지는 학통을 이어 주자학연구를 심화시킨 점이다. 안정복은 이황의 대표서인 『주자서절요』를 본떠 『주자어류절요』를 편찬하고(1775), 이익이 이황의 '수미지어粹美之語'를 절산節刪해서 편찬한 『이자수어李子粹語』를 교정하고(1753), 또 이익의 수필 『성호사설』을 교정하면서 비슷한 것을 자르고 요점을 모아 『성호사설유편星湖僿說類編』을 편찬했다(1762). 또한 『하학지남下學指南』(1740), 『가례집해家禮集解』(1781) 등도 저술했다. 성호학파를 대표하는 석학으로 일컬어지는 이유다.

두 번째는 역사학에 대한 공헌을 들어야 할 것이다. 안정복은 『삼국사기』, 『고려사』, 『동국통감』 등의 동국사서東國史書 및 『사기』, 『한서』 이래의 중국 사서를 자료로 하여 사실史實을 고증하고 기자원년箕子元年에서부터 고려말에 이르는 편년체 역사서 『동사강목』을 저술했다(1759). 역사서로서의 최대의 특징은 『자치통감강목』의 체례를 본떠 각 왕조의 계통을 분명히 하고 기자조선 → 마한을 정통으로 보아 삼국시대를 무통無統이라 보고 통일신라(문무왕 9년 이후)와 신라투항(태조 19년) 이후의 고려를 정통으로 본 점에 있다. 정조는 등진謄進을 명하여(1781) 직제直齊에서 저자에게 교정을 보게 하고 내각內閣에 소장토록 하였다(1783). 안정복은 또한 『동사강목』의 뒤를 이어 조선 건국에서부터 영조 52년(1776)에 이르는 역사서 『열조통기列朝通紀』를 저술했다.

세 번째는 주자의 학설을 근거로 천주교 교리를 비판한 점이다. 순암연보에 따르면 1785년 3월 안정복은 천주학의 내력이 근거하는 바를 서술한 『천학고天學考』를 짓고, 그 학술이 옳지 않음을 논한 『천학문답天學問答』을 지었다. 1801년 순종은 정학正學을 밝히고 사설邪說을 없애는 데 도움이 되도록 하기 위해 안정복에게 의정부좌참찬議政府左參贊 겸지의금부사兼知義禁府事, 오위도총부총관五衛都摠府都摠管을 추증했다고 한다. 관위의 추증은 안정복의 배야론排耶論의 영향이 얼마나 컸는지를 잘 보여주고 있다.

본 발표의 과제는 이상의 세 가지 점 가운데 세 번째인 안정복의 천주교관에 대해 사상사적인 분석을 실시하여 그 특징을 밝히는 것에 있다.

2. 안정복의 배야론排耶論

1) 서학 연구와 배야론 집필

(1) 서학 연구

안정복의 서학 연구는 영조 22년(1746) 10월 17일 안산安山 성촌星村으로 이익을 찾아가 처음으로 만나 하룻밤을 묵으며 경사제설經史諸說에 대해 담론을 나누었을 때(35세) 시작된다. 『천학문답』의 부록에 의하면 이익은 학술 논의의 말미에 서구의 '천문추보天文推步나 기기제조器機製造, 산수算數 등의 술術은 중하中夏가 미칠 바가 아니다'라고 하고 특히 '현행의 시헌력법時憲曆法은 백대百代 폐弊가 없다고 할 수 있다', '서국西國 역법은 요시堯時의 역曆에 비할 바 아니다'라고 절찬했다. 안정복은 이에 대해 '서양학은 학술로 말할 만한 게 있는가'[洋學有可以學術言之者乎]라 질문했다.[1] 이익은 '있다'고 대답하며 천주교의 삼혼설三魂說과 영혼불멸과 천당지옥의 설을 들고 천주교를 전체적으로 '이는 필히 이단이며 불교의 별파別派에 지나지 않는다'고 말했다 한다. 이익이 서학을 평가한 것은 이단의 말이라도 볼 만한 것이 있다면 배워야 한다고 평소 생각하고 있었기 때문이라고 추정해도 큰 잘못은 없을 것이다.[2] 놀랄만한 형안炯眼이다.

그러나 안정복이 서학서西學書를 연구했다는 것을 보여주는 자료는 실제 그다지 많지 않다[3]. 확실한 증거는 『순암집』 권2에 수록된 영조 32년(1756)과 익

1 言外의 의미는 학술(사상)을 기예와 구분하여 서학이 기예에 뛰어난 것은 사실이라 하더라도 학술은 어떨지 모른다는 뜻이다.

2 안정복은 같은 부록에서 이익의 정신 '異端之書, 其言是則取之而已. 君子與人爲善之意, 豈有彼此之異哉. 要當識其端而取之可也'를 언급하고 있다.

3 안정복의 『雜同散異』에는 「象緯考略」이 수록되어 있다. 서구 천문학의 내용을 적은 것인데 결국 英祖命編 『동국문헌비고』(1770) 「象緯考」의 節錄에 지나지 않는다. 독서노트 정도로

년翌年의 이익에 보낸 편지(上星湖先生別紙丁丑과 上星湖先生書戊寅別紙)를 기다리지 않으면 안 된다. 전자의 정축서丁丑書(45세)는 천주교서(『천주실의天主實義』나 『기인십편畸人十篇』)를 인용하면서 '서양 학술의 비非를 논하고', 천주가 화가 나 루시퍼(Lucifer)를 마귀로 바꾸고 지옥을 만들어 그 곳에 떨어뜨린 것이나 수도사 아우릴랙(Aurillac)이 다른 사람 대신에 지옥의 고통을 받은 것을 가지고 '천주의 상벌賞罰은 그 사람의 선악을 근거로 하지 않는다[天主之賞罰, 不以其人之善惡]', '지옥은 천주의 "사옥私獄"에 지나지 않는다 [地獄還是天主之私獄]'고 논단論斷한다. 한편 후자의 무인서戊寅書(46세)는 일반적으로 '귀신의 리理를 논한' 것으로 유자儒者의 '기가 응축되면 살고 기사 흩어지면 죽는다[氣聚則生, 氣散則死]'는 설에 덧붙여 불씨佛氏의 윤회와 서사西士의 영혼불멸의 시비를 분석한다. 최종적으로는 유학 이외의 이교二敎를 이단으로 보는데 유학의 소위 '기산氣散'에 늦고 빠름을 설정하여 같은 '기의 미산未散'과 '기의 불산不散'으로 성인이 제사를 지내 조상의 귀신이 내격來格하는 이유를 설명하고 서사가 천당지옥을 생각해내고 불씨가 윤회를 만들어낸 이유를 설명하고 있는데 논술 시 천주교와 불교의 신학이론에 상당히 접근했다는 점은 틀림없다. 양서兩書는 모두 학술적 성격이 강한 작품으로 아마 그 이상의 집필 동기는 없었을 것이다. 안정복도 이익과 마찬가지로 천주교의 신학이론을 선입견 없이 분석하고 이성적으로 연구하고 있는데 이질적인 종교관에 감정적으로 반발하여 일률적으로 배제하고 있지는 않다.

(2) 배야론의 집필

그러나 정조 8년(1784) 무렵 안정복(73세)의 천주교 연구는 크게 양상이 바뀐다. 같은 붕당朋黨(남인)에 속하는 많은 기예氣銳의 젊은 후진들이 천주교의 세례를 받아 양반사회와 빈번하게 알력을 일으키게 되었기 때문이다. 정조 10년

이해해야 할 것이다.

(1786)에 남인 시파 영수인 채제공에게 보낸 편지(「與樊巖書丙午」) 등에 의하면 이승훈(1756~1801), 정약전(1758~1816), 정약종(1760~1801), 정약용(1762~1836), 권철신(1736~1801), 권일신(1751~91), 이가환(1742~1801), 이벽(1754~86) 등 '오당吾黨 소자小子의 평일재기平日才氣(유학)를 가지고 자임하는 자들이 많이 신학新學에 귀의했다. 진도眞道는 여기에 있다고 생각해 미연靡然히 그것을 따르는 것 같다'고 한다(순암집 권5).

안정복은 '그 전도함익顚倒陷溺의 상태를 보고 있을 수 없어 긴박한 정세 하에 개략 규잠規箴을 지었다'(「與樊巖書丙午」). 즉 천주교 교리를 논변하여 '석씨釋氏의 조적粗迹'이라 단정짓고 서국이 금교시 교도 천만명 이상을 주살誅殺하고 일본이 수만명을 주살한 사실史實을 말하며 경거망동을 경고했다(『순암집』 권6, 「與權旣明書甲辰」). 그러나 오히려 화심禍心이 있는 것으로 의심받아 을사乙巳 3월에 일어난 천학옥天學獄의 장본인으로 지목받았다(『闢衛編』 권2, 「安順庵乙巳日記」). 그 적심赤心에서 나온다고 스스로 말한, 동당同黨 후배들에게 보낸 규잠의 편지가 「여권기명갑진與權旣明書甲辰」[4]과 「답이사홍서을사答李士興書乙巳」(순암집 권8)이며 규잠의 논문이 『천학고』, 『천학문답』(권17)이다. 특히 『천학고』, 『천학문답』의 배야론은 압권이다. 상세한 내용은 절을 바꿔 분석하기로 한다.

2) 『천학고』, 『천학문답』의 내용

안정복은 『천학고』와 『천학문답』을 지어 서사의 학, 즉 천주교(넓게는 야소교耶蘇教, 야교耶教)를 사학邪學이라 하고 이단으로 단언했다. 결론 자체는 다른 배야

4 甲辰(1784) 12월에 사위인 권일신의 형 철신에게 보낸 편지. 안정복의 『을사일기』에 의하면 동당의 젊은이들은 廣州 中路의 鄭氏 성의 문관이 同書를 搢紳간에 傳布한 결과 秋判이 이를 듣고 천학옥을 일으켰다고 믿고 있었던 모양이다.

론排耶論과 거의 같으나 배야의 논리에 주목하면, (1) 서사의 학을 유학과 같이 사천事天의 학學(천학天學)으로 간주한 점, (2) 논증은 명석하나 교격矯激에 이르지는 않은 점, (3) 천주교의 신학이론 뿐만 아니라 역사적으로 이를 분석한 점 등에서 평가할 만 하다고 할 수 있다. 아래에서는 『천학문답』을 주된 분석대상으로 하면서 상기의 항목에 대해 개별적으로 상세하게 밝힌다.

(1) 유야儒耶는 모두 천학天學이다.

[문답형식]

안정복은 주로 야교서 『천주실의』, 『기인십편』, 『진도자증眞道自證』이 주장하는 신학이론에 대해 비판을 전개했다. 『천주실의』는 '야소교의 천주란 즉 고경서古經書에서 말하는 바의 상제上帝(吾天主, 乃古經書所稱上帝也)'(제2편)라는 것을 증명하고자 하는 카테키즘(교리문답서)이고 『기인십편』과 『진도자증』은 그 보편補編이다. 안정복은 삼서三書의 주장을 따라 천주를 유가의 상제와 동일시하고 야교를 천학의 일종으로 인정하면서도 『천주실의』 등의 문답형식을 원용하여 그 주장을 논박하고 이단의 학學이라는 것을 밝히려고 했다.

[야교즉천학耶教卽天學]

『천학문답』의 제 1제題는 혹문或問 '지금 이른 바 천학이 예전에도 있던 것인가(今世所謂天學, 於古有之乎)'로 시작된다. 당시 후배들이 열심히 창도唱道한 천학에 대해 동아시아의 고대에도 그것은 존재했는가를 묻는 것이다. 안정복은 혹자의 질문에 대해,

> 천학은 고대에도 존재했다.[5] 『서경書經』「탕고湯誥」에 '큰 상제는 치우침이 없는 리理를 사람들에게 내려 항상 있는 성性을 따라 잘 그 도道를 편

안하게 했다(惟皇上帝, 降衷于下民, 若有恒性, 克綏厥猷)'고 했고 『시경詩經』 「대명大明」에 '이 문왕文王은 소심익익小心翼翼하여 상제에 소사昭事했다(惟此文王, 小心翼翼, 昭事上帝)'고 했으며 또한 아장我將에 '천天의 위威를 두려워해 천天과 문왕이 강림降鑑하는 이유의 의意를 보존한다(畏天之威, 于時保之)'고 했다. 공자는 '천명天命을 두려워한다(畏天命)'고 했고(論語 · 季子) 자사子思는 '천이 명한 이것을 성性이라 한다(天命之謂性)'고 했고(중용), 맹자는 '그 마음을 보존하고 그 성을 기르는 것은 천을 섬기는 이유이다(存其心養其性, 所以事天也)'라고 했다(盡心上). 우리 유학도 또한 사천事天의 학學에 다름 아니다. 동중서董仲舒가 '도道의 대원大原은 천天에서 나온다(道之大原出乎天)'고 한 것(漢書本傳 · 天人對策三)이 바로 그것이다.

라고 회답했다. 안정복은 중국의 고전에 천天을 섬기는 사례가 많이 보이는 것으로 보아 유학이 '금세今世에서 말하는 천학', 즉 야교와 마찬가지로 사천事天의 학學, 즉 천학이라고 단언했는데 이는 『천주실의』제 2편의 논리, 고경서에 의한 '상제와 천주는 단지 명칭이 다름에 지나지 않는다(上帝與天主特異以名也)는 것의 논증을 받아들였다는 것을 의미한다. 사실 상기의 『서경』 「탕고湯誥」, 『시경』 「대명大明」의 어구는 『천주실의』의 인용문과 같다.

안정복이 "천주즉상제天主卽上帝", "야교즉천학耶教卽天學"이라 이해한 것은 「여권기명갑진與權旣明書甲辰」의 기재記載를 보더라도 의심할 여지가 없다. 권철신에 보낸 이 편지에서는 '야교는 천주가 있다고 하나 우리의 학문도 또한 천주가 있다고 한다(彼日有天主, 吾亦日有天主)'고 하고 '야교는 천당이 있다고 하나 우리의 학문도 또한 천당이 있다고 한다(彼日有天堂, 吾亦日有天堂)'고 말한 곳이 있다. 안정복이 보기에는 '천주즉상제'일 뿐 아니라 고경서에 상제에 대한 말이 보이고 고성인古聖人이 천天에 대해 언급한 이상 우리의 학문도 천주가 있다고 말하지 않

5 원문은 '有之'. 이하 『천학문답』에서 인용할 때는 원문의 기재를 생략한다.

을 수 없다. 또한 상제가 엄연히 존재하고 상제가 있을 장소가 필요한 이상 천당은 있다고 생각하지 않을 수 없다. 안정복에 의한 천당의 존재증명에는 『시경』「문왕文王」의 '문왕은 (사후死後, 천인간天人間을) 일승일강一升一降하면서 상제의 옆에 있다(文王陟降. 在帝左右)', 같은 『시경』「하무下武」의 '문왕大王과 왕계王季와 문왕은 천天에 있다(三后在天)', 『서경』 소고召誥의 '많은 선철왕先哲王이 천天에 있다'(多先哲王在天) 등이 인용되었는데, 이 모두는 『천주실의』 제6편의 논리와 인용을 따르고 있다.

안정복은 또한 같은 편지의 다른 문맥에서 '서사는 상제를 가지고 자신들만의 "사주私主"라 생각하고 이를 모른다고 중국인을 비난하고 있다(西士以上帝爲私主. 而謂中國人不知也)'고 말하는데 언외言外의 의미는 천주가 이교도를 포함한 인류 모두의 "공주公主"이어야 한다는 것으로 말 그대로 천주를 상제로 이해해야 한다는 것을 보여주고 있다. 안정복이 논의에 있어서 엄격하게 천주를 즉상제卽上帝로 보고 야교를 즉천학卽天學이라고 본 것은 틀림없다.

[유정야사儒正耶邪]

『천학문답』의 제 2제는 유학과 야교가 똑같이 사천의 학이라면 왜 유학을 받들고 야교는 배척하는가를 문제로 삼는데, 안정복은 서사의 학을 배척하는 이유에 대해 천天을 섬기는 것은 같으나 유학, 즉 중국의 성학聖學은 "정正", 야교 즉 서국의 천학은 "사邪"이기 때문이라고 설명한다. 이 천주교를 사교라고 하는 명제는 서사가 신이神異의 인간으로 아무리 천도추보, 역법산수, 제조기기에 뛰어나고 대지大地를 잘 주행周行하고 중국에 들어와 아직 얼마 되지도 않아 그 언어문자에 통하고 천도天度를 계량하여 일일이 부합된다고 하더라도 변함없다고 한다(제3제).

『천학문답』 제4제는 그 야교가 사邪한 이유를 밝히고 있다. 안정복은 말하기를, 인심은 천성에 기초하기 때문에 그 마음을 잘 조존操存하고 그 성을 보유保有하여 상제가 부여한 성命(천명天命)을 잊지 않으면 사천事天의 도道는 그것으로 충분하고 이를 지나치는 것은 없다. 그럼에도 불구하고 서사는 조석朝夕으로 천주에 기도를 올리고 구과舊過의 용서를 빌고 지옥의 고통을 면하기를 바란다. 무축기도巫祝祈禱와 같이 하루 다섯 번 천天을 배拜하고 칠일에 한 번 소식素食하여 사천의 도를 다할 수 있다고 생각하고 있다. 안정복의 고찰에 의하면 야교를 사邪하다고 판단하는 이유는 그 종교성에 있는데 유교와 마찬가지로 천학에 전념한다고 해도 주야晝夜의 기원祈懇 자체가 불가참회佛家懺悔의 거擧와 조금도 다를 바 없기 때문이다.

제 27제는 그 야교의 종교의례(典禮)에 대해 논한 것이다. 안정복은 사제司祭를 대부代父(신부神父)로 부르는 것이나 세례를 하고 세례명을 정하는 것, 고해告解, 견신堅信 등에 대해 일률적으로 부정하고, 모두 불교의 연비燃臂, 참회懺悔, 관정灌頂과 유사한 것에 지나지 않으며 성인聖人의 가르침을 배우는 자가 행해서는 안 되는 것이라고 명언하고 있다.

제 5제는 야교가 '천天을 가지고 학學에 이름을 붙여' 천학天學이라 자칭하고 진도성교眞道聖敎라 공언하는 이유에 대해 논한다. 안정복의 추정에 의하면 서역 일대에서는 예로부터 제교이학諸敎異學이 많이 일어나 교간敎間의 경쟁이 심했기 때문에 살아남기 위해 더 이상 존엄한 것이 없는 천天을 꺼내면 타교他敎는 경쟁할 수 없을 것이라 생각해 명명命名했다고 본다. 안정복은 서사가 천학이라 칭하는 것 자체를 참망僭妄이라고 보는 한편 유교는 성인이 천을 계승해 일어나 천공天工을 대신해 천하를 다스리고 서질명토敍秩命討 등 천天에 의거하지 않는 것이 없고 시책은 모두 천명의 유행이라고 말해 유교가 정교임을 강조하고 있다.

[야교와 천학말류]

제 6제는 묵자의 천과 야교의 천을 비교한다. 묵자는 천의天意에 따르면 반드시 상을 얻고 천의에 거스르면 반드시 벌을 받는다고 주장하며(天志), 위로는 천을 존중하고 가운데로는 귀신을 섬기고 아래로는 사람을 사랑하는 것은 야교와 다를 바 없기 때문이다. 안정복에 의하면 묵자의 겸애兼愛는 서사의 망수애구忘讐愛仇와 다를 바 없고 묵자의 상검尙儉은 서사의 약신공고約身攻苦와 같다. 그러나 묵자가 천에 대해 언급하는 것은 현세를 위해서이나 서사가 천을 말하는 것은 후세(내세)를 위한 것으로 묵자에 비해 가장 궤탄詭誕이라고 하지 않을 수 없다고 한다.

제 8제는 천학말류로 분류되는 중국전국기의 추연鄒衍(기원전 305?~기원전 204)과 조선 중후기의 허균(1569~1618)에 대해 논한다. 안정복의 이해에 의하면 추연의 담천談天도 서구천문학이 절묘하게 천도에 부합되는 것에는 미치지 못하고 허균의 천품의 본성을 따른다는 설도 서사의 학과 운니의 차이가 있어 비교하여 동칭同稱하는 것은 불가하다. 학술의 차이는 모두 이단으로 돌아가면 신중하지 않을 수 없다. 위학爲學의 원두原頭를 변론하여 말류의 폐를 알아야 한다고 스스로의 신념을 말하며 논변을 끝맺고 있다.

[천주와 태극]

제 23제는 『천주실의』의 '천주가 천지만물을 시제始制한다'와 『태극도설太極圖說』의 '천즉리(태극)가 만물을 화생化生한다'의 논리상의 차이에 대해 논한다. 안정복이 분석한 바로는 상제를 가지고 주재主宰의 명칭으로 삼고 만물의 총주總主로 이해하는 것은 야유耶儒 어느 쪽이나 같다. 그러나 『천주실의』(제2편)는 '고선古先의 군자가 천지의 상제를 공경했다는 말은 들은 적이 있으나 태극 즉 리理를 존봉한 자가 있다는 것은 아직까지 들은 적이 없다(但聞古先君子敬恭于天地之上帝, 未聞有尊奉太極者)'고 하고 또 '리理는 (자립자가 아닌) 의뢰자로 그 자체로는 존재할 수 없다. 물物이 있으면 물의 리가 있고 물이 없으면 물의 리는 없으며 군君이 있으면 신臣이 있고 군이 없으면 신이 없다는 것이 이를 보여준다. 만약 그러한 실질이 없는 리를 물의 본원本源이라 하면 불노佛老의 설과 다를 바 없을 것이다(理是依賴之者. 有物則有物之理, 無物則無物之理. 有君則有臣, 無君則無臣. 若以虛理爲物之原, 是無異乎佛老之 說)'[6]라고 한다. 『태극도설』의 리를 만물의 근원이라고 하는 명제는 서사의 문답을 따르는 한 논리적으로 성립하지 않는 것이다.

안정복은 『천주실의』의 논리에 납득이 가지 않아 이렇게 반론한다. 즉 천은 주재가 있는 것으로 말하면 상제라 하고 소리가 없고 냄새가 없는 것으로 말하면 태극이라고 하고 리라고 한다. 상제와 태극(리)은 원래 둘이 아니다. 상제는 리의 근원으로 이 천지만물을 만드는데 천지만물은 스스로는 생길 수 없다. 반드시 천지만물의 리가 있기 때문에 이 천지만물을 화생시킬 수 있는 것이다. 리의 존재 없이는 천지만물의 자생自生 따위는 있을 수 없다. 『천주실의』의 주장은 후유後儒의 기가 리에 앞선다는 설에 지나지 않고 황당무계하다. 공자는 '태극이 양의(음양)를 낳는다(太極生兩儀)'[7]고 하고(易 · 繫辭上), 또 '일음일양하는 것을 도라 한다(一陰一陽之謂道)'고 했는데(역 · 계사상), 도란 리를 의미한다. 서사가 말하는 것은 공자를 포함하여 배척한다는 것을 의미하는데 유자된 자는 마땅히 명목장담明目張膽하여 배빈排擯하지 않으면 안 된다고 결론짓는다.

[소결]

안정복에 의하면 유야는 똑같이 천학이긴 하나 유정야사儒正耶邪이기 때문에 야교는 배척하지 않으면 안 되는 것이다.

6 『천주실의』 제2편의 원문은 '理亦依賴之類, …… 有君則有臣, 無君則無臣, 有物則有物之理, 無此物之實, 卽無此理之實, 若以虛理爲物之原, 是無異乎佛老之說'이다. 안정복은 인용 시 조금 편집을 가하고 있다.

7 『역』 계사상의 원문은 '易有太極, 是生兩儀'이다.

(2) 논변은 분명하나 교격矯激하지 않다

[이성적인 논변]

안정복의 배야론은 서사의 "천주즉상제"의 명제를 받아들이면서 이성적인 논변을 통해 야교 신학의 논리모순을 추궁한 것으로 감정적인 반발, 혐오에 호소하는 다른 배야론과 동렬에서 논할 수 없다.[8] 논변은 종교적인 열광에 대해 이성적인 회의懷疑로 맞서고 논조는 온화하며 배야론에 흔히 보이는 지극히 격렬한 성격과 훌륭한 대칭을 이루고 있다.

안정복의 주장의 온건성은 채제공 일파의 젊은이들이 양반사회의 예제禮制(사회 통례)에 대해 정면에서 적대하고 장례에 임해 위패를 태우고 장제葬祭를 폐한 것(진산珍山의 변變)과 비교해 봐도 눈에 띄었으면 띄었지 색이 바래는 일은 없다. 또한 남인 홍의호 일파가 서교를 정쟁에 이용하여 채제공 일파의 배제를 기도했던 것과 비교해도 실로 온당하다. 안정복에게는 과격의 억제는 야교도와 배야파 쌍방에 대응한 것이라고 하지 않으면 안 된다. 개별문답을 참조하면서 안정복의 배야론의 온건한 성격을 확인한다.

[내세주의와 현세주의]

『천학문답』 제 7제는 그 중에서도 야교의 구세救世와 유교의 행도行道의 본질적인 차이에 대해 논한 것이다. 안정복은 말하기를 야교의 구세와 유교의 행도는 일견 비슷해 보이나 야소의 구세는 오직 사후에 있고 천당지옥으로 권선징악의 수단으로 삼는다. 한편 성인의 행도는 오직 현세에 있고 명덕신민明德新民

---

8 일반적인 배야론의 경우 논자 자신이 흥분하여 단숨에 논을 전개하는 경우가 많아 그 결과 사실오인이 적지 않다. 추악한 바가 많다.

으로 교화의 방법으로 삼고 있어 양자는 공사公私의 구별이 같지 않다. 설령 그가 말하는 것 같이 천당 지옥이 실제 존재한다고 하더라도 인간이 현세에서 열심히 선을 행하는 것은 인간으로서 당연히 해야 할 바이다. 인간은 자기의 강충降衷의 천성(몸에 갖추어진 도덕성)에 등 돌리지 않도록 신경을 쓸 뿐만 아니라 선을 행하는데 있어서 복을 내세에 바라는 조그마한 마음도 있어서는 안 된다. 정자程子는 '석씨의 초탈사생은 일기一己의 자신을 위한 것이다(釋氏超脫死生, 專爲一己之私)'라고 갈파했는데 야교도가 지옥을 면해보려고 기도하는 것도 그 일기의 자신을 위한 것이라고 해야 할 것이다. 이상과 같이 안정복의 논변은 결코 과격하지는 않으나 야교의 내세주의와 유교의 현세주의를 훌륭히 대비시키고 있어 흥미롭다.

제 12제는 서사의 내세주의를 배척해야 할 이유에 대해 설명을 보족補足한다. 안정복에 의하면 사람은 이 현세에 사람으로서 태어난 이상 현세의 일(인사人事)에 최선을 다하지 않으면 안 된다. 그런 의미에서 지선至善을 구하는 것이 사람의 임무다. 그러나 서사는 현세를 노고세勞苦世, 잠차기거暫次寄居라고 간주해 사람이 살아야 할 세상이 아닌 금수가 본처本處하는 곳, 금수의 세상이라 단정 짓고 세인이 현세에 고집하여 이익을 추구하는 것을 비웃거나 혹은 동정한다(천주실의 제3편). 확실히 우리들이 보더라도 현세는 역려逆旅에 지나지 않고 오랫동안 사랑해야 할 것은 아니나 그렇다고 해서 서사와 같이 현세를 금수의 세상으로 간주하는 것은 옳지 않다. 왜냐하면 우리 상제는 실제로 이 삼계三界(현세)를 만들고 사람으로 하여금 중계中界를 재성보상宰成輔相하게 하고 있는데 현세를 사실에 반해 금수의 세상이라 하면 사람은 '불생不生'을 선으로 보고 그 결과 인류는 진멸해 천지간은 진짜 금수의 터가 될 것이다. 안정복은 서사의 내세주의를 확고히 배제하고 미동조차 하지 않는다.

[영혼불멸]

제 11제는 천주구세의 학의 영신불사靈神不死 즉 영혼불멸에 대해 논한다. 안정복의 논리에 따르면 이 테마는 본래 공자를 배우는 자가 고찰하고 질언할 바가 아니다. 『논어』 「선진先進」편에 '자로가 귀신을 섬기는 것을 묻자 공자는 "아직 사람을 섬기는 것도 능하지 못하다. 어떻게 잘 귀신을 섬기겠는가"라고 대답했다. 또 죽음을 물은 것에 대해서는 "아직 생을 모른다. 어떻게 죽음을 알겠는가"라고 대답했다(季路 問事鬼神. 子曰, 未能事人, 焉能事鬼. 曰敢問死. 曰未知生, 焉知死)'고 하며 「술이述而」편에 '공자는 괴력난신을 말하지 않았다(子不語怪力亂神)'고 하는 바와 같이 사람된 자는 "괴怪" 즉 희귀한 것이나 "신神" 즉 무형의 물物에 대해서는 가볍게 말해서는 안 되기[9] 때문이다.

그러나 자로의 질문을 바꾸어 '사람은 태어나자마자 온전히 천주생양天主生養의 덕을 받으면 천주를 마음으로부터 섬기지 않으면 안 된다. 죽자마자 육체는 없어지나 영혼은 장존長存하면 생시生時의 선악에 의해 사후의 영혼은 당옥堂獄의 보報를 받지 않으면 안 된다'고 한다면 공자의 뜻은 한층 더 명백해 질 것이다. 결국 성인의 법천法天이란 몸에 내재하는 천명의 성을 따라 현세에서 해야 할 일을 하면 그것으로 충분하고 그 이상의 아무런 것도 아니다. 성인의 학이 천주구세의 학과 다른 이유다.

[삼혼론三魂論]

제 28제는 삼혼론 즉 아리스토텔레스의 아니마설에 대해 논한다. 『천주실의』 제3편에 의하면 세계의 혼에는 삼품三品이 있다. 하품은 초목의 혼으로 '생혼生魂'이라 하고 중품은 금수의 혼으로 '각혼覺魂'이라 하고 상품은 사람의 혼으로 '영혼'이라 한다. 생혼은 영양섭취와 번식의 능력만을 갖고 각혼은 영양과 번식에 더해 감각과 운동능력을 갖고, 영혼은 영양, 번식, 감각, 운동에 더해 추론

9 같은 제 11제에 '是不可以質言於無形恍惚之事'라고 되어 있는데 「與權旣明書甲辰」에 '聖人不語怪力亂神, 怪是希有之事, 神是無形之物'이라 한다.

명변의 능력을 갖는다. 생혼과 각혼은 신체기관에 의존하나 영혼(이성)은 신체기관을 필요로 하지 않기 때문에 생혼과 각혼은 사멸하더라도 영혼은 사멸하는 일이 없다고 한다. 삼혼은 실제로는 아리스토텔레스 이래의 (1) 자육自育적인 혼(anima vegetabilis), (2) 감각적인 혼(anima senseitiva), (3) 이성적인 혼(anima rationalis)을 뜻한다.

안정복은 스승 이익이 삼혼론을 높이 평가했기 때문이겠지만 같은 주장이 『성리대전』 권57 순자의 서산진씨西山眞氏(진덕수眞德秀) 왈曰에 인용된 『순자』(「왕제王制」편)에 '수화水火는 기가 있으나 생(영양섭취와 번식능력)이 없다. 초목은 생이 있으나 지(감각과 운동능력)가 없다. 금수는 지가 있으나 의(추론명변의 능력)가 없다. 사람은 기가 있고 생이 있고 지가 있고 또 의가 있다. 때문에 가장 천하의 귀한 것이다(水火有氣而無生, 草木有生而無知, 禽獸有知而無義. 人有氣有生有知, 亦且有義, 故最爲天下之貴也)'라고 나와 있는 것을 근거로 삼혼론을 시인한다. 다만 영혼불멸에 대해서는 석씨와 다를 바 없다고 보고 언하言下로 물리치고 있다.

[마귀]

제 13제는 주로 '마귀'에 대해 논한다. 마귀란 타천사墮天使를 의미하는데 제 30제(즉 『진도자증』 권2)의 설명에 의하면 천주는 천지를 창조하고 순신純神을 명생命生했다. 그 성은 절미하고 9등의 품으로 나누어 왕령을 받들었다. 그 때문에 "천신天神(천사)"이라 한다. 또한 거신鉅神이 있어 오만자족하고 스스로 주인을 자르고 악신의 우두머리가 되었다. 천주는 그를 지옥에 떨어뜨리고 "마귀(악마)라 이름 지었다. 천주는 얼마동안 그를 내버려두고 이를 통해 선인의 공을 단련하고 악인의 죄를 증오하게 했다 운운한다. 안정복에 의하면 마귀의 설 같은 것은 가장 리에서 멀고 황괴荒怪하기 그지없다. 『기인십편』 제8편은 마귀가 자신의 거오매혹倨傲魅惑으로 사람을 유혹하고 현혹되게 한다고 하나 마귀는 누구도 볼 수 없고 존재를 확인하는 것도 불가능하다. 설령 마귀가 실제 존재한다고 해도 이는 외물外物이다. 사람의 불선은 스스로 갖고 있는 형기의 욕欲에 유래하는 이상 외물의 유혹에 의해 자기의 성을 잃어버린 것 따위는 있을 리가 없다. 논할 것조차 없다. 안정복의 마귀론의 결론은 실로 단순명쾌하다.

마귀에는 흥미 있는 논의도 실려 있다. 제 29제가 그것인데 어떤 사람이 물었다. 최근 상사생上舍生이 석존의 의식에 참가하려고 했을 때 교도인 친구가 '대개 우상숭배는 모두 마귀가 내식來食한다. 석존의 경우 실제로 공자의 신神의 내향來享이 있을 리가 없다. 조상제사도 마찬가지다[10](凡假像設祭, 皆魔鬼來食. 豈有孔子之神來享乎. 人家祭祀亦然)'라고 설득하여 참가를 제지했다. 어떤 사람은 마음 속에 그 망妄을 알면서도 속俗을 따라 석존의 의식에 참가했으나 패례훼교悖禮毁教, 이보다 심한 것은 없다고 깊게 반성하고 있다고. 교도의 진지(비타협적)한 신앙태도에 대한 안정복의 대답은 명쾌하다. 야교도는 천주를 받들고 예배기도를 하나 이것도 가상설제假像設祭로 마귀숭배에 지나지 않는다. 이익의 「천주실의발天主實義跋」에 '야교에서 말해지는 여러 가지 영이靈異는 스스로 마귀에 씌어있다는 것을 잘 보여주고 있다(其種種靈異, 安知不在於魔鬼 套中者)'고 하는 대로이다. 안정복이 의심하는 바는 야교도란 마귀가 환농幻弄하는 거짓 천주가 있고 자신은 진짜 천주라고 칭할 때 위칭僞稱을 진짜로 받아들여 그 가상假像에 의부依附하는 자를 의미한다. 비웃는 야교도관이라 할 수 있겠다.

[인류의 원조原祖와 재조再祖]

제 14제는 인류의 원조에 대해 논한다. 안정복에 의하면 인류는 기화한 후 형화를 거쳐 서서히 번식한 것으로 대지제민大地齊民이 모두 원조 한 사람의 자손이라 하는 등 믿기 힘들다.

또한 제 15제는 인류의 원조와 재조에 대해 논한다. 첫 번째로 『진도자증』

10 서사의 논리에 의하면 선조의 착한 이는 천당에 있기 때문에 반드시 내향의 리가 없다. 지옥에 떨어진 자는 원해도 용서받지 못한다고 한다.

권2에 의하면 천주는 원조(아담)을 낳고 천하만민의 시조로 만들었다. 원조는 근본을 잃고 은혜를 잊어버린 채 사신邪神을 따라 천주의 명을 거슬렀다. 천주는 의노義怒하여 죽어 지옥의 고통을 받게 했다. 이리하여 인류는 세세손손 똑같이 그 벌을 받는다고 한다. 안정복이 보기에 원조에 죄가 있었다 하더라도 죄는 그에 그친다. 만세자손이 같이 벌을 받을 도리는 없다. 『진도자증』은 인류 모두가 원조의 죄의 벌로 지옥의 고통을 받는다고 하나 그것은 『천주실의』 제6편에 '왕패王霸의 법은 죄는 후손에 미치지 않는다. 천주는 죄를 범한 본인을 버리고 후손에 벌을 주는 것 따위는 없다(王霸之法, 罪不及胄. 天主捨本身而惟胄是報 也)'라고 하는 것과 모순된다. 두 번째로 『천주실의』 제8편에 의하면 '천주는 크게 자비의 마음을 발하여 친히 와서 세상을 구했다. 한애제원수漢哀帝元壽 2년 정녀貞女를 골라 어머니로 삼았다. 교감하는 바 없이 탁태강생托胎降生했다. 이름을 야소라 한다. 야소란 구세를 뜻한다(天主大發慈悲, 親來救世. 漢哀帝元壽二年, 擇貞女爲母. 無所交感, 托胎降生. 名耶蘇, 耶蘇卽救世也)'고 하나 『진도자증』 권2에 의하면 천주는 원조 자손 가운데 다시 한명을 세워 인류의 재조로 했다. 또 그 재조는 천주의 성자聖子이면서 진짜 천주 자신이라고 한다. "천주, 재조를 세우다"는 설명은 "천주, 친래강생親來降生하다"와 같지 않다. 안정복이 서사의 학을 믿기 어렵다고 말한 이유다.

[소결]

안정복의 야교비판에는 악의에 찬 매리잡언罵詈雜言이 전혀 없다. 오히려 야교를 유교와 같이 천학으로 인정하고 그 삼혼론을 기본적으로 시인하는 등 야교 이론에 대해 매우 관용적이다. 이는 배야론자의 야교 배척이나 야교신자의 이단 배척의 비타협, 비관용 정신과 좋은 대칭을 이루고 있다.

(3) 역사적으로 천주교를 분석하다

[종교이론과 역사연구]

안정복은 다양한 사상事象에 대해 역사적인 고찰을 즐겨 행한 바 있는데 천주교에 대해서도 마찬가지다. 『천학고』, 『천학문답』은 모두 그 경향이 강하다.

무릇 종교는 고찰대상으로서 평가가 어렵다.[11] 고찰을 할 때 명기해야 할 것은 어떠한 종교든 간에 그 신학이론은 신앙하는 사람 내지 코스몰로지(cosmology: 우주론)를 받아들인 사람에게는 논리상의 정합성을 갖추고 있고 조금의 오류도 없다는 것이다. 반사회적인 음사사교淫祠邪教에서도 이 점은 전혀 다르지 않다. 논리적 사고에 뛰어난 사람들이 많이 컬트에 입신하는 것이나 일반인(이교도)이 교도에 대해 그 신학이론의 모순을 지적해도 기교棄教에 이르는 이가 거의 없는 것도 이유는 거기에 있다 하겠다. 그러나 종교사상史上의 사적事跡(신의 이름에 의한 범죄도 포함한다)은 왜곡에 왜곡을 거듭해도 그 사실을 완전히 없애는 것은 불가능하다. 복수의 사람들이 복잡하게 얽혀있고 그것이 실제 행해졌기 때문이다. 흔적은 곳곳에 남지 않을 수 없다. 신자 이외의 자(이교도)에 의한 확실한 사실에 기초한 거짓 없는 종교사가 쓰여졌을 때 그 사실의 힘으로 사교도는 자기 신앙의 비非를 깨닫고 사교는 저절로 사라질 것이다. 이것이야말로 종교에 대한 사적 연구가 필요한 이유이며 동시에 안정복의 시도를 높이 평가해야 할 이유이다.

그러나 안정복의 『천학고』는 실제 야교와 회교回教에 관한 역사 기사記事를 혼동한 점이 있고 야교의 실정을 정확히는 파악하지 못했다. 예를 들면 안정복의 분석은 천주교서 『직방외기職方外記』 권1의, 천주가 하강한 국가인 '여덕아如

11 세계종교라든가 입신자가 셀 수 없이 많다든가 유구한 역사를 자랑한다든가 해도 그 정당성이 증명되는 것은 아니다.

德亞(유대)는 옛날 불름拂菻이라 이름 짓고 또 대진大秦이라고도 불린다'로 시작되고 그 대진국을 둘러싸고 전개되는데 『통전通典』 권193 대진의 인용에서는 대식법大食法(이슬람법)의 '돼지고기, 개고기, 당나귀고기, 말고기 등을 먹지 않는다(不食猪狗驢馬等肉)'를 대진법으로 오인하고 있다. 또 『홍서원시비서鴻書原始秘書』나 명明의 정요鄭曉 『오학편吾學篇』의 인용도 회교에 관한 것으로 야교와는 거의 관계가 없다. 안정복의 사적 분석이 본령을 발휘하고 있는 것은 역시 『천학문답』에서라고 해야 할 것이다.

[선교宣教와 사실史實]

『천학문답』 제 21제는, 서사는 동아시아에 대해 원서제국遠西諸國은 야소의 도를 얻었으며 풍기는 돈후敦厚하고 인심은 순박淳樸하다고 선전했는데(진도자증 권3 등), 그 거짓된 선전명제를 근거로 한 야교우월론을 비판한 것이다. 어떤 이가 물었다. '서사의 말에 의하면 "서국은 야소 후 교화가 널리 이루어져 찬탈도 없고 침벌의 해害도 없다. 서국은 만리나 떨어져 있는데 오늘날까지 조금도 변함없다. 한편 중국의 성인은 많지만 번갈아 흥하고 번갈아 망한다. 이 점으로 보아 중국의 가르침이 그 근본을 다스리지 못하는 것은 명백하다". 조선의 유자는 서사의 말을 듣고 망연자실하여 중국 성인의 가르침은 그에게 미치지 않는다고 하는데 유야의 우열은 과연 그대로인가'라고. 안정복은 서국의 풍기돈후, 인심순박을 어느 정도는 인정하면서도 "과대誇大의 언言"이라 하여 전면적으로는 믿으려고 하지 않는다. 또한 믿을 수 없는 이유로서 역대제사歷代諸史를 보면 한애제 이후 대서제이大西諸夷의 침벌병합은 매우 많아 사史가 무설誣說이 아닌 이상 서사의 말을 그대로 받아들이는 것은 불가하기 때문이라고 말하고 있다.[12] 안정복은 서사가 선교를 중시하여 사실을 왜곡한 것에 대해 역사상의

---

12 안정복은 또 일본의 制國의 術과 봉건의 법은 신무천황 이후 현재에 이르기까지 하나의 姓

사실을 중시해 허위를 날카롭게 지적한 것이다.

제 18제는 서사가 말하는 '불씨는 그 나라의 가르침을 훔쳐 스스로 문호를 세웠다(佛氏偸其國之教, 自立門戶)'를 비판한다. 안정복은 불씨석가(기원전 463?~기원전 383)는 주소왕周昭王 시대에 태어났고 천주야소(기원전 4?~기원후 28?)는 한애제 시대에 태어나 시간의 선후로 보아 서사의 설이 성립되지 않는 것은 자명하다고 단언하나 문제는 그렇게 단순하지는 않다.

『천주실의』 제5편은 피타고라스(기원전 582~기원전 496)의 윤회설이 신독身毒(인도)에 전해져 석씨가 윤회에 육도六道를 더해 신문新門을 세웠다고 설명하고 있어 서사는 불씨가 직접 야소의 가르침을 훔쳤다고 주장하는 건 아니기 때문이다. 그러나 안정복은 『천주실의』 제5편에 보이는 사화史話를 읽지 않았다고 말할 수도 없다. 오히려 피타고라스의 사화를 일부러 무시했다고 해야 할 것이다. 왜냐하면 안정복은 이익의 설을 받아들여 최종적으로는 야소를 '불씨不氏의 별파'(천학문답 부록) 또는 '석씨釋氏의 조적粗迹'(與權旣明書甲辰)이라고 이해하고 있기 때문이다. 피타고라스의 사화를 일축한 것은 사실을 중시하는 안정복에게는 의도적인 당돌한 희언戲言으로밖에 보이지 않았기 때문일 것이다.

제 20제는 서사가 야교의 선교를 목적으로 창명滄溟 팔구만리를 넘어 중국에 이르렀는데 소견이 적실的實, 역량이 절인絶人하지 않으면 그렇게 간단히 할 수 없다고 어떤 이가 칭찬하는 것에 대한 안정복의 회답이다. 안정복에 따르면 '사史로 이를 생각하면', 요진姚秦의 구마라십鳩摩羅什이나 소량蕭梁의 달마도 대서국大西國에서 중명重溟을 넘어 중국에 이르렀으나 결국 불교의 포교를 목적으로 한 것이었고 두 명의 승려가 전한 것은 현행의 불서에 지나지 않는다. 서사가 전한 것이 불서와 비슷한 이상 아무리 능력이 뛰어나다 하더라도 우리 유儒로 하여금 주공의 도를 버리고 그에 따르게 해서는 안 된다. 안정복의 분석은 실

이 相傳하여 중국의 청이 비할 바 못되나 그렇다고 해서 일본이 중국보다 뛰어나다고 할 수 없는 것과 같이 유교가 야교에 미치지 못한다고 할 수는 없다고 논을 이어가고 있다.

로 역사가로서의 쿨함을 겸비하고 있다.

[황괴荒怪의 귀결하는 바]

제 9제는 황괴한 제설을 설명한 결과가 어떻게 되는가에 대해 논한다. 안정복은 말하기를 서사의 학은 현세에 대해 언급하지 않고 단지 내세의 천당지옥의 보報에 대해서만 언급하는데 이는 탄황무계誕妄無稽에 속하고 성인의 정교正教를 해하는 것이다. 공자는 괴력난신을 말하지 않았는데(논어 · 학이) "괴怪"란 희유稀有의 사事이고 "신神"이란 불견의 물物로 희유불견의 것을 계속해서 말하면 인심은 선동되고 나아가서는 세상을 뒤흔드는 대사건, 즉 천하대란으로 발전한다. 역사로 그 필연을 증명하자면 한의 장각(황건적의 난), 당의 방훈 · 황소, 송의 왕칙 · 방렵, 원의 홍건적, 명말의 유적流賊 등의 종교반란이 바로 그것이다. 또한 영조 34년(1758) 신계현新溪縣의 요녀가 미륵불을 자칭하고 민중을 선동했다. 반란은 몇 개월 지나지 않아 해서海西로부터 고양 이북, 영동 일도에까지 번져 진압에는 한 달 이상이나 걸렸다. 인심이 움직이기 쉬우나 안정되기 어렵고 현혹되기 쉬우나 깨우치기 어렵다는 것은 무릇 이와 같다. 세도世道는 교위巧僞하고 인심은 알기 어려운 이상 항상 탄망을 배제하고 장래의 대란을 막지 않으면 안 된다. 안정복의 주장은 단순하나 종교반란의 위험성을 잘 밝히고 있다.

안정복은 전제前題의 '세도는 교위하며 인심은 알기 어렵다'에 이어 어떤 가설을 제시한다. 만일 악의의 요인妖人이 나타나 거짓으로 '동쪽에 천주가 강림했다'거나 '서쪽에 천주가 강림했다'고 창언唱言하면 민심은 탄망을 따르기 때문에 사실이라고 생각해 자연스럽게 휩쓸려 따를 것이다. 이 때 '이 학學을 하는 자'는 과연 '나는 정正이고 그는 사邪', '나는 실實이고 그는 허虛'라고 말할 수 있을 것인가 라고. 안정복의 분석은 일본사상 최대의 종교반란, 시마바라 아마쿠사 잇키(1637~38)의 전말을 염두에 둔 것에 틀림없다. 「여권기명갑진與權旣明書甲辰」(순암집 권6)에는 일본은 야교를 금하고 수만 명을 주살했다고 나오고 그 사실史實은 같은 편지를 인용한 『벽위편』의 할주割註에 '(천초天草)사랑四郞'의 이름이 보이는 것으로 보아 시마바라 아마 쿠사 잇키라고 생각하지 않을 수 없기 때문이다.

[야교성경과 중국사서]

제 19제는 야소 탄생을 예언했다고 하는 서국사서에 대해 논한다. 어떤 이가 물었다. 서사가 말하기를 그 나라에는 개벽 이래의 사서(성경)가 있어 현존한다. 대략 3600권이다. 모두 야소의 탄생에 대해 그 시기를 정확히 예언하고 있다. 이는 중국사서가 민멸泯滅하여 존재하지 않고 진위실허가 섞여 있는 것과 동열로 논할 수 없다고. 안정복은 대답하기를 나는 실제 보지 않았기 때문에 그렇지 않다고는 단언할 수 없다. 그러나 서국사시(성경)가 존재한다고 하면 야교서가 인용하는 경문은 즉 그 말이고 반드시 그 정수인 것에 틀림없다. 이를 중국 성인의 말과 비교하면 우열은 저절로 분명해질 것이다.

제 16제도 양자의 비교에서 중국사서 쪽이 더 뛰어나다. 안정복은 말하기를 중국에서도 수고邃古의 처음부터 전해져오는 언어에는 대략 황괴한 바가 많다. 예를 들면 여와女媧의 보천補天이나 예羿의 사구오射九烏 등이 그것이다. 그러나 공자가 나타난 이후 모두 삭제나 산정刪定을 당해 정도正道로 돌아왔다. 마찬가지로 서국에서도 원고遠古에는 또한 황괴한 말이 많이 존재했음에 틀림없다. 서사는 '개벽 이후의 문자는 지금도 여전히 존재한다. 『성경(성서)』이라 부르며 존신하고 있다'고 하나 성경은 아마 일종의 신성한 사람의 작作으로 신도神道설교를 위해 신비설을 만들어 인민을 권유한 것일 것이다. 야소의 사적事跡은 매우 기이한데 결국 불교의 현성현령顯聖顯靈과 같은 부류에 지나지 않는다. 실로 상제인 진짜 천주가 친래하여 실제 이들 영괴靈怪의 사적을 행했다고 해석하는 것은 논리적으로 불가하다. 그 학은 기원으로 보아 반드시 이단이라는 것은 의심할 여지도 없을 것이다. 안정복은 종교에 역사를 들여와 유교합리주의를 근거로 야교신비주의를 반박한 것이다.

[야소 전에 천주 있다]

제 25제는 중국서에 적혀있는 천주의 칭호에 대해 논한다. 안정복은 말하기를 천주의 칭호는 경전에는 전혀 보이지 않는다. 그러나 『사기』 봉선서封禪書에는 진시황 28년(기원전 219) 시황제는 동유東遊하여 명산, 대천, 팔신을 제사지낸다. '팔신의 제일은 "천주"라 하고 천제天齊를 제사지내는 것이다(一曰天主, 祠天齊)'라고 한다. 또 『한서』 곽거병전霍去病傳에는 원수元狩 2년(기원전 121) 곽거병은 흉노를 공격하여 '휴도왕休屠王의 천天을 모시는 금인金人(금속제의 천신상)을 얻었다(收休屠祭天金人)'고 하고 『한서』 김일제전金日磾傳에도 '휴도는 금인을 만들어 "천주"를 모시고 있다(休屠作金人爲祭天主)'고 한다. 『한무고사漢武故事』에도 같은 원수 2년 '곤사왕昆邪王이 휴도왕을 죽이고 내강來降하여 무제는 그 금인의 신神을 얻어 감천궁甘泉宮에 두었다. 금인은 신장이 일장여一丈餘이다. 제사는 우양牛羊을 쓰지 않고 다만 소향예배했다. 무제는 그 국속國俗에 따라 제사를 지내게 했다(昆邪王殺休屠王來降, 得金人之神. 上置之甘泉宮. 金人皆長丈餘. 其祭不用牛羊, 惟燒香禮拜. 上使依其國俗祀之)'라고 나와 있다.

이상의 제설에 따르면 당시의 천주교는 "금金"으로 천주의 상을 만들어 그 "금인"을 받들어 모신 것 같다. 오늘날의 천주교는 천주의 화상畵像을 만들어 이를 예배하나 그것은 단순한 고금의 변變에 지나지 않는다. 천주의 이름이 야소 이전에 존재했다는 것은 중국서 뿐만 아니라 서사 자신도 이를 인정하고 있다. 즉 『진도자증』 권2에 야소 탄생 후 40일 '성모는 야소를 안고 성전에 가 천주의 대 앞에 바쳤다(聖母抱之往聖殿, 獻於天主臺前)'라고 하는 것이 그것이다. 야소 이전에 천주의 칭호가 존재한 이상 야소가 천주가 아닌 것은 저절로 분명할 것이다. 안정복의 논리는 『천주실의』의 상제즉천주에 근거하고 있는데 그 명제를 전제로 하는 한 일정 정도의 논리성을 갖추고 있는 것도 틀림없다.

[소결]

안정복의 사적분석은 현시점에서 보자면 자료가 절대적으로 부족하여 사실의 오인도 있고 전면적으로 성공했다고 하기는 어렵다. 그러나 서사가 과학지식을 전하고 천주즉상제라 주장했다고 해서 곧바로 서사의 의도대로 서학을 유학과 등시等視해서는 안 된다고 생각하여 역사 자료를 근거로 서사의 주장의 진위를 변별하려고 한 안정복의 노력은 높게 평가하지 않으면 안 될 것이다.

(3) 안정복의 배야론과 예수회의 중국선교

안정복의 배야론은 그 특징으로 (1) 유교와 야교를 똑같이 천학으로 이해하면서 (2) 논리적이고 온당한 고증을 통해 (3) 야교를 역사적으로 밝히고 있는 것이라고 할 수 있다.

이하 안정복에게 부정적인 야교관을 초래한 예수회의 중국선교와 그 변천에 대해 분석함으로써 첫 번째와 두 번째 점의 의미를 생각해보겠다.[13] 구체적으로는 서구과학의 수입과 중국학술의 변천의 관계를 시야에 넣으면서 재화在華 선교단 내지 천주교회의 중국선교 방침 또는 노선의 변화를 주요한 테마로 하여 선교의 문화사적 의의를 다소간 분명히 하는 것을 시도하고자 한다.[14]

---

13 세 번째 점을 분석에서 제외한 것은 안정복의 사학의 해명은 본고가 의도하는 바가 아니기 때문이다.

14 복수의 연구서에 되풀이해서 나타나는 상식적인 명제나 기술에 대해서는 일일이 출전을 제시하지 않는다.

3. 예수회의 이성선교理性宣教

1) 마테오리치利瑪竇의 규거規矩

(1) 원리주의에서 적응주의로 : 대항해시대와 예수회

[예수회]

명말(1568) 이후 아편전쟁(1840~42) 이전의 천주교 중국선교사는 크게 전기와 후기로 나뉘는데 전기의 선교는 예수회(야소회)가 주도했다. 예수회란 이그나티우스 드 로욜라(Ignatius de Loyola)가 1534년에 결성한 천주교회의 남자수도회를 뜻한다. 반종교개혁운동을 주도하고 세계선교와 고등교육에 큰 공적을 세웠다.

[대항해시대와 마카오]

예수회의 세계선교는 새삼 말할 것도 없이 이베리아 천주교 국가의 식민활동과 일체가 된 것임에 다름 아니다. 포르투갈과 스페인은 15세기 중반 무렵부터 무역에 의한 재정상의 이익을 위해 경쟁하듯 해외로 진출했다. 소위 대항해시대이다. 포르투갈은 범선을 이용하여 동쪽으로 돌아 아시아에 도달했고 스페인은 서쪽으로 돌아 아메리카, 아시아에 도달해 세계를 하나로 결합했다. 이리하여 세계는 한정적이긴 하나 특정한 경제권의 경제로부터 국제적인 경제로 이행하였다.

포르투갈에 의한 아시아 진출은 인도의 고어 공략(1510), 말라카 점령(1511), 콜롬보 점령(1517), 다네코시마 표착(1543) 등을 거쳐 명明의 가정嘉靖 36년(1557) 중국의 마카오에 거주권을 획득했다. 이는 포르투갈이 장래의 중국무역과 동아시아 무역의 거점을 확보했음을 의미한다.

(2) 발리냐노의 적응주의

[원리주의적 선교]

천주교회의 각종 수도회(예수회, 도미니코회, 프란시스코회 등)는 포르투갈과 스페인의 중국진출을 따라 중국 내지內地선교를 시도했으나 명조의 엄격한 해금海禁정책에 막혀 모두 실패했다. 그러나 예수회는 마카오에 교회를 세우고 그곳에 살거나 근린의 화인華人에 대한 선교에 힘쓰는 한편 마카오를 중국 내지선교의 기지로 정비하여 호시탐탐 내지진입의 기회를 노렸다. 가정 42년(1563) 선교사 페레즈(Francisco Perez)와 테이세이라(Manuel Teixeira)가 마카오에 주재하고 경륭慶隆 2년(1568)부터 만력 11년(1583)까지 카르네이로(Melchior Carneiro)가 마카오에서 중국 및 일본의 일체 교무教務를 총괄한 것이 그것이다.

그러나 당시의 선교사의 화인에 대한 선교방법은 매우 원리주의적으로 신교信教를 바라는 자는 반드시 포르투갈어를 배우고 포르투갈의 성명을 쓰고 포르투갈식 생활을 하는 등 전면적으로 포르투갈화化되지 않으면 안 되었던 것 같다[15]. 당시의 화인 교도란 무역병역에 종사하거나 혼인관계를 맺거나 해서 마카오의 포르투갈 사회와 운명을 같이하는 소小포르투갈인을 의미했을 것이다.

[적응주의적 선교방침]

만력萬曆 6년(1578) 예수회 동인도관구 순찰사인 발리냐노(Alessandro Valignano, 1538~1606)가 마카오에 도착했다. 순찰사 파견의 목적은 "포르투갈령 동인도" 즉 중근동, 인도, 동남아시아, 중국, 일본에서 예수회의 지보地步를 강고히 하는 것에 있었다. 발리냐노는 1579년 마카오를 출발해 일반순찰을 개시하고 1581

15 徐宗沢(1938), 『中国天主教伝教史概論』,土山湾印書館, 第6章, 169면.

년 일본 예수회선교단을 동인도관구에서 독립시켜 일본준관구準管區로 했다. 일본준관구장은 중국선교도 총괄한다. 또 중일 생사生絲무역의 이익을 통해 동同 선교단의 재정기반을 확립하고 통신제도를 혁신하고 적응주의적 예법지침을 작성했다.

발리냐노의 적응주의는 오랫동안 진전이 없던 선교의 폐색정황閉塞政況을 개선하기 위해 고안된 점진적 방법이다. 선교대상 민족의 전통과 문화, 가치관에 깊은 공감과 존경을 갖고 가능한 한 이문화의 사회습관에 스스로를 적응시키는 것을 통해 스스로의 선교를 성공시키는 것을 의도하고 있다. 목적달성을 위해서는 스스로의 기호, 습관을 상당부분 포기하는 것이 필요하다[16]. 또한 뛰어난 당지當地의 언어 구사능력을 요구한다.

(3) 합불合佛에서 합유合儒로

[루제리의 합불적 선교]

발리냐노의 적응주의를 따르면서 처음으로 중국어 회화와 읽기, 쓰기를 공부해 중국 내지거주에 성공한 이는 다름아닌 루제리(Michele Ruggieri, 1543~1607)이다. 루제리는 만력 11년(1583) 발리냐노의 명을 받아 광동성 조경肇慶에 들어가 최초의 선교 거점을 정했다. 중국문화에 적응하기 위해 한명漢名을 "나명견羅明堅"으로 짓고 자를 "복초復初"라 칭했을 뿐만 아니라 "서승西僧"이라 자칭하고 불승을 따라 삭발하고 가사를 착용했다. 불교를 따른 것은 물론 발리냐노의 지시에 기초해 일본의 불승(선종의 승려)의 사회적 지위와 발언력을 감안한 결과라고 생각해야 할 것이다.

16 당시 포르투갈인(유럽인)은 동아시아의 풍습을 야만이라고 싫어했고 중국인과 일본인을 네구로라 부르며 멸시했다고 한다(발리냐노, 일본순찰기, 제16장).

조경교회肇慶教會는 정식 명칭을 "선화사僊花寺"라 하고 중당中堂에 "서래정토" 의 편액이 걸려 있었다고 한다. 후세 예수회에 의한 철저한 불교비판을 아는 사람이라면 루제리 시기의 친불적인 선교지침에 위화감을 느끼지 않을 수 없을 것이다.

[천주실록天主實錄]

만력 9년(1581) 루제리는 고메즈(Pedro Gomez)와 공동으로 라틴어의 카테키즘을 편찬했다. 동년 화인에 의한 한역이 완성되었는데 서명을 『서천축국西天竺國 천주실의天主實錄』이라 지었다. 조경肇慶선교 중 수개修改를 더해 만력 12년(1584) 간행했다. 『천주실록』이라 한다. 오래지 않아 제2판이 출판되었으며 『신편新編 천주실록』이 그것이다.

루제리의 『천주실록』은 재화예수회를 특징짓는 "저서선교著書宣教"의 최초의 성과이다. 크게 나누어 1권 16장으로 구성되어 있으며 '천축국승집天竺國僧輯'이라 자서自書되어 있다. 제1장의 만유일위천주萬有一位天主에는 '승생어천축僧生於天竺, 문중화성치聞中華盛治', '천정지중天庭之中, 진유일위위천지만물지생眞有一位爲天地萬物之生, 오천축국인칭지위료무사시야吾天竺國人稱之謂了無私是也' 등의 구절이 있는데 불교풍으로 표현을 바꾸어 불학과 천주교의 화합을 시도한 것임에 의심의 여지가 없다. 책 가운데 천지창조나 영혼불멸, 천주강세, 천주십계, 세례(淨水除 前罪) 등에 대한 설명이 있으나 삼위일체나 새크러먼트(秘跡), 교회조직에 대해서는 언급이 없다.

중국 천주교 선교전기의 예수회의 선교원칙은 발리냐노의 적응주의를 근간에 두었다고 할 수 있는데 이는 루제리의 합불적 선교이든 루제리 후계자의 합유적 선교이든 전혀 변함이 없다.

[리치의 합유적 선교]

루제리가 합불적 선교를 시도하고 있던 만력 10년(1582) 마테오 리치(Matteo Ricci, 1552~1610)가 발리냐노의 명을 받고 마카오에 도착했다. 리치는 한명漢名을 "이마두利瑪竇"라 하고 자字를 "서태西泰"라 한다. 재화예수회의 선교원칙 "이마두의 규거規矩"를 마련한 것으로 유명한데 당시 중국선교의 최대 공로자에 다름 아니다.

리치는 만력 11년(1583) 루제리가 조경에 파견되었을 때 동반자로 이에 동행했다. 리치의 선교는 조경(1583~89) → 소주韶州(1589~95) → 남경(1595) → 남창(1595~98) → 남경(1599~1600) → 북경(1601~10)으로 거점을 옮기면서 이루어졌는데 특필해야 할 것은, (1) 당초 발리냐노와 루제리의 방침을 받아 삭발을 하고 승의를 착용했으나 (2) 만력 22년(1594) 이후 일본보좌사교인 세르케이라(Luis Cerqueira)와 발리냐노의 허가를 얻어 머리와 수염을 기르고 유복儒服을 착용하기 시작한 것이다. 이는 선교에서 합불로부터 합유비불合儒非佛로의 노선변경을 의미하는데 선교사상의 의의는 크다. "보유이불補儒易佛(유를 보충하고 불을 다스리다)"이 그 새로운 슬로건이다.

리치가 우상숭배인 불교와의 결별, 대결을 선택해 서둘러 유교의 이념과 현실에 스스로를 적응시키려고 한 것은 제일 먼저 당시의 중국 (상층)사회가 중시한 것은 유교이지 불교가 아니었기 때문이나 단지 그것에 그치지 않는다. 합유적 선교를 기도한 이상 필연적 또는 원칙적으로 (1) "엘리트 선교" 즉 선교의 최초의 타겟으로 유교를 자신의 사상으로 삼고 행동규범으로 하는 지식인(사대부)을 골라 지식인의 입교 → 대중의 개종을 꾀하고,[17] (2) 지식인의 입교에 유

17 재화예수회는 엘리트 선교를 선택했다고 해서 대중선교를 포기한 것은 아니다. 예수회 선교사의 보고 등을 읽어보면 입교한 것은 관료에 비해 일반인이 훨씬 많다는 것이 자명하다. 엘리트 선교가 의미하는 것은 전략의 차원이다. 예수회의 대중선교의 상세한 내용에 대해서

효한 “이성선교理性宣教”, 즉 철저히 합리를 추구하고 철리哲理를 통해 천주의 실재를 증명하고 이에 의해 복음을 전하는 간접적인 방법을 채용하지 않으면 안 된다. 또한 (3) 유교사회와의 쓸데없는 갈등을 막기 위해 유교를 종교가 아닌 철학으로 이해하고 (4) 유교적인 국가의례에 참가의무가 있는 사대부의 입신을 가능하게 하기 위해 유교의례를 종교의례가 아닌 사회습관으로 보고 사대부인 신도가 조상제사나 석존제례에 참가하는 것을 용인하지 않으면 안 된다. (5) 이성선교의 경우 “저서선교著書宣教”가 가장 유효한 방법이라면 뛰어난 내용을 담은 다수의 한문저작을 작성, 간행, 보급시켜야 한다, 등등. 노선변경에 의한 천주교의 외모 변화는 예상 외로 컸다고 할 수 있을 것이다.

만력 25년(1597) 발리냐노는 리치를 예수회 중국선교단장에 임명했다. 이는 리치의 보유이불補儒易佛노선이 재화예수회에서 승인되었음을 보여주는 사건이라고 간주할 수 있다.

[천주실의와 기인십편]

리치는 보유적 선교로 방향을 튼 것과 거의 때를 같이하여 새로운 카테키즘의 작성을 시작해 만력 24년(1596) 무렵 『천주실의天主實義(천학실의天學實義)』 2권 8편의 원고를 완성했다.

『천주실의』의 첫 번째 특징은 리치 자신이 한문으로 원본을 저술했다는 것이다. 다수의 화인 석학이 집필수개執筆修改를 도와주었다고는 하나 리치가 스스로 한문원고를 인정한 점은 틀림없다. 두 번째 특징은 공자의 주장이나 유교의 이론을 천주교의 그것에 끌어들여 주장이나 이론에 애매한 곳이 있으면 그것을 천주교의 사정에 맞추어 해석한 점이다(리치, 포교사, 제5서 제2장). 예를 들

는 Liam Matthew Brockey(2007), Journey to the East: the Jesuit Mission to China, 1579~1724, the Belknap Press of Harvard University Press를 참조하라.

어 제 2편은 화인이 외포畏怖하는 '상제', '천'과 야소교의 유일신인 천주Deus를 동일시하고 '우리 천주는 즉 고경서古經書가 칭하는 바의 상제다' 등으로 설명하고 있다. 리치에 의한 철저한 야유등시耶儒等視에는 놀라움을 금할 수 없다.

『천주실의』의 출판연도에 대해서는 만력 29년(1601)과 만력 31년(1603)의 두 가지 설이 있는데 어느 쪽이라고 확정하기는 어렵다.[18]

『기인십편』은 리치의 찬撰. 『천주실의』의 자매편으로 2권 10편으로 구성되어 있다. 마찬가지로 교리문답서인데 『천주실의』가 '서사西士'와 '중사中士'의 가공의 문답인데 비해 『기인십편』은 문자問者가 당시의 명사달관名士達官이고 실제의 대담에 근거한 것이다. 문자의 성씨에 대해서도 언급되어 있다. 풍기馮琦, 서광계, 이지조, 이재 등이 그들이다. 이지조의 서序에 의하면 초각은 만력 34년(1608)으로 고증하는 것이 가능하다.

(4) 과학선교와 클라비우스

[이성선교와 과학선교]

이성선교는 인간이 갖는 "도리道理의 빛"에 의해 자연계의 제諸현상으로부터 유일신의 존재나 성질을 설명하는 것이다. 서구학술(토마스 아퀴나스)에서의 신학과 철학의 융합 내지 일체화의 객관적 사실에 기초하고 있으며 이성(지성)을 최고원리로 하여 자연계의 신비, 즉 자연의 사물이 놀랄 만큼 정교하고 규칙적인 질서와 조직 원리를 갖고 있는 것을 근거로 천주의 실재를 이성적으로 증명하려고 한다. 목적론적인 논증방법이라 할 수 있다.

시대는 조금 내려가는데 샬(Johann Adam Schall von Bell, 1591~1666. 1622년 내화來華, 한명漢名 탕약망湯若望)의 『주제군징主制群徵』(1629)이 '천향天向', '지향地向', '인신

18 朱維錚主編(2001), 『利瑪竇中文著訳集』, 香港城市大学出版社의 天主実義簡介를 참조.

향人身向' 등에 의해 만물이 "천주창성天主創成의 시스템(主制)"이라는 것을 '징徵'하려고 한 것 등은 그 알기 쉬운 예일 것이다.[19] '향向'이란 아리스토텔레스의 소위 목적 내지 목적인目的因을 의미한다. 예를 들면 '인신향'의 경우 천주의 실재를 이렇게 증명한다. 인체생리상의 가장 중요한 기관은 심장과 간장과 뇌다. 간장은 혈액과 체성體性의 기를 만든다. 심장은 내숙內熱과 생양生養의 기를 만든다. 생양의 기의 역할은 열기를 인도해 체열을 보존하는 것이다. 뇌는 동각動覺의 기를 관리한다. 동각의 기는 '오관사체五官四體로 하여금 운각運覺 각각의 그 분分을 얻는다(令五官四體, 動覺各得其分矣)'. 체성의 기와 생양의 기와 운각의 기는 각각 역할이 다를 뿐 아니라 대소도 각각 같지 않다. 체성의 기는 혈의 정분精分이 변하여 혈로血露가 된 것을 말하고 생양의 기는 본혈의 일분一分이 대락大絡에서부터 심장에 들어가 서서히 미세하게 되고 절반 정도 변하여 이슬이 된 것을 말한다. 또한 동각의 기는 그 이슬의 일이분一二分이 대락에서 올라가 뇌 속에 들어가고 또다시 변해 더욱 더 미세한 정精이 된 것을 말한다. 전지전능한 천주가 아니면 누가 이렇게 인신과 같은 정교한 시스템을 만들 수 있겠는가. 논술의 내용은 자연학(자연철학)의 그것이다.

그러나 이성선교가 이용하는 자연학의 내용은 논리적이고 확실한 점에서 과학(자연과학)의 그것에는 훨씬 미치지 못한다. 이성선교에 철저할수록 과학선교를 하지 않으면 안 되는 이유이다.

[리치의 과학선교]

리치는 조경에 정주定住하고 선화사僊花寺를 완성하자마자(1584) 유럽어의 세계지도를 거실에 걸고 지구의, 천구의, 해시계, 자명종 등을 진열했다(포교사 제2

19 번역의 저본은 레시우스(Leonhardus Lessius, 1554~1623)의 De Providentia Numinis et animi immortartalitate(신의 섭리와 혼의 불사에 대하여), 1613이라 한다.

서 제5장). 또한 조경지부肇慶知府인 왕반王泮의 의뢰에 응해 세계지도를 한역했다. 왕반각刻 '산해여지도山海輿地圖'(1584)가 그것이다. '산해여지도'는 몇 번이나 번각을 되풀이해 지원설을 근간에 두는 서구의 지리관을 널리 퍼뜨렸다. 또한 리치는 만력 18년(1590) 무렵 소주韶州에서 구여기瞿汝夔에게 클라비우스(Christoph Clavius)의 『사크로보스코 전구론주해天球論註解』나 『유클리드 원론주해原論註解』 등을 교수했다(포교사 제3권 제3장). 이상이 북경재주(1601) 전의 리치의 과학선교 내용이다.

리치는 북경진출 후 서광계(1560~1633)나 이지조(1565~1630) 등 장래성이 있는 초일류 지식인의 입교에 성공했다. 과학선교의 훌륭한 성과다. 그런데 리치는 자신의 고도의 이성선교를 보좌하는데 충분한 우수한 인재를 얻자 이전보다 더 강력하게 과학선교를 밀고 나갔다. 고차적인 과학선교를 시도하려고 했을 때 리치가 한역의 저본으로 고른 것은 당시 유럽의 최고레벨의 과학저작(가장 권위 있는 과학교과서)이었다. 내용은 수준이 높고 가장 우수한 화인華人 스태프의 원조가 없으면 한역하기도 쉽지 않다. 리치의 경우 과학선교라 해도 상식적인 수준을 훨씬 뛰어넘은 시도라 해도 과언이 아닐 것이다.

'이마두구수利瑪竇口授'의 서구한역과학서는 서명, 권수, 간행연도, 집필자筆受者를 나타내면 다음과 같다. (1) 『건곤체의乾坤體義』 2권, 1605년(?)간刊, 이지조 연演, (2) 『기하원본幾何原本』 6권, 1607년 간刊, 서광계 연演, (3) 『혼개통헌도설渾蓋通憲圖說』 2권, 1607년 간刊, 이지조 연演, (4) 『동문산지同文算指』 전편 2권, 통편 8권, 1614년 간刊, 이지조 연, (5) 『환용교의圜容較義』 1권 1614년간 이지조연, (6) 『측량법의測量法義』 1권 1617년간 서광계연. 모두 넓은 의미의 수학서이나 그 중에도 『기하원본』의 명명命名은 높아 리치의 사死(1610) 후, 상국相國인 섭향고葉向高는 장지葬地를 흠사欽賜하는 이유로 『기하원본』 일서一書가 있는 것으로 충분하다고 했다고 한다. 당시 얼마나 높은 평가를 받았는지를 짐작해 알 수 있을 것 같다.

[과학선교와 클라비우스]

리치의 한역과학서는 수학(기하학)이라는 매우 좁은 영역의 전문서일 뿐만 아니라 놀랍게도 예외 없이 모두 클라비우스의 저작에 기초를 두고 있다.[20] 즉,

(1) 『건곤체의乾坤體義』는 In Sphaeram Ioannis de Sacro Bosco Commentarius (사크로보스코천구론주해), 1570
(2) 『기하원본幾何原本』은 Commentaria In Euclidis Elementa Geometrica (유클리드원론주해), 1574
(3) 『혼개통헌도설渾蓋通憲圖說』은 Astrolabium(아스트로라비움), 1593
(4) 『동문산지同文算指』는 Epitome Arithmeticae Practicae(실용산술개론), 1583
(5) 『원용교의圜容較義』는 In Sphaeram Ioannis de Sacro Bosco Commentarius (사크로보스코천구론주해), 1570
(6) 『측량법의測量法義』는 Geometria Practicae(실용기하학), 1604

의 부분역(1, 2, 3, 5, 6) 내지 전역(4)이다.

클라비우스는 예수회사會士로 그레고리력曆의 작성자로 이름이 높다. 리치의 콜레지오 로마노 수학기(1572~75)의 수학교사이며 "당대의 유클리드"라 불렸다. 서구 중세(근세) 최후의 대과학자로 일컬어진다.

리치는 위에서 지적한 바와 같이 스스로의 한역과학서를 편찬할 때 거의 모든 저본을 굳이 클라비우스의 저작에서 골라 오직 그 수리과학서(천문서, 수학서)

20 이하 본 절의 논고는 기본적으로 安大玉(2007), 『明末西洋科学東伝史』, 知泉書館과 安大玉(2009), 「마테오 리치利瑪竇와 補儒論」, 『東洋史学研究』第106輯에 의거한다. 또한 Peter M. Engelfriet(2998), Euclid in China, Leiden:Brill, や James M. Lattis(1994), Between Copernicus and Galileo, Chicago and London:The University of Chicago Press를 참조.

를 번역한 것인데 선교의 목적이나 클라비우스에의 고집, 저본의 내용상의 특징 등으로 보아 리치의 번역에는 단순한 전문서의 그것을 뛰어넘는 의미가 있다고 하지 않으면 안 된다. 즉 리치는 깊이 클라비우스의 수학관과 정신에 공명하여 의도적으로 이를 계승하여 선교에 응용, 실천하려 했다고 이해해야 할 것이다.

무릇 클라비우스의 정신은, (1) '지知'는 확실하며 무류無謬의 명제의 집합이다, (2) 의문의 여지가 없는 지의 획득에는 무류성無謬性을 속성으로 하는 연역적 추리를 통해 '기명旣明'의 명제에서 '미명未明'의 명제를 사색累推하지 않으면 안 된다, (3) 이 때문에 연역적 추리를 기본적 방법으로 하는 수학은 제학諸學의 첫 번째 지위를 차지해야 하며 또한 단순히 유용할 뿐만 아니라 반드시 신학과 철학을 포함한 제학의 기초가 되어야 한다, 등으로 요약할 수 있다. 클라비우스가 지향한 수학(보편수학과 유사)은 한편으로는 연역적 추리에 의한 "신학" 명제의 증명을 강하게 요청하는 것이다. 또한 리치의 과학선교는, (1) 명증한 수학을 본떠 연역적 추리를 통해 신학상의 명제를 보다 강고히 하면서 (2) 클라비우스의 수리과학서를 번역하고 그 천문, 수학체계의 무류성과 명증성을 통해 천주의 존재를 밝히려고 하고 있어 직접 클라비우스의 정신과 연결되어 훌륭하게 공명하고 있다.

종합해서 말하면 리치, 나아가 재화예수회의 이성선교가 크게 수학선교에 경사傾斜된 것은 중국문화의 역산曆算 중시의 전통에 대응했기 때문만은 아니라는 것은 클라비우스 → 리치의 학적 계승관계를 인정하면 저절로 분명해질 것이다. 또한 클라비우스에서 리치에 이르는 학통이 확실히 존재하는 이상 예수회의 과학선교의 본질을 규정하여 '선교책략'이라고 하는 것은 절대 불가하다.

2) 리치의 규구規矩의 성립과 과학선교의 성과

(1) 이마두 규구의 성립

[중일 적응주의의 모순]

리치의 과학선교는 화인 지식인의 입교에 상당한 성과를 올리고[21] 그 때문에 선교단내의 기본적인 지지를 얻어 주류파가 되었으나, 리치의 사후 곧바로 존속의 위기에 직면했다. 예수회의 일본준관구장, 일본순찰사 파시오(Francisco Pasio, 1551~1612, 1582년 내화來華, 한명漢名 파범제巴範濟)나 리치를 이은 제 2대 중국선교단장 롱고바르디(Niccolo Longobardi, 1559~1654, 1597년 내화來華, 한명漢名 용화민龍華民) 등이 이를 전면적으로 부인했기 때문이다.

원래 중일 양국에 파견된 예수회 선교사들은 독자적으로 파견국의 문화나 사회에 적응해 스스로의 선교를 펼쳤다. 발리냐노의 적응주의가 지향한 바가 바로 그것이다. 그러나 양 선교단은 조직적으로는 서로 독립된 것이 아니었다. 당시 예수회의 중국선교단은 일본준관구에 소속되어 제도상으로는 모든 활동에 걸쳐 그 상장上長의 지도감시를 받았다. 중국선교단이 소규모였을 때는 적응노선의 차이는 두드러지지 않았으나 규모를 갖춤에 따라 양국의 적응주의의 모순이 서서히 현재화顯在化되었다.

만력 40년(1612) 무렵 일본순찰사인 파시오는 양국 선교의 모순을 해소하기 위해 중국선교단장인 롱고바르디와 재일예수회사士인 로드리게스(João Rodrigues, 1561(?)~1633)에게 명하여 중일 선교를 비교, 검토하도록 했다. 재일예수회사는 『천주실의』의 보유론적인 신학용어를 비판해 (1) 자연종교적인 한어漢語

21 『포교사』 제5서 제18장에는 관리가 개종하는 계기는 거의 예외 없이 수학이었다고 기록되어 있다.

'천', '상제'로는 전지전능한 페르소나인 창조주를 나타낼 수 없고, (2) 한어 '천주'도 복수의 신들을 의미할 가능성이 있어 사용해서는 안 된다고 주장했다.[22] 이는 일본예수회가 선교 초기에 적응주의적으로 왜어倭語를 빌어 특수한 신학 개념을(Deus=대일大日 등) 나타내자 교의를 들은 이가 왜어의 원래 의미로 그것을 이해하여 오해를 불러일으킨 점을 반성하여 라틴어(데우스 등)나 포르투갈어(키리시탄 등)를 직접 사용하기로 한 역사적 경험에 근거하고 있다.

재일예수회사는 또한 화인교도가 제천지祭天地나 배공자拜孔子의 공적 의식뿐만 아니라 사적인 조상 제사에 참가하는 것을 리치가 용인한 것에 대해서도 마찬가지로 비판했다. 일본예수회의 기본견해로 보면 불가피한 사정이 있어 우상숭배나 예배와 같은 행위를 하는 것은 설령 교도에게 그런 의사가 없더라도 완전히 부정不正[23]이기 때문이다.

리치의 비판자는 일본선교단에서 일하는 선교사뿐만 아니라 재화예수회 내에도 보였다. 대표적인 비판자가 다름 아닌 롱고바르디다. 롱고바르디는 조주에서 대중선교를 시도해 일정한 성공을 거두었기 때문에 선교단장으로 승격되기 이전부터 엘리트 선교에 의문을 느끼고 그 보유론에 비판적인 견해를 품고 있었다고 한다. 그 리치의 유교해석에 대한 비판적 연구의 성과가 1623년의 De Confucio ejusque Doctrina Tractatus(공자와 그 가르침의 요약)이다.[24] 동서同書는 나중의 소위 전례논쟁典禮論爭에 크게 영향을 미쳤다고 한다(상세는 후술함). 롱고바르디 외에 우르시스(Sabbathino de Ursis, 1575~1620, 1606년 내화來華, 한명漢名 웅삼발熊三拔) 등도 같은 생각을 갖고 있었던 것 같다.

사실 회내會內의 반反리치파에 의한 노선변경의 시도도 적지 않았다. 예를 들

22 ジャック・ジェルネ著, 鎌田博夫訳(1996), 『中国とキリスト教』, 法政大学出版局, 46~58면; マイケル・クーパー著, 松本たま訳(1991), 『通辞ロドリゲス』, 原書房, 265~276면; 平川祐弘(1997), 『マッテオ・リッチ伝』3, 平凡社, 164~173면을 참조.

23 高瀬弘一郎(2001), 『キリシタン時代の文化と諸相』, 八木書店, 590~596면.

24 平川祐弘(1997), 『マッテオ・リッチ伝』 3, 平凡社, 166면.

면 만력 40년(1612) 롱고바르디는 트리고(Nicolas Trigault, 1577~1628, 1610년 내화來華, 한명漢名 금니가金尼閣)를 로마에 파견하여 중국의 선교정황을 보고했을 때 예수회의 총회장에게 리치의 선교법의 옳고 그름을 물었으며 또 만력 42년(1614)~43년(1615) 무렵 예수회 일본관구장인 카르바료(Valentim Carvalho, 1560~1631)는 중국의 교무를 순열 중에 디아즈(Emmanuel Diaz, 1574~1659, 1610년 내화來華, 한명漢名 양마낙陽瑪諾)에게 명해 이후 또다시 학문을 강의하는 것을 허락하지 않는다는 교령을 발포하려고 했다고 한다[25].

리치식式의 지식과 문화를 중시하는 엘리트 선교에 대해서는 적응에서 오는 고식姑息함이나 이단에 빠질 가능성을 꺼리는 대중선교파의 반론이 항상 존재했던 것이다.

[이마두의 규구의 성립과 과학선교의 성과]

예수회의 중국선교단(1623년 이후 중국준관구)은 리치의 사후 선교노선이 크게 흔들렸음에도 불구하고 크게는 주류파가 선교활동을 주도하여 과학지식을 중시하는 독서인 중심의 선교방침을 계속했다. 그러나 리치의 과학선교가 공식적으로 인정받는 것은 천계天啓 7년(1627)과 숭정崇禎 6년(1633)의 강소성 가정嘉定에서의 예수회 회의까지 기다려야만 했다.

제1차 가정회의는 주류(과학선교)파가 반리치파에 양보하여 (1) 리치를 따라 '천주'를 사용하고 사조제공祀祖祭孔을 허용하면서도 (2) 롱고바르디를 따라 '천', '상제'로 Deus를 나타내는 것을 금지했다(단, 『천주실의』는 제외).[26] 그리고 제2차 가정회의는 주류파가 반격하여 상기의 (2)를 해소하고 리치 이래의 예법과 용어를 준수할 것을 확인했다. 양파의 의견은 완전히는 일치하지 않았던 것 같으

25 徐宗沢(1938), 『中国天主教伝教史概論』, 土山湾印書館, 329면.
26 ジャック・ジェルネ著, 鎌田博夫訳(1996), 『中国とキリスト教』, 法政大学出版局, 48면.

나 회의의 결정은 리치의 규구가 실질적으로 확립되었음을 보여준다. 사후 20여년을 지나 가까스로 리치의 노선이 선교단의 규범으로 성립된 것이다.

재화예수회의 과학선교가 크게 진전된 것은 숭정2년(1629) 이지조가 천주교총서 『천학초함天學初函』을 항주에서 편인編印하고 서광계가 주재하여 서구천문학에 기초한 개력改曆사업을 개시한 무렵부터이다. 『천학초함』은 이편理編과 기편器編으로 구성되어 리편에 『천주실의』 등 신학서 9종, 기편에 『기하원본』 등 과학서 11종을 수록하고 있다. 유전流傳은 매우 넓었다. 한편 서광계는 신법역국新法曆局을 설립하여 서구의 천문학서의 조직적인 번역을 하고 천문의기儀器를 제조하고 천상관측에 종사했다. 신법역국은 5년을 들여 티코 브라헤(Tycho Brahe)의 천문학에 기초한 대형 천문학총서 『숭정역서崇禎曆書』 137권을 완성했으나(1634년) 명조는 개력을 이루지 못하고 멸망했다. 그런데 청조가 되자 샬은 곧바로 흠천감欽天監을 통괄하고 『숭정역서』를 『서양신법역서西洋新法曆書』로 개편하여 역원曆元을 숭정원년(1628년)에 두는 역계산을 실시했다. 이리하여 순치順治 2년(1645)부터 반포된 역법이 '서양신법에 의거한' 시헌력時憲曆이다. 시헌력의 반포는 서구천문학이 중국왕조에 의해 공적으로 인정받아 유자가 반드시 배워야 할 학과가 되었다는 것을 의미한다. 학술상의 영향은 매우 깊다고 해야 할 것이다.

중국역법(시헌력)이 서구의 시스템을 채용했기 때문에 필연적인 결과로서 흠정欽定 또는 준흠정의 한역서학서(지도나 천문, 수학서)가 연달아 편찬되었다. 강희기康熙期의 『황여전람도皇輿全覽圖』(1718)나 『영대의상지靈台儀象志』 16권(1674), 『역상고성曆象考成』 42권, 『율려정의律呂正義』 5권, 『수리정온數理精蘊』 53권(1724년刊), 건륭기乾隆期의 『내부여도內府輿圖』(1761)나 『역상고성후편曆象考成後編』 10권(1724), 『의상고성儀象考成』 32권(1754) 등이 그것들이다. 또한 만역滿譯서학서도 편집되어 『기하원본』, 『산법원본』, 『산법찬요총강算法纂要總綱』이나 해부학서인 『격체전록格體全錄』 2편(1710년 전후) 등이 오늘날까지 전해지고 있다.[27] 리치의 과학선교는 샬이나 페르비스트(Ferdinandus Verbiest, 1623~88, 1659년 내화來華, 한명漢名 남회인南懷仁) 등 뛰어난 후계자의 노력에 의해 확실한 성과를 후세에 남졌다고 해도 좋을 것이다.

2) 적응주의에서 원리주의로

(1) 대중선교수도회의 내화來華

[리치의 규구와 적응주의의 함정]

원리주의적 경향이 강한 도미니코회나 프란시스코회가 내화하여 선교를 시작한 것과 똑같은 시기 재화예수회는 스스로 선교방침을 확정했다. "이마두의 규구(규범)"이다. 리치의 규구는 협의로는 배공자拜孔子, 제천지祭天地, 사조선祀祖先에의 신자의 참가를 인정하는 것을 가리키는데 광의로는 보유적인 엘리트 선교, 과학선교, 나아가서는 중국문화사회에 특화된 적응주의 전반을 의미한다. 단도직입적으로 말하자면 유교(공자교)에 조금씩 다가가는 적응주의라고 할 수 있을 것이다.

그러나 엄격한 의미에서 보자면 적응주의는 본질적으로 유일절대의 객관기준을 갖는 가톨릭의 객관주의와 맞지 않는다. 적응주의는 토착의 개념을 빌려 천주교의 개념을 설명하기 때문에 필연적으로 그 신학개념을 애매하게 만들고 바티칸의 평가기준과 현지의 평가기준이라는 기준의 이중화를 초래하기 때문이다. 알기 쉬운 예를 들면 리치의 "Deus 즉 상제"의 해석은 유일절대인 초자연적인 페르소나를 자연종교적인 주재자와 동일시함으로써 천주교를 "사주私主"로 떨어뜨린다. 적응주의는 선교를 위해서라는 명목으로 바티칸의 의향에

27 만역서학서에 대해서는 渡辺純成,「清代の西洋科学受容」, 岡田英弘編(2009),『清朝とは何か』藤原書店을 참조.

반하는 중국선교단, 일본선교단의 독자적인 가치기준의 작성을 강요할 뿐만 아니라 중국선교단과 일본선교단의 가치기준을 서로 모순되게 하고 또한 각 선교단 내부에서 선교사마다의 해석도 각각 자유롭게 하는 것을 허락한다. 이질적인 문화언어에 적응하면 무류無謬의 신학개념이 이중화되고 개념의 불명백화가 확실한 명제를 무의미화하고 모든 명제가 개연적인 것이 되며 개연성은 허용되어야 하기 때문에 최종적으로는 자유로운 해석이 용인되기 때문이다.

총체적으로 예수회의 세계선교를 보았을 때 선교 자체에 확고한 통일성이 없고 복수의 선교책략(음모)의 집합으로 보이는 이유는 이 지점에 있는지도 모른다.

[예수회와 대중선교수도회의 갈등]

명청교대기 대중선교를 지향하는 비非포르투갈계의 수도회가 중국에 건너와 선교를 개시했다.[28] 도미니코회(1631년 이후), 프란시스코회(1633년 이후), 아우구스 티노회 (1680년 이후), 파리외국선교회(1684년 이후) 등이다. 대중선교수도회는 중국 선교에 들어가자마자 배공자, 제천지, 사조선의 의례는 이단이라 단정하고 신자에게 참열參列을 허락하는 것은 부당하다며 예수회를 공격했다.

금교에 이르게 되는 중국 전례문제에 먼저 불을 지핀 것은 이단에 대해 특히 엄격한 도미니코회의 선교사였다. (1) 모랄레스(Juan Morales, 1597~1664, 1633년 내화來華, 한명漢名 여옥범黎玉範)은 1643년(숭정 16년) 유교의 의식에 교도가 참가하는 것을 저지하기 위해 교황청에 출소出訴했다. 교황 인노켄티우스 10세는 1645년(순치 2년) 모랄레스의 주장을 인정하여 교도에게 제공사조祭孔祀祖 등을 금지했다.

28 교황 클레멘스 8세는 1600년 예수회 이외의 동아시아 선교를 공인했는데 이는 스페인, 포르투갈에 준 포교보호권을 약화시켜 바티칸의 헤게모니를 강화하고자 했기 때문이다.

(2) 재화예수회는 금령을 받자마자 교황의 금령과 모랄레스의 17조의 질문서를 정사精査하고 순치 7년(1650) 대표로 마르티니(Martino Martini, 1614~61, 1643년 내화來華, 한명漢名 위광국衛匡國)를 로마에 파견했다. 1654년(순치 11년) 마르티니는 로마에 도착하자 곧바로 교황에게 중국 전례가 순수하게 세속적인 제식祭式이라는 수많은 증거를 제시하고 금령의 철회를 요청했다. 1656년(순치 13년) 교황 알렉산드르 7세는 제공사조의 예禮를 허가했다.

(3) 도미니코회의 반전공세의 결과 1669년(강희 8년) 교황 클레멘스 9세는 상기의 모순되는 교황령을 모두 유효하다고 인정하고 둘 다 가可하다고 했다. 전례문제는 이리하여 미해결인 채 백지 상태로 돌아간 것이다.

[예수회 배싱bashing]

예수회와 대중선교수도회의 대항심과 선교방법의 불일치는 같은 시기 격렬한 상호불신과 나아가 회복 불가능한 반감, 적의로 발전하여 험악한 균열을 낳았다. 반가트에 의하면 이론상의 비판은 예수회의 (1) 적응주의와 (2) 개연설에 대해 특히 격렬했는데, 초기를 대표하는 비판자로는 잔센이스트인 파스칼(Blaise Pascal, 1623~62)과 재화도미니코회사인 나바레테(Domingo Navarrete, 1618~89. 1657년 내화來華 1669년 귀구歸歐. 한명漢名 민명아閔明我)를 들지 않으면 안 된다고 한다[29].

그 중에서도 예수회의 비판자, 적대자들에게 널리 이론적인 영향을 미친 것은 파스칼의 Les Provinciales(시골사람에게 보내는 편지, 1656~57) 및 나바레테의 Tratados historicos, politicos, ethicos y religiosos de la monarchia de China(중국왕조의 역사, 정치, 윤리, 종교의 고찰, 1676)와 Controversias Antiguas y Mode

29 ウィリアム・バンガート著・上智大学中世思想研究所監修(2004) 『イエズス会の歴史』, 原書房, 223~228면; 305~308면.

rnas(낡은 것과 근대적인 것의 논쟁, 1679)이라 일컬어지는데, 특히 나바레테의 첫 번째 저작은 앞에서 언급한 롱고바르디의 리치 비판서(스페인어역) 를 수록하고 있어 유럽의 예수회 배싱이 회會 내부의 대중선교파(반주류파)에서부터 시작되었다는 것을 보여준다.

종합해서 말하면 도미니코회의 고발 및 파스칼, 나바레테 등의 비판에 의해 예수회의 선교방법의 이론상의 불비不備 내지 결점이 서서히 밝혀지게 되고 그 종교계에서의 평판이 급속히 나빠져 반감과 적의가 급속히 강해져 갔다고 말할 수 있을 것이다. 재화예수회의 독자적인 적응주의는 틀림없이 중국선교가 초래한 필연적인 결과이나 이와 마찬가지로 가톨릭 원리주의에 의한 적응주의 비판, 즉 '그리스도를 공자의 아래에 두고 이식利殖에 힘쓰고 사치를 다하고 우상숭배를 허용하는' 등도 상당히 타당성이 있는 것이다.

(2) 청조황제와 로마교황

[건륭제의 용교령容敎令]

강희제(재위 1661~1722)는 역옥曆獄(1664~69)의 번안翻案 후 펠비스트 등을 중용하여 적극적으로 서구과학을 수입했을 뿐 아니라 강희 10년(1671), 전교傳敎의 금禁(1669)을 풀어 선교사의 본당귀참本堂歸參과 천주봉공天主供奉을 허락하고(燕京開敎略), 어서御書 '경천敬天'이란 편액을 재화예수회에 사여賜與했다(正敎奉褒). 그러나 당시 각 성省의 사민士民에게 금교를 강요한 것은 역옥曆獄 때와 바뀌지 않았다. 또한 강희 14년(1675) 어제御題 '만유진원萬有眞原'을 하사했다(天主敎傳行中國考). 강희제는 공식적으로 서구 과학의 수입에 노력하는 한편 펠비스트의 사死(1688) 후 얼마 지나지 않아 직접 예수회사에게 만주어로 번역시켜 유럽의 산술과 기하학을 배우기 시작했다. 수학數學의 학습은 거의 매일 아침, 저녁으로 2시간씩 4~5년에 걸쳐 계속되었다고 한다(폰타네 1703.2.15의 편지).[30]

강희제는 강희 31년(1692) 예수회가 (1) 시헌력의 반행頒行, (2) 군기화포의 제조, (3) 러시아와의 네르친스크조약의 체결 등에 커다란 공을 세웠다고 하여 용교령容敎令을 반강頒降하고 공식적으로 천주당의 존속을 허락해 일반사민의 진향봉공進香供奉을 허락했다(정교봉포正敎奉褒). 예수회 100년에 걸친 높은 수준의 "과학선교"가 강희제를 움직여 커다란 과실을 맺은 것이다.

[메그로와 클레멘스 11세]

그러나 역사는 비정하다. 다음해인 강희 32년(1693) 파리외국선교회 선교사 메그로(harles Maigrot, 1652~1730. 1684년 내화來華 1706년 귀구歸歐, 한명漢名 염당閻當, 안당顔璫)는 복건대목福建代牧(고위성직자)으로서 교서를 발해 교황 알렉산더 7세의 교령을 사실오인에 의한 것이라고 하여 부인하고, 복건의 신도가 유일신을 나타내는 용어로서 "천"과 "상제"를 사용하고 강희제 어서인 '경천' 편액을 걸고 유교의 의식에 참가하고 보유론적인 저작을 공포하는 것을 공식적으로 금지했다[31]. 또한 교황 인노켄티우스 12세에 대해 전례문제의 재심사를 요청했다.

메그로 교서는 재화선교사나 교도를 빼고는 중국에 큰 파문을 일으키지 않았으나 바티칸이나 유럽의 천주교계에는 심대한 영향을 미쳤다. 파리외국선교회가 1696년 메그로 교서를 교황 인노켄티우스 12세에 상정上呈하고 1697년 교황청 검사성檢邪省(교리성敎理省)에 예수회를 고발했기 때문이다. 이하 서구의 천주교계는 예수회파와 반예수회파로 나뉘어 전례논쟁을 전개했다. 재화예수회사는 '서양학자'의 전례 논쟁이 격렬한 것을 알자 강희 39년(1700) 이를 유리하게 이끌기 위해 당사국을 대표하는 강희제에게 배공자拜孔子, 제천지조선祭天地祖先의 예禮의 의미를 물었다. 강희제는 정식으로 중국 전례에 종교적인 성격이

30 矢沢利彦編訳(1970), 『イエズス会士中国書簡集』康熙編, 平凡社에 수록된 第四書簡参照.
31 矢沢利彦(1972), 『中国とキリスト教』, 近藤出版社, 89~100면.

없음을 인정했고 재화예수회는 이를 공간公刊했다.

교황청 검사성의 심사는 7년간 계속되어 1704년에 결심結審했다. 교황 클레멘스 11세는 검사성의 결정을 인정해 비밀 교령教令을 발했다. 교령의 내용은 반예수회파의 주장을 따르는 것으로 실질적으로는 메그로 교서와 큰 차이가 없다.

[교권教權과 제권帝權의 전면적 대결[32]]

교황 클레멘스 11세는 같은 해 또 특사 드 투르논(Charles Thomas Maillard de Tournon, 1668~1710)을 중국에 파견하여 교령의 주지철저周知徹底를 꾀했다. 교황 특사는 강희 44년 10월 29일(1705.12.14) 북경에 도착. 강희제는 특사파견의 이유를 몰라 같은 해 11월 16일(12.31) 알현을 허락하고 환대했다. 특사는 1년 가까이 북경에 머물렀는데 그 사이 특사 내화來華의 목적 및 선교사내의 심각한 갈등에 대해 강희제가 서서히 알게 되자 강희제는 천주교에 환멸하여 대응을 일거에 경화硬化시켰다.

강희제는 강희 45년 11월 13일(1706.12.17) 내무부에 외국선교사의 입국관리를 명해 허가조건을 만족시키는 자에게 표票(비자)를 발급하기로 했다. 즉 (1) 리치의 규구를 따라 중국의 예제를 지키고, (2) 영구히 서구에 돌아가지 않는 자에 한해 중국 거주를 허락하나 두 가지 조건을 지키지 않으면 절대 허락하지 않고 곧장 국외 추방한다는 것이었다.

한편 특사 드 투르논은 강희 45년 12월 22일(1707.1.25) 남경에서 클레멘스 11세의 교서에 사인하고 다음해 1월 5일(1707.2.7) 공포하여 신도에 의한 유교 전례 참가를 전면적으로 금지하고 위반자를 처벌, 파문하기로 했다. 남경교서

32 본 절에 대해서는 矢沢利彦(1972), 『中国とキリスト教』, 近藤出版社나 佐伯好郎(1944), 『支那基督教の研究』 3, 名著普及会 등을 참조.

는 화인신도에 대해 (1) 화인인 것을 포기하고 신앙을 지킬 것인가, (2) 신앙을 버리고 화인으로서 살아갈 것인가 라는 심각한 이율배반을 요구했을 뿐만 아니라, 교서와 급표給票의 모순은 재화선교사에 대해 (1) 리치의 규구를 따라 성직을 버릴 것인가, (2) 교령을 준수하여 국외퇴거를 받아들일 것인가 하는 엄격한 양자택일을 요구했다.

강희제는 이 남경교서에 대해 내정간섭이라 반발하고 예수회사를 로마에 파견하여 교령의 철폐를 요청했다. 그러나 클레멘스 11세는 강희 54년 2월 14일(1715.3.19) 교황령 엑스 일라 디에(Ex illa die)를 발포하여 금령을 따르지 않는 선교사를 엄벌에 처한다고 선언했다.

강희제는 강희 55년 9월 17일(1716.10.31) 교황에 편지(紅票)를 써 자신이 파견한 사절의 소식을 묻고 사절의 보고가 없는 한 교황령의 존재를 믿지 않겠다는 것을 밝혔다. 이어 강희 56년 4월 14일(1717.5.24) 중국 전토에 금교령을 발포했다. 그러나 예수회사의 필사적인 간원懇願의 결과 시행을 무표無票의 선교사에 한정했다.

교황 클레멘스 11세는 강희 59년(1720) 금교를 완화하기 위해 특사 메짜바르바(Carlo Mezzabarba, 1685~1741)를 다시 중국에 파견했다. 그러나 특사의 노력은 아무런 효과도 보지 못했다.

옹정제(재위 1722~1735)는 옹정 원년 12월 16일(1724.1.11) 강희제의 금령을 엄격하게 실시하여 천주교의 선교를 전면적으로 금지하고 무표의 선교사를 마카오로 추방했다.

교황 베네딕투스 14세는 건륭 7년 5월 22일(1742.7.5) 교황령 엑스 쿠오 싱글라리(Ex quo singulari)를 발포하여 클레멘스 11세의 교황령을 유지해야 한다는 것을 선언했다. 전례문제는 이리하여 중국의 금교로 종식된 것이다.

[저서선교의 쇠퇴]

교황을 포함한 고위성직자에 의한 예수회의 부인, 나아가 서구에서의 중국 전례논쟁의 비등沸騰, 격렬한 예수회 배싱은 엘리트 선교를 추진하는 재화예수회에게도 노선의 변경을 강요했다.

유럽종교계는 예수회 중국선교단의 과학선교는 부정하지 않았으나 그 레종데트르(존재이유)인 적응주의, 보유론을 부정하고 원리주의적인 대중선교의 추진을 요구했다. 재화예수회가 그 선교노선을 조금 변경하여 당장의 목표를 자기변호나 서구여론의 획득, 반감의 침정沈靜에 둔 것은 당시의 폐색정황으로 보아 타당한 판단이라고 봐도 틀리지 않을 것이다. 또한 옹정, 건륭기 이후 과학선교의 기세가 갑자기 감속하여 한문저작의 출판이 크게 감소한 것도 같은 곳에 원인이 있음에 틀림없다.

재화예수회는 사면초가에 직면하여 "서학동점西學東漸", 즉 화인에 대한 저서선교를 의식적으로 줄이고 "중학서점中學西漸" 즉 유럽인에 대한 중국소개를 본격적으로 개시한 것이다.

(3) 예수회의 해산과 이승훈의 수세受洗

[예수회의 해산과 교회의 분립]

1773년(건륭 38년) 교황 클레멘스 14세는 도미누스 아크 레뎀프토르(Dominus ac Redemptor)를 발하여 예수회의 해산을 명했다. 다음 해인 1774년(건륭 39년) 중국교회는 교황친서를 누가 공포할 것인가를 둘러싸고 북경관구(교황청 포교성 공인)파와 오문澳門관구(포르투갈 공인)파로 갈라져 각각 별개로 이를 공포했다. 당시의 혼란은 미루어 짐작할 수 있을 것이다.

북경의 교회의 분립은 건륭 50년(1785)의 (1) 북경사교司教 데 고베아(Alejandro de Gouvea, 1751~1808)의 교구教區도착과 (2) 라자리스트회에 의한 선교사업 (재산도 포함함)의 계속으로 수습되었으나 내분이 10년 이상이나 계속된 것은 그 엄청난 혼란을 잘 보여주고 있다.

[이승훈의 수세]

교회내분 시기에 교도탄압도 빈발하여 혼란은 더욱 더 격화되었다. 조선의 양반인 이승훈(1756~1801)이 북경의 북당北堂을 방문해 프랑스인 선교사로부터 세례를 받은 것은 혼란이 한창이던 1784년(건륭 49년, 정조 8년)의 일이다.

이승훈의 북경행의 주된 활동을 복원하면 대략 다음과 같다.[33] 정조 7년(1783) 12월말 삼절연공겸사은사三節年貢兼謝恩行(본년 10월 24일 출발, 익년 3월 26일 복명)에 수행하여 내화. 다음 해 원단에 궁성을 방문하여 연하의식에 참가. 연초에 사신을 수행하여 북당을 공식방문. 이때 전前예수회사인 드 반타본(Jean-Mathiue de Vantavon, 1733~87)과 드 그라몬(Jean-Joseph de Grammont, 1736~1812?) 등이 접대하고 『천주실의』[34] 및 『기하원본』, 『수리정온』, 시원경視遠鏡, 지평표地平表 등을 증정했다(이승훈공안李承薰供案). 『천주실의』를 읽고 감명을 받아 입교를 결심(선교사의 해석은 이렇다). 귀국 전에 북당을 사적으로 방문하여 드 그라몬으로부터 세례를 받았다.

주의해야 할 것은 드 반타본이나 드 그라몬 등이 영세 전에 조선국왕이 입교에 반대했을 때 어떻게 할 것인가라고 묻자 이승훈은 의연히 죽더라도 그 뜻을 바꾸지 않겠다고 대답한 것(드 반타본 1784.11.25의 편지), 즉 선교사들은 자신들의 선교방침조차 제대로 정해져 있지 않았음에도 불구하고 입교희망자에게는 순교를 가르치고 이를 강요했다는 것이다. 이는 당시 전前예수회사라도 교황에 의한 선교 방침의 전환과 관리에 의한 교도탄압을 당하자 적응주의를 버리고 원리주의로 방향을 크게 전환했다는 것을 의미한다. 예수회 전통의 온건

---

33 山口正之(1967), 『朝鮮西教史』, 雄山閣, 71~76면과 李能和(1928), 『朝鮮基督教及外交史』, 朝鮮基督教彰文社, 78~85면 등을 참조.

34 당시 천주교 중국선교단(의 일부?)은 적응주의의 저작을 배포하면서 원리주의적인 선교를 전개했는데 이는 선교의 혼란에 더해 무절조를 잘 보여주고 있다.

한 이성선교는 그 해산을 통해 말 그대로 종언을 맞았으며, 배공자나 제천지, 사조선의 금지는 선교사들이 준수해야 할 기정既定의 명제가 된 것이다.

4. 안정복의 배야론의 특징 : 결론을 대신하여

안정복의 배야론은 『천주실의』, 『기인십편』, 『진도자증』의 내용을 주된 비판의 대상으로 하는데, 그 특징은 (1) 유교와 야교를 동일하게 천학으로 이해하고, (2) 논리적이고 온당한 고증을 통해, (3) 야교를 역사적으로 분명히 한 점에 있다.

상기의 특징들 가운데 첫 번째의 천학관은 "리치의 규구", 즉 강희제의 지지를 얻어 100년 이상에 걸친 재화예수회의 선교의 기본원칙을 직접 반영한 것에 다름 아니다. 또 세 번째의 사적 분석은 안정복이라는 한 명의 천재의 개인적인 자질에 유래하는 바가 큰 것 같다.

한편 두 번째의 특징, 안정복의 논설의 온건함에 대해서는 그 신야비야信耶排耶에 대한 과격의 억제를 통해 남인교도의 종교적인 진지함, 불관용적 자세와 대비되는데, 양자 각각의 이론적으로 의거하는 바를 찾아보면 개인적 자질이나 학파적 특질[35]에 더해 그것이 재화예수회의 선교의 역사적 변천 내지 선교방침의 동요의 영향을 곧바로 받고 있었다는 것이 저절로 명백해질 것이다. 즉 안정복은 주로 17세기의 『천주실의』, 『기인십편』 등[36]을 읽고 그 적응주의적인

35 안정복의 경우 이익의 학풍의 영향을 받아 이단에게도 배울 곳이 있다고 생각했기 때문에 코스몰로지를 달리 하는 천주교의 신학에 대해서도 온건하게 대할 수 있었던 것 같다.

36 『진도자증』4권(1718년 간행)은 드 샤바낙(Emeric Langlois de Chavagnac, 1670~1717. 1701년 來華. 漢名 沙守信)의 저작이다. 본서의 특징은 『성서』에서 대량으로 문장을 인용했다는 점이다. 『진도자증』 본문에는 "상제"란 말이 보이지 않으나 에르비유(Julien Placide Hervieu, 1671~1746, 1701년 내화. 한명 赫蒼壁)의 '訂眞道自證記'에는 "상제"의 표현이 보인다. 적응

이성선교를 분석하여 스스로의 천주관을 구축했음에 반해 남인교도는 18세기 바티칸의 원리주의 회귀와 선교사의 혼란에 따른 원리주의 지향의 영향을 모두 받아 자기의 신앙을 확립했기 때문이다.

결국 안정복이 남인교도에 크게 양보, 접근하여 온건하게 천학을 비판한 것은 가톨릭 "적응주의"의 영향에 의한 것이고, 남인교도가 조선의 사회규범에 반해 신앙에 목숨을 건 것은 마찬가지로 "원리주의"를 직접 따른 결과라고 해석해야 할 것이다. 전체적으로는 천주교 중국선교단의 선교방침의 변화(적응주의에서 원리주의)가 조선선교 나아가 안정복의 배야론에 크게 영향을 미쳤다고 보아야 할 것이다.

(이경보 역譯)

주의(이성선교)에서 원리주의(대중선교)로의 과도기의 특징을 보여준다.

순암 안정복의 서학西學비판 이론과 쟁점

금장태

1. 순암의 서학비판 입장

서양과학기술의 지식과 천주교교리를 포함하는 서학西學은 17세기 초부터 중국을 통해 조선사회에 전래하기 시작하였다. 그러나 서학은 처음 전래된 후 백여 년의 세월이 지나 18세기초반에 이르러 성호星湖 이익李瀷(1681~1763)의 실학정신을 만나면서 비로소 본격적 인식의 대상으로 떠오를 수 있었다. 성호는 서양과학기술에 대해서는 중국의 옛 성인도 따라야할 진실로 받아들였으며, 서양종교로서 천주교교리에 대해서는 신비적 신앙을 비판하면서도 윤리적 실천방법은 매우 소중한 의미가 있는 것으로 받아들이는 포용적 열린 자세를 보여주었다.

성호의 학맥인 성호학파星湖學派 안에서는 스승 성호의 영향으로 일찍부터 서학에 관심이 각성되었다. 그러나 성호의 초기 제자들인 하빈河濱 신후담愼後聃(1702~1761) · 순암順菴 안정복安鼎福(1712~1791)은 서양과학기술에 대해서는 거의 관심을 보이지 않았지만 천주교교리에 대해서는 일찍부터 엄격한 비판적 입장을 밝혔던 사실을 확인할 수 있다. 신후담과 안정복은 스승보다 더욱 구체적이고 강경하게 천주교교리를 비판하는데 열중하였다. 신후담은 1724년 『서학변西學辨』을 저술함으로써, 18세기 초반에 당시 전래되었던 천주교교리서들을 도학-주자학의 입장에서 이론적으로 비판하는데 선구적 역할을 하였다면, 안정복은 1785년 「천학고天學考」와 「천학문답天學問答」을 저술하여, 18세기 후반에 조선사회 안에서 천주교신앙 집단이 발생하고 전파되는 단계에서 천주교신앙에 대한 비판이론을 전개하는데 선구적 역할을 하였던 사실을 보여준다. 이들은 성호학파 안에서 천주교에 대한 비판입장을 명확히 선언함으로써, 성호학파의 공서파攻西派를 대표한다.

순암은 조선사회에 천주교신앙이 전파되기 시작하던 18세기 후반의 시기에 천주교신앙을 구체적으로 비판함으로써 천주교신앙의 확산을 막고 유교전통을 수호하는데 앞장섰던 인물이다. 그는 35세때(1746) 처음 성호의 문하에 나가 성호를 스승으로 섬겼지만, 이미 도학-주자학의 학문적 기반이 확고하게 정립된 이후라 할 수 있다. 성호의 경우도 퇴계의 학풍을 계승하는 도학자로서의 성격과 반계磻溪 유형원柳馨遠의 경세론적 학풍을 잇는 실학자로서의 성격을 동시에 지니고 있었던 것이 사실이다.

바로 이 점에서 순암은 자신의 제자 황덕길黃德吉에게 주자를 배우고자 하면 먼저 퇴계를 배우도록 제시하였으며, 스승 성호가 퇴계의 말씀 가운데 중요한 내용을 간추려 편찬한 『이자수어李子粹語』로 황덕길을 가르쳤다. 황덕길은 스승 순암의 가르침을 서술하면서, "공자·맹자의 말씀은 나라의 법령과 같다면, 정자·주자의 말씀은 엄격한 스승의 훈계하고 격려함과 같고, 퇴계의 말씀은 인자한 아버지의 훈계와 같다. … 오직 우리 퇴계선생만이 저 멀리 주자의 계통을 이어받았고, 성호선생이 직접 퇴계의 학맥에 접속하였으니, 도학道學의 전승에 유래함이 있다. 선생(順菴)은 절차탁마하여 이미 성호를 계승하였으며, 모범으로 삼아 따름은 오직 퇴계에게 있었고, 그 연원을 거슬러 올라가면 주자를 배우기 원하였던 것이다."[1]고 하였다. 그것은 가장 가깝고 친밀한 가르침을 퇴계에서 찾아서, 정자·주자로 나아가고, 다시 더 근원으로 공자·맹자에로 올라가는 도학의 학문방법과 체계를 제시하고 있는 것이다. 여기서 황덕길은 순암→성호→퇴계→주자→공자로 거슬러 올라가는 학문연원을 제시하고 있으며, 그것은 공자→주자→퇴계→성호→순암으로 계승되어 내려온 도학의 학통 곧 도통道統이 전승되어오는 과정을 밝히고 있는 것이기도 하다.

물론 순암은 성호의 문하에서 실학의 학풍을 계승하고 우리역사를 고증하여 서술한 『동사강목東史綱目』의 저술을 통해 실학정신을 발휘하였지만, 특히 그가 천주교신앙에 대해 적극적 비판에 앞장서고 있었던 사실은 도학의 정통의식과 벽이단론闢異端論의 이단비판론에 기반하고 있음을 유의할 필요가 있다. 바로 이 점에서 스승 성호는 서학에서 서양과학기술을 적극수용하고 천주교신앙에 대해서도 비교적 온건한 비판입장을 보였던 사실과 달리, 순암이 보여준 천주교신앙에 대한 철저한 비판의식은 도학-주자학적 기반을 확립하고 있다는 사실을 의미하는 것이다. 또한 그가 천주교신앙에 적극적이고 구체적으로 비판할 수 있었던 사실은 성호학파 안에서 서학에 대한 토론이 일찍부터 활발하게 일어나고 천주교신앙 집단의 발생도 그의 가까운 후배들인 성호학파 신서파信西派의 젊은 유학자들 사이에서 일어났기 때문에 깊은 관심과 세밀한 정보를 확보할 수 있었던 여건에 따른 것임을 전제로 할 필요가 있다.

1 『順菴集』, 9-10, '順菴先生行狀'[黃德吉], "孔孟之言, 如王朝之法令, 程朱之言, 如嚴師之勅厲, 退溪之言, 如慈父之訓戒,…惟吾退溪夫子遠紹考亭之統, 星湖先生直接退溪之緖, 道學之傳, 有自來矣, 先生切磋琢磨, 旣承於星湖, 楷模準繩, 惟在於退溪, 若溯其源頭, 則所願學朱子也."

2 서학서 비판과 천주교신앙활동 비판

1) 스승 성호星湖와 서학에 관한 토론

성호학파를 열었던 도학자이면서 실학자인 성호는 서학 서적과 서양 문물을 폭넓게 섭렵하고 본격적으로 소개하였다. 성호는 천문天文·역법曆法·수학·측량·수리水利 등 서양과학서 13종과, 지리地理 및 지도에 관한 4종과, 서양윤리서 2종, 및 천주교교리서 2종을 포함한 서학서적 21종과 서양문물 9건을 언급하고 있을 만큼 관심의 폭이 넓었다. 특히 성호는 서양의 과학기술에 대해 극진하게 높이 평가하였으며, 서양과학의 지구설地球說을 수용하여 전통적 우주관인 천원지방설天圓地方說을 탈피하고, 세계지리에 대한 새로운 이해로서 중국중심의 천하관을 벗어날 수 있는 새로운 시야를 열어주었다. 또한 『교우론交友論』·『칠극七克』 등 서양윤리서에 대해서는 유교에서 계발되지 못한 것도 있으며 유교윤리를 실천하는 데 유익한 것이라 언급하여, 긍정적 이해와 수용적 입장을 보여주고 있다. 다만 『천주실의天主實義』·『주제군징主制群徵』 등 천주교교리서에서 제시된 '천주'·'예수'의 존재, '신神'(귀신)·'영이靈異'(기적)의 문제, '영혼'개념, '천당·지옥' 문제 등에 대해서도 전면적 비판이 아니라, 유교와 일치되는 부분을 인정하지만 차별화되는 부분에 대해서는 단호하게 비판하였다. 그것은 성호의 서학에 대한 인식이 개방적 실학정신으로 객관적 평가태도와 포용적 입장을 지키는 것이라 할 수 있다.

성호가 서학에 관해 폭넓은 이해와 긍정적 입장을 밝히자, 그의 문하에서 서학을 수용하는 성호학파 신서파信西派들은 성호를 서학수용의 원조로 삼았고, 또 서학을 배척하는 성호학파 공서파攻西派들은 성호를 서학비판의 근원으로 삼았던 것이 사실이다. 스승 성호가 서학을 수용한 인물로 비판의 대상이 된다는 사실은 성호학파의 공서파 제자들에게는 매우 우려되는 문제였다. 황덕일黃德壹은 1788년 스승 순암에게 보낸 편지에서 당시 서조수徐祖修가 『성호사설星湖僿說』을 비판하는 글을 지어 "이성호李星湖와 유반계柳磻溪는 마테오 리치의 무리가 됨을 달갑게 여겼다."고 언급한 사실을 지적하면서, 성호의 평생저술이 서양선교사의 학문을 물리쳐 씻어내는 것인데 도리어 사설邪說이라 모함을 당하고 있으며, 이러한 거짓된 비방이 전파되어 일어날 폐단에 대해 깊이 우려하는 견해를 밝혔던 일이 있다.[2]

순암은 황덕일에 보낸 답장에서 『성호사설』로서 성호의 학문입장을 판단할 수 없음을 지적하면서, "(성호가) 존중한 바는 공자 · 맹자 · 정자 · 주자요, 배척한 바는 이단異端과 잡학雜學이었다. 경전의 의리로 아직 발명되지 못한 뜻을 많이 발명하였으며, 이단의 학설은 반드시 그 진상을 적발하여 도피할 수 없게 하였다. 그런데 어떤 사람이 (성호를) '서학'으로 배척하였다 하니 나도 모르게 웃음이 나왔다."[3]라 하였다. 이처럼 순암은 서학문제에 관해 스승 성호를 서학에 대한 비판론자로서 확고하게 변호하고 서학비판이 성호의 기본전제임을 확인함으로써, 스승 성호에 대해 서학과 연관시켜 비난하는 견해를 단호하게 차단하고 있다.

성호의 서양과학에 대한 적극적 수용입장은 그의 문인들 사이에도 깊이 영향을 미쳤다. 순암도 서양과학을 적극적으로 표방하지는 않았지만 비판적으로 거부하지 않았다는 점에서 서양과학에 대해서는 스승 성호의 견해를 대체로 받아들인 것으로 보인다. 그는 스승 성호가 "서양 사람들 중에는 대체로 기이한 사람이 많아서 예로부터 천문天文의 관측, 기기器機의 제조, 산수算數 등의 기술은 중국이 따라갈 수 없었다. 그래서 중국인들이 이런 일들을 모두 호승胡僧에게 비중을 두었으니, 주자朱子의 설을 보더라도 이를 알 수 있다. 지금의 시

2 『拱白堂集』, 권2, 2, '上順菴先生書'(戊申), "日前尹老兄愼於李丈趾漢家, 見一册子, 卽徐祖修所著文字也, 其言曰李星湖 · 柳磻溪, 甘爲利氏之徒云云,…若吾星湖先生,…平生著述, 闢廓西士之學, 昭載遺集中, 然而彼輩中反有此邪說之見誣,…從今以往, 此說傳播, 訛以傳譌, 肆然無憚, 則末流之弊, 有不可勝言者矣."

3 『順菴集』, 卷8, 30, '答黃莘叟書'(戊申), "所尊者孔孟程朱, 所斥者異端雜學, 經義多發未發之義, 異學必摘其眞贓而使無所逃, 某人斥之以西學云, 不覺一笑."

헌역법時憲曆法은 백 대가 지나더라도 폐단이 없을 것이라 말할 수 있는데, 세월이 오래 지나면서 역가曆家의 역수曆數에 차이가 생기는 것은 전적으로 세차법歲差法에 대한 요지를 터득하지 못해서 그런 것이다. 나는 항상 서국西國의 역법은 요堯임금 때의 역법에 비할 바가 아니라고 생각해 왔다. 이 때문에 더러 헐뜯는 자들이 나를 보고 서양학을 한다고 말하니, 어찌 가소롭지 않은가."[4]라고 말한 것을 소개하였다. 여기서 순암은 스승 성호가 천문·역법·수학지식과 기계의 제작에서 서양인이 탁월한 능력을 발휘했음을 인정하는 사실을 확인하고 있다. 그러나 그는 스승 성호가 스스로 '서양과학기술을 수용하는 것과 서양을 학문의 기준으로 삼아 서양학西洋之學을 하는 것이 다름'을 지적한 사실을 들어서, 도구로서 서양과학기술의 수용이 유교를 학문의 근본이요 기준으로 삼는 학풍에 방해가 되지 않는다는 인식의 입장을 제시하고 있다. 그 자신도 서학서인 『직방외기職方外記』를 인용하여 역질이 유행할 때 사방에 불을 놓아 해결하였던 사례를 들어 자신의 평소견해와 일치함을 확인하여[5], 단순한 지식에서는 긍정적으로 받아들이기도 하는 사실을 보여준다.

순암은 자신이 스승 성호의 문하에서 서학문제에 관해 벌였던 토론의 내용을 소개하면서, 스승 성호가 기본적으로 서학에 대해 비판적 입장을 지녔음을 밝히고자 하였다. 곧 그가 성호에게 '양학洋學'도 학술로써 말할 만한 것이 있는지 물었을 때, 성호는 서학의 학술로서 "삼혼三魂의 설, 및 영신靈神이 죽지 않는다는 설, 천당과 지옥의 설에 대해 말하고서, '이것은 반드시 이단이요, 단지 불교의 별파別派이다.'라 말했다."[6]고 언급하였다. 이에 따르면 성호는 서학의

4 『順菴集』, 권17, 26, '天學問答(附錄)', "先生曰, 西洋之人, 大抵多異人, 自古天文推步, 製造器皿, 筭數等術, 非中夏之所及也, 是以中夏之人, 以此等事, 皆歸重於胡僧, 觀於朱夫子說, 亦可知矣, 今時憲曆法, 可謂百代無弊, 曆家之歲久差忒, 專由歲差法之不得其要而然也, 吾常謂西國曆法, 非堯時曆之可比也, 以是人或毁之者, 以余爲西洋之學, 豈不可笑乎."

5 『順菴集』, 권13, 34, '橡軒隨筆(下)', "後見西士職方外記, 有云哥阿島國人盡患疫, 有名醫令內外遍擧大火, 燒一晝夜, 火息而病亦愈,…此與余平日所思相符矣."

교리적 핵심문제로서 영혼개념과 사후세계의 인식을 들고서 서학을 불교와 같은 계열의 이단으로 규정하는 입장을 밝혔다는 것이다.

또한 그는 스승 성호가 "천주의 설을 나는 믿지 않는다. 귀신의 소멸도 드디고 빠른 구별이 있으므로 낱낱이 같은 것은 아니다."라고 하여, 서학의 '천주'개념과 '귀신'개념에 대해서도 부정하고 있는 사실을 지적하였다. 다만 서학의 윤리서인 『칠극七克』에 대해 스승 성호가, "『칠극』은 바로 사물四勿을 주석한 것이다. 그 언급에 폐부를 찌르는 말이 많지만, 이것은 문장가의 재치있는 말이나 아이들을 경계하는 말에 불과하다. 그러나 그 허황한 말을 깎아내고 경계하는 말을 간추리면 우리 유교의 극기克己공부에 얼마간의 도움이 없지 않을 것이다. 이단의 글이라 하더라도 그 말이 옳으면 취할 따름이다."[7]라 언급하였음을 소개하고 있다. 곧 스승 성호는 서학의 기본입장을 거부하지만, 제한적으로 그 말이 정당할 경우에는 받아들이는 열린 자세를 지키고 있음을 제시하였던 것이다.

순암은 스승 성호가 『천주실의』에 붙인 발문에서 천주교교리에 대한 비판적 입장을 명확히 밝히고 있는 사실을 주목하면서, "지금 선생께서 나와 더불어 문답한 말씀과 이 발문(「발천주실의跋天主實義」)으로 본다면, 과연 선생이 (천학天學을) 존중하고 신봉하였겠는가? 이것은 식견없는 젊은 이들이 자신들이 빠져들었기 때문에 스승까지 끌어다가 증명하려는 것이니, 소인들의 거리낌 없는 짓이라 할 수 있겠다. 다행히 내가 지금 살아 있어서 그 시비를 가릴 수 있었기에 망정이지, 나마저 죽었더라면 후생들이 틀림없이 그 말(星湖가 天學을 존중하고

---

6 『順菴集』, 권17, 26, '天學問答(附錄)', "先生曰,…因言三魂之說及靈神不死天堂地獄之語, 曰此決是異端, 專是佛氏之別派也."

7 『順菴集』, 권17, 26-27, '天學問答(附錄)', "答曰, 天主之說, 非吾所信, 鬼神之有淹速之別, 非箇箇同然也, 又曰, 七克之書, 是四勿之註脚, 其言盖多刺骨之語, 是不過如文人之才談, 小兒之警語, 然而削其荒誕之語而節略警語, 於吾儒克己之功, 未必無少補, 異端之書, 其言是則取之而已."

신봉했다는 말)을 믿었을 것이니, 어찌 우리 유교에 큰 수치가 아니었겠는가."[8]라고 하였다. 여기서 그는 특히 당시 성호학파 신서파의 젊은 후배들이 스승 성호를 서학수용의 선구로 삼는 견해에 대해 강경한 거부의 입장을 제시함으로써, 신서파의 후배들과 달리 공서파의 입장을 스승 성호의 기본입장으로 확인하고 있는 것이다.

또한 성호가 일찍이 마테오 리치(利瑪竇)를 성인이라 언급했다고 지적하는 사실에 대해, "성인에도 여러 가지가 있다. 공자와 같은 성인도 있고 삼성三聖과 같은 성인도 있으니, 하나로 뭉뚱그려 말할 수 없다. 옛사람이 '성聖'자를 해석하면서 '환하게 통달한 것'(通明)을 '성'이라 하기도 하고, '덕성이 충실하고 빛나며 모든 백성을 감화시키는 것'(大而化之)을 '성'이라 하기도 하여 서로 같지 않다. 선생(星湖)이 그런 말씀을 하셨는지 나는 모르겠다. 혹시 하셨는데 내가 잊어버린 것인가? 가령 이런 말씀을 했다고 하더라도 그 말씀은 서양선교사의 재능과 식견이 '환하게 통달한 것'을 말한 데 불과하다. 어찌 우리의 요·순·주공·공자와 같은 성인으로 허여하였겠는가."[9]라 하였다. 순암은 스승 성호가 마테오 리치를 성인이라 말한 일이 있는지 자신이 모르고 있음을 밝히면서도, 만약 성호가 마테오 리치를 성인이라 하였다면 그 '성인'이라는 뜻은 단지 지식이 통달하였다는 뜻이지 인격이 높아 모든 백성을 감화시키는 성인을 가리키는 것이 아님을 강조하여, 그 의미를 제한시키고 있다.

실제로 성호는 제자 신후담과의 문답(1724)에서, "이 사람(마테오 리치)의 학문은 소홀히 할 수 없는 것이다. … 그 '도'에 나아가 그 도달한 바를 논한다면,

8 『順菴集』, 권17, 27, '天學問答(附錄)', "今以先生與余問答之語及此跋文觀之, 其果尊信之乎, 此不過無識少輩以其自己之陷溺, 幷與師門而實之, 可謂小人之無忌憚也, 幸以我今生存, 能卞其是非而已, 我若已死, 則後生輩亦必信其言矣, 豈不爲斯文之大可羞吝者乎."

9 같은 곳, "聖有多般, 有夫子之聖, 有三聖之聖, 不可以一槩言也, 古人釋聖字曰通明之謂聖, 與大而化之之聖, 不同矣, 先生此言, 余未有知, 或有之而余或忘之耶, 假有是言, 其言不過西士才識, 可謂通明矣, 豈以吾堯舜周孔之聖, 許之者乎."

또한 '성인'이라 할 수 있다."[10]고 언급했던 일이 있다. 성호는 마테오 리치가 '도'에 나아가 도달한 경지를 말하면서 성인이라 하였으니, 순암이 해명하였던 것보다는 매우 높였던 것이 사실이다. 그러나 순암의 입장에서는 스승 성호가 마테오 리치와 서학을 받아들인 것은 합리적인 과학지식에 한정된 것이요, 그 이상으로 '도'의 근원에 대한 인식에서 받아들인 것이 아님을 분명히 하였다.

순암이 제시한 서학비판론의 전개양상은 두 단계로 구분해 볼 수 있다. 첫 단계는 46~47세 때(1757~1758) 성호 문하에서 서학 문제를 토론하면서 천주교 교리서에 대한 비판적 입장을 밝혔던 시기이고, 둘째 단계는 73~74세 때(1784~1785) 당시 성호학파 신서파의 후배학자들이 천주교 신앙 활동에 빠져들기 시작하자 강한 책임감과 위기의식으로 천주교 신앙활동에 대한 적극적 비판론을 전개하였던 시기이다.

먼저 순암이 천주교 교리서에 대한 비판론을 보면, 1757년 스승 성호에게 올린 편지에서 서학서적으로 『천주실의』·『기인십편畸人十篇』·『변학유독辨學遺牘』의 세 가지를 열거하면서 자신의 비판적 입장을 제시하고 있다. 그는 이 편지에서 "근래에 서양의 서적을 보니, 그 학설이 비록 정밀하지만 끝내는 이단의 학설이었습니다. 우리 유교에서 자신을 닦고 성품을 배양하며, 선을 행하고 악을 제거하는 것은 마땅히 해야 할 것을 하는데 불과하며, 털끝만큼도 죽은 다음에 복을 구하는 뜻이 없는데, 천주교에서는 자신을 닦는다는 것이 오로지 하느님(天臺)의 심판 때문이니, 이것이 우리 유교와 크게 다른 것입니다."[11]라 하여, 서학서의 학설이 정밀함을 인정하였지만 서학이 사후에 심판을 전제로 하는 것이라는 점에서 오직 도덕의 당위성을 따르는 유교와 근원적으로 다른

10 『河濱全集』(7), 3, '紀聞編』, "星湖曰, 此人之學不可歇者,…就其道而論其所至, 則亦可謂聖人矣."

11 『順菴集』, 권2, 16, '上星湖先生別紙(丁丑)', "近觀西洋書, 其說雖精覈, 而終是異端之學也, 吾儒之修己養性, 行善去惡者, 是不過爲所當爲, 而無一毫徼福於身後之意, 西學則其所以修身者, 專爲天臺之審判, 此與吾儒大相不同矣."

‘이단’임을 밝히고 있다. 여기서 그는 『천주실의』와 『기인십편』에 대해 천당지옥설과 관련하여 비판하면서, 특히 마테오 리치와 명나라 말기의 고승인 연지(蓮池 袾宏) 사이의 교리논쟁인 『변학유독』에 대해서는 “『변학유독』은 곧 연지蓮池화상과 마테오 리치가 학설을 토론한 글인데, 그 변론이 정밀하고 확실하여 때때로 상대방의 핵심을 여지없이 간파하여 굴복시키기도 하였습니다. (마테오 리치가) 마명馬鳴·달마達摩 같은 인물들과 서로 맞서서 각기 기치를 세우고 서로 쟁변해 보게 하지 못한 것이 유감스럽습니다.”[12]라 하였다. 이처럼 그는 천주교와 불교 사이의 교리논쟁 사실에서 마테오 리치의 논쟁이 불교의 핵심적 문제를 비판하는 사실을 주목하면서, 불교교리의 가장 저명한 이론가와 마테오 리치가 논쟁하여 서로의 교리가 지닌 허점을 여지없이 드러낼 수 있게 하지 못함을 아쉬워하기도 하였다.

이에 대해 성호가 순암에게 보낸 답장에서는 “구라파 ‘천주’의 학설은 나의 믿는 바가 아니지만, 그 천체를 말하고 지구를 설명한 것은 궁구함이 깊고 역량이 포괄되어 일찍이 없었던 것이다. … 시헌력時憲曆이 나옴에 이르러 합치하지 않음이 없다. 역법曆法의 도리가 비로소 밝혀졌으니, 어찌 외국이라 하여 경시할 수 있겠는가.”[13]라 언급하였다. 그만큼 순암은 서학에서 천주교교리가 유교의 가르침에 어긋나는 이단임을 주목하고 있다면, 성호는 서학에서 천주교교리의 이단적 성격을 인정하면서도 자연과학지식이 탁월함을 가볍게 보아서는 안됨을 강조하는 것으로서, 서로 서학을 바라보는 시각에 미묘한 차이를 드러내고 있음을 보여준다.

12 『順菴集』, 권2, 16-17, ‘上星湖先生別紙’(丁丑), “辨學遺牘者, 卽蓮池和尙與利瑪竇論學書也, 其辨論精覈, 往往操戈入室, 恨不與馬鳴達摩諸人對壘樹幟, 以相辨爭也.”

13 『星湖全集』, 권26, 19, ‘答安百順’, “歐羅巴天主之說, 非吾所信, 其談天說地, 究極到底, 力量包括, 蓋未始有也,…至通憲出而無所不合, 曆道始明, 豈可以外國而少之哉.”

2) 천주교 신앙활동에 대한 비판입장

순암은 73세 때인 1784년 성호문하의 동문으로 후배인 권철신權哲身(1736~1801)을 중심으로 그 친우나 제자들이 주축을 이룬 성호학파 신서파의 청년층 학자들 사이에 천주교 신앙이 활발하게 일어나는 사실을 파악하게 되자, 가장 먼저 적극적으로 비판함으로써 신서파의 천주교 신앙활동을 견제하고자 하였다. 1784년은 이승훈李承薰이 북경에서 영세를 받고 귀국하면서 그해 봄부터 이벽李檗·이승훈·권일신權日身(권철신權哲身의 아우)·정약용의 형제들(정약전丁若銓·정약종丁若鍾·정약용丁若鏞) 등 신서파 청년학자들을 중심으로 천주교신앙공동체가 형성되어 신앙집회를 열기 시작하였다. 이들의 신앙활동은 아직 사회의 표면에 드러나지 않았지만, 순암은 성호학파의 선배로서 일찍부터 깊이 우려하고 경계하였던 것이다. 그는 1784년 권철신에게 보낸 3통의 편지에서 천주교 신앙활동의 문제에 대해 본격적으로 논의하기 시작했다. 순암이 천주교 신앙활동을 본격적으로 비판한 이 편지를 보내면서 사실상 성호학파는 공서파와 신서파로 분렬되어 결별하는 계기가 열렸던 것이다.

순암은 1784년 권철신에게 보낸 첫 번째 답장에서, "보내온 편지에 또 이르기를, '죽기 전까지 입 다물고 자신의 수양이나 하면서 큰 죄악에 빠지지 않는 것이 지극한 방법이다.'라 했는데, 이것은 소림사에서 벽을 향해 앉아 아침저녁으로 아미타불을 외우면서 지난 허물을 뉘우치고, 부처 앞에서 천당에 태어나고 지옥으로 떨어지지 말게 해 달라고 간곡히 비는 것과 무엇이 다르겠는가."[14] 라 하였다. 그는 권철신이 바로 이때(1784)부터 그동안 지켜왔던 유교적 입장의 학문자세에서 벗어나 선불교의 경우처럼 다음 세상을 기다리는 태도를 보이는

14 『順菴集』, 권6, 28, '答權旣明書'(甲辰), "來書又云, 未死之前, 嘿以自脩, 毋陷太惡, 爲究竟法, 此何異於少林面壁, 朝夕念阿彌陀佛, 懺悔前過, 懇乞佛前, 得生天堂, 求免墮落地獄之意耶."

문제점을 지적하였던 것이다. 여기서 순암의 말은 선불교와 같다고 언급하였지만 실지는 권철신이 천주교신앙에 기울어지고 있는 사실을 이 시기부터 분명하게 감지하기 시작하였음을 보여준다.

같은 해에 순암이 권철신에게 보낸 두 번째 답장에서는 이기양李基讓(1744~1802)이 권철신에게서 천주교 교리서인 『칠극七克』을 빌려갔다는 소문을 듣고서, "『칠극』은 사물(四勿: 非禮勿視 · 非禮勿聽 · 非禮勿言 · 非禮勿動.〈『논어』, 顔淵〉)에 대한 주석으로, 비록 뼈를 찌르는 절실한 말이 있지만 이 책에서 무슨 취할 것이 있겠는가."[15]라 하여, 거부입장을 밝혔으며, 성호학파의 후배들이 천주교 교리서를 읽고 있는 사실 자체에 대해서도 깊이 우려하는 뜻을 밝히고 있다. 나아가 그는 권철신의 주변에서 천주교 신앙활동이 퍼지고 있는 사실에 대해, "양학洋學이 크게 번져 아무개 아무개가 주동자이고, 아무개 아무개는 그 다음이고 그 밖에도 따라가 동화된 자가 몇이나 되는지 알 수 없다."[16]고 말하는 소문을 듣고 매우 놀랐음을 밝히면서, 권철신에게 천주교를 불교와 같은 종류임을 지적하여 천주교의 그릇됨을 역설하였다.

당시 성호학파 신서파의 청년학자들을 중심으로 천주교 신앙활동이 조직화되고 활발하게 확산되어갔던 사실은 아직 사회적으로 공개되지는 않았지만 성호학파 안에서는 소문이 무성하여 당면의 가장 큰 문제점으로 대두되기 시작하였음을 잘 보여준다. 순암은 동문후배로서 친밀하게 교류해왔던 권철신이 사실상 신서파 젊은 학자들의 스승이나 어른 역할을 하는 위치에 있음을 주목하여, 권철신에게 천주교신앙의 실상을 감추지 말고 알려줄 것을 요구하기도 하였다.

15 같은 곳, "頃者聞嶺儒之言, 復見士興來借七克, 心竊疑之而謂之曰, 七克是四勿註脚, 雖或有刺骨之談, 何取於斯耶."

16 같은 곳, "其後轉聞洋學大熾, 某某爲首, 某某次之, 其餘從而化者, 不知幾何云, 不勝驚怪, 既已浪藉於人, 則不必掩遮於相好之間矣."

순암은 노자 · 불교 · 양주楊朱 · 묵적墨翟이 모두 유교와 달리 허무虛無와 적멸寂滅에 빠지고 부모를 부모로 여기지 않거나(無父) 임금을 임금으로 여기지 않는(無君) '이단'이라 규정하고, 천주교가 바로 불교와 유사한 이단임을 역설하였다.

"지금 이른바 '천학天學'이란 불교가 이름만 바꾼 것이다. 나도 그 대의를 대략 보았는데, '천당 · 지옥'이라는 것이 같고, '마귀'라는 것이 같고, '재소齋素'도 같고, 군신 · 부자 · 부부의 인륜이 없는 점도 같고, '십계十誡'와 '칠계七戒'도 다를 것이 없고, '사행四行'과 '사대四大'도 같다. 그 밖에도 다 열거할 수 없지만 대체로 '구세'救世를 말하는데, 구마라습鳩摩羅什과 달마존자達摩尊者가 모두 '구세'를 내세워 큰 바다를 건너 중국까지 와서 자기들 교화를 폈듯이 마테오 리치(利瑪竇) 등도 이와 같은 무리에 불과할 뿐이다. 옛 사람들이 불교는 사사롭게 생사生死를 초탈하고자 한다고 말했는데, 이제 천주학을 하는 자들은 밤낮으로 간절히 기도하면서 지옥으로 떨어지지 않게 해달라고 비니 모두가 불교이다."[17]

그것은 천주교天學와 불교의 일치점을 구체적으로 열거함으로써 천주교를 불교의 아류로 규정하여 배척하는 것이다. 나아가 순암은 '천주'의 존재나 '천당 · 지옥'의 문제를 천주교 교리의 기본과제로 파악하면서, 유교에서도 천주교 교리의 내용이 내포되어 있다는 개방적 이해의 입장을 보여주고 있다. 따라서 천주교의 가르침이 유교 속에 내포된 것인 만큼 유교를 버리고 천주교로 들어가는 것이 잘못된 것임을 지적하였다. 물론 그는 천주교의 가르침이 불교와 일

17 『順菴集』, 卷6, 28-29, '答權旣明書'(甲辰), "今所謂天學, 是佛氏之變其名者爾, 愚亦畧觀大意, 天堂地獄一也, 魔鬼一也, 齋素一也, 無君臣父子夫婦之倫一也, 十誡與七戒不異, 四行與四大亦同, 其餘不能枚擧, 而大抵以救世爲言, 鳩摩羅什 · 達摩尊者, 皆以救世, 涉重溟到中國, 以宣其化, 利瑪竇等, 亦不過如是而已, 古人謂釋氏自私欲超脫生死而然也, 今爲天主之學者, 晝夜祈懇, 祈免墮於地獄, 是皆佛學也."

치하는 허황한 것이라 지적하여 비판하였다. 송대宋代이후 유교전통에서는 일찍이 불교를 이단으로 비판하는 이론을 엄격하게 정립하여 체계적으로 정비해 놓고 있었다. 그렇다면 천주교가 불교와 유사함을 확인하는 것은 매우 손쉽게 천주교를 이단으로 규정하여 비판할 수 있는 방법인 것이 사실이다. 따라서 순암은 권철신과 그 친우나 제자들에게, 불교를 배척하다가 불교와 유사한 천주교에 빠져드는 이유를 묻고, 유교에서 덕을 밝혀 세상을 구제하는 도리를 버리고 천주교을 받아들이는 이유를 묻고 있다.

> "여러분들이 평소에 항상 불교를 배척해오다가 이제 천주교에 꼼짝 못하니, 반드시 사람을 감동시킬 수 있는 특별한 글이 (천주교에) 있어서 그렇겠지.…지금 들으니 이벽이 얼마간의 서적을 가지고 찾아갔다는데, 이번에 이곳을 지나면서도 나를 찾아보지 않는 까닭을 알 수 없구려. 어찌 그 길(道)이 달라 서로 의논하지 않는 것이 아니겠는가? 천주교에서 남을 선으로 인도한다는 뜻은 반드시 이렇게 하지는 않았을 것일세. 그러나 성인이 천하에 밝은 덕(明德)을 밝힌다는 것은 그 '구세'의 뜻에 무슨 문제가 있는가?. 하필이면 명분이 바른 가르침의 안락한 땅을 버리고 천당에서 살기를 구하려는가?"[18]

그동안 불교를 배척해오던 선비들이 갑자기 천주교 신앙에 빠져들게 되는 사실에 대해, 천주교 교리에서 감동을 받았던 문장이 무엇인지 묻고 있다. 그런데 당시에 후배인 이벽이 천주교서적을 싸들고 권철신을 찾아가는 길에 자기 집 문앞을 지나가면서도 들리지 않는 것은 이미 지향하는 '도道'가 유교와

18 『順菴集』, 권6, 29, '答權旣明書'(甲辰), "諸君平日常斥佛而今束手於此, 則必有別般文字可以動人者而然也,…今聞德操抱多少書而進去, 今者過此不見, 未知其故也, 豈以其道不同而不相謀耶, 天主導人爲善之意, 必不如此也, 然聖人明明德於天下者, 其救世之意, 爲如何哉, 何必捨名敎之樂地而求生天堂乎."

달리 천주교를 선택하였기 때문에 같이 만나 함께 토론할 필요도 없는 단절된 처지가 되고만 것인지 따졌다. 심지어 이렇게 서로 외면하는 것은 남을 선으로 인도한다는 천주교 교리에도 어긋나는 것이 아니냐고 힐책하기까지 하였다. 그만큼 순암은 천주교에 빠져든 후배들과 토론을 계속하여 유교의 정당한 도리로 돌아나오도록 설득하려는 강한 의지를 보여주고 있는 것이다. 따라서 순암의 결론은 "천하에 밝은 덕을 밝힌다."(明明德於天下〈『대학』〉)고 선언한 유교의 가르침이 이 세상을 구제하는 정대한 명분의 가르침임을 확인하면서 천당에서 살기를 구하는 천주교의 그릇됨을 강조하였던 것이다.

권철신에게 1784년에 보낸 세 번째 편지요 마지막으로 보낸 장문의 편지에서는 권철신이 천주교에 빠져 후배들을 그릇되게 이끌고 있는 사실을 불교에도 못미치며 무당과 다름없는 천주교에 빠진 것이라 하여 정면으로 비판하고 있다.

> "지금 또 듣자하니, 서학(천주학)에서는 그대가 경망하고 철없는 젊은이들의 앞잡이가 되고 있다는데, 지금 세상에 유학자들이 기대를 걸고, 친구들이 믿고 소중히 여기며, 세상 사람들이 주목하고, 후배들의 종주宗主가 될 사람이 그대 말고 누가 있겠는가. 그런데 갑자기 이단으로 가버리니 과연 어찌해서 그러한 것인가? 내가 보기에는 서양 사람들의 말이 비록 장황하고 해박하게 변론해도, 모두가 불교의 조잡한 발자취요, 선학禪學의 정밀한 이론에는 절반도 못 미치네. 차라리 달마達摩와 혜능慧能의 식심識心이나 견성見性의 말을 따를지언정 어찌 서양선교사들이 밤낮으로 간절히 기도하여 무당이나 다름없는 짓을 할 수 있겠는가? 이렇게 해서 과연 지옥을 면한다 하더라도 지조 있는 선비라면 반드시 하지 않을 것인데, 하물며 우리 유학을 하는 사람이 그렇게 하겠는가? 이것은 공자문하의 도깨비요 유림儒林의 해충이 되니, 시급히 쫓아내야 할 것이네."[19]

또한 이 편지에서 순암은 "지금 들리는 말에 아무 아무가 서로 약속을 하고 신학新學(천주학)을 공부하고 있다고 하는 소문이 파다한데, 그들 모두가 그대의 절친한 벗 아니면 그대의 문도들 아닌가. 그대가 만약 금하고 억제했으면 이렇게 날뛸 리가 있겠는가. 그대는 그들을 금지하지 않았을 뿐만 아니라, 오히려 물결을 조장하여 더 일으키고 있으니 이게 무슨 일인가."[20]라 하여, 권철신이 제자들의 천주교 신앙활동을 금지하지 못하고 도리어 그들의 신앙을 조장하는 사실에 대해 엄격하게 문책하기도 하였다.

나아가 순암은 서양이 기술에서 중국보다 뛰어난 점이 있음을 인정하면서도 서양의 학술은 노장이나 불교와 같은 이단일 뿐임을 지적하면서, "지금의 유학자들이 노장과 불교는 이단으로 배척하면서 도리어 천주교를 참된 학문이라 여기고 있다. 인심이 미혹되고 빠져듦이 한결같이 이에 이르니, 이것은 바로 세상풍조의 가라앉고 일어남이나 선비의 학풍이 사특하고 정대함이 나뉘는 하나의 큰 전환계이다."[21]라 하였다. 역사가 한 번 다스려지고 한 번 어지러워지는(一治一亂) 순환의 변동을 겪듯이, 학문에서도 정도正道가 쇠퇴하고 사설邪說이 성행하는 변동의 계기를 만난 것이라는 시대변화의 상황으로 인식하고 있음을 보여준다. 그렇지만 광명정대한 유교를 버리고 천주교에 참된 도리가 있다고 보는 신서파의 입장이 옳지 않음을 거듭 강조하고 있다.

당시 성호학파 신서파의 재능있는 청년학자들이 천주교신앙에 빠져들어 천

---

19 『順菴集』, 권6, 30-31, '與權旣明書'(甲辰), "今又聞西士之學, 公未免爲浮躁諸少輩之所倡導, 今世斯文之期許, 知舊之倚重, 世人之屬目, 少輩之宗主, 捨公而誰, 而忽焉爲異學之歸, 是果何爲而然乎, 以愚觀之, 西士之言, 雖張皇辯博, 而都是釋氏之粗迹, 半不及於禪家精微之論, 寧從達摩慧能識心見性之言, 豈可爲西士晝夜祈懇, 無異巫祝之擧乎, 爲此而果免地獄, 志士必不爲也, 況爲吾儒之學者乎, 是爲聖門之怪魅, 儒林之蟊賊, 亟黜之可也."

20 『順菴集』, 卷6, 31, '與權旣明書'(甲辰), "今聞某某輩, 相與結約, 攻習新學之說, 狼藉去來之口, 此皆公之切友與門徒也, 公如有禁抑之道, 豈至此橫騖, 而不惟不能禁抑, 又從而推波助瀾何哉."

21 같은 곳, "今之儒者斥二氏爲異端, 而反以此爲眞學, 人心之惑溺, 一至於此, 此正世道汙隆, 士學邪正之一大機也."

주교를 높이고 있는 현실에 대해, 순암은 "이른바 천주학이란 실상은 불교의 하승下乘에서도 가장 열등한 것인데도 오늘날 재주와 학식을 자부하는 자들이 많이 그 속에 빠져들어 서양을 중국보다 높이고 마테오 리치(利瑪竇)를 공자보다 현명하게 여기면서, '참된 학문이 여기(천주학)에 있다.'고 하니, 선비들의 지향함이 바른 길을 잃고 인심이 추락하여 이 경지에 이르게 되었는데도, 구제하고 바로잡을 수 없게 되었다."[22]고 하여, 신서파 청년학자들이 유교를 버리고 천주교로 빠져들고 있는 현실에 심각한 위기의식을 각성하고 있었던 것을 엿볼 수 있다. 바로 이 점에서 순암은 새로운 사상조류인 천주교를 막아내어 유교전통을 지키는 호교護教를 자신의 시대적 책임으로 각성하고 있음을 보여준다.

이 순암처럼 공서파攻西派로서 기치를 선명히 하자, 그의 주위에 뜻을 같이하는 후학들이 모여들었다. 후학인 권진權晨이 찾아와서 서양에서도 천주교를 금하려고 수만 명을 죽였으나 금하지 못했고, 일본에서도 천주교를 금하려고 수만 명을 죽였던 사실을 들어, 우리나라에도 천주교를 금하기 위해 많은 천주교도를 죽이게 될 수 있음을 언급한 사실을 소개하면서, 무엇보다 당파적 대립이 격심한 당시의 정치현실에서 이단인 천주교 신앙에 빠져들었다는 사실이 반대파에게 공격의 빌미를 주어 성호학파가 속한 남인 시파南人時派의 존립을 위협하게 될 수 있음을 심각하게 경고하기도 하였다.

> "더구나 지금 당론이 분열되어 피차 틈만 노리면서 상대편의 좋은 점은 덮어두고 나쁜 점만 들추어내는 시국에, 가령 누가 일망타진하려는 계책으로 삼는다면 몸을 망치고 명성을 더럽히는 굴욕을 당하게 될 것이네. 이러한 때에 이르면 천주가 구제해줄 수 있겠는가? 아마 천당의 즐거움을 미처

22 『順菴集』, 권26, 15, '邵南先生尹公(東奎)行狀', "所謂天學者, 實佛氏之下乘最劣者, 而今世之以才學自許者, 多入其中, 使西土尊於華夏, 瑪竇賢於仲尼, 謂眞學在是, 士趨之失正, 人心之陷溺, 一至於此, 而不能救而正之."

누리기도 전에 세상의 재앙이 닥칠 것이니, 삼가지 않을 수 있겠는가. 두려워하지 않을 수 있겠는가. 그런데 그대들은 이미 천주교에 빠져서 마음을 씻고 발길을 돌려 이 습속을 털어 버리지 않고, 도리어 '지옥이 설치된 것은 바로 아무 어른(순암)을 위한 것이다.'라 하니, 나는 이 말이야 달게 받아들이겠지만 이런 작태를 참지는 못하겠네."[23]

당시 순암은 성호학파 안에서 공서파의 입장을 확고히 함으로써, 신서파의 후배들을 비판하고 경고하는데 앞장섰으며, 이에 대해 신서파의 후배들은 순암의 비판에 저항하면서 "지옥이 설치된 것은 바로 순암을 위해서다."라고까지 극단적 반발태도를 보이기도 하였던 것이다. 이와더불어 순암의 주위에는 천주교비판의 입장을 지닌 인물들이 모여들어 공서파를 형성하게 되고, 이들은 천주교를 비판하는 논거가 될 수 있는 자료를 수집하여 순암에게 제시하고 있다. 곧 권진은 서양과 일본에서 천주교도를 탄압하여 많은 천주교도들이 살육되었던 사실을 소개해주기도 하고, 순암도 권진의 묘지명(「權君(眞)墓誌銘並序」)을 지어 권진이 천주교비판에 확고한 신념을 지녔음을 칭찬하기도 하였다. 또한 유옥경柳玉卿은 청나라 목재牧齋 전겸익錢謙益의 「경교고景教考」에서 서학을 비판한 구절을 배껴서 제공하기도 하였다.

이때에 순암은 천주교를 조목별로 비판하는 질문서인 「천학설문天學設問」(1785년 저술한 「천학문답天學問答」의 초고初稿에 해당하는 저술로 보임)을 저술하였다. 그는 권철신에게 자신의 「천학문답」을 읽어주고 반박하는 견해라도 밝혀주기 바라면서도, "「천학설문」을 베껴 보내고 싶었으나 베껴 쓰기가 너무 힘들어 보내지 못하네. 권진이 배껴 갔으니, 볼 수 있는 길이 있을 것 같네. 그러나 모두가

23 『順菴集』, 卷6, 34, '與權旣明書'(甲辰), "況此黨議分裂, 彼此伺釁, 掩善揚惡之時, 設有人爲一網打盡之計, 而受敗身汚名之辱, 則到此之時, 天主其能救之乎, 竊恐天堂之樂未及享, 而世禍來逼矣, 可不愼哉, 可不懼哉, 公輩旣溺于此, 則不能洗心旋踵, 以祛此習, 反謂之曰, 地獄之設, 正爲某丈, 愚於此甘受而不忍爲此態也."

망녕된 이론이라 어떻게 그대들의 이미 굳어져 이루어진 학설을 움직일 수 있으리오."[24]라 하여, 권철신을 비롯한 신서파의 천주교신앙이 돌이킬 수 없이 굳어진 사실을 인식하고 있음을 보여준다.

1785년 봄 성호학파 신서파의 천주교 신앙집회가 형조刑曹에 적발되어 사회에 알려지고 천주교도들이 압박을 받게 되자, 순암은 남필복南必復에게 보낸 편지에서, "근래에 천주교를 나라에서 금지하고 있으나, 형조에서 선처해 주어 여러 사람이 연루되지 않았으니 다행이네. 그런데 이 학설(천주학)이 절친한 사람들 사이에서 많이 나왔기 때문에 전날에 많은 말을 하여 배척하였던 것이지. 대개 서로 아끼는 정성에서 나온 것인데 도리어 의혹과 거리감이 일어나 점점 멀어짐이 뚜렷해지니 그것이 불행이네."[25]라 하여, 천주교도의 신앙집회가 형조에 적발된 뒤에도 연루되어 처벌받지 않은 것을 다행으로 여기면서도 성호학파 안에서 신서파를 염려하여 비판하고 경계해왔는데 신서파로부터 의심을 받고 신서파와 공서파가 갈라져 서로 단절되고 말게 된 현실을 불행으로 깊이 우려하고 있음을 보여준다.

또한 순암은 1785년 성호학파의 후배로 신서파의 중요 인물인 복암伏菴 이기양李基讓에게 보낸 답장에서도 절실하고 긴밀한 성호학파의 동문들 사이에 천학天學(천주학天主學)이 발생하여 그 학설이 유교의 형상과 달리함으로 은밀한 것을 추구하고 괴이한 행동에 빠져들까 염려하여 권철신과 이기양에게 편지를 보내 질문하였는데 끝내 대답을 듣지 못하여 버림을 받고 있는 사실에 대해 섭섭함과 책망을 하고 있다. 여기서 그는 "근래 서울과 지방의 친지들로 왕래하거나 편지에서 보고 들은 바는 이 늙은이를 사건의 실마리를 끌어내어 문제 삼

24 『順菴集』, 卷6, 35, '與權旣明書'(甲辰), "天學設問, 欲爲錄送, 而書出甚難, 不得送呈, 于四賸去, 則似有可見之路, 然皆妄說, 何能動公輩已定之成學耶."

25 『順菴集』, 卷7, 23-24, '答南希顏(必復)書'(乙巳), "近來天學有邦禁, 而秋官善處, 不至連累, 可幸, 此學多出於切緊間, 故前日頗費辭斥之, 盖出於相愛之血忱, 而反生疑阻, 顯有疎外之漸, 其不幸大矣."

게 하여 재앙을 일으키는 괴수로 여긴다는 말이 파다하네."[26]라 하여, 신서파에서는 순암의 천주교신앙에 대한 비판이 바로 신서파를 환난으로 몰아넣게 될 것이라 하여 심한 경계심으로 적대시하면서 교류가 단절되고 있음을 보여준다. 이처럼 당시 순암의 천주교비판에 대해 토론의 상대로 받아들이는 것이 아니라 신서파를 재앙으로 몰아넣을 위험요인으로 거부하면서 사실상 대화가 단절된 상태에 이르렀음을 보여준다.

이에 대해 순암은 1785년 이기양과 만나서도 이기양이 모두들 순암을 가리켜 '재앙을 일으키는 마음'(禍心)이라 한다고 하였을 때, 순암은 "이번에 서학은 어찌 사군자가 배울만한 것이겠는가? 내는 깊이 염려하여 이렇게 규제하고 경계하는 말을 하였던 것이지, 이것이 어찌 재앙을 일으키는 마음이 되겠는가?"[27]라 하여, 자신의 천주교신앙비판이 후배를 염려하는 충심에서 경계하는 비판이지, '재앙을 일으키려는 마음'이 아님을 역설하였다.

따라서 신서파의 권철신이나 이기양 등이 순암과 천주교신앙의 문제에 관해 토론하기를 거부하는 태도에 대해, "예수란 세상을 구제한다는 명칭인데, 이미 세상을 구제한다고 하였으면, 어리석은 사람(순암 자신)을 지도하여 깨닫도록 하는 것이 옳을 것이다. 무엇 때문에 질문을 해도 대답하지 않고 그 책을 덮어 감추고서, 어리석은 사람으로 하여금 깨닫게 하지 않으니, 그것이 과연 천주가 세상을 구제한다 뜻인가?"[28]라 하여, 천주교신앙에 관해 신서파에게 토론하는 것이 예수의 정신에도 맞지 않느냐고 따지며 토론할 것을 요구하였지만, 신서파로서도 정통의 유교이념을 배경으로하는 공서파와 공개적 토론을 할 수 없

26 『順菴集』, 권8, 20, '答李士興書'(乙巳), "近來從京外親知之去來者及或書尺間有所聞見, 則以此老漢爲惹起事端之一禍首, 其言狼藉."

27 『闢衛編』, 권2, 4, '安順菴乙巳日記', "今番西學, 豈爲士君子所可學者乎, 余有深慮, 有此規警之語, 此豈禍心而然乎."

28 『順菴集』, 권8, 21, '答李士興書'(乙巳), "耶蘇救世之名也, 旣云救世, 則指導其昏愚, 使之開悟可也, 何必有所問而不答, 掩其書而自秘, 不使昏愚者有所開悟, 其果爲天主救世之意耶."

는 형편이었으니, 토론이 일어날 수 없는 실정이었다.

순암은 1785년 3월에 「천학고」와 「천학문답」을 저술하여, 이 두 저술을 통해 천주교 교리에 대한 비판이론을 체계화시켜 제시하였다. 먼저 「천학고」는 역사서와 옛 문헌(『한서漢書』·『열자列子』·『통전通典』·『명사明史』 등), 명·청시대 학자들의 저술(정요鄭曉의 『오학편吾學篇』, 전겸익錢謙益의 『경교고景教考』, 고염무顧炎武의 『일지록日知錄』 등), 및 조선후기 학자들의 저술(이수광李睟光의 『지봉유설芝峯類說』, 이익李瀷의 「천주실의발天主實義跋」) 등 14종의 문헌을 인용하여 서학이 중국과 우리나라에 전파된 역사적 유래를 밝히고 있으며, 여기서 그는 서학이 한대漢代부터 오랑캐의 현혹시키고 허망한 풍속으로서 중국에 들어왔었던 것이요 새로운 것이 아니라고 보았다. 그는 서역 지방의 환술幻術이나 천신天神숭배와 마니교摩尼教(명교明教·배화교拜火教)·회교回教(이슬람교)·경교景教(네스토리우스파 기독교) 등을 천주교와 같은 계통인 서방의 천학天學으로 파악하여 간략한 서양종교사를 서술하면서, 오랑캐의 현혹시키고 허망한 미신迷信의 범주 속에 천주교를 포함시켜 비판하였다.

또한 그는 우리나라에 서학의 전래과정을 서술하면서, 서양의 서적이 선조 말년부터 우리나라에 들어와 유학자들이 많이 읽어왔고 제자백가나 불교의 수준으로 취급하여 서실書室의 구색으로 갖추어 놓고 천문학과 수학에 관한 지식만 취해왔었음을 지적하였다. 또한 천주교신앙이 전파되기 시작하는 상황에 대해, "근년에 어떤 선비가 사신 행렬을 따라 연경燕京에 갔다가 서양서적을 얻어 가지고 왔는데, 계묘년(1783)과 갑진년(1784) 사이에 재기才氣있는 젊은이들이 천학天學의 학설을 주창하면서, 마치 상제가 친히 내려보낸 사신인 듯이 한다. 아아, 평생토록 중국 성인의 글을 읽고 나서 하루아침에 서로 이끌고 이교異教로 돌아가니, 이것이 어찌 '3년을 배우고 돌아와서 자기 어머니 이름을 부른다'(『전국책戰國策』)는 말과 다르겠는가. 참으로 안타까운 일이다."[29]라 하였다. 곧

29 『順菴集』, 卷17, 1, '天學考', "年來有士人隨使行赴燕京, 得其書而來, 自癸卯甲辰年間, 少輩

당시 조선에서 천주교 신앙을 수용한 것은 1783~1784년 무렵으로 확인하고, 재주있는 젊은 유학자들이 갑자기 이단인 천주교 신앙에 빠져드는 현상을 안타까워하고 있다.

특히 그는 스승 성호星湖 이익李瀷이 『천주실의』에 붙인 발문(「跋天主實義」)을 자세히 소개하면서 천주실의에서 성호가 천주교의 기본교리로서 '천주'개념의 인식내용이나 '천당지옥설'에 대해 엄격히 비판하고 있는 사실을 드러내면서, "지금 천주학을 공부하는 자들이 간혹 '선생(성호)도 일찍이 (천주학을) 공부했다.' 고 말하여, 자기의 이론을 펼치면서 이에 근거해 높이려고 하지만, 모르는 사이에 스승을 무함誣陷하는 죄를 짓고 있으니, 어찌 한심하지 않겠는가."[30] 고 하였다. 여기서 그는 스승 성호가 서양과학기술을 높였던 것은 인정하지만 천주교 신앙에 대해서는 엄격하게 비판하였음을 확인함으로써, 성호학파의 신서파 청년학자들이 천주교 신앙에 빠져들면서 스승 성호도 천주학을 공부하였다고 하여 자신의 정당성을 뒷받침하려 하는 태도는 스승을 모함하는 것이라 엄격하게 비판하였다. 이처럼 그는 성호의 천주교 신앙에 대한 비판입장을 강조하여 신서파의 천주교신앙을 성호와 연관시키는 관점을 단호하게 차단하고 있음을 보여준다.

다음으로 「천학문답」은 당시 천주교 신앙에 긍정적인 인물들이 제기한 질문 34조목에 대한 비판적 입장에서 대답한 저술이다. 여기서 그는 『천주실의』에 나타난 천주교 교리의 다양한 문제에 대해 비판함으로써, 서학에 대한 이단비판론을 이론적으로 정립시키고 있다. 그 질문항목 가운데 "『천주실의』나 『기인십편畸人十篇』 등의 책을 보면, 서양선교사가 말한데 대해 중국선비가 옷깃을

之有才氣者, 倡爲天學之說, 有若上帝親降而詔使者然, 噫, 一生讀中國聖人之書, 一朝相率而歸於異教, 是何異於三年學而歸, 而名其母者乎, 誠可惜也."

30 『順菴集』, 卷17, 8, '天學考', "今爲此學者間或曰, 先生亦嘗爲之, 欲伸己說, 因而爲重, 而不覺自歸於誣師之科, 豈不寒心哉."

여미고서 믿으며 따르지 않음이 없으니 어째서 그러한가?"라는 질문에 대해, 순암은 "이런 책들은 모두 서양선교사가 질문을 성정해놓고 스스로 대답하였기 때문에 그러할 뿐이다. 만약 도리를 아는 유교선비와 더불어 말하였다면 어찌 옷깃을 여미면서 믿고 따를 이치가 있겠는가."[31]라 대답하고 있다. 그것은 마테오 리치의 교리서인 『천주실의』나 『기인십편』을 비롯하여 중국선비가 묻고 서양선교사가 대답하는 문답형식으로 저술된 천주교교리서들에서 중국선비들이 서양선교사를 공경하고 신봉하는 자세를 보여준 것은 실지가 아니라 선양선비들이 조작한 것임을 강조하여, 천주교교리서에 미혹될 것을 경계하는데까지 세심한 관심을 보여주고 있는 것이다.

순암은 75세 때(1786) 지은 시에서도 "이단의 학문이 사람들을 그르치니 / 굳게 무리지어 깨뜨릴 수도 없네 / …군자라면 평소 먹은 마음 지켜서 / 꺾이지 않고 용감히 나가야지."[32]라고 읊어, 천주교 신앙집단이 이미 견고하게 뿌리를 내려 깨뜨릴 수 없다는 현실적 한계를 인식하면서도, 선비로서 지조를 지켜 이단을 배척하는데 흔들림이 없을 것임을 다짐하고 있다. 그는 1786년 남인시파의 영수요 정조正祖임금의 두터운 신임을 받고 있던 재상 번암樊巖 채제공蔡濟恭에게 편지를 보내 서학을 물리치는 일을 논의하기도 하였다.

> "근래에 와서 우리 당의 평소 재기를 자부하던 젊은이들이 많이 새로운 학문(천주학)으로 들어가면서 참된 도리가 여기에 있다고 휩쓸려 따라가니, 어찌 한심한 일이 아니겠소. 이렇게 거꾸러지며 빠져드는 꼴을 차마 눈뜨고 볼 수 없어 서로 가까운 사이에만 대략 경계를 해 보았는데, 이는 진실한 마음에서 나온 것이지만 도리어 재앙을 일으키는 마음이라 말합니다.

31 『順菴集』, 卷17, 22, '天學問答', "或曰,'觀實義畸人等書, 西士所言, 中士莫不斂衽信從者何哉', 曰,'此等書, 皆西士設問而自作, 故如是耳, 若與識道之儒士言之, 豈有斂衽信從之理乎'."

32 『順菴集』, 卷1, 39, '次丁思仲(志永)來贈韻'(丙午), "異學方誤人, 羣聚牢不破,…君子秉素志, 勇往終不挫."

> 심지어 감히 절교할 수 없는 사이인데 절교하는 자가 있습니다.…이렇게 당파 사이의 논쟁이 범람하는 때에 기회를 노려 돌을 던지는 자가 없을 줄을 어찌 알 수 있겠습니까? 그 형세는 반드시 망한 다음에야 그칠 것입니다.…우리 두 사람이 (천주교를) 물리치지 않는다면 누가 하겠습니까? 어른으로서 통렬하게 물리치고 꾸짖어 금하는 것이 마땅하지, 하필 뒤돌아보고 쳐다보며 꺼려하고 굽히는 태도를 취할 것이겠습니까?"[33]

채제공은 순암의 천주교신앙에 대한 강경한 비판태도에 대해 '노익장老益壯'이라 칭송하기도 하였고, 순암을 위해 「불쇠헌기不衰軒記」를 지어주기도 하였다. 체제공은 조정에서 남인시파를 이끌어가는 중심이요, 순암은 재야에서 성호학파를 계승하는 종장의 역할을 하고 있으니 남인시파요, 성호학파 안에서 천주교 신앙이 일어나는 사실에 대해 함께 후배들을 꾸짖고 이끌어가는 역할을 하자는 제안을 하고 있는 것이다. 그러나 순암이 천주교 신앙비판에 철저한 반면에 채제공은 다소 온건한 화합정책을 취하고 있는 점에 대해 순암은 불만을 털어놓기도 하였던 것이 사실이다.

33 『順菴集』, 권5, 19-20, '與樊巖書'(丙午), "近來吾黨小子之平日以才氣自許者, 多歸新學, 謂以眞道在是, 靡然而從之, 寧不寒心, 不忍目睹其顚倒陷溺之狀, 略施規箴於切緊之間, 是出於赤心, 反禍心以言之, 至有不敢絶而敢絶者,…當此黨議橫流之時, 安知無傍伺而下石者乎, 其勢必亡而後已,…非吾二人斥之, 而誰爲之耶, 爲長者, 當痛斥而禁呵之, 何必爲顧瞻畏屈之態耶."

3. 천주의 존재와 예수에 대한 비판론

1) '천주' 개념의 쟁점

천주교신앙에 대한 순암의 비판이론에서 중요한 쟁점을 크게 세 가지로 집약해본다면, 하나는 '천주'의 존재와 예수의 성격을 인식하는 문제이고, 다른 하나는 인간의 영혼과 사후세계에 관한 문제요, 또 하나는 도덕의식의 문제라 할 수 있다.

(1) 상제와 천주의 존재

순암은 먼저 천주교의 '천주'와 유교의 '상제'를 동일한 존재로 받아들이는 측면을 보여 준다. 곧 "저들이 '천주가 있다.'고 말하면 우리도 '하늘의 주인(천주)가 있다'고 말한다. 천주는 곧 상제이다. 『시경』과 『서경』에서 '상제'를 말하고, 성인이 '하늘'을 말하였으니, 분명하게 그 글이 있는데, 어찌 실상이 없이 거짓으로 의탁하여 말한 것이겠는가."[34]라고 언급하여, 궁극존재를 '천주'라 일컫는다면 이에 해당하는 유교의 명칭은 '상제'나 '천'이라 일컫는다는 것이다.

그는 "사람이 하늘을 일컫는 데는 두 가지가 있으니, 하나는 '주재의 하늘'(主宰之天)이다. '천명의 성품'을 말하고 '천명을 두려워함'을 말하는 것 등으로, 이것은 하늘이 곧 이치이다. 또 하나는 '형기의 하늘'(形氣之天)이니, 이것은 하늘이 곧 사물이다."[35]라 하였다. 곧 눈으로 볼 수 있는 푸른 하늘은 '형기의 하늘'로

---

34 『順菴集』, 권6, 32, '與權旣明書'(甲辰), "彼曰有天主, 吾亦曰有天主, 天主卽上帝也, 詩書之言上帝, 聖人之言天, 明有其文, 則豈無其實而假託以言耶."

35 『順菴集』, 권17, 21-22, '天學問答', "人之稱天有二, 一是主宰之天, 曰天命之性, 曰畏天命之類, 是天卽理也, 一是形氣之天, 是天卽物也."

서 물질의 하나일 뿐이라 인식하고, 이와 달리 인간에게 천명으로 부여되는 하늘은 '주재의 하늘'이요 이치라고 분별하여 제시하였다. 따라서 감각적 경험의 대상으로서 하늘과 신앙적 숭배의 대상으로서 하늘을 구별하는 입장을 밝힘으로써, 천주교의 '천주'개념에 상응할 수 있는 유교적 '천'개념을 확인하고 있다.

나아가 순암은 '천학天學'이란 상제를 받드는 가르침이라 해석하여, 서양인이 말하기 이전에 유교경전에서 분명하게 제시하고 있음을 확인하였다. 『서경』(惟皇上帝, 降衷下民.〈湯誥〉), 『시경』(小心翼翼, 昭事上帝.〈大雅 · 大明〉), 『논어』(畏天命.〈季氏〉), 『중용』(天命之謂性.), 『맹자』(存心養性, 所以事天也.〈盡心上〉) 등 유교경전에서 상제를 섬김이나 천명을 두려워함에 관한 언급을 열거하고서, "우리 유학자의 학문도 하늘을 섬김에서 벗어나지 않는다. 동중서董仲舒가 '도道의 큰 근원은 하늘에서 나온다.'고 말한 것이 이것이다."[36]라 하였다. 곧 하늘(상제)을 섬기는(事天)의 학문으로서 '천학'은 원래 유교의 학문적 기반을 강조함으로써, 하늘을 섬김에서는 천주교와 유교가 공통적인 것임을 전제로 인정하고 있다.

또한 순암은 '천주'라는 호칭이 사용된 경우를 중국의 문헌에서 점검하여, 유교경전에는 나오지 않는 말이지만 『사기史記』 「봉선서封禪書」에서 "팔신八神에서 첫 번째가 '천주'로 천제天齊(山東省 臨菑 남쪽 교외 산아래 있는 샘물의 명칭)에서 제사한다."(八神, 一曰天主祠天齊)는 기록이나, 『전한서前漢書』의 「김일제전金日磾傳」에서 "휴도왕休屠王이 금으로 사람형상을 만들어 '천주'에게 제사했다."(休屠作金人祭天主)는 기록을 찾아서 중국문헌에서도 근거가 있음을 확인하였다. 여기서 그는 금으로 천주의 신상을 만들어 천주에 제사를 드렸다는 역사서의 기록에 대해, 당시 천주교에서 천주의 화상을 그려 놓고 예배드리는 것과 유사함을 지적하면서, "흉노의 우현왕右賢王이 서쪽으로 서역과 교통하면서 그 교(천주교)를 받아들여 제사한 듯하다."고 언급하기도 하였다.[37] 이처럼 그는 역사서의 기록에

36 『順菴集』, 권17, 8, '天學問答', "吾儒之學, 亦不外於事天, 董子所謂道之大原, 出乎天是也."
37 『順菴集』, 卷17, 23, '天學問答', "經傳不見, 但史記封禪書祀八神, 一曰天主祠天, 漢書…金

서 '천주'라는 용어를 고증하여, 한漢나라 무제武帝때 흉노족의 신앙에 천주를 숭배하였던 사실을 천주교와 일치시켜 이해하고 있음을 보여준다.

마테오 리치는 유교의 '상제'를 '천주'와 일치시켜 제시하면서, "다만 옛 군자들이 천지의 상제를 공경한다고 들었지만, 태극을 높이 받드는 자가 있다고 듣지 못하였다."고 하여, '태극'을 숭배의 대상이 아니라 하고, "이치理는 역시 의지해서 있는 종류요 스스로 성립할 수 없는 것이니, 어찌 다른 사물을 성립시킬 수 있겠는가?"라 하여, '이치'理는 사물에 의지하여 존립하는 법칙의 의미로 한정시켰다.[38] 그것은 성리학에서 '상제' 내지 '천'을 '이치'나 '태극'과 동일시하는 견해를 정면으로 거부하는 것이다. 이에 대해 순암은 '태극'이나 '이치'가 '상제'와 동일한 궁극적 존재로 인식하는 성리학적 입장을 확인하여, '상제'개념에 대한 인식에서 천주교의 입장과 차이를 분명히 밝히고 있다. 그는 "주재가 있다는 것으로 말하면 '상제'라 하고, 소리도 없고 냄새도 없다는 것으로 말하면 '태극'이라 하거나 '이치'라 한다"[39]고 하여, '상제'와 '태극'이나 '이치'가 동일한 존재를 다른 측면에서 일컫는 명칭일 뿐이요 두 가지로 갈라놓을 수 없는 것임을 역설하였다.

마테오 리치는 중국인들이 상제를 주재자로서 인식하지만 천지와 만물을 만든 창조주로서 인식하지 못함을 지적한데 대해, 순암은 "상제는 이치의 근원이 되며 이 천지와 만물을 만들었다. 천지와 만물은 저절로 생겨날 수 없고 반드시 천지와 만물의 이치가 있기 때문에 이 천지 만물이 생겨난다. 어찌 그 이치가 없는데 저절로 생겨날 수 있겠는가? 이것은 곧 후세 유학자로서 '형기가 이

日磾傳, 休屠作金人祭天主, 天主之名, 見於此,…疑以金作天主而祭之, 如今爲此學者, 爲天主畫像而禮拜之, 此古今之變也, 凶奴右賢王西通西域, 疑得其教而祭之也."

38 『天主實義』, 제2편, "但聞古先君子敬恭于天地之上帝, 未聞有尊奉太極者.…蓋理亦依賴之類, 自不能立, 曷立他物哉."

39 『順菴集』, 권17, 22, '天學問答', "以有主宰而言之, 則曰上帝, 以無聲無臭而言之, 則曰太極, 曰理."

치에 앞선다.'(氣先於理)는 학설이니 변론할 가치도 없다"[40]고 주장하였다. 여기서 순암은 '상제'를 주재자로서 밝힐 뿐만 아니라 만물을 생성하는 창조주로서도 인식하고 있음을 보여준다. 특히 그는 상제를 이치의 근원으로 확인하고, 이치가 만물을 생성하는 근거임을 지적하여 이치가 있음으로써 만물이 생성되어 나오는 것임을 강조하고 있다. 따라서 이치가 만물을 생성하는 근원임을 부정하고 만물에 의지해서 성립하는 법칙의 의미로만 인식하는 것을 성리학에서 주기론主氣論의 입장인 '형기가 이치에 앞선다.'는 학설이 천주교의 견해와 상통하는 것으로 규정하여 비판하였다.

순암이 천주교를 성리학의 주기론에 해당하는 것으로 보는 견해는 일찍이 46세때(1757) 스승 성호에게 제시한 질문에서, "『천주실의』 2편에는 또 '임금이 있으면 신하가 있고 임금이 없으면 신하도 없다. 사물이 있으면 사물의 이치가 있는 것이니, 그 사물의 실상이 없으면 이 이치의 실상도 없다.'고 했으니, 이것은 이른바 '형기가 이치에 앞선다.'는 학설입니다."[41]라고 자신의 견해를 밝혔던 일이 있다. 이처럼 그는 『천주실의』를 처음 읽었을 때부터 이치를 궁극적 실재로 인정하지 않는 마테오 리치의 견해는 성리학적 관점에서 정통에서 벗어난 주기론으로 파악하여 비판의 입장을 정립하였던 사실을 알 수 있다.

천주교에서 '천주'가 의지로 만물을 창조하는 것과 유교에서 '상제'가 이치로 만물을 생성하는 것은 '창조'의 성격이 동일할 수가 없다. 순암은 천주가 천지를 개벽하고 남자로 아담亞黨과 여자로 이브를 창조하였다는 천주교의 창조설에 대해, "천주의 신권神權으로 무엇인들 못하겠는가. 그러나 천지를 개벽하는 것은 음·양의 두 기운이 오르고 내리며 서로 결합하여 만물을 조화하고 생상

40 『順菴集』, 권17, 22, '天學問答', "上帝爲理之原, 而造此天地萬物, 天地萬物不能自生, 必有天地萬物之理, 故生此天地萬物, 安有無其理而自生之理乎, 此卽後儒氣先於理之說, 不足卞矣."

41 『順菴集』, 권2, 17, '上星湖先生別紙'(丁丑), "實義第二篇, 又曰, 有君則有臣, 無君則無臣, 有物則有物之理, 無此物之實, 卽無此理之實, 此所謂氣先於理之說."

하는 데 맑고 조화로우며 바른 기질正氣을 얻은 것은 사람이 되고 더럽고 혼탁하며 치우친 기질偏氣을 얻은 것은 짐승과 초목이 된다.…대지 위의 백성들이 모두 아담 한 사람의 자손이 된다면 과연 말이 되겠는가? 만일 그 이론과 같다면 짐승이 초목도 처음에는 단지 하나만 있다가 이렇게 번성해졌다는 것이다. 이런 이론들은 깊이 탐구할 필요도 없고 믿을 것도 못 된다."[42]고 비판하였다. 이러한 순암의 창조설에 대한 비판은 유교에서 상제의 창조는 이치에 따라 형기의 생성이라는 자연현상을 의미하며, 천주교에서 인격신의 의지로 창조되는 것과는 '창조－조화'의 의미가 달라질 수밖에 없고, 이에 따라 '상제'와 '천주'의 존재도 그 성격이 다름을 드러내고 있는 것이 사실이다.

(2) 상제를 섬기는 도리

순암은 상제를 섬기는 도리에서 유교의 방법이 정대한 것임을 강조함으로써, 궁극존재로서 천－천주－상제가 동일한 존재라 하더라도 상제를 섬김에서 유교가 온전하게 완성된 것임을 확고하게 주장한다. 곧 "우리 유학자들이 상제를 섬기는 도리로 말하면, '상제가 내려 주신 성품'이나, '하늘이 명령하신 성품'은 모두가 하늘에서 부여받아 스스로 간직한 것이다. 『시경』에서 '상제가 네 곁에 내려와 계시니 네 마음에 의심을 두지 말라.' 하고, '상제를 마주대한다.' 하며, '천명을 두려워한다.'고 했으니, 이것은 '천지'의 형체가 있는 '천'이 아니라 바로 '천주'의 '천'이다. 우리 유학자들이 경계하고 두려워하며, 홀로 있는 자리를 삼가고, 경敬을 주장으로 삼아 성품을 함양하는 공부가 아님이 없으니,

42 『順菴集』, 卷17, 16-17, '天學問答', "天主神權, 何所不爲, 然而其闢天地也, 陰陽二氣, 升降交媾, 化生萬物, 而得其淸淑之正氣者爲人, 得其穢濁之偏氣者, 爲禽獸草木,…大地齊民, 皆爲亞黨一人之子孫, 其果成說乎, 若如其說, 則禽獸草木, 其初只有一箇物繁生, 若此之說, 不必深究, 亦不足信也."

상제를 받들어 섬기는 도리가 어찌 이보다 더할 수 있겠는가. 서양선교사들이 다시 밝히기를 기다릴 필요가 없다."[43]고 하였다. 유교에서 섬기는 하늘이 결코 눈으로 보이는 유형한 하늘이 아니라 하늘의 주재자天主로서 초월자요 궁극존재인 하늘임을 확인하고 있는 것이다.

이와 더불어 순암이 가장 강조하려는 것은 상제 곧 하늘을 섬기는 유교의 방법이 가장 정대하고 지극한 것으로 천주교의 방법보다 우월한 것임을 확인하는 데 있다. 따라서 그는 "이른바 하늘을 섬긴다는 점에서는 동일하지만, 이쪽(유교)은 정당하고 저쪽(천주교)은 사특하다. 그래서 내가 배척하는 까닭이다."라 하였다. 바로 유교에서 하늘을 섬기는 방법이 정대함을 확인함으로써, 유교와 천주교가 하늘을 섬기는 가르침이라는 공통점에도 불구하고 유교에서 천주교를 배척할 수 있는 근거를 찾고 있는 것이다.

곧 유교와 천주교에서 하늘을 섬기는 방법을 대비시켜보면, "오직 이 하나의 마음이 천성에 근본을 두었으니, 만약 이 마음을 붙잡아 간직하고 그 성품을 보존하여 우리 상제께서 부여한 명령을 잊지 않을 수 있다면, 하늘을 섬기는 도리가 이를 넘어가지 않을 것이다. 하필 서양선교사들이 아침이나 낮이나 지난 잘못을 용서받고 지옥을 면하기를 구하여 간절히 기도하거나, 무당이 기도하는 일처럼 하루에 다섯 번 하늘에 예배하고 7일에 한 번씩 재소齋素해야 하늘을 섬기는 도리를 다할 수 있겠는가?"[44]라 하였다. 상제에게 용서를 빌고 지옥을 면하기를 구하는 '기도'나 예배하고 재계를 지키는 '의례'가 아니라, 마음

43 『順菴集』, 卷6, 33, '與權旣明書'(甲辰), "以吾儒事上帝之道言之, 上帝降衷之性, 天命之性, 皆禀於天而自有者也, 詩曰, 上帝臨汝, 無貳爾心, 曰對越上帝, 曰畏天命, 此非天地有形之天, 卽天主之天也, 無非吾儒戒懼謹獨, 主敬涵養之工, 尊事上帝之道, 豈過於是, 而不待西士而更明也."

44 『順菴集』, 卷17, 9, '天學問答', "惟此一心, 本乎天性, 若能操存此心, 保有其性, 無忘吾上帝所賦之命, 則事天之道, 無過於是, 何必如西士朝晝祈懇, 赦其舊過, 求免地獄, 如巫祝祈禱之事, 一日五拜天, 七日一齋素然後, 可以盡事天之道乎."

을 간직하여 천명을 잊지않는 '수양'이 상제를 섬기는 올바른 방법임을 제시하고 있다.

이처럼 유교에서 상제를 섬김이 정대하고 천주교에서 천주를 섬김이 잘못된 것인데도, 도리어 천주교에서 유교는 상제를 모른다고 비판하고 있는 사실을 지적하여, "통탄할 바는 서양선교사들이 상제를 사사로운 주재자로 삼아 중국 사람들은 상제를 모른다고 말하면서, 반드시 하루에 다섯 번 하늘에 예배하고, 7일에 한 번 재소齋素하고, 밤낮으로 간절히 기도하여 죄와 허물에서 벗어나기를 구한 다음에 하늘을 섬기는 실지의 일이 될 수 있다고 한다. 이것은 불교에서 참회하는 일과 무엇이 다르겠는가?"[45]라 지적하고 있다. 순암이 상제－천주가 동일한 존재요 궁극적 주재자로서 유교와 천주교에 공통된 존재임을 확인하고 있는 것은 천주교가 상제를 마치 자신의 전유물인 것처럼 독점하려는 태도가 잘못된 것임을 밝히려는 것이다. 동시에 천주교에서 상제를 섬기는 의례는 무당의 치성과 유사하고 죄를 용서받고자 비는 것은 불교의 참회법과 유사하다고 규정하여 천주교에서 상제를 섬기는 방법이 잘못된 것임을 강조하는 것이다.

따라서 순암은 서양인이 그 학설의 명칭으로 '천'을 끌어들여 '천학' 또는 '천주학'이라 일컫는 사실이 부당함을 특별히 지적하여, "서양선교사가 '천'으로 학설을 이름지은 것은 그 뜻이 이미 참람하고 망녕된 것이다. … 서양선교사들이 '천'을 말한 것은, 그 의도가 더할 수 없이 높은 것이 '천'이니, '천'을 말하면 다른 종교들이 감히 서로 맞설 수 없다고 여겼던 것이다. 이것은 '천자를 끼고서 제후를 호령한다.'는 의도로서, 그 계략이 역시 교묘한 것이다."[46]라 하여, 그

45 『順菴集』, 卷6, 33, '與權旣明書'(甲辰), "所可痛者, 西士以上帝爲私主, 而謂中國人不知也, 必也一日五拜天, 七日一齋素, 晝夜祈懇, 求免罪過而後, 可爲事天之實事, 此何異於佛家懺悔之擧乎."

46 『順菴集』, 권17, 9, '天學問答', "西士之以天名學, 意已僭妄矣,…西士之言天者, 其意以爲莫尊者天, 言天則諸敎豈敢相抗, 是則挾天子令諸侯之意, 其計亦巧矣." 權哲身에게 보낸 편지

교설의 명칭에 궁극존재의 호칭인 '천'을 붙인다는 것은 다른 종교를 억누르고 자신만을 높이려는 독신적 태도임을 비판적으로 지적하는 것이다. 여기서 그는 유교의 가르침은 '천'을 내세우지 않아도 모든 학설과 정치의 실현이 하늘에 근원하고 천명을 따르는 것임을 강조하면서, "하필 '천'으로 그 학설에 이름을 붙인 다음에라야 참된 도리眞道요 성스러운 가르침(聖敎)이 되겠는가?"[47]라 반문하여, '천'이나 '천주'를 명칭으로 내세우는 일에 아무런 가치를 인정하지 않음을 보여준다.

2) 예수의 강생과 구원에 관한 쟁점

서학에서는 '천주'와 예수를 동일한 존재로 제시하고 있다. 이에 따라 천주가 인간의 몸으로 태어났다는 강생설降生說이나 삼위일체三位一體의 교리가 제시되었다. 또한 강생한 천주가 십자가에 못박혀 죽었다가 다시 살아났다는 부활설復活說이 제시되고 있다. 이러한 천주교의 신앙내용은 유교의 '상제'개념과 심각하게 충돌하지 않을 수 없는 것이다. 여기서 순암은 "(천주가) 친히 강생하였다는 설에 따라서 말하면, 이 때(예수가 세상에 살았던 33년 동안)에는 하늘에 상제가 없었다는 것인가? … 이미 '상제가 친히 강생하였다.' 하였고, 또 '(예수는) 본래의 천주와 다름이 없다.'고 말하고 나서도, 감히 '(강생한 천주가 십자가에) 못박혀 죽어서 수명을 다 누리지 못했다.'고 말하는가? 그 우매하고 무지하여 존엄함을 업신여김이 심하다."[48]고 비판하였다. 그만큼 순암은 유교의 '상제'를 절대적

에서도 같은 내용의 언급이 있다.(『順菴集』, 권6, 31, '與權旣明書', "夫道家之尊老君, 釋氏之尊釋迦, 西士之尊耶蘇, 其義一也, 三家之學, 皆當其人爲之耳, 非吾儒之所學也, 西士之學後出, 而欲高於二氏, 託言於無上之天主, 使諸家莫敢誰何, 挾天子令諸侯之意, 其爲計亦巧矣.")

47 『順菴集』, 권17, 10, '天學問答', "何必以天名學, 而後爲眞道聖敎乎."

주재자요 동시에 합리적 이치라는 인식을 전제로 확인하고 있는 만큼, 천주교 신앙의 핵심을 이루는 인격신적인 '천주'개념에 따라 제시되는 성육신成肉身의 강생설이나 인간의 죄를 대신 속죄하기 위한 예수의 수난受難과 부활이라는 신비적 신앙조목은 처음부터 납득하기 어려운 허황되고 참람한 이야기일 뿐이었다. 따라서 그는 예수의 행적에 나타난 온갖 기이한 일도 불교의 현성顯聖이니 현령顯靈이니 하는 부류의 신비적 설화에 지나지 않는 것이라고 지적하며, 바로 이러한 신비하고 괴이한 일들을 말하는 것이 '이단'에 속할 수 밖에 없는 이유임을 확인하고 있다.

순암은 『천주실의』(제8편)에서 아담이 스스로 온갖 재앙을 불러들이면서, 자손들이 추악한 행실에 젖어 순박하던 풍속이 사라지고 욕망을 따르는 자가 많아지자, 이에 천주가 크게 자비심을 발하여 친히 내려와서 세상을 구원하였다 하고, 한漢나라 애제哀帝 때 동정녀를 택하여 어머니로 삼아 남녀의 교감이 없이 태반을 빌려 강생하였다 하며, 이름을 예수耶蘇라 하였는데 예수란 바로 세상을 구원하는 사람이라 하고, 서양에서 33년간 널리 교화를 펼치다가 다시 올라가 하늘로 돌아갔다고 언급한 내용을 자세히 소개하였다. 이러한 『천주실의』의 언급에 대해 순암은 우선 "친히 내려와서 강생하였다는 이 설에 의거하여 말한다면, 이때에는 천상에는 상제가 없었던 것인가?"라고 의문을 제기하였다.[49]

그것은 천주가 천상에서 내려와 인간의 몸으로 태어났다면 천상에는 천주가 없고 지상에만 있을 수밖에 없다는 상식적 합리성에 근거한 의문점을 제기한

48 『順菴集』, 권17, 18, '天學問答', "據此親來降生之說而言之, 則當此之時, 天上其無上帝耶, … 旣曰上帝親降, 又曰無異眞天主云, 則敢曰被釘而死, 不得考終耶, 其愚昧無知侮慢尊嚴甚矣."

49 같은 곳, "實義言亞黨自致萬禍, 子孫相率以習醜行, 淳樸漸漓, 聖賢化去, 從欲者衆, 循理者稀, 天主大發慈悲, 親來救世, 漢哀帝元壽二年, 擇貞女爲母, 無所交感, 托胎降生, 名耶蘇, 耶蘇卽救世也, 弘化西土三十三年, 復昇歸天云, 據此親來降生之說而言之, 則當此之時, 天上其無上帝耶."

것이다. 이러한 의문점의 제기는 천주교 교리가 논리적으로 모순이 된다는 주장을 하고 있는 것이다. 또한 그는 예수라는 이름이 '세상을 구제하는 사람'을 뜻한다는 사실에 주의를 기울이고 있으며, 권철신에게 보낸 편지에서도 "서양의 예수란 이름은 바로 세상을 구제한다는 뜻이다."[50]라고 확인하기도 하였다.

또한 그는 사바낙(沙守信)이 저술한 천주교교리서인 『진도자증眞道自證』에서, "예수가 태어나자 성모聖母가 안고 성전聖殿으로 가서 천주의 제대祭臺 앞에 바쳤다."는 구절을 인용하면서, "천주란 명칭은 한漢나라 애제哀帝(B.C.6~B.C.1) 이전부터 이미 있었던 것인니, 예수가 천주가 아니라는 것을 알 수 있다."고 하여, 예수의 출생 이전에 천주가 있었으니, 예수가 천주일 수 없음이 자명하다고 주장하였다.[51] 예수는 일정한 시기에 출생한 존재요 출생후 천주의 제대에 바쳐졌다는 사실은 예수가 태고 때부터 일컬어져 왔던 천주와 동일한 존재일 수 없다는 논리이다.

이와 더불어 그는 『진도자증』에서 인용하고 있는 성경구절로서, "천주께서 원조原祖의 자손 중에서 한 사람을 다시 세워서 인류의 재조再祖로 삼았다."는 구절과 "천주의 성자聖子로서 원래의 천주와 다르지 않다."는 구절을 주목하면서, 이 구절들은 천주가 친히 강생하였다는 말과 같지 않다는 사실을 지적함으로써, 천주학의 말을 믿을 수 없는 사례로 삼고 있다. 또한 그는 "예수가 만백성의 죄를 자신의 책임으로 여겨 자신의 생명을 버리고 십자가에 못 박혀서 죽었다."는 언급에 대해서도, "이미 '상제가 친히 강생하였다.' 하고, 또 '본래 천주와 다름이 없다.'고 했으면서, 감히 '(강생한 상제가) 십자가에 못박혀 죽어 수명을 다 누릴 수 없었다.'고 말한단 말인가? 그 우매하고 무지하며 존엄함(천주)을 모욕하고 업신여김이 심하다."고 강조하였다.[52] 이처럼 천주교의 성경구절

50 『順菴集』, 卷6, 32, '與權旣明書'(甲辰), "西士耶蘇之名, 卽救世之義."

51 『順菴集』, 卷17, 23, '天學問答', "其書眞道自證曰, 耶蘇之生, 聖母抱之往聖殿, 獻於天主臺前云, 則天主之名, 已在於漢哀之前, 而非耶蘇爲天主也可知."

도 앞뒤가 맞지 않은 모순을 저지르고 있는 것이라 지적하고, 이와 더불어 예수를 천주와 일치시켜 극진하게 신성화해놓고 나서 십자가에 못박혀 죽게 하는 사실은 극심한 신성모독이라 비판하고 있다. 그만큼 상식적 합리성을 기준으로 비판의 논리를 제시하고 있는 순암의 입장에서는 논리적 모순과 신앙적 역설로 가득한 천주교신앙 속의 예수를 받아들이기는 처음부터 어려웠던 것이 사실이다.

순암은 예수의 존재에 대해 기본적으로 세상을 구원하는 자라는 천주교쪽의 설명을 받아들이고 있지만, 예수가 '세상을 구원한다'는 의미에 대해서는 유교에서 말하는 것으로 성인이 도리를 행하여 세상을 구원하는 것과는 전혀 상반된 것이라 차별화시키고 있다. 곧 그는 "예수가 세상을 구원하는 것은 전적으로 후세에 있는 것이니, 천당과 지옥으로 권면하고 징계하는 방법을 삼지만, 성인이 도리를 행하는 것은 전적으로 현세에 있으니, 덕을 밝히고 백성을 새롭게 하는 것으로 가르치고 감화시키는 방법으로 삼는다. 그 공변됨과 사사로움의 구별이 저절로 달라진다."[53]라 하였다. 그것은 예수의 구원이 죽은 다음의 세상인 후세를 도모하는 것이고, 유교에서 성인의 구원은 현세에서 인간의 심성과 사회적 인간관계를 통해 실현되는 것이라 선명하게 차별화하고 있다. 이처럼 천주교의 예수와 유교의 성인이 세상을 구원한다는 사실에서 동일함을 인정하지만, 어떤 방법과 어떤 지향으로 구원을 실현하는가에서는 전혀 상반된다는 사실을 선명하게 드러내어 비판하고 있는 것이다.

52 『順菴集』, 卷17, 18, '天學問答', "眞道自證曰, 聖經言天主於原祖子孫中, 再立一人, 爲人類之再祖, 又稱天主聖子, 無異眞天主, 與親來降生之言不同, 其學之不可信, 有如此者, 又曰, 耶蘇以萬民之罪爲己任, 損己之寶命, 被釘於十字架而死云, 旣曰上帝親降, 又曰無異眞天主云, 則敢曰被釘而死, 不得考終耶, 其愚昧無知, 侮慢尊嚴甚矣.

53 『順菴集』, 권17, 10-11, '天學問答', "耶蘇救世, 專在後世, 以天堂地獄爲勸懲, 聖人行道, 專在現世, 以明德新民爲敎化, 其公私之別, 自不同矣."

4. 영혼론과 천당지옥설에 대한 비판론

1) 영혼 개념의 인식과 쟁점

성리학의 전통에서는 살아있을 때 인간의 마음(心) 곧 신명神明에 대한 사후의 상태로서 '귀신'에 관한 논의가 활발하게 제기되어 왔다. 따라서 천주교의 '영혼'개념은 유교의 '귀신'개념과 연관하여 토론이 이루어졌으며, 천주교의 영혼론에 따라 영혼이 사후에 소멸되는지 않는다는 영혼불멸의 문제가 토론의 쟁점이 되고 있다. 성호의 제자들로서 신후담愼後聃은 천주교교리서로서 영혼론을 집중적으로 다루고 있는 『영언려작靈言蠡勺』을 검토하여 서학의 영혼론을 정밀하게 비판하였던 사실이 있으며, 이어서 순암도 영혼과 귀신 문제에 관해 스승 성호와 세밀하게 검토하는 토론을 편지로 주고받았던 사실이 있다. 이처럼 천주교의 영혼론에 대한 관심은 조선시대 유학자들에게 천주교 교리에서 영혼론의 문제가 가장 예민한 충돌지점으로 부각되고 있음을 보여주는 것이다. 순암이 서학비판론에서 가장 큰 관심을 기울였던 것은 우선 천주교의 '영혼'개념의 문제요, 이와 연관하여 영혼불멸에 따라 제시되는 사후세계로서 천당지옥설이라고 할 수 있다.

순암은 47세 때(1758) 스승 성호에게 '영혼'과 '귀신'의 문제에 관해 정밀하게 검토하여 자신의 견해를 제시하면서 질문을 하였다. 이 시기에 순암은 이미 천주교의 영혼론에 대한 비판입장을 확립하고 있었던 것은 사실이지만, 아직도 천주교교리가 문헌을 통한 지식으로만 제시되고 신앙활동으로는 등장하지 않았기 때문에 후기의 견해보다 훨씬 학문적 이해와 토론을 추구하는 기본자세를 보여주고 있다. 그는 '영혼'에 상응하는 '귀신'에 관해 유교경전이나 성리학의 설명에도 명쾌하지 않아 의문점이 남아 있음을 토로하면서, 귀신의 종류로서 '천지의 귀신'(天地之鬼神), '죽은 사람의 귀신'(人死之鬼神), '사물의 귀신'(百物之鬼神)을 들면서도, 그 가운데 '죽은 사람의 귀신'이 그 이치를 밝히기가 가장 어려움을 지적하였다. 여기서 그는 '죽은 사람의 귀신'에 대한 이론으로 세 가지 유형을 들면서, "유학자는 '형기가 모이면 살고, 흩어지면 죽어서 텅비고 아무것도 없는 상태로 돌아간다.'고 하며, 서양선교사는 '형기가 모여 사람이 되고, 이미 사람이 되고 난 다음에 별도로 일종의 영혼이 있어서 죽어도 소멸되지 않고 그 자신의 귀신이 되어 영원히 존재한다.' 하고, 불교에서는, '사람이 죽으면 귀신이 되고, 귀신은 다시 사람이 되며, 윤회하기를 그치지 않는다.'라고 한다."[54]고 제시하였다. 곧 귀신론은 유교의 소멸설과 천주교의 불멸설과 불교의 윤회설로 대별될 수 있음을 지적하고 있다.

여기서 그는 유교의 '귀신'이론에 대해 "성인이 제사를 설립한 의리에는 분명히 조상의 귀신이 내려오는 이치가 있습니다. 만약 다만 효성스러운 자손의 사모하는 마음을 위해 설정한 것이라면, 그것은 헛되고 거짓된 놀이를 즐기는 것에 가까우니 매우 불경한 일이 아니겠습니까? 비록 '조상과 자손은 같은 기혈(一氣)이 서로 연결되어 있기 때문에 내려 오는 이치가 있다.'고 하지만, 조상의 기혈이 이미 흩어져서 음양 본래의 모습으로 돌아갔다면, 허공에 흩어져 원초의 상태와 다를 바 없을 것이니, 다시 무슨 기운(氣)이 있어 또 오겠습니까? 진실로 내려오는 것이 있다면 그것은 별도로 흩어지지 않는 것이 있음이 분명합니다."[55]라 하였다. 이처럼 순암은 유교에서 인간의 사후존재인 귀신이 제사때 분명히 내려온다는 사실과, 사후존재로서 귀신이 결코 바로 흩어져 소멸되는 것이 아니라 상당기간 지속적으로 존재하는 것이라는 견해를 제시하고 있다. 그것은 천주교의 영혼불멸론에 충격을 받고 유교에서 귀신이 감응하여 내려온

54 『順菴集』, 권2, 26, '上星湖先生書(戊寅)', "儒者, 謂氣聚則生, 散則死而歸於空無, 西士, 謂氣聚爲人, 旣而爲人之後, 別有一種靈魂, 死而不滅, 爲本身之鬼神, 終古長存, 佛氏, 謂人死爲鬼, 鬼復爲人, 輪廻不已."

55 같은 곳, "聖人立祭祀之義, 明有祖先鬼神來格之理, 若徒爲孝子順孫思慕之心而設, 則是不幾於虛假戲玩而不敬之甚者乎, 雖云祖先子孫一氣相連, 故有來格之理, 祖先之氣, 已散而歸於二氣之本然, 則惟漂散虛空, 與原初不異, 復有何氣更來乎, 誠有來格者, 則其別有不散者存明矣."

다는 사실과 사후에도 상당기간 지속적으로 존재한다는 사실을 각성하고 있는 것이다.

그러나 그는 천주교의 영혼론에 대해서도 의문점을 제시한다. 곧 "서양선교사의 설명과 같다면 사람은 선하거나 악하거나 모두 영혼이 있고 천당이나 지옥의 보답이 있는 것인데, 옛날부터 항상 존재한다면 그 귀신은 지극히 많을 것입니다. 이른바 천당은 텅 비고 넓어서 혹 수용이 될는지 몰라도, 이른바 지옥은 대지의 둘레가 9만 리이고 그 지름이 3만 리라니, 그 3만 리 속에 어찌 허구많은 귀신을 수용할 수 있을 것이며, 가령 수용한다 해도 대지는 형질이 있어서 꽉 막혀 빈틈이 없으니, 귀신이 비록 형체가 없다 하더라도 어떻게 용납되겠습니까? (형기가) 흩어지는 것이 드디고 빠름이 있다 하는 것은 옳지만, 영원히 흩어지지 않는다고 한다면 옳지 않을 것입니다."[56]라고 하여, 영혼이 불멸한다면 한정된 크기요 꽉막힌 공간인 땅 속의 지옥에 수용할 수 없다는 모순에 빠질 것임을 지적하였다. 따라서 그는 유교의 견해에 따라 귀신이나 죽은 뒤의 영혼이 일정한 시간이 지나면 소멸하는 것이지 영원히 소멸하지 않을 수는 없는 것이라 하여 천주교의 영혼불멸설을 거부하고 있다. 이와 더불어 그는 "서경덕의 귀신론이 마테오 리치의 이론과 합치하지만, 마테오 리치는 인류가 있은 이후 그 귀신들이 장구하게 존재한다 하고, 서경덕은 (귀신에) 오래 가는 것과 빨리 없어지는 것의 차이가 있다 하니, 서경덕의 이론이 더 우월한 것 같다."[57]고 하여, 유교의 귀신론이 불교의 윤회설보다 천주교의 불멸설에 더 가까운 것으로 인식하면서도, 천주교의 불멸설보다 유교의 지속설遲速說이 더 우월

56 같은 곳, "若如西士之說, 則人無論善惡, 皆有靈魂, 有天堂地獄之報, 亘古恒存, 其鬼至多, 所謂天堂開曠, 或有可容之理, 所謂地獄, 地周九萬里, 其經三萬里, 三萬里之中, 豈能容許多鬼神, 假或容之, 地有形質, 窒塞無空, 鬼神雖云無形, 亦何以容之耶, 謂之散有遲速則可, 謂之永世不散則不可矣."

57 『順菴集』, 권2, 29, '上星湖先生書(戊寅)', "花潭鬼神論與利氏說合, 而利氏則謂自有生人以來, 其鬼長存, 徐氏謂有久速之別, 徐說似優矣."

하다고 확인하고 있다.

또한 그는 불교의 윤회설은 전혀 믿을 수 없는 것이라 거부하였다. 여기서 그는 정상常을 기준으로 삼는 유교를 '정도'로 확인하고, 천주교나 불교는 이변變을 말하는 '이단'으로 대비시키면서도, "유학자는 평상함(常)을 말하지 이변變은 말하지 않습니다. 이변은 예측할 수 없는 것인데, 그 이변을 말하여 그치지 않으면 허황되고 정상에서 벗어나 거리낌 없는 '이단'으로 돌아갈 것입니다. 이 때문에 성인은 괴임함을 말씀하지 않았을 뿐이지, 괴이함이 꼭 없다는 것은 아닐 것입니다."[58]라 하여, '이변'을 말하는데 빠져드는 것을 경계하면서도 '이변'을 전면적으로 부정하지 않았다. 따라서 이변으로는 귀신이 불멸하는 경우도 있을 수 있고, 윤회하는 경우도 있을 수 있다는 이해의 여지를 남겨주고 있음을 보여준다.

나아가 순암은 마테오 리치가 '혼魂'에는 생혼生魂(草木之魂)·각혼覺魂(禽獸之魂)·영혼靈魂(人類之魂)의 세 가지가 있다하고, 초목은 생혼만 있고 각혼과 영혼은 없으며, 짐승은 생혼과 각혼은 있으나 영혼은 없는데, 사람에게는 생혼·각혼·영혼이 있다하여 중층적인 혼의 3층설을 제시하며, 또 생혼과 각혼은 형질에서 나온 것이므로 의존하던 형질이 없어지면 함께 없어지지만, 영혼만은 형질에서 나오는 것이 아니기 때문에 사람이 죽더라도 소멸하지 않고 스스로 존재한다고 제시한 천주교의 영혼론을 소개하였다.[59] 이에 대해 순암은 순자荀子

58 『順菴集』, 권2, 26, '上星湖先生書(戊寅)', "儒者之道, 語常不語變, 變固不可測, 語變不已, 則將荒誕不經而歸於異端之無忌憚也, 是以聖人不語怪而已, 怪未嘗無也."

59 『천주실의』 제3편과 제5편에서 마테오 리치는 아리스토텔레스의 영혼론에 근거하여 천주교의 영혼론으로서 生魂·覺魂·靈魂의 魂三品說을 제시하면서, 인간의 '영혼'만이 불멸함을 강조하였다. 여기서 마테오 리치는 유교의 魂魄개념에 대해 魄은 사후에 소멸하지만 魂은 불멸하는 것이라 주장하고, 유교에서 인간의 魂이 소멸할 수 있는 것으로 보는 견해는 인간과 금수의 魂이 다른 차이를 못본 것이라 비판하는 입장을 밝혔다.(『天主實義』, 제3편, "人有魂魄, 兩者全而生焉, 死則其魄化散歸土, 而魂常在不滅, 吾入中國, 嘗聞有以魂爲可滅而等之禽獸者, 其餘天下, 名教名邦, 皆省人魂不滅而大殊於禽獸者也.")

가 "물이나 불은 형기가 있지만 생명은 없고, 초목은 생명은 있지만 지각은 없으며, 금수는 지각은 있지만 의리는 없다. 그런데 사람은 형기가 있고 생명도 있고 지각도 있고 의리도 있다. 그러므로 세상에서 가장 귀중한 존재가 된다."[60] 고 언급한 구절을 인용하였다. 여기서 그는 순자의 이 견해를 송대 유학자 진덕수眞德秀가 인정하여 『성리대전性理大全』에 수록한 사실을 중시하고, 순자의 견해와 마테오 리치의 '혼삼품설魂三品說'이 대체로 같다고 긍정적으로 받아들였다. 다만 그는 영혼이 죽지 않는다는 '영혼불멸설'은 불교와 천주교의 입장에 차이가 없음을 지적함으로써, 유교에서는 인정하지 않는 것임을 밝혀 비판하였다.[61] 그렇다면 천주교의 영혼론에 대한 비판의 가장 중요한 쟁점은 영혼불멸설임을 확인할 수 있다.

그는 '영혼'이라는 천주교 용어와 같은 의미로 '영신靈神'이란 용어를 제시하여, '영신'의 불멸에 대해 논의하면서, 공자의 대답을 모범으로 삼고 있음을 보여준다. 곧 그는 공자의 제자 자로子路가 귀신을 섬기는 일에 대해 묻자, 공자는 "아직 사람 섬기는 일을 모르면서 어찌 귀신 섬기는 일을 알겠는가."(未知事人, 焉知事鬼)라 대답하였으며, 죽음에 대해 묻자, "아직 삶을 모르면서 어찌 죽음을 알겠는가."(未知生, 焉知死.〈『논어』, 先進〉)고 대답한 사실에 대해, "성인의 대답이 모호하고 분명하지 않으니, 대추를 통째로 삼키는 것에 가까운 것 같으나, 자로는 공자문하의 뛰어난 제자니 새로 공부하는 후배들과는 다르다."[62]라 하였다. 그것은 명확하게 규정할 수 없는 것을 명확하게 설명하는 것이란 우선 통쾌하게 보이지만 오히려 거짓된 단정에 빠지는 것이요, 그 반대로 대추를 씹

60 『荀子』, '王制', "水火有氣而無生, 草木有生而無知, 禽獸有知而無義, 人有氣有生有知亦且有義, 故最爲天下貴也."

61 『順菴集』, 권17, 24, '天學問答', "西士之言. 與此[荀子說]大同, 而但靈魂不死之言, 與釋氏無異, 吾儒之所不道也."

62 『順菴集』, 卷17, 14, '天學問答', "聖人所答, 糢糊不分明, 其不幾於囫圇呑棗乎, 子路是聖門高弟, 異於新學後進."

지 않고 통째로 삼켜 맛을 모르는 것 같이 애매한 대답이 도리어 진실한 대답이라는 것이다. 공자의 문하에서는 바로 "아는 것을 안다하고 모르는 것을 모른다 하는 것이 바로 '아는 것'이다."(知之爲知之, 不知爲不知, 是知也.〈『논어』, 爲政〉)라는 언급처럼, 불확실하고 알 수 없는 것을 단정적으로 설명하는 것은 진실로 아는 것이 아니라 거짓을 펼쳐놓고 있는 것일 뿐임을 강조하고 있다.

따라서 그는 천주교에서 인간이 죽은 뒤에 영혼이 소멸하지 않고 천당이나 지옥의 응보를 받는다고 대답하는 것은 설명이 통쾌한 것 같지만 알 수 없는 사실에 대해 괴이하고 신비적인 것을 말하는 것으로 유교의 성인이 알 수 없는 것을 말하지 않는 것과 상반됨을 지적하였다. 곧 "설령 이런 일이 있다 하더라도 성인의 뜻은 괴이하고 신비한 것에 대해 말하지 않고자 함에 지나지 않는다. 하물며 반드시 알 수 없는 일임에랴. 만약 그렇다면 성인의 학문은 천주교의 세상을 구원한다는 학문과는 다르다. 성인은 하늘을 본받으니 어찌 하늘을 어겨서 가르침을 행하겠는가? 이것이 내가 (천주교를) 배척하여 이학異學(異端)이라 여기는 것이다."[63]라 하였다. 이처럼 그는 객관적 사실로서 분명하게 알 수 없는 것을 단정적으로 설명하는 천주교는 괴이하고 신비적인 것을 추구하는 이단적 태도로 규정하고, 유교의 성인이 알 수 있는 것을 말하고 알 수 없는 것을 남겨두는 합리적 판단에 어긋나기 때문에 이단이라 비판하고 있는 것이다.

나아가 유교전통에서 인간은 살아서 정신적인 '혼魂'과 육신적인 '백魄'이 결합되어 있지만, 죽으면 '혼'과 '백'이 분리되는 것으로 설명하여 왔다.[64] 이에 대

---

63 같은 곳, "設有是事, 聖人之意, 不過不語怪神而然矣, 況未必可知乎, 若然則聖人之學, 異於天主救世之學, 聖人法天則豈有違天而行敎乎, 此吾所以斥之爲異學也."

64 주자도 사후에 魂과 魄의 분리에 대해, "죽으면 '혼'의 기운은 위로 올라가고 '백'의 형체는 아래로 내려간다"(蓋死, 則魂氣上升, 而魄形下降.〈『朱子語類』74:87〉)고 하였으며, 또 "혼은 올라가 신神이 되고 백은 내려가 귀鬼가 된다"(魂升爲神, 魄降爲鬼.〈『朱子語類』87:169〉)고도 말하였다.

해 순암은 성호에게 질문하면서, "'혼'에는 물론 '신神'이 있겠지만 전기傳記들에 실려 있는 것을 보면 무덤에도 '귀鬼'가 있다하니, 이것은 '백'도 '신'이 있는 것이 아닙니까? 사람은 하나인데 '혼'과 '백'이 따로 있으면 그 '신'은 둘이 있게 됩니다."[65]라 하여, '혼'과 '백'의 분리에 대한 의문점을 제기하였다.

순암은 도교에서 나온 '삼혼칠백三魂七魄'의 개념에 대해 주자도 오행설五行說로 설명하여 받아들였던 사실을 지적하고서,[66] "그렇다면 한 사람이 죽었는데 '혼'과 '백'이 나누어져 열 개의 '신'이 되니, 너무 많지 않습니까? 의서醫書에서 간肝은 '혼'을 간직하고, 폐肺는 '백'을 간직한다고 했는데, 간은 목木에 속하고 폐는 금金에 속하며, 「낙서洛書」의 방위에도 3은 동쪽이요 7은 서쪽이니, 그래서 주자의 말은 여기서 나왔습니다. 그러나 '금'의 상수를 7이라는 것은 모를 일입니다. 제 생각에는 '혼'과 '백'을 둘로 나눌 수 없습니다. 좌씨左氏는, '마음의 정상精爽(精神)을 혼백이라고 한다'(『左傳』, 昭公25년)고 했는데, 서양선교사가 말하는 '영혼'이 이것입니다. 사람의 '신'은 하나일 뿐인데, '음'에 있과 '양'에 있는 것으로 구별하기 때문에 '혼'과 '백'의 명목이 있는 것이요, 두 물건으로 삼아 구별할 수는 없습니다."[67]라 하였다.

이처럼 그는 '혼'과 '백'을 나누고 더구나 도교에서처럼 세 가지 '혼'과 '일곱 가지 백'으로 나누는 것을 분명하게 거부하였다. 따라서 그는 『좌전』에서 '혼

65 『順菴集』, 卷2, 29, '上星湖先生書'(戊寅), "魂固有神, 以傳記所存言, 則墓亦有鬼, 是魄亦有神矣, 是一人而有魂魄之別, 其神有二也."

66 葛洪의 『抱朴子』(地眞)에서는 "신神에 통달하고자 하면 마땅히 금金과 수水의 형상을 나누어야 하며, 형상이 나누어지면 저절로 그 신체 속의 '삼혼칠백三魂七魄'이 드러난다"(欲得通神, 當金木分形, 形分, 則自見其身中之三魂七魄)이라 하였고, 朱子는 "'혼'은 목木에 속하고, '백'은 금金에 속하니, '삼혼칠백'을 말하는 까닭은 금과 목의 상수(數)이다"(魂屬木, 魄屬金. 所以說三魂七魄, 是金木之數也.〈『朱子語類』 3:33〉)라 하였다.

67 『順菴集』, 권2, 29-30, '上星湖先生書'(戊寅), "然則一人之死, 而魂魄分爲十箇神, 不其多乎, 醫書, 肝藏魂肺藏魄, 肝木而肺金, 洛書之位, 三東而七西, 故朱子之言, 盖出於此, 而以金數爲七則不可知也, 竊謂魂魄不可以二之, 左氏謂心之精爽, 是謂魂魄, 西士所謂靈魂是也, 人之神一而已, 而有在陰在陽之別, 故有魂魄之名, 不可別爲二物也."

백'을 마음의 정상精爽으로 통합하여 제시한 것을 천주교의 '영혼'에 해당하는 것이라 지적함으로써, 사후의 '혼백'을 둘로 나눌 수 없는 것으로 확인하고 있다. 그것은 '혼백'개념에 주자의 해석까지 거부하며 '혼백'을 하나의 존재로 해석하는데 오히려 천주교의 '영혼'개념에 대한 이해에서 영향을 받고 있음을 보여주는 것이다. 바로 이 점은 순암의 천주교비판론이 유교정통주의에 근거한 독단적 비판에 빠진 것이 아니라, 합리성을 유교정신의 기준으로 이해와 비판의 양면을 보여주는 대목이라 보인다.

2) 천당·지옥설과 제사문제의 쟁점

천주교의 영혼론에 따라 또 하나의 중요한 쟁점은 사후의 영혼이 심판을 받고 가야 하는 자리로서 천당·지옥이 문제로 제기되고, 이와 더불어 유교전통에서 사후의 귀신을 공경하는 제사의례에 대해 천주교에서 어떻게 받아들이느냐의 문제가 제기된다.

(1) 현세와 후세의 대비와 천당지옥설에 대한 비판

순암은 먼저 천주교에서 "지금의 세상은 괴로운 세상이다."라 하고, 또 "현재의 세상은 잠시 머물다 가는 세상이다." 하거나 "현재의 세상은 사람의 세상이 아니라 금수禽獸의 근거지이다."라 하여, 현세를 부정적으로 서술하고 내세를 중시하는 태도에 주목하였다. 이에 대해 그는 "대우大禹가 '삶은 나그네 살이이며 죽음은 본래의 곳으로 돌아가는 것이다.'라 말하였고, 후세 사람들이 누구나 다 이 세상을 여인숙旅人宿으로 여기니, 어찌 오래도록 연연해 할 만한 것이겠는가? 그들의 말이 옳다. 그러나 다만 이른바 '금수의 세상'이라 말하는 것은 절대로 그렇지 않다.…상제는 그 중에서 가장 맑은 기질을 받은 자를 사람으로 명해서 삼재三才(天·地·人)에 참여시켰다.…이제 '금수의 근거지'라 하고, '금수의 세상'이라 하니, 그것이 과연 말이 되는가? 그 말이 허망함은 굳이 여러 가지로 변론할 필요조차 없다. 그런데도 어리석은 자들이 미혹한 것은 무엇 때문인가? 만약 서양선교사의 말과 같다면 그 유폐가 필시 태어나지 않는 것을 선하다 할 것이다. 만약 모든 인류가 다 없어지도록 한다면 천지의 사이는 텅 비어 금수의 세상이 되지 않겠는가?"[68] 하였다. 이처럼 그는 천주교가 현세를 허망하게 보고 후세를 중시하는 태도와 유교의 현세를 중시하고 후세를 상대적으로 가볍게 보는 관점을 선명하게 대비시키면서 비판의 논거를 확립하고 있다.

여기서 그는 유교에서 삶의 기준이 되는 '현세'와 천주교에서 삶의 목적이 되는 '후세'를 대비시켜, "현세란 바로 지금 우리가 살고 있는 현재의 세상이요, 후세란 죽은 뒤 영신靈神이 불멸하여 착한 자는 천당에서 영원한 쾌락을 누리고 악한 자는 지옥에서 영원히 혹독한 형벌을 받는다는 것이 그것이다."[69]라 하였다. 그렇다면 천주교에서 현세는 단지 후세에 천당의 복락을 누리기 위한 준비과정이요 후세를 위한 수단으로 볼 수 있게 된다. 따라서 그는 자신의 기본 입장을 밝혀, "우리가 이미 이 현세에 태어났으면 당연히 현세의 일을 하고 경전에서 가르친 대로 따라 행하면 그뿐이지, 천당과 지옥이 나에게 무슨 관계가 있을 것인가?"[70]라 말하고 있다. 이처럼 그는 천주교가 후세의 천당지옥을 강조하는데 대한 비판은 철저히 유교의 현세중심적 세계관에 기반하고 있음을

---

68 『順菴集』, 卷17, 14-15, '天學問答', "大禹曰, 生寄死歸, 後人莫不以此世爲逆旅, 則豈長久可戀之物乎, 其言則是, 而但所謂禽獸世者, 大不然,…2上帝以其得氣質之最淸淑者, 命之爲人, 參爲三才,…今日禽獸之所本處, 曰禽獸世者, 其果成說乎, 其說之妄, 不必多卞, 而愚者惑焉何哉, 若如西士之說, 則其流也必以不生爲善, 若使人類盡滅, 則天地之間, 空蕩爲禽獸之場乎."

69 『順菴集』, 卷17, 13, '天學問答', "現世者, 卽今吾生現在之世, 後世者, 死後靈神不滅, 善者受天堂萬世之快樂, 惡者受地獄萬世之虐刑是也."

70 『順菴集』, 卷6, 34, '與權旣明書'(甲辰), "吾人旣生此現世, 則當從現世之事, 求經訓之所敎而行之而已, 天堂地獄, 何關於我哉."

분명하게 보여주고 있다.

또한 그는 "예수가 세상을 구원한다는 것은 오로지 후세에 있으니, 천당과 지옥으로 권유하고 징계하는 것이다. 그러나 성인이 도를 행함은 오로지 현세에 있으니, 덕을 밝히고 백성을 새롭게 하여 교화하는 것이다. 그 공변된지 사사로운지의 구별이 저절로 달라진다"[71]고 하여, 천주교에서 제시한 후세는 곧 천당지옥설을 바탕으로 삼는 것이며, 개인적으로 복락을 추구하고 고통을 회피하기를 추구하는 사사로운 것이라 규정한다. 이에 비해 유교에서 자신의 덕을 닦고 백성을 새롭게 하여 구제하는 현세의 도덕적 구현은 공변된 것임을 강조하여, 후세를 지향하는 천주교의 사사로움과 현세를 중시하는 유교의 공변됨을 대조시킴으로써, 천주교의 그릇됨과 유교의 정당함을 확인하고 있다.

순암은 천주교와 불교의 일치점을 들어, 천당 · 지옥, 마귀, 재소齋素, 군신 · 부자 · 부부의 인륜을 무시함(無君臣父子夫婦之倫), 십계十誡와 칠계七戒, 사행四行과 사대四大 등의 조목을 열거하면서, "천주학天學이란 불교가 그 명칭을 바꾼 것이다."[72]라 규정하였다. 그것은 불교에 대한 도학전통의 비판을 근거로 천주교에 대한 전면적 비판입장을 밝히려는 의도를 보여주는 것이다. 이때 그는 불교와 천주교의 일치점으로 가장 먼저 '천당 · 지옥'을 주목하였다. 불교의 천당지옥설에 대한 도학의 전통적 비판이 확립되어 있으므로 천주교의 천당지옥설을 드러내면 이미 유교의 비판적 논리가 견고하게 수립되어 있음을 말해준다.

따라서 그는 스승 성호와 천주교의 천당지옥설을 논의하면서도 한마디로 이단이라 규정하면서, "천당지옥설은 그 말의 꼴이 끝내 이단입니다. 그러나 과연 흩어지지 않은 영혼이 있다면 반드시 주재하는 자가 있을 것이요, 주재하는

71 『順菴集』, 권17, 10-11, '天學問答', "耶蘇救世, 專在後世, 以天堂地獄爲勸懲, 聖人行道, 專在現世, 以明德新民爲敎化, 其公私之別, 自不同矣."

72 『順菴集』, 권6, 28-29, '答權旣明書(甲辰)', "今所謂天學, 是佛氏之變其名者爾, 愚亦略觀大意, 天堂地獄一也, 魔鬼一也, 齋素一也, 無君臣父子夫婦之倫一也, 十誡與七戒不異, 四行與四大亦同, 其餘不能枚擧."

자가 있다면 선한 자를 상주고 악한 자를 벌주는 일도 혹 괴이하지 않을 것입니다. 그러나 끝에 가서는 포상은 번다하고 형벌은 무거우니 주재하는 자가 어떻게 처리하겠습니까? 이것이 그 학설이 결국은 막힌 데가 있는 것입니다."[73] 라 하였다. 불멸하는 영혼이 있어서 주재하는 천주가 상주고 벌준다는 천주교의 입장을 인정한다하더라도, 천주가 일일이 그 많은 사람을 상주고 벌주는 일을 처리할 수는 없는 것이라는 현실적 난관에 부딪칠 수 밖에 없다는 것이다. 이러한 비판태도는 사후세계와 심판을 처음부터 거부하는 것이 아니라, 그 가능성을 인정하더라도 유교에서처럼 이치에 의한 보편적 심판이 아니라 천주교에서 인격신적 존재인 천주에 의해 무수한 인간을 개별적으로 심판한다는 것이 현실적으로 불가능한 일임을 지적하여 거부입장을 밝혀주고 있다.

또한 그는 스승 성호에게 천주교 교리가 이단임을 강조하면서, "우리 유교에서 자신을 닦고 성품을 배양하여 선을 행하고 악을 버리는 까닭은 마땅히 해야 할 바를 하는 것에 불과하며, 털끝만큼도 죽은 뒤에 복을 비는 뜻이 없습니다. 그러나 서학은 자신을 닦는 까닭이 오로지 하늘나라의 심판을 위한 것이니, 이 점이 우리 유교와 크게 서로 다릅니다."[74]라 하여, 유교의 도덕적 수신修身과 천주교의 기복祈福적 수신을 대비시켜 천주교의 사후에 심판을 받아 천당에 오르고 지옥을 면하려는 것을 이단의 기복적 행위로 규정하고 있다.

여기서 그는 『천주실의』(제4편)에서, 천주가 노제불아(輅齊拂兒: Lucifer)에게 분노하여 그를 마귀로 변화시켜 지옥에 내려 보낸 후로 천지 사이에 비로소 마귀가 있게 되고 비로소 지옥이 있게 되었다.'는 언급을 들어서, "이런 말들은 결

73 『順菴集』, 卷2, 29, '上星湖先生書'(戊寅), "天堂地獄之說, 言語貌像, 終是異端, 然而果有未散之靈魂, 則必有主張者存, 有主張者存, 則賞善罰惡, 或不怪矣, 然而末梢賞繁刑重, 主張者將何以區處耶, 是其說之終有窒礙處也."

74 『順菴集』, 卷2, 16, '上星湖先生別紙'(丁丑), "吾儒之所以修己養性, 行善去惡者, 是不過爲所當爲, 而無一毫徼福於身後之意, 西學則其所以修身者, 專爲天臺之審判, 此與吾儒大相不同矣."

단코 이단입니다. 천주가 만약 노제불아 때문에 지옥을 설치했다면 지옥은 결국 천주의 사사로운 감옥이며, 또한 그 이전에 악한 짓을 한 자들은 지옥의 고통을 받지 않았다는 것이니, 그 때는 천주는 상과 벌을 어떻게 썼다는 것입니까?"[75]라 하였다. 지옥이 특정한 인물을 처벌하기 위해 생겨났다면, 사사로운 의도에서 만들어진 것이고, 그 지옥이 생기기 전에는 죄를 처벌하지 못하는 문제가 있음을 지적하여 비판한 것이다.

또한 『기인십편』에서 액륵와략額勒臥略이 남을 대신해서 지옥의 고통을 받았다는 언급에 대해, "천주의 상과 벌이 그 사람의 선악에 의한 것이 아니라 혹은 사사로운 부탁으로 가볍게 하기도 하고 무겁게 하기도 한다면 그 심판이 옳다고 하겠습니까. 만약 그렇다면 선을 하려 할 필요가 없이 천주라는 개인을 아첨하여 섬기면 될 것입니다."[76]라 하여, 천주의 상벌이 객관적 공정성을 지키는 것이 아니라 사사로운 의사가 작용된다면 선을 하기보다 아첨을 하도록 요구하는 결과를 초래할 것임을 비판하고 있는 것이다.

이와 더불어 순암은 『진도자증』에서 천주가 원조原祖(아담)를 낳아 천하 만인의 조상으로 삼았는데, 사악한 마귀가 시기하자, 천주는 이 기회에 원조를 한번 시험해 보고자 하여 사신邪神을 시켜 유혹하게 하였더니 원조는 마귀를 좇아 천주의 명을 거역하였으며, 그래서 천주는 인자한 사랑을 의로운 분노로 바꾸어 죽은 뒤에 지옥의 고통을 받게 하였으며, 그의 자손들도 영원히 그 벌을 함께 받게 되었다는 설명을 인용하고서, 이에 대한 비판을 하고 있다.

> "상제가 아담을 만들어서 인류의 조상으로 삼았다면 그 신성함을 알 수 있다. 어찌 상제가 마귀의 참소를 듣고서 몰래 마귀를 시켜 아담의 마음이

---

75 같은 곳, "此等言語, 决是異端, 天主若爲輅齊拂兒設地獄, 則地獄還是天主私獄, 且此前人之造惡者, 不受地獄之苦, 天主之賞罰, 更於何處施之耶."

76 같은 곳, "天主之賞罰, 不以其人之善惡, 而或以私囑, 有所輕重, 則其於審判, 可謂得乎, 若然, 不必做善, 諂事天主一私人可矣."

> 참된지 거짓된지 시험하였겠는가?
>
> 설령 아담이 참람하고 거짓된 마음을 가지고 있었다 하더라도 상제는 마땅히 다시 타일러 분발해서 고치게 하기를 훌륭한 아버지가 자식에게 하듯 하고, 좋은 스승이 제자에게 하듯 했어야 할 것이다. 어찌 상제로서 이런 일을 하였겠는가? 이 말을 한 자는 하늘을 업신여긴 죄를 이루 다 말할 수 있겠는가?
>
> 가령 아담에게 죄가 있다고 하더라도, 죄가 그 자신에게서 그칠 뿐이지 어찌 만세토록 자손들이 그 벌을 같이 받아야 할 이치가 있겠는가? 선왕先王의 정치는 처벌이 자식에게 미치지 않는데, 하물며 만세에 이르도록 그 자손을 괴롭히겠는가?"[77]

천주교의 지옥설에 대한 비판은 상제(천주)의 존재가 마귀를 시켜 인간의 마음을 시험하는 짓을 하지 않을 것이라 하여 상제의 정대함을 강조하고, 인간의 죄악을 타이르지 지옥에 넣어 처벌하지는 않을 것이라 하여 상제가 교화敎化로 이끌어감을 환기시키며, 상제의 처벌이 자손에게까지 영구히 지속시킬만큼 참혹하지 않다는 역설하고 있다. 다시 말하면 상제(천주)의 개념과 지옥이나 원죄原罪의 개념은 서로 용납될 수 없다는 것이다. 여기서 순암은 『천주실의』에서 중국선비가 "선악에 대한 응보가 본인에게 없으면 반드시 자손에게 있으니 굳이 천당과 지옥을 말할 필요가 없을 것이다."라 언급한데 대해, 서양선교사가 "왕자의 법도뿐만 아니라 패자의 법도에서도 죄가 아들에게 미치지 않는데 천주가 본인을 버려두고 아들에게만 갚겠는가?"[78]라 언급한 구절을 인용하여, 『진

77 『順菴集』, 권17, 17, '天學問答', "上帝造出亞黨, 以爲人類之祖, 則其神聖可知矣, 焉有上帝聽魔鬼之譖, 潛使魔鬼試其心之眞僞乎, 若使亞黨設有僭妄之心, 上帝當更敕勵, 使之改革, 若賢父之於子, 良師之於弟子可也, 豈以上帝而有是事乎, 爲此言者, 其慢天之罪, 可勝言哉, 假使亞黨有罪, 罪止其身而已, 亦安有萬世子孫, 同受其罰之理乎, 先王之政, 罰不及嗣, 況至萬世而苦其子孫乎."

78 『天主實義』, 제6편, "中士曰, 善惡有報, 但云必在本世, 或不於本身, 必於子孫耳, 不必言天

도자증』에서 언급한 원죄설과 대비시켜, “그 설명이 스스로 서로 모순되니, 또한 매우 가소롭다.”[79]고 하였다. 그것은 유교의 입장에서 천주교의 천당지옥설을 비판한 것이 아니라, 천주교 교리서를 서로 대조하여 서술의 모순된 점을 제시함으로써 ‘천주교 교리서로 천주교 교리서를 비판하는’(以西批西)의 방법을 보여주고 있는 것이다. 이처럼 그는 천주교 교리서에서 천당지옥을 해명한 내용에 모순과 불합리함을 지적하여 천주교가 이단을 벗어날 수 없음을 지적하고 있다.

순암은 권철신에게 보낸 편지에서 천당지옥설도 무조건 이단의 거짓된 견해라 비판하기만 하는 것이 아니다. 곧 “그들이 ‘천당이 있다.’고 하는데, 나도 ‘천당이 있다.’고 말하겠네. 『시경』에서 ‘문왕文王이 오르내리며 상제 곁에 계신다.’ 했고, 또 ‘삼후三后가 하늘에 계신다.’ 했으며, 『서경』에서도 ‘많은 선대 철왕哲王이 하늘에 계신다.’고 했으니, 이미 상제가 있는 바에야 어찌 상제가 살고 계시는 곳이 없겠는가?”[80]라 하여, ‘천당’의 존재를 유교경전에 근거해서도 인정할 수 있는 것으로 받아들이고 있다.

그러나 그는 지옥에 대해서는 훨씬 더 비판적 입장을 밝히고 있다. 곧 “저들이 ‘지옥이 있다.’고 하는데, 나는 ‘지옥의 형벌이 성왕이 형법을 만든 뜻과 달라서 매우 의심스럽다.’고 말하네. 성왕의 형벌은 미연에 방지하기 위해 제정하였으니, 그 얼마나 인자한가. 지옥의 형벌은 살았을 때 악을 저지르도록 사람에게 맡겨두었다가 죽은 뒤에 영혼에게 죄를 소급하여 묻는 것이니, 백성을 그물질하는 것에 가깝네. 이제 그들의 책을 보면, 이른바 지옥의 형벌은 인간세상의 형벌과 견줄 수 없는 (혹독한) 것이니, 상제의 지극히 인자한 마음으로

堂地獄. 西士曰,…非但王者, 卽霸者之法, 罪不及冑, 天主捨其本身, 而惟冑是報耶.”

79 『順菴集』, 권17, 18, ‘天學問答’, “其說自相矛盾, 亦甚可笑.”

80 『順菴集』, 권6, 32, ‘與權旣明書’(甲辰), “彼曰有天堂, 吾亦曰有天堂, 詩云文王陟降, 在帝左右, 又曰, 三后在天, 書曰, 多先哲王在天, 旣有上帝, 則豈無上帝所居之位乎.”

어떻게 이런 참혹하고 혹독할 것인가?”[81]라 하였다. 그는 마테오 리치가 천당 지옥의 존재를 유교경전에서 그 근거를 찾아 설명하고 있는 사실에 대해 일단 받아들이는 기반 위에서 문제점을 제기하는 토론의 자세를 보여준다. 그것은 전면적으로 거부로 관철하는 정통주의적 비판에 앞서 논리적 모순에 비판의 초점을 맞추어 토론의 입장을 지키려는 면모를 지니고 있는 것이다. 따라서 천당·지옥의 존재를 일단 인정해놓고 특히 천주교에서 말한 지옥의 형벌이 참혹하여 상제의 지극히 어진 마음과 모순되는 것임을 강조하였다.

그는 천당지옥설을 비판하면서, 사람 영혼이 영원히 존재하면서 선악의 보복을 받는다는 천주교의 영혼불멸론에 대해, “만약 그들의 주장대로 하면, 인류가 처음 태어난 이래 그 수는 너무나 많은데 지옥과 천당이 제아무리 넓다 해도 그 영혼들을 어디에 다 수용하겠는가? 사람의 도리로 미루어 보아도 옛날부터 지금까지 사람들이 모두 죽지 않고 장생한다면 사람의 숫자는 지극히 많아 이 세상에 어떻게 수용할 수 있겠는가? 일찍이 불교서적을 보았더니, ‘발우鉢盂 하나 위에 60만의 보살을 수용한다.’고 했는데, 과연 이럴 수 있겠는가? 그 설명이 망녕된 것이네.”[82]라 하였다. 여기서 그는 천당지옥의 실재를 공간적 개념으로 이해하여 문제를 제기하고 있다. 이러한 비판의 입장은 성리학에서 ‘혼’을 기질적 존재로 인식함으로써, 천당·지옥이 공간적으로 유한하다면 형기形氣를 지닌 존재인 ‘혼’의 무수한 분량을 수용할 수 없다고 보는 것이다.

또한 그는 선행과 악행의 보답으로서 천당지옥의 의미를 음미하면서, “이미 선한 자에게 상을 내리는 천당이 있으면 악한 자에게 벌을 내리는 지옥도 있다

81 같은 곳, “彼曰有地獄, 吾乃曰地獄之刑, 異於聖王制刑之義, 甚可疑也, 聖王之刑, 制之於未然, 何如其仁也, 地獄之刑, 生時任人爲惡, 死後追論靈魂, 不幾於罔民乎, 今見其書, 所謂地獄之刑, 殆非人世可比, 豈以上帝至仁之心, 何如是慘毒乎.”

82 같은 곳, “若如其說, 則寅生以後, 人類至多, 地獄天堂, 雖云開曠, 何處容其靈魂乎, 以人道推之, 則自古及今, 人皆長生不死, 則人數至繁, 其能容於此世乎, 嘗見佛書, 一鉢上, 容六十萬菩薩, 其果如是耶, 是其說之妄也.”

는 것은 혹 그렇다고 치세. 그러나 그 천당과 지옥을 누가 볼 수 있었는가? 전기傳記에 남아 있거나 민속에서 전해오는 정도라면, 결국 황당무계한데로 귀결되니 젖혀 두어야 옳을 것이네."[83]라 하였다. 천당이나 지옥은 황당무계한 전설로 전하는 것일 뿐 아무도 직접 볼 수도 없으니, 경험불가능한 비현실적인 것임을 강조하고 있는 것이다.

나아가 그는 선행과 악행에 대한 보답은 빌어서 얻는 것이 아니라 자신의 행적에 따라 결정되는 것이 정당하다는 유교의 도덕적 판단을 근거로 확인하고 있다. 곧 "사람이 현세에 살면서 선을 행하고 악을 제거하여 행실이 온전하고 덕이 갖추어진다면 틀림없이 천당으로 갈 것이며, 선을 버리고 악을 행하여 행실이 일그러지고 덕이 버려지면 틀림없이 지옥으로 갈 것이다. 사람은 마땅히 현세에 사는 동안에 열심히 선을 행하여 하늘이 나의 속마음에 내려준 천성을 저버리지 말아야 할 뿐이다. 어찌 털끝만큼인들 후세의 복을 바라는 마음이 있겠는가? 정자程子가 말하기를, '불교는 생사를 초탈하여 오로지 한 몸의 사사로움만 위한다.'고 하였는데, 천주학이 지옥을 면하려고 비는 것은 한 몸의 사사로움을 위한 것이 아니겠는가?"[84]라 하였다. 그는 천당과 지옥이 있다고 인정하더라도 현세에서 선을 행한 자가 천당에 갈 것이고 악을 행한 자가 지옥에 갈 것이라는 '상선벌악賞善罰惡' 내지 '복선화음福善禍淫'의 도덕성에 대한 당위적 보상원칙에 따라 자신의 행위에 상응하여 복과 재앙이 내려질 것임을 강조한다.

그만큼 유교적 신념에서는 자연법칙적 필연성이 객관적 정당성을 보장해줄 수 있다는 입장인데 반하여, 천주교의 천당지옥설에서 천주의 의지가 심판의

83 『順菴集』, 卷6, 32-33, '與權旣明書'(甲辰), "旣有賞善之天堂, 則亦有罰惡之地獄, 其或然矣, 然天堂地獄, 誰能見之乎, 至若傳記之所存, 氓俗之所傳, 終歸荒誕, 闕之可也."

84 『順菴集』, 卷17, 11, '天學問答', "人在現世, 爲善去惡, 行全德備, 則必歸天堂, 去善爲惡, 行虧德蔑, 則必歸地獄, 人當於現世之內, 孳孳爲善, 毋負我降衷之天性而已, 有何一毫邀福於後世之念, 程子曰, 釋氏超脫死生, 專爲一己之私, 天學之祈免地獄, 非爲一己之私乎."

근본조건이고 인간의 개인적 기도가 천주의 판단에 영향을 준다는 신앙은 사사로운 욕심에 근거한 것이라 비판하였다. 이처럼 순암은 현세중심의 도덕성에 기반을 둔 유교의 가치관에 근거하여 천주교신앙에서 사후세계의 구원을 추구하는 천당지옥설이 개인의 사사로운 욕심을 추구하는 것이라는 비판논리를 확인하고 있다.

순암은 당시 조선사회에 천주교가 크게 번지고 있고, 후배들인 젊은 유학자들 가운데 재기를 자부하는 자들도 천주교에 빠져 들고 있다는 소식을 듣고 탄식하는 시를 읊으면서도, "천당이니 지옥이니 그 논설 황당하니/ 나야 우리네 불변의 도리 간직한다네/ 가령 그 말이 참되고 허튼 소리 아니라면/ 악한 자 지옥 가고 선한 자 천당 갈터."[85]라 하였다. 천당과 지옥이 있다 하더라도 악한 행실은 지옥의 벌을 받을 것이고, 선한 행실은 천당의 벌을 받는 것이 마땅한 법칙임을 강조함으로써, 지옥을 면하고 천당에 갈 수 있게 해달라고 비는 기복적 신앙이 허황된 것임을 비판하고 있는 것이다.

(2) 제사문제에 대한 쟁점

유교와 천주교는 문화 전통이 다른 만큼, 이에 따른 신앙 행위의 의례도 서로 다르다. 순암은 천주교에서 '영세領洗'때에 대부代父(神父)가 3척尺의 정포淨布를 목에 걸고 성수聖水로 이마를 씻어주어 마음의 때를 씻는 것이라 하거나, '고해告解' 때에 촛불을 밝히고 신부 앞에 엎드려 종전의 잘못을 모두 말하고 뉘우치는 뜻을 갖는 것이나, 입교하는 사람이 별호別號(本名)를 갖는 것 등의 천주교 의례가 불교 전통에 있는 '법사法師'나 '율사律師'의 성직聖職이나 '연비燃臂'와 '참회懺悔'와 '관정灌頂'의 의례절차와 똑같은 것이라 지적하여, 유교와 구

85 『順菴集』, 卷1, 36, '聞天學大熾, 吾儕中以才氣自許者, 皆入其中, 遂口號一絶, 示元心', "天堂地獄說荒唐, 自有吾家不易方, 若使此言眞不妄, 惡歸地獄善天堂."

별하였다.[86]

특히 유교와 천주교 사이에는 신앙 행위의 기본적 형식으로서 제사의례가 서로 다르고, 제사의례의 대상에 대한 인식도 차이를 드러내고 있다. 천주교와 유교의 제사의례에서 가장 뚜렷한 차이로 천주교에서는 유일신으로서 천주에 대한 제사의례만을 보편적 제사의례로 인정하고 있는데 비해, 유교에서는 상제에 대한 제사는 천자만이 드릴 수 있는 것이라 하고, 인간의 사후존재인 조상신과 옛 성현聖賢에 대한 제사를 대중적 제사의례의 중심으로 삼고 있다는 점이 가장 큰 차이를 드러낸다. 따라서 천주교 교단이 유교의 전통 의례인 공자와 선현에 대한 제사와 조상에 대한 제사를 거부하고 오직 천주에 대한 예배를 요구할 때는 유교사회의 강한 저항과 배척을 유발하지 않을 수 없었다.

순암이 「천학문답」을 지은 것은 1785년이다. 조선의 천주교공동체에서 조상제사문제를 공식적으로 문제를 삼아 북경교회에 질문하고, 북경교회에서 조상제사에 대한 금지령이 전달되었던 것이 1790년이었으니, 「천학문답」은 그보다 훨씬 앞서는 시기의 저술이다. 더구나 1791년 진산珍山의 천주교도인 윤지충尹持忠과 권상연權尙然이 제사를 폐지하고 신주를 불태운 '폐제분주廢祭焚主'사건으로 조선정부의 유교적 예교禮教질서와 충돌하여 큰 물의를 일으켜 천주교에 대해 금교령禁教令이 내려졌던 시기보다 6년전의 일이었다. 그러나 순암은 당시 이미 신서파信西派의 천주교도들 사이에 유교의 제사를 거부하는 의식이 제기되었던 사실을 가장 먼저 주목하여 문제 삼았던 것이 사실이다. 그는 당시 태학생太學生이 문묘文廟(孔子廟)에서 거행하는 석전제釋奠祭에 참례할 때 천주교도인 그의 친구가 말하기를, "무릇 거짓 형상에 제사를 지내는 것은 모두 마귀가

86 『順菴集』, 권17, 23-24, '天學問答', "或曰,'今聞爲其學者, 以教師爲代父, 天主爲大父, 故代天而施教, 謂之代父, 設天主位, 學者以三尺淨布掛項, 以手洗頂, 瑪竇所謂聖水, 所以洗心垢者也, 又明燭, 學者俯伏, 盡說從前過咎, 以致悔悟之志, 又陳入教以後不復犯過之意, 而又定別號云, 此意如何.' 曰,'此專是佛氏樣子也, 佛氏有法師律師, 燃臂懺悔灌頂之節, 此何異焉, 是以吾以爲其俗爲之, 非吾中國習聖人之教者所可行也.'"

와서 먹으니, 어찌 공자의 신령이 와서 흠향하겠는가? 가정의 제사도 마찬가지다. 나는 비록 풍속을 따라 제사를 행하지만 마음으로 그 망녕됨을 알기 때문에 반드시 하늘을 우러러 천주에게 부득이하여 한다는 뜻을 묵묵히 아뢰고 나서 행한다."[87]는 주장이 나왔던 사실을 소개하였다. 순암은 이러한 천주교도들의 제사를 부정하는 태도에 대해, "그런 말을 하는 자는, '조상 가운데 선한 자는 천당에 있으니 결코 제사를 먹으러 올 리가 없고, 악하여 지옥에 떨어진 자는 비록 오고 싶다 하더라도 올 수 있겠는가?'라고 말한다. 이것은 성인이 제례祭禮를 제정한 뜻과는 같지 않다."[88]라고 하여, 천주교에서 유교의 제사의례를 거부할 수 있는 논리를 일찍부터 파악하고 있었음을 보여준다.

이와 더불어 그는 천주교도들의 천주에 대한 제사의례에 대해, "지금 천주학을 하는 자들이 천주의 형상을 걸어놓고 예배하고 기도하는데, 이 또한 하나의 거짓 형상이니 역시 일종의 마귀이다."[89]라 하였다. 그것은 유교의 제사를 '거짓 형상'(假像)이라고 부정하는 천주교의 비판논리를 그대로 끌어들여 천주에 대한 예배도 거짓 형상이라고 부정하고 있는 것이다. 이 비판을 통하여 순암 자신이 비록 천주교의 신앙의례에 대해 깊은 이해를 보이고 있지는 못하지만, 유교의 제사의례에 관한 서학의 몰이해를 날카롭게 반박하고 있다는 점에서 그의 비판논리가 지닌 합리성을 엿볼 수 있다.

또한 그는 스승 성호도 일찍이 "그 갖가지 신령하고 기이한 일들이 마귀의 버릇에서 나온 것이 아님을 어떻게 알겠는가?"라고 말한 사실을 들어서, 성호

87 『順菴集』, 권17, 24, '天學問答', "凡假像設祭, 皆魔鬼來食, 豈有孔子之神來享乎, 人家祭祀亦然, 余則雖未免從俗行之, 而心知其妄, 故必仰天嘿奏于天主, 不得已爲之之意, 然後行之."

88 『順菴集』, 권17, 25, '天學問答', "爲其言者曰, 祖先之善者在天, 必無來享之理, 惡墮地獄者, 雖欲來得乎, 此與聖人制祭禮之義不同."

89 『順菴集』, 卷17, 25, '天學問答', "今爲此學者, 揭天主而禮拜禱祈焉, 此亦假像則亦一魔鬼也."

도 이미 천주교의 신령하고 기이한 신비적 신앙내용이 마귀의 상투적 현상일 수 있음을 알고 있었던 것이라 확인하고 있다. 여기서 그는 마귀의 존재에 대해 "마귀는 변환을 헤아리기 어려우니, 또한 선을 가장하여 세상을 미혹하는 자가 있어서, (마귀)로써 낮은 백성들을 우롱하는데, 서양선교사가 여기에 현혹되어 높이 받들고 있음은 어찌 가소롭지 않겠는가? 그들의 말을 들으면 '거짓 천주'가 있다고 하는데, 이 또한 마귀의 허망한 희롱일 것이다. '거짓 천주'라고 가칭하였다면 거짓 형상에 의탁하지 못 할 것이 있겠는가?"라 하여, 천주교의 제사의례도 마귀의 현상이라 볼 수 있음을 강조하였다.[90] 천주교에서도 스스로 '거짓 천주'(僞天主)를 인정하고 있는 사실을 끌어내어, 진정한 천주에 대한 인식에서 벗어난 신앙과 의례는 모두 '거짓 천주'가 드러남이요, 이 '거짓 천주'의 드러남은 모두 마귀가 벌어는 희롱이니, 예배가 드려지는 천주의 형상도 마귀가 깃든 것일 수 있음을 예리하게 지적하여 비판하고 있다. 이처럼 순암은 천주교에서 유교의 제사를 거짓된 것이요, 마귀가 제사를 받는다는 비판논리는 그대로 천주교의 제사의례에도 적용될 수 있음을 지적하여 반박하였던 것이다.

5. 윤리적 인식과 사회적 동요에 대한 비판

1) 윤리적 인식에 대한 비판

천주교의 윤리적 중심개념은 천주의 인간에 대한 사랑을 본받아 인간이 다른 인간을 원수까지도 사랑하라는 '사랑'으로 제시된다. 순암은 천주교의 '사랑'

90 같은 곳, "星湖先生所謂其種種靈異, 安知不在於魔鬼套中者, 先生已知其然矣, 然則魔鬼之變幻莫測, 亦有假善而惑世者, 以愚下民, 而西士惑之而尊崇, 豈不可笑哉, 聞其說, 有僞天主, 是亦魔鬼之幻弄也, 假稱僞天主, 則其不能依附於假像乎."

이 묵자墨子의 모든 인간을 아울러 사랑하는 겸애兼愛의 사랑과 상응하는 것으로 파악하고 있다. 그는 먼저 "하늘의 뜻을 따르는 자는 모두들 서로 사랑하고 서로 이롭게 하니 반드시 상을 받게 되고, 하늘의 뜻을 거스르는 자는 각각 서로 미워하고 서로 해치니 반드시 벌을 받게 된다. … 그 일은 위로는 하늘을 높이고 중간에는 귀신을 섬기며 아래로는 사람을 사랑하는 것이다. 그러므로 하늘의 뜻이 '이것은 내가 사랑하는 것이니 다 같이 사랑하고, 내가 이롭게 하는 것이니 다 같이 이롭게 하라.'고 말한다."[91]라는 묵자의 말을 인용하면서, 묵자의 핵심적 가르침이 다 같이 사랑한다는 '겸애兼愛'와 다 같이 이롭게 한다는 '겸리兼利'에 있음을 지적하였다. 여기서 그는 천주교의 '사랑'에 대한 인식을 묵자의 한 갈래로 비판하고 있다.

> "서양선교사가 '원한을 잊고 원수를 사랑하라.'는 말은 '다 같이 사랑하라.'(兼愛)는 것과 다름이 없다. (천주교에서) 자신을 단속하여 고통을 견디는 것은 묵자의 '검소함을 숭상함'(尙儉)과 서로 같다. 다만 그 차이는 묵자가 현세로써 하늘을 말하였으나, 서양선교사는 후세로써 하늘을 말하였다는 것이니, 묵자에 비교한다면 한층 더 괴이하고 황당하다. 대개 서학에서 후세를 말하는 것은 전적으로 불교에서 남겨준 자잘한 의론이며, '겸애兼愛'와 '상검尙儉'을 말한 것은 묵자에서 갈라져 나온 흐름이다. 이것이 어찌 주공周公과 공자孔子를 배운 자가 익힐 바이겠는가. 오늘날의 이른바 유학자는 일찍이 도교나 불교의 천당·지옥에 관한 이론과 묵자의 '다 같이 사랑한다'(兼愛)는 이론을 비판하였는데, 서양선교사의 말에 이르러는 다시 변론하여 분별하지도 않고서 곧장 말하기를, '이것은 천주를 모시는 가르침이다. 중국의 성인이 비록 존귀하지만 어찌 천주를 능가할 수 있겠는가.'라

91 『墨子』, '天志上', "順天意者, 兼相愛, 交相利, 必得賞, 反天意者, 別相惡, 交相賊, 必得罰, … 其事上尊天, 中事鬼神, 下愛人, 故天意曰, 此之我所愛, 兼而愛之, 我所利, 兼而利之."

말하여, 미치광이처럼 거리낌없이 함부로 말하는 것이 이런 지경에까지 이른 것이다."[92]

묵자의 '겸애'와 천주교의 '박애'를 일치시키고, 묵자의 '상검'과 천주교의 자기절제를 일치시킴으로써, 천주교를 묵자와 동류의 이단으로 규정하여 비판하고 있는 것이다.

또한 순암은 천주교 쪽에서 "예수가 세상을 구원하기 위해 십자가에 못박혔지만 자신을 못박아 죽인 사람을 혐오하지 않은 것은 지극한 인仁이 아니겠는가?"라고 언급하는 주장에 대해, "원수를 사랑하라."는 예수의 가르침이나 『기인십편』에서 "천주교의 선비는 덕으로 원수에게 갚고 원한으로 원수에게 갚지 않는다."라고 말한 마테오 리치의 뜻과 같은 것임을 확인하였다.

여기서 순암은 '원수'에 대한 대응태도를 음미하면서, "무릇 원수에는 두 가지가 있는데, 만약 나를 해친 원수라면 옛날의 군자로 이렇게 용서한 자가 많이 있었다. 그러나 임금이나 부모의 원수를 두고 이렇게 용서하기를 가르친다면 의리를 크게 해치는 것이다. 이것이 내가 (천주교를) 묵자의 '겸애'와 같은 부류라고 말한 까닭인데, 이들(천주교도들)이 더 심한 자들이다."[93]라고 단호하게 비판하였다. 공자의 가르침은 '덕으로 원한에 갚는 것'이 아니라 "정당함으로 원한에 갚고, 덕으로 덕에 갚아야 한다."(以直報怨, 以德報德.〈『논어』, 憲問〉)고 하였으니, '덕으로 원수에게 갚는다'는 박애博愛의 가르침은 유교적 규범에서는 묵자의 겸애설에 해당하는 이단적 규범으로 거부의 대상이 되지 않을 수 없다.

---

92 『順菴集』, 卷17, 10, '天學問答', "西士忘讐愛仇之說, 與兼愛無異, 其約身攻苦, 與尙儉相同, 但其異者, 墨子言天以現世, 西士言天以後世, 比之墨氏, 尤爲詭誕矣, 大抵西學之言後世, 專是佛氏餘論, 而兼愛尙儉, 墨氏之流, 是豈學周孔者所習者乎, 今之所謂儒者, 嘗斥道佛堂獄之說, 墨氏兼愛之論, 而至於西士之語, 不復卞別, 直曰此天主之敎也, 中國聖人雖尊, 豈有加於天主乎, 其猖狂妄言, 無所忌憚, 至於如此矣."

93 『順菴集』, 卷17, 21, '天學問答', "凡讐有兩般, 若害我之讐, 古君子之若是者多矣, 若以君父之讐, 而以此爲敎, 則其害義大矣, 此吾所以謂墨子兼愛之流而此其甚者也."

천주교에서도 원수를 사랑하기만 하는 것이 아니라 미워하는 원수도 있다. 곧 천주교에서 구원을 저해하는 세 가지 원수(三仇)를 들며, 첫째가 안으로부터 욕망으로 자신을 빠뜨리는 '자기 몸'(己身)이요, 둘째가 밖으로부터 유혹으로 자신을 침범하는 '세속世俗'이요, 셋째가 안팎으로 속이고 어지럽히며 자신을 공격하는 '마귀魔鬼'라 한다는 것이다.

이에 대해 순암은 먼저 '자기 몸'(己身)을 원수로 삼는다는 천주교의 견해에 대해, "자기 몸이 원수라는 말은 윤리에 크게 어긋나는 것이다. 사람에게 이 몸이 있는 이상 형기形氣의 욕망이 없을 수 없으니, 이것이 우리 유학자들이 극기克己의 공부에 관한 이론을 세운 까닭이다. 지금 만일 이 몸의 존재를 원수라고 한다면 이 몸이 어디에서 태어났는가. 이 몸이 태어남은 부모로부터 말미암은 것이니, 이렇게 되면 부모를 원수로 여기는 것이다."[94]라 하였다. 인간의 육신은 욕망이 있으니 이 육신의 욕망을 추구하는 사사로운 자기를 이겨내야 한다는 '극기克己'의 공부는 유교의 수양방법에서도 중시되고 있으며, '인간의 욕심을 막아야 한다.'(遏人欲)는 것은 수양공부의 중요한 과제로 강조되어 왔다. 그러나 유교에서 '자기'(己)나 '인욕人欲'을 극복하고자 하는 '극기'의 공부는 자신의 천성인 본래의 마음으로 사사로운 형기의 욕망을 다스려 절도를 넘지 않도록 하는 것이지, 육신의 욕망을 가지고 있는 '자기'를 전면적으로 부정하려는 것은 아니다. 따라서 순암은 육신을 거부한다면 육신이 태어난 근원인 부모를 거부하는 것이 됨을 지적함으로써, 자기 '육신'을 원수라고 하는 천주교 교리는 결과적으로 자기 부모를 원수로 삼는 패륜悖倫이 됨을 비판하였다.

다음으로 '세속'을 원수로 삼는다는 천주교의 견해에 대해, "이 세상에 태어난 이상 부귀와 빈천이나, 궁색함과 통달함이나, 이익과 손해란 형세에서 당연

94 『順菴集』, 卷17, 15, '天學問答', "己身爲仇之說, 其悖倫大矣, 人有此身, 則不無形氣之慾, 吾儒克己之說, 所以立也, 今若以此身之生爲仇, 則此身從何生乎, 此身之生, 由於父母, 是以父母爲仇矣."

한 일이다. 성찰하고 극복하는 공부의 방법을 알지 못하고서 이 세속을 원수로 삼는다면, 임금과 신하 사이의 의리도 끊어지게 된다."[95]고 하였다. 자기 몸을 부정하면 부모-자식의 인륜이 무너지는 것처럼 세상을 부정하면 임금-신하의 의리가 무너지는 반윤리적 결과를 초래할 것이라 비판하고 있는 것이다. 부모-자식과 임금-신하의 인륜을 부정하는 것은 바로 '아비를 아비로 여기지 않고, 임금을 임금으로 여기지 않는'(無父・無君) 것으로 인륜에 역행하는 이단임을 밝혀주는 것이다. 이런 의미에서 유교적 윤리의 기반은 자기 자신을 소중히 여길 뿐만 아니라 세상을 긍정적으로 받아들여야 한다는 전제 위에서 성립하고 있음을 보여준다. 이 점에서 천주교가 후세를 지향한다면 유교가 현세를 지향하는 것으로 대비시켜질 수 있는 것이 사실이다.

세 번째로 '마귀'를 원수로 삼는다는 천주교의 견해에 대해, "마귀를 누가 보았겠는가? 설사 마귀가 있다 하더라도 이것은 바깥의 사물이다. 바깥의 사물에 유혹되어 자신의 본성을 잃어버리는 일이 더러 있기는 하지만, 사람이 선하지 못한 것은 형기의 욕망 때문인데 이것이 어찌 모두 마귀의 일이겠는가? 안팎으로 공부하는 방법이 서로 같지 않으니, 유학자의 '극기'공부는 안에서 말미암는 것인데, 서양선교사의 말은 형기를 버려두고 마귀에서 말미암는다고 말하니, 안을 향하고 밖을 향함이나, 긴절함과 풀려 있음의 구별에서 저절로 달라진다."[96]고 하였다. 그는 마귀의 존재자체를 인정하지 않지만, 마귀의 존재를 인정한다 하더라도 인간의 악은 안으로 형기의 욕심에서 말미암아 발생하는 것이지 대상의 존재일 뿐인 마귀의 유혹 때문에 생겨나는 것이라 할 수 없음을 분명히 밝히고 있다. 여기서 순암은 유교를 안으로 마음을 다스리는 공부라 하

95 같은 곳, '天學問答', "旣生此世, 則富貴貧賤窮通利害, 勢當然矣, 不知所以省察克治之工, 而以世俗爲仇, 則君臣之義亦絶矣."

96 『順菴集』, 卷17, 16, '天學問答', "魔鬼誰能見之, 假使有之, 是外物也, 以外物之誘, 而喪自己之性, 容或有之, 人之不善, 由於形氣之慾, 豈皆魔鬼之事乎, 其內外致工之術, 不同儒者克己之工由於內, 西士之言, 舍形氣而謂由於魔鬼, 內外緊歇之別, 自不同矣."

고, 천주교를 밖에 있는 마귀와 싸우는 것을 공부로 삼아, 공부방법이 다른 것이라고 대비시켰다. 그것은 천주교의 공부방법이 마음을 다스려 인간의 도덕성을 확립하고자 하는 절실한 공부가 아님을 비판한 것이라 할 수 있다.

또한 그는 스승 성호에게 '마귀'에 대한 견해를 밝히면서, "무릇 인간의 선·악은 형기形氣와 성명性命에서 유래하는 것이니, 마귀가 어떻게 사람을 악으로 인도할 수 있겠습니까? 그 논리는 참으로 버려 마땅합니다."[97]라 하여, 도덕적 선악의 문제는 인간의 주체적 조건에 의해 드러나는 것이지, 외부의 존재인 마귀가 유인하여 결정되는 것이 아님을 분명하게 밝히고 있다.

순암은 35세때(1746) 스승 성호를 찾아가 문답을 하였을 때, 성호가 서학의 윤리서인 판토하龐適我의 『칠극七克』에 대해, "『칠극』은 바로 사물四勿을 주석한 것이다. 그 언급에 폐부를 찌르는 말이 많지만, 이것은 문장가의 재치있는 말이나 아이들의 경계하는 말에 불과하다. 그러나 그 허황한 말을 깎아내고 경계하는 말을 간추리면 우리 유교의 극기克己공부에 얼마간의 도움이 없지 않을 것이다. 이단의 글이라 하더라도 그 말이 옳으면 취할 따름이다. 군자가 사람들과 더불어 선을 행하는 데에 있어서 어찌 피차의 구별을 두겠는가. 요점은 그 단서를 알아서 취해야 할 것이다."[98]라 언급한 사실을 소개하였다. 성호는 천주교교리에서 허황한 말을 깎아내어야 한다는 조건을 붙였지만 허심탄회하게 받아들이며 옳은 말을 취해야 한다는 열린 자세를 밝히고 있는 것이다. 이에 비해 순암은 후배인 권철신에게 보낸 편지에서, "『칠극』은 사물四勿에 대한 주석이니, 비록 뼈를 찌르는 말이 더러 있지만 이 책에서 무엇을 취하겠는가."[99]라

97 『順菴集』, 卷2, 29, '上星湖先生書'(戊寅), "凡人之善惡, 由於形氣性命之分, 魔鬼何能導人爲惡耶, 此論誠棄之當矣."

98 『順菴集』, 권17, 26-27, '天學問答(附錄)', "七克之書, 是四勿之註脚, 其言盖多刺骨之語, 是不過如文人之才談, 小兒之警語, 然而削其荒誕之語而節略警語, 於吾儒克己之功, 未必無少補, 異端之書, 其言是則取之而已, 君子與人爲善之意, 豈有彼此之異哉, 要當識其端而取之可也."

하여, 스승 성호의 견해를 받아들이면서도 『칠극』에서 제시된 천주교의 윤리설을 거부하는 입장을 분명히 보여주고 있다.

또한 순암은 천주교의 일상적 신앙의례를 관찰하면서, "매일 아침에 눈과 마음으로 하늘을 우러러, 천주께서 나를 낳아주고 길러주고 가르쳐 주기까지 한 무한한 은혜에 대하여 감사한다. 다음으로 오늘하루 망령된 생각을 하지 않고 망령된 말을 하지 않으며 망령된 행동을 하지 않는다는 세 가지 맹세를 꼭 실천할 수 있도록 나를 도와달라고 기도한다. 저녁이 되면 또 땅에 엎드려서 그 날 자신이 한 생각과 말과 행동이 망령되지 않았는지를 엄격하게 성찰한다. 잘못이 없으면 그 공을 천주께 돌려 은혜롭게 도와주심에 머리를 조아려 감사하며, 만약 조금이라도 잘못이 있으면 곧 통렬하게 뉘우치고는 천주께 자애롭게 용서해주기를 빌며 기도한다."[100]고 소개하고서, 이러한 천주교의 신앙의례의 실천에 대해, "이것(천주교 신앙의례)은 우리 유학자의 자신을 진실하게 하는(誠身) 학문과 견주었을 때, 지금 천주학을 하는 자들이 유학과 대등한 것으로 보고서 이것이 참된 것이라 하니 어찌된 것인가? 또 그 행동이나 모양이 우리의 성인이 가르친 것과 같은가? 다른가?"[101]라 하였다. 천주교의 신앙의례를 유교에서 자신을 진실하게 하는 '성신誠身'의 수양공부와 동일시하는 태도에 대해 전면적으로 거부감을 밝히고 있는 것이다. 그는 천주교 신앙의례가 유교의 도덕적 수행과 수양공부와 행동이나 모양에서 전혀 다른 차이를 드러내는 사실을 강조하고 있는 것이다.

99 각주 15)와 같은 인용문.

100 『順菴集』, 권17, 19, '天學問答', "其言曰, 每朝目與心偕, 仰天籲謝天主生我養我, 至教誨我無量, 次祈今日祐我, 必踐三誓, 毋妄念 · 毋妄言 · 毋妄行, 至夕又俯身投地, 嚴自察省本日所思所言所動作, 有妄與否, 否則歸功天主, 叩謝恩祐, 若有差爽, 卽自痛悔, 禱祈天主慈恕宥赦."

101 『順菴集』, 권17, 19-20, '天學問答', "此比吾儒誠身之學, 而今爲此學者, 等視儒學而謂此爲眞何哉, 且其擧措貌樣, 與吾聖訓, 同乎異乎."

순암은 중국에서 전국시대 추연鄒衍이 천문을 논한 것은 천주교의 천문학에 못미치는 것임을 지적하였다. 조선시대 허균許筠이 하늘을 논한 사실을 주목하였다. 허균은 총명한 인물이지만 행실에 절제가 없어서 거상居喪 중에 고기를 먹고 아이를 낳았으므로 사람들로부터 비난을 받았다. 이때 허균의 대답은 "남녀간의 정욕은 하늘이 준 것이고, 윤리와 기강을 분별하는 일은 성인의 가르침이다. 하늘은 성인보다 높으니, 차리리 성인의 가르침을 어길지언정 하늘이 준 본성을 거스를 수는 없다."[102]고 하였다는 것이다. 허균이 북경에 사신을 갔다가 천주교 기도문인 「게12장揭十二章」을 가져왔다는 기록과 허균의 이러한 언급에 근거하여 허균을 천주교도라 보는 견해도 있다.[103] 그러나 순암은 허균의 '남녀의 정욕이 하늘'이라는 언급을 경박한 제자들이 주창하였지만 서학과는 하늘과 땅처럼 달라서 같이 비교하여 말할 수 없는 것이라 보았다.[104] 여기서 순암은 천주교의 견해가 허균의 주장처럼 열등한 것은 아니라 하였지만, 그 근원의 착오가 그 결과에서 심한 타락을 초래할 수 있음을 심각하게 경고하였던 것이다.

---

102 『順菴集』, 卷17, 11, '天學問答', "(許筠)倡言曰, 男女情慾天也, 分別倫紀, 聖人之敎也, 天尊於聖人, 則寧違於聖人, 而不敢違天禀之本性." 李植의 『澤堂別集』(권15, 4,'示兒代筆')에도 같은 내용으로, "顧嘗聞其言曰, 男女情欲天也, 倫紀分別, 聖人之敎也, 天且高聖人一等, 我則從天而不敢從聖人."이라 기록하고 있다.

103 李植의 『澤堂別集』과 朴趾源의 「答巡使書」 등에서 許筠을 천주교 신봉자로 보고 있다.

104 『順菴集』, 卷17, 11, '天學問答', "以是當時浮薄有文詞, 爲其門徒者, 倡爲天學之說, 其實與西士之學, 霄壤不侔, 不可比而同稱也."

2) 사회적 동요와 지리·역사적 비판

(1) 사회적 동요에 대한 비판

윤리적 인식의 문제는 유교의 기본적 관심인 만큼 천주교의 윤리적 성격에 대한 비판적 태도를 분명히 하고 있다. 순암은 천주교의 가르침이 '선을 행하고 악을 버리는 것'(爲善去惡)이니 정당하지 않은가라는 견해를 제기한데 대해, "세상에 어찌 악을 행하고 선을 버리는 학문이 있겠는가? 이 때문에 예로부터 이단들이 모두 선을 행하고 악을 버리는 것으로써 가르침을 삼았다. 지금 서양 선교사가 선을 행하고 악을 버리라 하는 말은 어찌 서양선교사들만 말하는 것일 뿐이겠는가. 내가 걱정하는 것은 그 말류의 폐단으로써 말한 것이다. 그 학문이 현세에 대하여 말하지 않고, 오로지 후세의 천당과 지옥의 응보에 대해서만 말하니, 이 어찌 허탄하고 망령되어 성인의 올바른 가르침을 해치는 것이 아니겠는가?"[105]라 하였다. 선을 행하고 악을 버린다는 도덕적 선언은 누구나 내거는 말이지만, 이단은 바로 무엇을 선으로 인식하는지, 어떻게 선을 행하는지의 문제에서 오류에 빠지면서 큰 폐단을 낳는 것임을 지적하였다. 여기서 그는 천주교도 후세에서 천당·지옥의 응보에 관심의 초점을 두고 있으니 성인의 가르침을 해치는 이단에 떨어지고 말았다는 것이다.

또한 그는 "성인의 가르침은 오직 현세에서 마땅히 해야 할 일을 하는 것이니, 광명정대하여 털끝만큼도 감추거나 왜곡시키거나 황홀하게 함이 없다."[106]고 하여, 현세를 중시하여 이치에 맞고 황홀함이 없는 것을 유교적 진리의 모습으로 밝히고 있다. 따라서 공자는 괴이하거나(怪) 신령함(神)에 대하여 말하

105 『順菴集』, 卷17, 12, '天學問答', "世豈有爲惡去善之學乎, 是以從古異端, 皆以爲善去惡爲教, 今此西士爲善去惡之言, 獨西士言之而已乎, 吾所憂者, 以其流弊而言也, 其學不以現世爲言, 而專以後世堂獄之報爲言, 是豈非誕妄而害聖人之正教乎."

106 같은 곳, "聖人之教, 惟於現世, 爲所當爲之事, 光明正大, 無一毫隱曲慌惚之事."

지 않았음을 강조하면서, 괴이하거나 신령함을 말하면서 사람들의 마음을 선동하여 반란을 일으켰던 여러 종류의 이단들이 역사서에 기록되이 있음을 지적하였다.[107] 곧 유교의 바른 도리는 언제나 평상한 현실에 근거하고 정대함을 기준으로 하고 있지만, 이단은 괴이하고 신령한 것을 추구하고 있는 것이 가장 뚜렷한 특성임을 지적한 것이다.

여기서 그는 조선후기 영조때(1758) 황해도 신계현新溪縣의 영무英武라는 요망한 무당이 미륵불을 자칭하며 대중을 현혹시켰던 양상을 자세히 서술하였다. "여러 고을의 사람들이 몰려들어 생불生佛이 세상에 나왔다고 하면서 합장하여 맞이하고 예배하였다. 백성들로 하여금 받들어 모시던 모든 신사神祀와 잡귀들을 모조리 제거하도록 하면서, '부처가 이미 세상에 나왔는데 어찌 모실 다른 신이 있단 말인가.'라 하였다. 이에 백성들이 모두 그 말을 따라서 이른바 기도니 귀신상자(神箱)니 귀신단지(神缸)니 하는 것들을 모조리 깨뜨리고 불태워버렸다. 그리하여 몇 달만에 황해도에서부터 고양高陽 이북과 강원도 전체가 휩쓸리어 그를 따랐던 것이다. 서양선교사의 이른바 천주교라는 것도 귀순시킴의 신속함이 어찌 이보다 더 빠르겠는가?"[108]고 하였다. 영조때 미륵신앙이 크게 번성하면서 모든 다른 신을 부정하고 자신만을 숭배하게 하는 양상이 당시의 천주교신앙과 매우 유사함을 들어서 천주교신앙도 미륵신앙의 부류임을 지적하고 있는 것이다.

또한 당시 임금은 어사 이경옥李敬玉을 파견하여 요망한 무당 영무를 처형하

107 순암은 「天學問答」에서 중국 역사를 통해 괴이하고 신령함으로 대중을 현혹하여 반란을 일으켰던 이단의 사례로서 한漢의 장각張角, 당唐의 방훈龐勛과 황소黃巢, 송宋의 왕칙王則과 방납方臘, 원元의 홍건적紅巾賊, 명말明末의 유적流賊을 비롯하여, 미륵불彌勒佛을 일컬은 백련사白蓮社(白蓮教)의 무리들을 열거하고 있다.

108 『順菴集』, 卷17, 12-13, '天學問答', "列邑輻湊, 謂之生佛出世, 合掌迎拜, 令民盡除神祀雜鬼之尊奉者曰, 佛旣出世, 豈有他神之可奉者乎, 於是民皆聽命, 所謂祈禱神箱神缸之屬, 率皆碎破而焚之, 不數月之內, 自海西及高陽以北嶺東一道, 靡然從之, 西士所謂天主之教, 其從化之速, 豈過於是乎."

였지만 미륵신앙의 소동은 한 달이 넘도록 진정되지 않았던 사실을 보면서, "인심이 동요하기는 쉽고 진정되기는 어려우며, 미혹되기는 쉽고 깨닫기는 어려움이 무릇 이와 같다."[109]고 하여, 괴이하고 신령한 이단이 발생하면 인심이 쉽게 미혹되고 사회의 기반이 동요할 수 있는 심각한 위험요인이 될 수 있음을 확인하고 있다.

순암은 천주교에서 "한결같은 마음으로 상제를 받들어 섬기기를 잠시도 쉬지 않는다."고 하여 유교에서 '경敬'을 주장으로 삼는 '주경主敬'의 수양공부에 비교하거나, "몸을 단속하고 거친 밥을 먹으면서 분수에 넘치는 생각을 하지 않는다."고 하면서 유교에서 자신의 욕심을 극복하는 '극기'克己의 수양공부에 비교하는 사실에 대해, 선을 행함에 있어서는 유교와 마찬가지라 인정할 수 있음을 밝혔다.[110] 말하자면 윤리적 견해에서 공통점을 인정하여 받아들일 수도 있다는 것이다. 그러나 중요한 문제는 동기가 선하다고 하더라도 그 근원에서 오류가 있으면 그 결과는 사회적으로 심각한 폐단을 일으킬 수 있음을 주목한다.

여기서 그는 "다만 세상의 도리는 거짓되고 사람의 마음이란 측량하기 어려운 것이다. 가령 어떤 요사스러운 사람이 '동쪽에 한 분의 천주가 내려왔다.' 하고, '서쪽에 한 분의 천주가 내려왔다.'고 거짓으로 떠들어 댄다면, 민심이 거짓되고 허망함에 익숙하여 실제로 그럴 것이라 여겨서 바람에 휩쓸리듯 이를 따를 것이다. 이때에 가서 천주학을 하는 자들이 '나는 정당하고 저쪽은 사특하며, 나는 진실하고 저쪽은 거짓이다.'라고 말할 수 있겠는가? 자기도 모르는 사이에 성학聖學의 백성을 해치는 도적이나 세상을 어지럽히는 도적의 화살이 되어 만족하고 있을 것이다."[111]라 하였다. 곧 천주교가 천주를 내세우는데 간

109 『順菴集』, 卷17, 13, '天學問答', "人心之易動難定, 易惑難悟, 大抵如是矣."

110 『順菴集』, 卷17, 13, '天學問答', "今世爲此學者, 其言曰一心尊事上帝, 無一息之停, 比之吾儒王敬之學也, 又曰飭躬薄食, 無踰濫之念, 比之吾儒克己之工也, 實爲此學者, 雖其門路異而爲善則同, 豈不可貴."

111 같은 곳, "但世道巧僞, 人心難測, 設有一箇妖人, 假冒倡言東有一天主降, 西有一天主降,

사한 사람들이 이용하여 민심을 선동하면 백성을 해치고 세상을 어지럽히는 도적이 되고 말 것이라는 위험을 경고하고 있는 것이다.

(2) 지리 · 역사적 이해를 통한 비판

지리적 의식으로 순암은 서양선교사들이 독신童貞으로 수행하는 독실함이나 과학기술의 우수함을 인정하는 입장을 밝히면서도, 중국과 서양의 풍토와 학문의 성격이 차이를 강조하였다.

> "천지의 대세로 말한다면, 서역은 곤륜산崑崙山 아래에 자리 잡아 천하의 중앙이 된다. 그래서 풍속이 돈후하고 인물이 비범하며 보물들이 생산되니, 마치 사람의 뱃속에 혈맥이 모이고 음식이 들어와 사람을 살게 하는 근본이 되는 것과 같다. 중국으로 말하면 천하의 동남쪽에 자리 잡아 햇볕이 모여드니, 이 때문에 이 기운을 받고 태어난 자는 과연 신성한 사람으로, 요 · 순 · 우 · 탕 · 문왕 · 무왕 · 주공 · 공자가 이들이요, 마치 사람의 심장이 가슴 속에 있으면서 신명神明의 집이 되어 온갖 조화가 나오는 것과 같다. 이로써 말한다면 중국의 성학聖學은 올바른 것이요, 서양의 천학天學은 비록 그들이 진도眞道요 성교聖敎라 말하지만 우리가 말하는 성학은 아니다."[112]

民心習於誕妄, 以爲實然而風從矣, 當此之時, 爲此學者, 其能曰我正而彼邪, 我實而彼僞乎, 自不覺爲聖學之蟊賊, 亂賊之髇矢而甘心焉."

112 『順菴集』, 권17, 8-9, '天學問答', "以天地之大勢言之, 西域據崑崙之下而爲天下中, 是以風氣敦厚, 人物奇偉, 寶藏興焉, 猶人之腹臟, 血脉聚而飮食歸, 爲生人之本, 若中國則據天下之東南而陽明聚之, 是以禀是氣而生者, 果是神聖之人, 若堯舜禹湯文武周孔是也, 猶人之心臟居胸中, 而爲神明之舍, 萬化出焉, 以是言之, 則中國之聖學其正也, 西國之天學, 雖其人所謂眞道聖教, 而非吾所謂聖學也."

순암의 지리의식에서 매우 특징적인 것은 서양이 천하의 중앙에 자리잡고 중국이 천하의 동남쪽에 자리잡았다는 견해이다. 전통적으로 중국을 천하의 중앙에 자리잡은 것이라는 견해와 달라진 것은 서양지도에서 받은 지리의식의 영향이라 짐작해볼 수 있다. 그러나 그는 서양이 천하의 중앙이지만 인체에서 배에 해당하는 것으로 물질적 중심이라 이해하는 반면에 중국은 천하의 동남쪽이지만 심장에 해당하는 것으로 정신적 중심이라 성인들이 출현하였다는 해석이다. 이러한 지리적 세계관의 변화에 따라 배와 심장의 대비나 생명과 정신의 대비나 천학과 성학의 대비로 천주교와 유교의 근원적 차이점을 확인하고자 하는 것을 엿볼 수 있다.

역사적 고증으로 그는 서양선교사가 "불교는 우리나라의 가르침을 훔쳐서 따로 문호를 세웠다."고 주장하는 것을 반박하여, "불교의 석가는 주周나라 소왕昭王 때 태어났고, 천주교의 예수는 한漢나라 애제哀帝때 태어났으니, 선후의 분별에 대해서는 여러 말로 따질 필요도 없다."[113]고 하여, 천주교가 불교 보다 뒤에 나온 것이므로 불교가 천주교의 가르침을 훔쳐갔다는 것은 거짓된 주장임을 지적하였다.

또한 그는 서양선교사들이 전교傳教(行教)를 중히 여겨 8,9만리의 험난한 바닷길을 건너온 확고한 신념을 내세운데 대해, "역사를 상고해 보면, 요진姚秦의 구마라습鳩摩羅什과 소량蕭梁의 달마達摩가 모두 대서국大西國에서 바다를 건너 왔는데, 이들도 역시 중국에 그들의 가르침을 베풀고자 하여 온 것이니, 저들과 무엇이 다르겠는가? 그러나 이들 두 승려가 전한 것은 지금 유행되는 불서佛書에 불과하였다. 그러니 서양선교사의 학문을 중국에 유행시키고 싶다고 하더라도 이 또한 그런 부류에 불과하니, 시행하는 것이 지금의 불교서적 정도에 그칠 것이다. 그런데 어찌 우리 유학자들로 하여금 주공周公과 공자孔子의 도를

113 『順菴集』, 卷17, 20, '天學問答', "佛氏釋迦生於周昭王時, 天主耶蘇生於漢哀帝時, 則先後之別, 不容多卞."

버리고 그들을 따르도록 할 수 있겠는가?"[114]라 하였다. 멀리 서방에서 전교한 경우는 먼저 불교가 있고 다음에 천주교가 있으니, 천주교의 전교도 불교 수준을 벗어나지 않을 터인데 유학자가 천주교에 빠져들고 있는 것이 부당함을 강조하는 것이다. 이 점에서는 서양종교인 천주교의 전래가 서양무력과 함께 들어오면서 엄청난 사회적 변혁의 힘을 가지고 있다는 사실을 아직 각성하지 못하고 있는 일면을 보여주는 것이라 할 수도 있다.

나아가 서양선교사의 말에 예수가 가르침을 편 이후로 지금까지 1,800년 가까운 세월동안 서양에는 찬탈하고 시해하는 일이나 남의 나라를 침략하는 피해가 없는 점에서 중국보다 뛰어나다는 언급에 대해, 순암은 모두 과장된 말임을 지적하면서, "일찍이 역대의 여러 역사책을 보니, 한漢나라 애제哀帝 이후로 대서大西의 오랑캐들이 서로 침략하여 병합한 경우가 많았으니, 역사책이 어찌 거짓말을 하였겠는가? 이것은 믿을 것이 못 된다"[115]고 하였다. 이처럼 순암이 서양선교사의 말에 대해서도 역사서를 통해 실상을 고증하여 상반된 사실을 확인함으로써 과장이나 허위를 밝혀내고 있다. 또한 그는 성인의 가르침이 제시되고 있다 하더라도 인간 사회에서 분쟁이 없어지지는 않는 것이 역사적 현실임을 이미 통찰하고 있는 것이다.

6. 순암의 서학비판론이 지닌 특성

순암의 서학비판은 유교를 정통이념으로 확립한 조선 후기 사회에서 천주교

114 같은 곳, "以史考之, 姚秦之鳩摩羅什, 蕭梁之達摩, 皆自大西國, 涉重溟而至, 是亦欲行其教於中國, 此何以異是, 二僧之所傳, 不過今行佛書, 使西士之學, 雖欲行於中國, 此亦不過其類行之, 如今佛書而已, 豈可使吾儒舍周孔之道而從之乎."

115 『順菴集』, 권17, 21, '天學問答', "嘗觀歷代諸史, 漢哀以後, 大西諸夷之侵伐幷合者多, 史豈誣說乎, 是不足取信."

전파에 따른 교리의 이론적 논쟁과 신앙활동에 따른 사회적 영향과 갈등의 문제를 포함하는 광범한 것이었다. 그의 서학비판론은 성호 문하에서 천주교 교리서에 대한 토론을 벌였던 1750년대에 시작하여 천주교 신앙조직이 형성되어 활동하던 1780년대까지 긴 기간에 걸쳐 전개되었다. 따라서 초기와 후기의 비판론이 상황의 변화에 따라 쟁점이나 입장에 변화를 보여주고 있는 것도 사실이다.

18세기에서 서학의 문제는 스승 성호가 서학의 과학지식을 적극적으로 수용하고 천주교 교리서에 대해서는 비교적 온건하게 비판하면서, 사실상 유교사회에 서학의 문제를 본격적으로 등장시켰을 때, 성호 문하의 성호학파에서는 선배인 신후담은 천주교 교리서를 정밀하게 분석하여 비판이론을 체계화시켰다면, 순암은 서학서적을 폭넓게 검토하면서 특히 권철신을 비롯하여 천주교 신앙에 빠져드는 후배들과 다양하고 구체적인 쟁점에 대해 토론을 제기하여 전반적 비판이론을 확립하였다는 특성을 보여준다. 바로 이 점에서 18세기에 서학비판의 저술을 남긴 인물들 가운데 순암의 서학비판론은 그보다 앞선 신후담의 『서학변西學辨』 비판론이나 그보다 뒤에 나온 홍정하洪正河의 『사편증의四篇證疑』에서 보여준 비판의 이론 보다 훨씬 더 유연하고 토론을 위한 열린 분위기를 지키고 있는 것이 사실이다.

순암의 서학비판론이 지닌 특성은 크게 보면 네 가지로 요약해 볼 수 있다.

첫째, 순암의 서학비판론은 천주교 신앙활동을 벌였던 성호학파 신서파의 인물들과 직접 대응한 비판이다. 신후담이 천주교 교리서에 대한 이론적 비판에 집중하고 있는 것이라면, 순암의 경우는 그 자신도 초기인 1750년대에는 이론적 비판에 관심을 기울였지만, 후기인 1780년대에는 성호학파의 후배들인 신서파 인물들의 천주교 신앙활동에 맞서서 이들을 회유하고 경계하기 위해 서학비판론을 전개하였다는 점이 중요한 특징이다. 사실상 그는 천주교 신앙활동이 일어나던 시기에 가장 일찍부터 전면에 나서서 천주교신앙의 다양한 문제에 적극적 비판활동을 하였던 인물이다. 따라서 그의 서학비판론은 당시 천주교도들 사이에서 논의되고 있던 신앙 조목에 대해 폭넓은 관심으로 구체적 비판을 제시하였던 것이며, 교리의 이론적 쟁점과 동시에 사회적 영향문제에 까지 폭넓고 구체적인 비판론으로 제시되고 있다.

둘째, 순암의 서학비판론은 비판의 입장을 확립하고 있으면서도 토론을 위한 상호이해의 기초를 마련하였다. 그는 "내가 왜 심하게 (배척)하겠는가? 다만 그것이 그렇지 않다는 것을 밝히려는 것뿐이다."[116]라고 언급한 것도, 도학의 정통주의적 입장에서 천주교에 대한 일방적 배척을 추구하는 것이 아니라, 진실이 무엇인지 드러내겠다는 토론의 자세를 지키고 있음을 보여준다. 물론 그는 유교를 정도正道로 옹호하는 입장을 전제로 하고 있다. 그러나 그는 천주교 교리서의 주장을 일단 이해하는 포용적 대화의 입장을 마련하고 진실을 밝히기 위한 상호의 토론을 요구하는 학문적 개방성과 진지성을 지키려고 노력하는 자세를 보여주고 있다. 따라서 그의 서학비판론은 권위적이고 독단적인 정통론의 입장이 아니라, 훨씬 온건하고 합리적인 논리 위에서 설득하는 것이었다. 그만큼 그는 성호학파 안에서 발생한 신서파의 천주교 신앙활동을 설득하고 회유하기 위한 대화와 토론의 자세를 지키기 위해 상당한 노력을 하였던 것을 알 수 있다.

셋째, 순암은 서양과학을 비판의 대상으로 삼지 않았다. 그는 성호의 영향 아래 있었던 만큼 그 자신이 비록 스승 성호가 적극적으로 수용하였던 서양과학과 기술에 대해 구체적 관심을 기울이지는 않았지만, 서양의 과학기술을 비판하지 않았을 뿐만 아니라, 과학기술에서 서양이 중국보다 우월함을 사실상 인정하고 있었다. 따라서 그의 서학에 대한 관심은 천주교 교리에 대해서 비판적인 입장을 관철하면서, 천주교 교리의 천주개념이나 영혼개념 및 천당지옥설과 윤리문제 등 다양한 신앙조목에 대해 비판을 집중하였지만, 서양과학 지식에 대해서 기본적으로 긍정적 입장만을 밝혔을 뿐, 구체적 이해나 수용을 위한 노력을 거의 보이지 않았다. 이러한 점은 조선말기 도학자들이 도학의 정통론

116 『順菴集』, 卷17, 14, '天學問答', "吾何甚, 但明其不然而已."

을 강화하면서 서양과학기술을 '기교에 빠진 무익한 기술'(奇技淫巧)로 규정하여 거부하는 태도에 비교하면, 그의 서학비판론은 그만큼 독단적이고 맹목적 폐쇄성에 빠진 것과는 뚜렷한 차이를 드러내고 있는 것이다.

넷째, 순암의 서학비판론은 천주교교리서를 비교적 폭넓게 섭렵하고 있을 뿐만 아니라, 무엇보다 중국역사서를 정밀하게 고증하고 있다. 그는 역사의 기록을 통해 천학天學의 실상을 추적하여 「천학고」를 저술하였을 뿐만 아니라, 천주교교리의 비판에서도 역사기록을 통해 고증하거나 실증적 뒷받침을 받기 위해 세심하게 관심을 기울이고 있다. 그는 천주교를 불교와 유사한 것으로 규정하거나 도교와의 유사성을 찾고 혹은 묵자와 공통성을 찾아내어 비판하는 경우에서도 많은 문헌적 사례들을 고증하고 있다. 이러한 사실은 그의 실학적 실증정신이 발현된 경우의 하나라 볼 수도 있을 것이다.

순암은 유교를 정도正道로 보위하고 천주교를 사설邪說로 물리치겠다는 것을 기본입장으로 확립하고 있는 것은 사실이다. 제자 황덕길黃德吉은 순암의 천주교비판론이 지닌 입장을 평가하여 유교의 정도를 보위하는 전통으로서 퇴계가 양명학을 비판한 사실이나 자신의 스승 성호가 천주교신앙을 비판한 활동을 계승하고 있는 것이라 하여, "퇴계의 도는 선생을 기다려서 전해지고 성호의 학문은 선생을 얻어서 드러났으니, 선생의 성대한 덕과 큰 업적은 여러 유자儒者들을 집대성한 것이라 할 수 있다."[117]고 지적하였다. 퇴계와 성호의 학통을 이어 순암이 집대성하였다는 평가는 주로 정도를 지키고 이단을 물리치는 도학정통의 계승을 중심으로 평가한 것이라 할 수 있다.

사실상 순암의 서학비판은 순암의 다른 학문적 업적보다 사회적으로 가장 큰 주목을 받았던 것이 사실이다. 19세기 초에 천주교신앙의 확산으로 1801년 신유교옥辛酉教獄이 일어나면서 천주교신앙이 당시의 가장 심각한 사회문제로

117 『順菴集』, '順菴先生行狀'[黃德吉], 11, "退溪之道, 待先生而傳, 星湖之學, 得先生而著, 先生盛德大業, 可謂集羣儒之成矣."

제기되었을 때, 순암의 사후에 그의 천주교비판론이 가장 크게 주목받았다. 1801년(純祖 元年) 사헌부장령司憲府掌令 정헌鄭瀚이 상소를 올리자 이를 계기로 조선정부는 순암에게 '정학을 밝히고 사설을 그치게 하였다.'(明正學, 熄邪說)는 공로를 인정하여 좌참찬左參贊(정2품)으로 증직贈職을 하였다. 그만큼 이 시대 서학비판론의 기준과 방향을 밝혀준 가장 중요한 인물로 순암이 인정을 받았던 것이다. 서학비판은 그의 학문체계 전체에서 보면 매우 작은 부분이었지만, 시대사회의 평가에서는 그의 학문에서 가장 큰 업적으로 중시되고 있음을 엿볼 수 있다.

순암 안정복의 성리설

「의문擬問」의 내용을 중심으로

문석윤

1. 머리말

유학儒學은 실천적 학문이며, 그 학문적 성찰은 실천적 삶의 맥락 속에서 이루어졌다. 치인治人으로 요약할 수 있는 사회적 실천은 수기修己로 표현되는 개인의 수양적 실천을 기초한 것으로 이해되었으며, 유학은 단적으로 그 두 가지 실천을 유기적으로 결합한 수기치인修己治人의 실천학이라고 정의할 수 있다. 지식과 이론은 바로 그러한 수기와 치인의 각각의 맥락에서 빠뜨릴 수 없는 것으로 이해되었으나, 그 맥락을 떠난 지식과 이론 자체에의 천착은 무시되거나 배격되었다.

당말唐末 이후, 불교와 도교의 세계관적 영향을 받으면서 동시에 그를 의식적으로 극복하는 과정에서 공맹孔孟 이래 유학의 세계관을 새롭게 해석하고 규정하여 이론적 체계성에서 상당한 진전을 이루었던 성리학性理學은 기본적으로 사대부의 실천 운동 속에서 제시된 것이었다. 이른바 성리설性理說(이기심성설理氣心性說)은 세계와 인간에 대한 이론이라고 하더라도 인식적 관심에 주도된 이론을 위한 이론이 아니라, 어디까지나 수기치인을 자신의 삶의 기조로 삼는 사대부의 삶과 실천을 위한 실용 이론이었다.

유학과 성리학의 이러한 실천적 실용 정신은 조선朝鮮의 유학자들에게 그대로 계승되었다. 18세기에 활약한 순암順菴 안정복安鼎福(1712~1791) 역시 그러한 유학의 실천적 실용 정신에 지극히 충실한 유학자였다. 그는 일상적인 삶에서의 실천에서 유리된 공허한 성리논쟁을 배격한다는 입장을 분명히 취하였다.[1] 이는 사단칠정논변에 관해서도 마찬가지였다. 그는 사칠 문제와 관련하여 퇴계退溪가 주자朱子를 이어 정통한 견해를 제시한 것으로 보았고, 자신의 스승 성호星湖 이익李瀷(1681~1763)이 그것을 계승하였다고 보았다. 그리고 자신은 퇴계와 성호의 설을 고수하는 것으로 충분하다고 생각하여 그에 대한 자신의 독자적인 견해를 제시하려 하지 않았다.[2]

그런데 그런 그로서도 개입하지 않을 수 없는 곤란한 문제가 하나 제기되었

1 조선성리학의 맥락에서, 이른바 實學 특히 經世致用學派에 이르러 이는 더욱 강조된 정신이었다. 경세치용학파 혹은 星湖學派 내에서 순암은 더욱 그러한 실천 정신에 투철한 학자였다. 이에 대해서는 李佑成(1999), 「近畿學派에 있어서의 順庵의 위치」, 『韓國實學硏究』 창간호, 韓國實學學會; 이봉규(2000), 「順庵 安鼎福의 儒學觀과 經學思想」, 『韓國實學硏究』 제2호, 韓國實學學會 참조. 그의 그러한 면모는 다음과 같은 발언에서 분명하게 확인할 수 있다. 安鼎福, 『順菴集』 권3:36b, 「答邵南尹丈書〈己丑〉」(1769년)(이하 順菴 저작에 대해서는 작자 명을 생략함.) "대체로 理氣說이 있고부터 그에 관한 학설이 汗牛充棟이라 할 만큼 많아져서 지금 세상 학자들이 최초에 立言하는 밑천이 되어, 곧 하나의 폐단을 이루었습니다. 가만히 생각해 보면 사람이 학문을 한다는 것은 惡을 버리고 善을 좇는데 지나지 않습니다. 그것이 비록 性命의 原頭라고 해도 實用에는 별 관계가 없는 것 같은데, 말이 오고 가는 사이에 헛되이 紙面 상의 한가한 담화를 만들며, 그 때문에 파문이 생겨 다툼이 끊이지 않고 있으니, 또한 무슨 꼴입니까."(이후 『順菴集』의 번역은 한국고전번역원의 번역본을 참조하되 적절하게 수정하였다.)

2 예를 들어 『順菴集』 권2:38b, 「上星湖先生書〈壬午〉」(1762년); 권5:13a~b, 「答南君王〈堦 甲申〉」(1764년); 권3:28b, 「答邵南尹丈書〈丙戌〉」(1766년). 참조.

다. 즉, 사단과 칠정을 각각 이발理發과 기발氣發로 구분하여 이해하는 기본적인 전제 위에서, 칠정 중 공적 기원(혹은 의도, 지향)을 가진 이른바 '공희로公喜怒'를 이발理發로 볼 것인가 기발氣發로 볼 것인가 하는 문제를 두고 성호 문하의 제자들이 두 편으로 갈라져 대립하게 된 것이다.[3] 잘 알려진 바와 같이 이 문제는 성호 생전에 이미 하빈河濱 신후담愼後聃(1702~1761)에 의해 제기되었던 것이었다. 성호는 원래 자신의 『사칠신편四七新編』(이후 『신편』이라 약칭함)에서는 그것을 기발氣發로 이해하였으나, 신후담이 문제를 제기하자 그것이 이유가 있다고 하여 『신편』의 「중발重發」을 지어 이발理發의 입장을 수용하였다. 그에 대해 이번에는 윤동규尹東奎가 이의를 제기하자 다시 그것을 폐기하였지만, 또한 다른 곳에서는 여전히 이발理發로의 해석 가능성을 남겨두는 등 다소 혼란스러운 태도를 취하였다.

성호의 이러한 태도는 자신의 문하인 소남邵南 윤동규尹東奎(1695~1773)와 정산貞山 이병휴李秉休(1710~1776) 사이에 논변이 일어나는 빌미를 제공하였으며, 그

3 '公喜怒'란 곧 그 외견 상 七情의 범위에 들어가는 喜와 怒의 감정이라고 하더라도, 그것이 사사로운 감정 즉 私的 이익을 지향하는 감정이 아니라 公的 이익 혹은 義理를 지향하는 공적인 감정이다. 성호의 제자 愼後聃이, 공희로는 외견 상 七情에 속한다고 하겠지만, 내용적으로는 결코 氣發로 볼 수 없고 理發로 보아야한다는 것을 극력 주장함으로써, 星湖의 문하에서 공희로에 대한 이해를 두고서 논쟁이 발생하였다. 貞山이 신후담의 견해를 긍정적으로 평가하였다면, 邵南 尹東奎는 만약 공희로를 理發이라고 규정한다면, '四端=理發, 七情=氣發'이라는 일반원칙이 훼손될 우려가 있으며 高峯이나 栗谷의 사단 칠정 미구분의 관점을 용인할 수 있다고 하여 부정적으로 평가하였다. 이는 퇴계 이래의 分說을 율곡학파의 비판으로부터 옹호하고 보수하기 위해 개념적 명확성을 추구하는 가운데 발생한 것이기도 하지만, 또한 당대의 유학적 실천의 맥락에서 실천적 전략과 관련된 생각의 차이에서 발생한 것이기도 하였다. 星湖 문하에서의 公喜怒 문제를 둘러싼 논란의 구체적인 내용에 대해서는 안영상(1998), 「星湖 李瀷의 性理說 硏究」, 고려대학교 철학과 박사학위논문; 안영상(2001), 「順庵 安鼎福의 四端七情說－성호학파 내부 논쟁을 중심으로」, 『韓國實學硏究』 제3호, 韓國實學學會; 강세구(2000), 「星湖學派의 理氣論爭과 그 영향: 公喜怒論爭을 중심으로」, 『實學思想硏究』 17・18(『龜泉元裕漢敎授停年紀念論叢(下)』)등을 참조. 공희로 문제를 포함하여 좀 더 포괄적으로 성호학파 내의 분기를 정리한 연구로서 金時鄴(2005), 「邵南 尹東奎의 星湖學派에서의 位置」, 『韓國實學硏究』 제9호, 韓國實學學會 참조.

의 사후 그것은 성호의 문하 전반에로 퍼져나갔다. 이제 그것은 단순히 학술적 문제에 그치는 것이 아니라 성호 사후 성호 문하의 분열을 가져올 수도 있는 심각한 실천적 문제가 되었다. 순암은 이러한 상황을 우려의 눈길로 바라보았다.[4] 성호 생전 그 문제에 대해 그다지 큰 관심을 기울이지 않았던 그였지만, 성호가 없는 상황에서 동문 내에서 일어난 그러한 대립과 분열의 조짐은 결코 간과할 수 없는 것이었다. 이제 순암으로서도 이론적으로 그에 개입하여 자신의 견해를 개진하지 않을 수 없게 된 것이다.

순암은 이에 1764년 이후 여러 차례에 걸쳐 소남과 정산에게 각각 편지를 써서 공희로 문제 등에 대해 논의하였을 뿐 아니라, 1770년에는 성호 학파의 테두리를 넘어서 영남의 대산大山 이상정李象靖(1711~1781)에게 편지를 써서 관련 문제를 질문함으로써 논쟁에 구체적으로 개입하였다.[5] 이는 논의가 진행되는 과정에서, 퇴계가 사단칠정논변과 관련하여 만년에 고봉의 설을 받아 들여 자신의 설을 수정하였으며 그것이 공희로 이발설을 지지한다는 주장이 제기된 데 따른 것이었다.[6] 따라서 퇴계의 정론定論이 무엇인지에 대해 확인하는 것이 필요했던 것이다. 어쨌든 그러한 과정을 통해 순암 역시 전통적인 성리설, 특히 사단칠정설에 대한 자신의 의견을 표명하지 않을 수 없었으며 실제로 그렇게 하였다.

---

4 『順菴集』 권5:13a~b, 「答南君王〈堦 甲申〉」(1764년). "四七 문제는 師門의 『新編』이 나온 후로는 이제 더 밝힐 것이 없습니다. 얼마 전 旣明(權哲身)이 星中에서 돌아와 하는 말이, '景協(李秉休)이 '聖人의 공평한 喜怒는 氣에 간섭되지 않고 理發에서 나온 것이라고 주장하고, 元陽(李九煥) 역시 선생의 만년의 定論이라고 하자, 尹丈(尹東奎)이 서신을 띄워 그 것이 아님을 강력히 변설했다.'고 하였습니다. 비록 그 왕복한 서신들을 보지는 못했지만, 선생이 돌아가신 지 얼마 되지도 않아서 동문 사이에 주장이 엇갈려 이러한 말들이 나돌고 있으니 역시 탄식해 마지않을 일입니다."

5 순암이 大山에게 이 문제를 질의한 목적과 의의에 대해서는 안영상(2001)을 참조.

6 안영상에 의하면 이는 이미 신후담에 의해 지적된 바이고 성호도 그에 동의한 바라고 한다. 안영상(2001), 54면. 참조.

현재 국립중앙도서관에 소장된 필사자료, 통칭 『안정복일기安鼎福日記』로 분류된 책 묶음 중 제62책(표제 『曆書』)에는 순암의 것으로 추정되는, 태극이기太極理氣, 인물심성人物心性, 사단칠정四端七情, 인물성人物性 등에 대한 전론專論이 남아 있다. 그가 이런 저술을 남긴 것은 아래 본론에서의 논의를 통해 분명해지겠지만 바로 그러한 배경에서였다.[7] 그 서술의 중심은 사단칠정에 대한 것이며, 그와 관련하여 태극이기, 인물성론이 전후로 배치되어 있다. 비교적 길지 않은 글이지만 어느 정도 체계를 갖추어 저술된 것으로 판단된다.

순암의 성리설에 대한 연구가 그다지 많지 않은 상황에서, 이는 실로 전통적인 성리설에 대한 순암의 견해를 알아 볼 수 있는 귀중한 자료들이라고 하겠다. 그를 통해 문집을 통해서는 단편적으로만 확인되는 그의 성리설에 대한 집중적 논의를 접할 수 있다. 이 논문에서는 그 자료들을 통해 사단칠정론을 중심으로 한 그의 성리설을 개략적으로 살펴보고자 한다.[8] 그를 통해 실천가로서

7 이 자료는 그의 문집인 『順菴集』에는 실려 있지 않다. 다만 驪江出版社에서 1984년 영인 출간한 『順庵全集』 제2책, 517~529면에 楷書 활자체로 바뀌어져 「擬問」이라는 제목으로 인쇄되어 있다. 「擬問」이라는 이름은 원 자료에는 없는 것인데, 해당 자료를 해제하신 李佑成 선생이 이것이 규장각본 『下學指南』의 卷尾에 附載되어 있는 「著書目錄」의 첫 번째인 「擬問」에 해당하는 자료로 추정하여 붙인 것이다. 해당 서적의 「解題」참조. 아마도 해당 자료에 대해 제일 먼저 주목한 것으로 보이는 崔鳳永 교수도 동일한 추론을 하였다. 다만 혹시 다른 자료일 가능성을 배제하지 않았고 그래서 '擬問答'이라는 제목으로 불렀다. 崔鳳永(1983), 145면. 참조. 이 글의 원 소재인 『安鼎福日記』에는 순암 자신의 저술 뿐 아니라 다양한 자료들이 함께 필사되어 있으므로, 이 자료가 순암 자신의 저작이 아닐 가능성도 배제할 수 없다. 그러나 자료에 나타난 내용들이 문집에 산견하는 발언들 혹은 그의 사상과 대체로 일치하다는 점, 그리고 자료의 중간(『順庵全集』 2책, 526면. 「四七理氣」 말미)에 일종의 著作緣起에 해당하는 기록을 부기해 두었는데, 거기에서 자신의 저작 『下學指南』에 대해 언급하고 있는 점("古人曰, '下學而上達.' 下學不已, 則淸明在躬, 志氣如神, 自然及上達之境矣. 然後可以辨義理於毫縷, 判心迹於天壤者也. 然則今日之務, 當在乎下學工夫而已. 吾欲於 『下學指南』 二卷, 心抄之, 口讀之, 以待後日學進而識進也.") 등에 근거하여 그의 저작인 것으로 추정할 수 있다.

8 「擬問」 자료에 대한 선행 연구로서 崔鳳永(1983), 「順菴 安鼎福의 性理論 硏究」, 『論文集』 제21집, 韓國航空大學校; 강세구(1996), 『순암 안정복의 학문과 사상 연구』, 혜안이 있다.

뿐 아니라 이론가로서의 그의 면모를, 혹은 실천가로서의 그의 실천 이론적 성취에 대해 좀 더 진전된 이해를 가질 수 있기를 기대한다.

2. 태극太極과 이기理氣 : 이기理氣의 대립과 실천적 통합

순암은 먼저 태극과 이와 기의 관계를 도식화한 그림[9]을 그려두고 거기에 다음과 같은 해설을 붙였다.

> 태극太極은 이理와 기氣를 총괄[總]하는데, 이理에 주主를 둔 것이 사덕四德이고 사단四端이라면, 기氣에 주主를 둔 것이 오행五行이고 칠정七情이다. 이변理邊은 선善하지 않은 것이 없지만, 기변氣邊은 선善도 있고 불선不善도 있다. 반드시 오행으로 하여금 사덕의 명령에 청종하도록 하고, 칠정으로 하여금 사단의 명령에 청종하도록 해야 된다. 오행이 어지럽지 않으면 사덕을 도와서 천도天道가 완성되며, 칠정이 바름을 얻으면 사단을 도와서 인도人道가 서게 된다. 그러므로 오행이 혹 괴란乖亂을 일으키면 하늘은 원형이정元亨利貞의 도道를 가지고서 그것이 괴란하지 않도록 하며, 칠정이 바름을 얻지 못하면 사람은 인의예지仁義禮智의 성性을 가지고서 그것이 바름을 얻도록 한다. 이것이 '이가 이겨 기를 제어하는 것[理勝拑氣]'이다. 그렇지 않다면 매양 '기가 성하여 이를 멸할[氣盛理滅]' 우려가 있게 된다.

강세구 교수는 책에 부록으로 「擬問」의 원문과 번역문을 실어 두었다. 그 원문은 『順庵全集』의 것을 그대로 옮긴 것이다. 그것을 원자료인 국립중앙도서관필사본과 대조해보면 조판할 때의 단순 오식으로 보이는 오류들이 다수 발견 된다. 이 논문에서 인용할 때는 필사본과 대조하여 직접 인용하였다. 해당 원문의 오자를 수정하고 간략하게 표점을 붙여 뒤에 부록으로 수록하였다.

9 그림은 『順庵全集』 2책, 「擬問」, 517면. 참조.

두려워하지 않을 수 있겠는가?[10]

먼저, 순암은 존재들의 통일적 원리로서 태극太極으로부터 출발하지만, 이와 기의 분별과 대립을 명확히 강조하고 있다. 그는 존재하는 것들을 주主로 하는 바에 따라 이변理邊에 속한 것과 기변氣邊에 속한 것으로 나누어 보고 있으며, 더 나아가 그 둘 사이를 승부勝負, 곧 대립적 관계로 이해하고 있는 것이다. 이것은 분명 퇴계가 사단과 칠정을 이발과 기발로 분속하여 이해했던 것을 계승하여, 그것을 일반 존재론에로 확산하여 적용한 것이라 할 수 있다.

그러나 한편으로 순암은 또한 이와 기를 총괄하는 자리에 태극을 배치함으로써, 그 둘 사이의 통합의 측면을 놓치지 않았다. 곧 이와 기의 대립의 국면의 근저에 그를 통합하는 태극이 놓여 있다는 것이다. 순암이 태극의 총괄하는 역할과 관련하여서, 다른 곳에서 태극과 이기의 관계를 심통성정心統性情의 관계와 병렬적인 것으로 이해하고 있는 점은 매우 흥미롭다. 그는 다음과 같이 말한다.

> 태극은 이와 기를 총괄[總]하고, 심心은 성性과 정情을 통괄[統]한다. 이理는 고요하나 움직여 기氣가 되고, 성性은 고요하나 움직여 정情이 된다. 고요한 것은 체體이며, 움직이는 것은 용用이다. 정자程子는 '체용體用이 일원一原'이라고 말했고, 소자邵子는 '심心이 태극太極'이라고 말했다.[11]

10 『順庵全集』 2책, 「擬問」, 517면. "太極總理氣, 而主於理者, 四德也, 四端也; 主於氣者, 五行也, 七情也. 理邊無不善, 氣邊有善有不善. 須使五行聽命於四德, 七情聽命於四端, 可也. 五行不亂, 則佐四德, 而天道成焉; 七情得正, 則佐四端, 而人道立焉. 然則五行或致乖亂, 則天以元亨利貞之道, 使之不乖; 七情不得其正, 則人以仁義禮智之性, 使之得正. 此是理勝而排氣者也. 不然, 每有氣盛滅理之患, 可不惧哉?"

11 『順菴集』 권12:1a, 「椽軒隨筆上〈戶牖雜錄並附〉」. "太極總理氣, 心統性情. 理靜而動爲氣, 性靜而動爲情. 靜者體, 而動者用. 程子曰'體用一原', 邵子曰'心爲太極'."

즉, 심이 성과 정을 통괄하듯이, 태극이 이과 기를 총괄한다는 말이다. 심의 통괄 작용이 한편으로 주재主宰의 의미를 또한 함축하고 있다고 한다면, 그것은 유비적으로 태극 역시 이와 기의 통합에서 어떤 주재적인 역할을 한다는 것을 의미할 수 있다. 그러한 주재의 역할에 대해 순암은 '오행이 혹 괴란乖亂을 일으키면 하늘은 원형이정元亨利貞의 도道를 가지고서 그것이 괴란하지 않도록 하며'라고 적시하고 있으며 그것을 심이 칠정을 주재하는 활동과 연결하여, 종합적으로 '기가 성하여 이를 멸하지'[氣盛理滅] 못하게 하고, 도리어 '이가 기를 이겨 기를 제어할 수 있도록'[理勝拑氣] 하는 것이라 제시하고 있는 것이다.

순암은 태극에 어느 정도 능동적 성격을 부여하고 있다고 할 수 있을 것이다. 그가 소옹의 '심이 태극'이라는 명제를 가져온 이유도 그와 관련이 있는 것일 수 있다. 즉, 태극의 주재하는 능동적 성격이 곧 우리의 심의 작용을 통해 실현된다는 것이다. 그것은 당시(18세기) 조선에서 진행되고 있던 심학적 전개의 한 양상을 표출하고 있는 것으로 볼 수도 있다.[12]

위의 인용에서 나타난 순암의 태극과 이기론은 매우 실천적 정향을 가지고 있다고 평가할 수 있다. 존재론적으로는 분개分開와 대립의 측면을 강조하면서, 동시에 그 근원에 통합된 태극을 제시하고, 또한 그러한 통합에 기초하여, 서로 대립하는 이와 기의 통합을 심의 적극적인 실천적 활동을 통해 확보해야 할 것으로 제시하고 있다는 점에서, 실천의 중요성을 두드러지게 부각시키고 있다고 할 수 있다. 이러한 점은 순암의 실천 지향적 성격과 잘 어울리며, 또한 이어지는 그의 사단칠정론 및 인성물성론에서의 혼륜과 분개의 입장과 밀접한 관련을 가지고 있다. 즉, 현실의 이와 기의 대립에서는 분개의 측면이 부각된다면, 궁극적인 태극—그것은 결국 이理와 별개의 것이 아닌데—의 차원에서는 혼륜의 측면이 포착될 수 있다는 것이다.

12 18세기 조선성리학의 심학적 전개에 대해서는 문석윤(2006), 『湖洛論爭 형성과 전개』, 동과서, 36~41면. 참조.

3. 본연지성과 기질지성 : 인간과 동물의 차이

순암은 태극과 이기에 대한 논의에 이어 두 개의 그림과 그들 각각에 대한 설명을 붙여 두었다.[13] 그림의 상란에 각각 '인지심성人之心性'과 '물지심성物之心性'이라는 제목을 써두었으므로, 이를 편의상 「인물심성도설人物心性圖說」이라 이름 붙여도 좋을 듯하다. 거기에서 순암은 인간의 심성과 동물의 심성 사이의 차이에 대해 논의하였으며, 또한 그에 이어지는 「사칠이기四七理氣」라 소제小題가 붙어있는 자료 뒤에 「인물지성人物之性」이라는 소제小題 아래에서 같은 문제를 다시 논의하였다. 여기에서는 그 둘을 통합하여 함께 논의하고자 한다.

맹자는 명확하게 인간과 동물의 본성의 차이를 강조하였고, 순자도 역시 도덕[義]의 능력을 중심으로 인간의 독특성을 주장한 것에서 알 수 있는 것처럼,[14] 유학 내에서 인간과 동물의 심성의 차이는 이론적이고 실천적인 의의를 지닌 중요한 주제 중의 하나였다. 또한 보편적 이理에 기초한 세계의 통일성과 동시에 도덕적 실천자로서 인간의 독자성을 확보하고자 하였던 성리학적 전통 속에서도 인간과 동물의 본성의 동이同異 문제는 중요한 문제였다.

주자朱子의 경우, 그것의 해명은 '이동기이理同氣異'와 '기동리이氣同理異'의 두 관점 사이에서 진행되었다.[15] '이동기이'의 관점에서, 인간과 동물은 기본적으로 동일한 이理를 근원으로 하여 생긴 것이지만 그의 현실화 원리인 기氣의 다양성으로 말미암아 차이가 생긴다. 성性과 관련해서 그것은 인간과 동물의 본

---

13 그림은 『順庵全集』 2책, 「擬問」, 518면. 참조.

14 『荀子』 「王制篇」. "水火有氣而無生, 草木有生而無知, 禽獸有知而無義, 人有氣有生有知亦且有義, 故最爲天下貴也."

15 陳來에 의하면, 이 문제는 二程에서부터 이미 논의되어 온 문제로서 朱子에 이르러 본격적으로 전개되었으나 주자의 이론 중 가장 혼란스러운 부분 중의 하나이다. 陳來(1988), 『朱熹哲學硏究』, 中國社會科學出版社, 56~69면. 참조. 陳來의 이 책은 2002년 우리말로 번역되었다. 번역자들이 대본으로 삼은 것은 2000년 출간된 이 책의 개정본이다. 陳來 지음 조영란 외 옮김(2002), 『주희의 철학』, 예문서원, 100~127면. 참조.

연지성本然之性은 동일하지만 기질氣質 곧 기질지성氣質之性에서 차이가 발생한다는 식으로 표현된다. 반면 '기동리이'의 관점에서, 인간과 동물은 기氣의 성격으로 말미암는 '지각知覺(감응활동)'과 '운동運動(행동)'에서는 거의 비슷하지만 인간이 인의예지仁義禮智의 본성을 온전히 품부 받은 반면 동물은 그렇지 못하다는 점에서 완전히 다르다. 이 관점에서는 인간과 동물의 사이에는 단순히 기질지성의 차이가 있는 것이 아니라 본연지성의 차이가 있다고 할 수 있다.

조선 후기 호락논쟁에서의 인물성동이논변人物性同異論辨은 단순하게 말하면 그러한 두 관점의 사이에서, 즉 인간[人性]과 동물[物性] 차이가 단지 기질지성의 차이인가 본연지성의 차이인가 하는 문제를 두고 벌어진 것이었다고 말할 수도 있다.[16] 주자는 그의 전 생애를 걸쳐 초기에는 전자에, 후기에는 후자에 초점을 두면서 양자 사이를 혼란스럽게 오고가는 양상을 보여주었다.[17] 그것은 한편으로는 맹자 이래의 인간성에 대한 소박한 경험적 접근태도 및 인간의 도덕적 성격의 독자성을 확보하려는 실천적인 의도가, 또 다른 한편으로는 자연세계와 인간세계를 모두 도덕적 규범의 성격을 지닌 이理에 근거 지우고자 하는 도덕 형이상학적 관심이 서로 맞물려 있음에 기인한 것이라고 해석할 수 있다.

인물성동이논변은 주자학 내의 상기上記의 긴장이 재현된 측면과 함께 또한 나름의 독자적인 이유를 가지고 있는 것이기도 하였다. 그것은 조선성리학의 심학적心學的 전개 과정 속에서 기氣 혹은 심心과의 관련 속에서 성性개념의 의의와 위상을 적절하게 해명하는 데 집중된 것이었다.[18] 동론同論이 일원一原과

16 湖洛論爭에 대해서는 문석윤(2006). 참조.

17 陳來(1988), 위와 같은 곳. 참조. 陳來의 결론은 대체로 南塘 韓元震이 『朱子言論同異考』에서 내린 결론과 일치한다. 韓元震 저, 郭信煥 역주(2002), 『주자언론동이고』, 소명출판, 81~103면. 참조.

18 人物性同異論辨의 쟁점들에 대해서는 문석윤(2002). 「巍巖 李柬과 南塘 韓元震의 人物性同異論辨에 관한 연구」, 『東方學志』 제118집, 延世大學校 國學硏究院 참조.

이체異體, 즉 '이동기이'적 관점에서 문제에 접근하였다면, 이론異論은 그것을 기본적으로 받아들이되 그것과 '기동리이' 관점의 결합이라고 할 수 있는 '기이성이氣異性異'의 관점에서 인간과 동물의 현상적 차이에 주목하면서 그 원인으로서의 본성의 차이를 강조하였다.

동론同論은 인간과 동물은 그 본연지성에서 동일하지만 그 부여받은 기에서 차이가 난다고 보았다. 그것은 곧 실천적으로는, 인간과 동물의 차이를 이理 혹은 본연지성을 현실적으로 '실현實現'하는 데서의 차이로 환원함으로써, 이理를 실천하는 기의 역동적 가능성, 나아가 인간 심心의 자발적自發的 실천, 곧 본심本心의 중요성과 의의를 부각시킨 것이었다. 반면 이론異論은 인간과 동물의 차이를 가져오는 기의 구체성을 실천적 차원이 아니라 존재론적으로 즉, 부여된 본연지성 상의 차이를 가져오는 것으로 보았다. 그것은 실천적으로는, 도덕 실천의 가능성에서 인간의 우월한 독자성의 확보에 초점을 맞추는 동시에 기氣의 매개적 제한성을 강조하면서 그에 대비하여 심心에 의한 이理의 철저한 자각적自覺的 인식과 그에 대한 지향을 강조하는 데로 나아갔다.

순암의 인성과 물성에 대한 논의는 그러한 호락논쟁에서의 논점과 완전히 무관하지는 않겠지만 좀 다른 각도에서 진행되었다. 그는 「인물심성도설」에서 다음과 같이 말한다.

> 천지天地의 이理를 얻어 성性을 이루며, 천지天地의 기氣를 얻어 형形을 이룬다. 이理는 기氣에 깃들이며, 성性은 형形에 실린다. 본연本然이 주主가 되며, 기질氣質이 용用이 된다. ○ 묻는다. 천지의 이가 성을 이룬다고 한다면 성은 다만 이理인데, 지금 「심성도」에서는 대본大本의 이理와 이오二五(陰陽五行의 기氣)를 합하여 성性으로 삼은 것은 무엇 때문인가? 답한다. 대본의 이는 본연지성本然之性이며, 이오의 기氣는 기질지성氣質之性이다. 대본과 이오를 겸하여 얻어 성性으로 삼은 것이 인간이라면, 다만 이오를 얻어 성性을 삼은 것이 금수禽獸(동물)이다.[19]

즉, 순암에 의하면 성性은 형形 혹은 형기形氣에 실린 것으로서, 기와 관계하는 이理의 차원과는 구별된다. 그런 점에서 성은 형기를 콘텍스트로 한 어떤 유적類的인 것이라고 할 수 있으며, 따라서 인간과 동물은 그 본연지성에서 다르다는 식으로 논의가 전개되어 갈 것을 전망하게 한다. 그것은 대체로 남당 한원진을 중심으로 한 인물성이론人物性異論이 취한 입장이기도 하다.

그러나 순암은 그렇게 나가지 않았다. 그는 인간과 동물의 본성이 다르다고 한 점에서는 이론異論의 입장을 취하였지만, 그 내용에서는 이론異論의 입장과 차이가 있었다. 즉, 그는 인간은 본연지성本然之性과 기질지성을 가지고 있지만, 금수禽獸에게는 본연지성은 없고 다만 기질지성氣質之性만 있다고 말하는 것이다. 인간과 동물의 차이를 기질의 차이로 말미암은 성–그것을 본연지성으로 이해하든 기질지성으로 이해하든–의 차이가 아니라, 본연지성의 유무有無에 달려 있다는 것이다. 순암에 의하면 동물에게는 본연지성이 없으며, 단지 형기形氣의 지배를 받는다. 즉, 동물은 다만 자연의 육체성에 사로잡혀 있으며, 어떠한 도덕적 본성도 지니지 않는다는 것이다.

순암은 「인물성론」이라는 제목의 글에서는 자신의 관점을 주자의 '이동기이', '기동리이'의 관점과 연관지우면서 다음과 같이 설명한다.

> 주자는 말했다. 만물의 일원一原을 보면 이理는 같으나 기氣는 다르다. 만물의 이체異體를 보면 기는 오히려 서로 가까우나 이理는 절대로 같지 않다. '이理는 같으나 기氣가 다르다'고 한 것은 하늘로부터 품부 받아 생김에는 동일하나 기의 청탁수박淸濁粹駁을 품부 받음에 다름이 있다는 것이다. '기는 오히려 서로 가까우나 이는 절대로 같지 않다'고 하는 것은 기

19 『順庵全集』 2책, 「擬問」, 518면. "得天地之理成性, 得天地之氣成形, 理寓於氣, 性載於形, 本然爲主, 氣質爲用. ○ 旣曰天地之理成性, 則性只是理也, 今於心性圖, 大本之理二五之氣, 合以爲性者, 何也? 曰, 大本之理爲本然之性, 二五之氣爲氣質之性, 大本與二五, 兼得爲性者, 人也; 只得二五爲性者, 禽獸也."

질지성은 사람과 동물이 각각 얻지만 본연지성은 사람이 홀로 품부 받았다는 것이다. 그렇다면 동물이 얻은 것은 치우쳤으나[偏] 사람이 품부 받은 것은 온전한[全] 것이다. 무슨 말인가? 희로애구애오욕喜怒哀惧愛惡慾이라고 하는 칠정七情은 기질지성氣質之性으로 금수禽獸도 또한 많이 가지고 있으나, 인의예지仁義禮智와 사단四端은 본연지성本然之性으로 금수는 그것을 가진 적이 없으니, 이것을 일러 동물은 그 치우친 것을 얻었다는 것이다. 사람은 그렇지 않아 본연지성도 가지고 있고 기질지성도 가지고 있어서, 본연지성은 이理에서 발하여 사단이 되고, 기질지성은 기氣에서 발하여 칠정이 되니, 이것을 일러 사람이 품부 받은 바가 온전하다고 한 것이다. 사람과 동물의 성性을 어찌 나란히 하여 동일시할 수 있겠는가?[20]

통상 성리학의 기론氣論에서 인간의 동물의 차이를 기의 편전통색偏全通塞의 차이로, 인간과 인간 사이의 차이를 청탁수박清濁粹駁의 차이로 말한다고 한다면, 여기에서 순암은 청탁수박의 차이를 '이동기이'의 관점에, 편전통색의 차이를 '기동리이'의 관점에 각각 적용시키고 있다. 즉, '이동기이'는 인간 사이의 동일성과 차이를 설명하는 명제로 해석하였다면, 인간과 동물 사이의 차이는 '기동리이'가 표현하는 것이라고 보았다는 것이다. 그에 의하면 '이동기이'는 곧 인간의 경우 본연지성은 같지만 기질지성에서 편차가 있다는 것을 의미한다면, '기동리이'는 기질지성은 인간과 동물이 동일하게 가지고 있지만 본연지성은 인간만이 가지고 있다는 것을 표현한 것이다.

20 『順庵全集』 2책, 「擬問・人物之性」, 526면. "朱子曰, '觀萬物之一原, 則理同而氣異, 觀萬物之異體, 則氣猶相近而理絶不同.' 理同而氣異者, 禀生於天則同, 而禀氣之淸濁粹駁則有異也. 氣猶相近而理絶不同者, 氣質之性則人物各得有焉, 而本然之性則人所獨禀也. 然則物所得者偏, 人所禀者全, 何者? 喜怒哀懼愛惡慾七情, 氣質之性而禽獸亦多有焉, 仁義禮智四端, 本然之性而禽獸未嘗有焉. 此之謂物得其偏者也. 人則不然, 有本然之性, 有氣質之性, 本然之性發於理而爲四端, 氣質之性發於氣而爲七情, 此之謂人禀之全者也. 人物之性, 豈可比而同之哉?"

이것은 곧 이理는 본연지성, 기氣는 기질지성이라고 분개하여 각각의 명제에 대입한 것이라 볼 수 있다. 즉, 주자의 두 가지 대립하는 명제를 자신의 분개의 관점에서 통합적으로 이해한 것이라고 할 수 있다. 그것은 이론異論의 입장을 강화하는 것으로서 그를 통해 그는 인간과 동물의 차이라는 관점을 명확하게 제시하였다.

순암은 본연지성을 도덕성, 기질지성을 동물성이라고 치환한 것으로 보인다. 그의 입장은 결국 인간은 동물성과 인간성, 도덕성을 함께 가지고 있다면, 동물은 동물성만 가지고 있다는 것이다. 순암의 이러한 설명은 외견상으로는 동물이 오상五常을 온전한 형태로 부여받지 못하였다고 본 남당의 이론異論의 입장과 유사하지만, 그저 불완전한 도덕성을 타고났다고 하는 것이 아니라 도덕성을 완전히 배제하고 있다는 점에서 동일한 것은 아니었다. 남당의 이론異論이 '기이성이'의 입장에서 동물의 본연지성이 인간의 본연지성과 다르다고 하고, 동시에 그 기의 편색에 의한 그 본연지성의 저열함을 말하는 것이라고 한다면, 순암의 이론異論은 기의 편색에 의한 본연지성의 부재不在를 말하고 있는 것이다. 그만큼 순암의 입장은 더욱 확실하게 동물을 도덕적 영역에서 배제한 것으로 이해할 수 있다. 이러한 인간과 동물 사이의 명확한 구분은 그만큼 인간의 도덕주체로서의 독자성과 고귀성, 그에 따르는 책임의식을 또한 강조한 것이라고 할 수 있을 것이다.

한편 순암의 이러한 논리는 다산茶山 정약용丁若鏞(1762~1834)의 혁신적인 성설性說에로 이어지는 과도적인 양상으로 평가할 수 있을 듯하다.[21] 다산은 다음과

21 정소이(2010), 「정약용 심성론의 변천과 전개(Chong Yak-yong's Theory of Human Nature – Its Development and Significance)」(서울대학교 철학과 박사학위 논문)는 좀 다른 각도에서 순암의 性論이 기본적으로 성리학의 性論에서 벗어나지 않은 것이며, 그것이 다산의 초기 심성론과 일치하는 것이라 하였다.(국문48면) 그는 다산의 심성론이 초기의 一性論에서 후기의 二性論에로 변천하여 갔다고 보았다.(43~64면) 이는 좀 더 자세하게 음미하여 볼 필요가 있는 주장으로 보인다.

같이 말하고 있는 것이다.

> 인간의 본성은 다만 하나의 인간성[人性]이며, 개와 소의 본성은 다만 하나의 동물성[禽獸性]이다. 대개 인간성이라고 하는 것은 도의道義와 기질氣質 두 가지를 합하여 한 성性으로 삼은 것이고, 동물성이라고 하는 것은 순전히 기질지성氣質之性일 따름이다. …… 또한 인간은 선악善惡에 대해 모두 스스로 행할 수 있으니, 스스로 주장할 수 있기 때문이다. 하지만 동물은 선악에 대해 스스로 행할 수 없으니, 부득불 그렇게 행하기 때문이다. …… 인간성과 동물성은 이렇게 현격하게 단절되어 있다. …… 본연지성을 논한다면 사람이 도의와 기질을 합하여 하나의 성을 삼은 것이 본연이며, 동물이 단지 기질지성만 가진 것도 또한 본연이다. 어찌 반드시 기질지성과 대언對言할 필요가 있겠는가? 맹자孟子가 (다르다고) 말한 것은 도의지성道義之性〈이것은 인간이 홀로 가지고 있다〉이고, 고자告子가 말한 것은 기질지성氣質之性〈이것은 인간과 동물이 함께 가지고 있는 것이다〉이다.[22]

즉, 다산에 의하면 인간은 도의지성과 기질지성을 합하여 하나의 본성을 가지고 있는 반면, 동물은 기질지성 만 가지고 있다는 것이다. 여기에서 도의지성이라고 한 것을 본연지성으로 바꾼다면 이는 순암의 주장과 일치하는 것이 된다. 다산은 본연지성이라는 명칭을 불교에서 유래한 것이라 하여[23] 거부하

22 丁若鏞, 『與猶堂全書』 제2집 제6권, 『孟子要義』 권2:19a~20d, 「告子第六'告子曰生之謂性, 犬牛人之性章'」. "臣對曰, 人之性, 只是一部人性, 犬牛之性, 只是一部禽獸性. 蓋人性者, 合道義氣質二者而爲一性者也, 禽獸性者, 純是氣質之性而已. …… 且人之於善惡, 皆能自作, 以其能自主張也, 禽獸之於善惡, 不能自作, 以其爲不得不然也. …… 夫人性之於禽獸性, 若是懸絶, …… 至論本然之性, 人之合道義氣質而爲一性者, 是本然也, 禽獸之單有氣質之性, 亦本然也. 何必與氣質對言之乎? …… 然則孟子所言者, 道義之性也〈人之所獨有〉, 告子所言者, 氣質之性也〈人物所同得〉."

23 丁若鏞, 『與猶堂全書』 제1집 제16권:16a, 「自撰墓誌銘〈集中本〉」. "本然之性, 原出佛書, 與吾儒天命之性, 相爲氷炭, 不可道也."

며, 순암 역시 본연지성을 인간에게 제한된 도덕성을 의미하는 것으로 사용한다는 점에서, 순암의 본연지성이 곧 다산의 도의지성을 가리키는 것이라고 해도 무방할 듯하다.

물론 다산은 여기에서 한걸음 더 나아가 성性을 기호嗜好로 해석함으로써,[24] 성에 대한 형이상학적 해석을 파기하였으며, 또한 그 배경이 되는 전통적인 이기론적 구도를 해체하였다. 그것은 분명 순암에서 한 걸음 더 나아간 것이라고 하겠지만, 다산의 그러한 혁신은 또한 순암의 인성과 물성에 대한 이해를 나름대로 계승한 가운데 이루어진 것이라고 해야 할 것이다.

어쨌든 순암의 본연지성과 기질지성에 대한 이러한 이해는, 사단칠정론과 관련하여, 사단과 칠정을 그 각각의 발현으로 봄으로써, 소종래에서 사단과 칠정의 구별을 찾는 퇴계의 구분 원칙을 기본적으로 훼손하지 않으면서 동시에, 본연지성이 결국 기질지성에서 그 본연한 부분, 곧 이理를 지적하여 말한 것이라는 점에서 제기될 수 있는 역반론, 즉 결국 칠정 속에 사단이 포함된다는 것을 함축한다는 반론을 차단할 수 있다는 의의를 지닌 것이었다. 왜냐하면 순암의 논리에 따르면 기질지성 속에 본연지성이 들어있는 것이 아니라, 기질지성과 본연지성은 각각 기와 이로 명확히 나뉘어져 있는 것이 되기 때문이다.

물론 순암도 기질지성과 본연지성의 분리불가분성, 곧 본연지성이 기질지성의 바깥에 있는 것이 아니라는 기본 명제를 무시하지는 않았다. 순암이 그럼에도 불구하고 본연지성과 기질지성을 이렇게 명확하게 구분할 수 있었던 것은 아래에서 다시 언급되겠지만 혼륜과 분개의 관점을 구사함을 통해서였다고 할 수 있다. 그가 어떻게 그러한 관점에 이르게 되었는지를 포함하여 그의 사단칠정설에 대해 이제 좀 더 자세하게 살펴볼 순서가 되었다.

24 丁若鏞, 『與猶堂全書』 제1집 제16권:16a, 「自撰墓誌銘〈集中本〉」. "性者嗜好也. 有形軀之嗜, 有靈知之嗜, 均謂之性. 故「召誥」曰'節性', 「王制」曰'節民性', 『孟子』曰'動心忍性', 又以耳目口體之嗜爲性, 此形軀之嗜好也. 天命之性, 性與天道, 性善盡性之性, 此靈知之嗜好也.

4. 사단四端과 칠정七情 : 분개分開와 혼륜渾淪

1) 둘 사이의 명확한 구분: 도덕성의 발현과 동물성의 발현

순암에 의하면 사단은 인간의 도덕성이 발현된 것으로 인간에 고유한 것이라면, 칠정은 동물성이 발현된 것으로서 동물들에서도 발견되는 감정이다. 그러므로 둘 사이는 뚜렷하게 구분된다. 그는 사단과 칠정이 본래 다른 것이 아니라 하나의 정情으로 볼 수 있다는 입장에 대해 다음과 같이 말한다.

> 물음. 칠정 중의 애哀와 애愛는 인仁이며, 노怒와 오惡는 의義이며, 화和를 기뻐하고[喜] 위엄을 두려워하는[懼] 것은 예禮이며, 욕망은 마음이 욕구하는 바이니 지智라고 할 만 합니다. 그렇다면 칠정 속에는 사단이 또한 들어 있으며, 사단과 칠정은 본래 다른 것이 아닙니다. 그런데 그 각각을 이발理發과 기발氣發로 구별하는 것은 무엇 때문입니까? 답변. 측은惻隱은 인仁의 단端으로서 차마하지 못하는 선심善心을 형용한 것이니 슬퍼하고 친애하는 감정과는 구별됩니다. 수오羞惡는 의義의 단端으로서 나와 남의 불선을 부끄러워하고 미워하는 것이니 화를 내고 싫어하는 것과는 저절로 구별됩니다. 애哀와 애愛, 노怒와 오惡는 인의 유類, 의의 유類라고 말할 수는 있겠지만 그것들을 인의 단端, 의의 단端이라고 말할 수는 없습니다. …… 또한 칠정은 금수禽獸도 가질 수 있는 것인데, 만약 사단과 칠정이 본래 다른 것이 아니라면 금수도 사단을 가질 수 있다는 말입니까?[25]

25 『順庵全集』 2책, 「擬問・四端七情」, 523면. "問, 七情之哀與愛, 仁也, 怒與惡, 義也, 喜和而懼嚴, 可謂禮也, 慾者, 心之所欲也, 則可謂智也. 然則七情中亦有四端, 四端與七情, 本非二物, 而曰四七之有理發氣發之異者, 何也? 曰, 惻隱仁之端而形容不忍人之善心, 則悲哀親愛, 與惻隱有別; 羞惡義之端而恥憎己與人之不善, 則恚怒厭惡, 與羞惡自異. 哀與愛, 怒與惡, 謂之仁之類義之類則可, 謂之仁之端義之端則不可. …… 且七情禽獸亦得有之, 若四七本非二物, 則禽獸亦得有四端乎?"(16문)

즉, 사단과 칠정 사이에는 비슷한 점이 없다고 할 수는 없지만 근본적으로 다른 종류의 마음이라고 하는 것이다. 사단이 선과 불선에 대한 즉, 도덕 가치에 대한 인간의 평가를 함축하고 있는 것이라고 한다면, 칠정은 그러한 도덕 가치와 관련 없는 신체적 감정이라고 한다. 덧붙여 사단은 동물이 가질 수 없고, 칠정은 인간도 가질 수 있다는 점에서 둘 사이의 구별은 자명하다고 말한 것이다.

그와 관련하여 순암은 다른 곳에서는 또한 다음과 같이 말한다.

> 물음. 호랑이와 이리에게도 부자父子의 관계가 있으며, 벌과 개미에게도 군신君臣의 관계가 있고, 까마귀는 반포反哺의 효를 하며, 개와 말도 주인을 위한다고 합니다. 어찌 동물 중에 인과 의를 가진 것이 아니겠습니까? 답변. 이것들은 모두 칠정 중의 애愛로부터 나온 것이다. 어찌 인의의 성이 있어서 그러한 것이겠는가? 동물도 서로 사랑[愛]할 줄 안다. 그러므로 벌과 개미가 물불에 뛰어들어 죽음으로써 서로를 따르는 것이 있으며, 개와 말이 그 주인을 사랑하여 힘을 다하다가 죽기도 하는 것입니다. 이는 실로 죽기까지 서로 사랑하다가 그 죽음이 아까움을 스스로 깨닫지 못하는 것이니, 어찌 도리道理의 당연當然함이 있음을 알아서 그러한 것이겠습니까? 대체로 동물의 본성[物性]의 그와 같은 것은 우리 인간의 인의仁義와 유사한 것이라고 말하는 것은 되지만 곧바로 동물도 인의仁義의 성을 가지고 있다고 해서는 안 됩니다. 내가 그래서 그것은 칠정 중 애愛로부터 나온 것이라고 말한 것입니다.[26]

26 『順庵全集』 2책, 「擬問 · 人物之性」, 526~527면. "問, 虎狼之父子, 蜂蟻之君臣, 烏之反哺也, 犬馬之爲主也, 豈非物中之有仁義者耶? 曰, 此莫非自七情中愛來者也, 豈其有仁義之性而然哉? 夫物亦知相愛也, 故蜂蟻赴水火而以死相隨, 犬馬戀其主而竭力致死, 此實相愛之至死而不自覺其死之惜也, 豈知有道理之當然而然哉? 大凡物性之如彼者, 取譬於吾人仁義則可, 直謂之曰物亦有仁義之性則不可. 吾故曰出自七情中愛來者也."

즉, 동물에게도 인간사회와 유사한 인륜적 관계와 도덕과 유사한 활동이 있는 것으로 보인다. 이는 곧 성리학에서 도덕적 가치를 지닌 이理를 모든 존재의 소이연 곧 근원으로 삼는 근거로 제시되곤 하는 것이었다. 그러나 순암은 그것은 단지 유사한 것일 뿐 인간의 도덕 행위와는 분명하게 구분되어야 한다고 말한다. 그것은 칠정 중의 사랑, 곧 애愛가 발현된 것으로, 그 애愛의 기원은 결국 기氣나 유類의 동일성, 혹은 감응이나 감화에 기초한 본능적인 것으로, '도리의 당연함이 있음을 알아서' 자각적으로 한 것이 아니라는 것이다.[27] 그렇다면 순암은 그와 구별되는 인간의 도덕성, 곧 본연지성 혹은 인의仁義의 성이 발현한 사단은 결국 그러한 당위에 대한 자각, 지知에 기초한 것으로서, 그러한 의미에서 도덕적인 내용을 가지고 있다고 본 것이라 하겠다.[28] 즉, 사단은 단순히 감정이 아니라 그 안에 도덕적 판단의 내용을 가지고 있는 그러한 의미에서 진정한 도덕적 감정이라고 하는 것이다.

이것은 자연으로부터 구별되는 도덕의 의미에 대해 비교적 분명하게 규정한 것으로서, 전래의 도덕 형이상학에서 완전하게는 아니라고 하더라도 벗어날 수 있는 단서를 연 의의가 있다고 할 수 있다. 그것은 곧 위에서 언급하였던 대로 다산에로 이어지는 것이라고 할 수 있을 것이다. 다산에서와 마찬가지로 그것

27 그는 동물성에 속한 愛의 감정에 대해 다음과 같이 좀 더 자세하게 말하기도 하였다. "동물에게는 氣가 서로 이어져 있어서 사랑[愛]하는 경우가 있고, 類끼리 서로 좇아서 사랑하는 경우가 있으며, 恩愛와 威嚴을 겸하여 사랑하는 경우가 있고, (인간의) 德에 감응하여 사랑하는 경우가 있다. 氣가 서로 이어져 있어서 사랑[愛]한다는 것은 호랑이의 부자관계와 까마귀가 자기 어미를 먹이는 것이 그것이다. 類끼리 서로 좇아서 사랑한다는 것은 물수리와 사슴의 경우가 그것이다. 은애와 위엄을 겸하여 사랑한다는 것은 벌과 개미의 경우이다. (인간의) 덕에 감응하여 사랑한다는 것은 개와 말의 경우이다."(『順庵全集』 2책, 「擬問・人物之性」, 527면. "物有氣相連而愛者, 有類相從而愛者, 有兼恩威而愛者, 有感德而愛者. 氣相連而愛者, 虎之父子也烏之反哺也; 類相從而愛者, 鴡也鹿也; 兼恩威而愛者, 蜂蟻也; 感德而愛者, 犬馬也. 此皆物得氣質之性而然也.")

28 崔鳳永 교수는 이와 관련하여 동물이 知覺만을 가진 반면 인간은 知覺과 自覺을 가지고 있다는 점에서 구별된다는 것이 순암의 입장이라고 정리하였다. 崔鳳永(1983), 155면. 참조.

은 일차적으로 형이상학적 동일성을 넘어서서 인간의 도덕적 실천의 명료한 독특성을 부각한다고 하는 실천적 의지를 표현한 것이라고 볼 수 있는[29] 동시에, 다른 한편으로는 도덕 세계로부터 자연 세계를 독립시켜 독자적으로 이해할 수 있는 여지를 마련하였다는 의의를 함축하고 있다고 할 수 있을 것이다.[30]

2) 사단四端은 이발理發, 칠정七情은 기발氣發이다.

사단과 칠정 사이의 그렇게 명확한 구분은 곧 그것이 각각 본연지성과 기질지성의 발현이기 때문이며, 따라서 그것은 각각 이발理發과 기발氣發로 규정할 수 있다고 하는 것이 순암의 기본적 입장이었다. 이러한 기본적 관점을 배경으로 하여 순암은 사단칠정문제에 관한 자신의 의견을 포괄적이고 체계적으로 제시하고자 한 것으로 보인다. 「의문擬問」 속의 「사칠이기四七理氣」는 바로 그러한 의도에서 집필된 것이었다.

「사칠이기」는 객과 주인의 문답 형식으로 기술된 것으로서, 그 제1문은 율곡 이래의 비판에 대한 자신의 응답이다. 그것은 다음과 같다.

29 다산이 어떻게 주자학, 보다 구체적으로는 당대 조선성리학의 도덕 형이상학, 혹은 도덕적 존재론을 극복하였는지, 그리고 그 의의가 무엇인지에 대해서는 문석윤(2004), 「다산 정약용의 새로운 도덕 이론: 마음에 대한 새로운 이해」, 『哲學硏究』 제90집, 대한철학회 참조.

30 물론 그것이 그들의 단계에서 주자학적 자연학을 넘어선 어떤 독자적 자연학의 형성에로 이어진 것은 아니었다. 그러한 전개의 가능성이 전혀 없었던 것은 아니었겠으나, 그들의 주된 관심이 도덕적 정치적 실천에 있었고 자연에 대해서는 그러한 실천에 종속된 실용적 기술적 관심에 머물러 있었기 때문에 독자적 자연학의 형성은 오히려 기대하기 어려운 점이 있었다. 그러나 적어도 그것은 西學이 제시한 새로운 자연학을 받아들임에 있어서는 유효한 논리로서 작동할 수 있었을 것이다. 그와 관련하여 성호학파의 특징으로서 우주론과 인간 심성론의 분리를 지적한 연구로서 안영상(1999), 「성호학파의 宇宙論과 도덕 실천적 心性論의 분리」, 『민족문화연구』 제32호, 고려대학교 민족문화연구원참조.

객客이 주인에게 묻는다. 이理는 무위無爲이고 기는 유위有爲입니다. 이理는 스스로 발하지 않고 기를 기다려 발합니다. 그렇다면 사단도 기발이라고 해야 됩니다.

주인이 대답한다. 인의예지仁義禮智는 천리天理 본연本然의 성性이니, 사단은 이理에 속한 것이 아니겠습니까? 희로애구喜怒哀惧는 기질氣質 소품所稟의 성性이니, 칠정은 기氣에 속한 것이 아니겠습니까? 이변理邊에 속한 것은 이理가 주主가 되어 있으니 이발理發이라고 해도 되며, 기변氣邊에 속한 것은 기氣가 주主가 되어 있으니 기발이라고 해도 됩니다. 이理가 기를 기다려 발한다고 하여 그 때문에 사단도 기발이라고 할 수 있겠습니까? 이理가 기를 기다려 발한다고 하는 것은 기가 이의 부림을 받는다[氣爲理所使]는 것일 뿐입니다. 그것이 바로 '이가 발하고 기가 따르는理發而氣隨' 것입니다. 사단이 이에서 발하는 것은 분명합니다.[31]

순암은 이理가 무위한 것을 인정하며, 이가 기의 발을 통해 발한다는 것을 인정한다. 말하자면 퇴계의 분설分說 또한 그러한 원칙을 위배하는 그런 것이 아니었다. 다만 사단은 인의예지仁義禮智, 곧 이변理邊에 속한 본연지성이 발현한 것으로서, 거기에서는 이理가 주도적인 역할을 담당하므로 이발理發이라고 할 수 있다는 것이다. 또한 사단의 경우, 이가 기를 기다려 발하는 것은 곧 이가 기를 부리는 것이라고 함으로써, 이의 주도적 역할 곧 주재主宰의 관점에서 이발이라고 한 것임을 분명히 하고, 그것이 퇴계의 사단에 대한 규정인 '이발이기수지'에 해당한다고 부언하였다.

31 『順庵全集』 2책, 「擬問・四七理氣」, 519면. "客問於主人曰, 理無爲而氣有爲, 理不自發, 待氣而發, 則四端亦謂之氣發, 可也. 主人曰. 夫仁義禮智, 天理本然之性, 則四端其非屬於理乎? 喜怒哀懼, 氣質所稟之性, 則七情其非屬於氣乎? 屬於理邊者, 理爲之主, 而謂之理發, 可也. 屬於氣邊者, 氣爲之主, 而謂之氣發, 可也. 豈可以理之待氣而發者, 因謂之曰四端亦氣發耶? 理之待氣而發, 則氣爲理所使而已. 此是理發而氣隨者也. 四端之發於理, 則明矣."(1문)

그는 사단이 이변에 속하고, 칠정이 기변에 속한다는 것이 무엇을 의미하는가 하는 데에 대해서 다음과 같이 좀 더 자세하게 말한다.

> 이변理邊은 본래 폐단이 없지만 기변氣邊은 폐단이 생기기 쉽습니다. 무슨 말입니까? 천리 본연의 성은 선하지 않음이 없으니, 이理에는 폐단이 없다고 할 수 있습니다. 기질 소품의 성은 선도 있고 불선도 있으니, 기氣에는 폐단이 있다고 할 수 있습니다. 그러므로 사단이 이理에서 발하는 것을 확대하고 충만하게[擴充] 하면 인은 지극해지고 의는 남김이 없이 다하게 되어, 만세토록 폐단이 없을 것입니다. 반면에 칠정이 기에서 발한 것을 타오르게 두고 절제[節]하지 않으면 지나치게 기뻐하고 지나치게 노하고 지나치게 슬퍼하고 지나치게 두려워하여, 폐단이 장차 무궁하게 될 것입니다. 그렇다면 폐단이 없는 사단을 폐단이 있는 기에서 발한다고 하는 것이 되겠습니까? 이理가 폐단이 없으니 사단도 폐단이 없습니다. 사단에 폐단이 없음을 보면 사단이 폐단이 없는 이에서 나온 것임을 알 수 있습니다. 어찌 칠정과 함께 혼잡하게 그것을 기발이라고 말할 수 있겠습니까?[32]

사단은 본연의 성의 선함에서 발현한 것으로서, 기본적으로 문제가 없는 것인 반면, 칠정은 선도 있고 불선도 있는 기질의 성에서 발현한 것으로서, 폐단이 있을 수 있다는 것이다. 순암은 그것을 단지 그 감정에 대한 규정의 문제가 아니라, 실천의 문제와 관련하여 정당화하고자 하는 것이다. 즉, 폐단이 없는 사단은 확충하는 실천(공부)를 적용하여야 한다면, 칠정의 경우는 그렇게 해서

32 『順庵全集』 2책, 「擬問・四七理氣」, 519면. "理邊本無弊, 氣邊易生弊, 何者? 天理本然之性, 無有不善, 則理可謂無弊也. 氣質所稟之性, 有善有不善, 則氣可謂有弊也. 故四端之發於理者, 擴而充之, 則仁之至義之盡, 而萬世無弊. 七情之發於氣者, 熾而不節, 則過喜過怒過哀過懼, 弊將無窮. 然則以若無弊之四端, 謂之發於有弊之氣, 可乎? 理無弊而四端亦無弊, 觀四端之無弊, 則四端之出於無弊之理, 可知也. 烏可與七情混謂之氣發耶?"(2문)

는 안 되고 절제하는 실천(공부)를 적용하여야 한다는 것이다. 사단과 칠정의 구별은 실천의 구별과 밀접하게 관련된 것으로, 그것을 구분하지 않으면 실천에서 문제를 발생할 수 있다는 것이다.

각각 확충과 절제의 대상이라는 관점에서, 사단과 칠정을 이발과 기발로 구분할 수 있다고 하는 것은 사실 고봉이 퇴계와의 논변이 진행되면서 퇴계의 입장을 상당히 수용하면서 그 이유로 제시한 것이었다.[33] 즉, 사단은 아무래도 확장해 가야할 것이라고 한다면, 칠정은 절제 혹은 중절의 대상이라고 해야 할 것이기 때문이다. 이는 또한 소남 윤동규가 공희로를 여전히 기발로 볼 수밖에 없다는 관점에서 사단과 칠정의 구분에서 핵심적인 요소로 강조한 부분이었다.[34] 순암의 확충－절제론은 바로 그러한 전통을 계승한 것이라고 할 수 있을 것이다.

어쨌든 순암은 사단과 칠정 사이의 명확한 구분을 주장하며, 그것이 곧 이와 기의 구분에 대응하고, 더 나아가 본연지성과 기질지성의 구분에 대응하며, 따라서 각각 이발과 기발로 규정할 수 있다고 하는 분설分說의 입장을 확고하게 가지고 있었다.

33 李滉・奇大升, 『兩先生四七理氣往復書』 下篇23b-24a, 「四端七情後說」. "孟子論四端, 以爲'凡有四端於我者, 知皆擴而充之.' 夫有是四端, 而欲其擴而充之, 則四端是理之發者, 是固然矣. 程子論七情, 以爲'情旣熾而益蕩, 其性鑿矣. 故覺者約其情, 使合於中.' 夫以七情之熾而益蕩而欲其約之以合於中, 則七情是氣之發者, 不亦然乎?" 고봉의 퇴계설 수용에 대해서는 남지만(2010), 「퇴계 호발설의 '七情氣發'에 대한 고봉의 비판과 수용」, 『東洋哲學』 제33집, 韓國東洋哲學會 참조.

34 尹東奎, 『邵南遺稿』, 「與李景協書〈辛未閏五月〉」, 36면. "竊謂以羊易牛之心, 孟子以爲保民而王之心, 則雖不當惻隱而錯發者, 是心則固欲其擴而充之, 不欲其節而約之, 所謂因其所發而遂明者, 正謂此耳. 至於喜怒等心, 無論聖愚中不中, 要皆氣分上事, 中節而當理, 則雖因私而卽公; 不中而違理, 則雖以人爲公, 而不免於私也. 然則其公與私, 分於中節與不中節, 如孟子之喜, 何異於爲家間子弟之事, 舜之怒, 何異於一家怒使役之怒耶. 喜子弟怒使役之類, 不干於形, 而自是我之所干也. 然喜怒中節當理, 則何異於孟喜舜怒時氣象耶? 愚則以謂, 不必更立公喜怒一段題目, 勿論在己在人, 只看中不中而定其公私耳. 如怒四凶一怒之類, 不過曰此以義理而怒, 不可直曰此怒卽義理也."

3) 사단에는 부중절不中節이 있을 수 없다.

사단四端의 부중절不中節 문제는 퇴계와 고봉 사이에 이미 논란된 바 있었던 것으로서, 사단에 부중절 곧, 절도 혹은 객관적 규범에 맞지 않은 것이 있을 수 있다면 그것은 곧 사단도 결국 기와의 관련성을 부정할 수 없는 것으로서, 사단에서도 기발의 측면을 배제할 수 없다는 것을 보여주는 것이 된다. 그것은 곧 사단을 이발로, 칠정을 기발로 구분하여 설명하는 분설의 타당성을 약화시킬 수 있다는 점에서 중요하게 다루어진 문제였다. 제3문은 바로 그 문제에 대한 것이다. 순암은 다음과 같이 말한다.

> 객이 묻는다. 이理는 본래 폐단이 없지만, 사단은 폐단이 있는 것 같습니다. 무슨 말입니까? 사람이 혹은 측은해해서는 안 되는 데 측은해하는 경우가 있으며, 수오해서는 안 되는 데 수오하는 경우가 있습니다. 또한 측은해함에 지나치게 측은해하는 경우가 있으며, 수오함에 지나치게 수오하는 경우가 있습니다. 이것이 어찌 사단이 그 바름을 얻지 못하여 폐단이 있는 것이 아니겠습니까?
>
> 주인이 답한다. 측은해해서는 안 되는 데 측은해하는 경우는 우리가 말하는 인仁의 단서가 아니며, 수오해서는 안 되는 데 수오하는 경우는 우리가 말하는 의義의 단서가 아닙니다. 심지心志가 확고하지 않아서 사의私意와 잡된 생각이 때로 횡출橫出한 것이니, 어찌 사단으로 칭하기에 족하겠습니까? 저 측은해함에 지나치게 측은해하는 것과 수오함에 지나치게 수오하는 것은 이가 발하고 기가 따르는 때에 이理가 기氣에 오도誤導된 것입니다. 이런 경우는 사단에 폐단이 있는 것이 아니라 곧 또한 기의 폐단입니다.[35]

35 『順庵全集』 2책, 「擬問・四七理氣」, 519~520면. “客曰, 理固無弊矣, 四端則似有弊, 何者? 人或有不當惻隱而惻隱之, 不當羞惡而羞惡之, 又有惻隱而過於惻隱, 羞惡而過於羞惡者, 此

즉, 사단은 확실히 이변理邊에 속한다고 할 수 있는가 하는 것이다. 사단에도 그 바름을 얻지 못한 사단이 있을 수 있지 않은가 하는 것이다. 즉, 사단이라고 해도 적절한 상황에서 발휘되지 않았거나 적절한 상황에서 발휘되었지만 지나치게 발현된 경우도 있을 수 있다는 것이다. 순암은 먼저 적절하지 않게 발현된 경우 그것은 사단四端처럼 보여도 실제로는 진짜 사단이 아니라고 간단하게 처리한다. 즉, 그것들은 인의예지의 단서가 되기에 족하지 않으며, 따라서 사단이라고 볼 수 없다는 것이다. 또한 지나치게 발현된 사단의 경우, 그것은 사단이기는 하지만, 그에 수반되는 기氣에 문제가 있음으로 해서 발생하는 문제이고, 사단 자체의 문제는 아니라고 답변하였다. 즉, 사단은 '이가 발하고 기가 따른 것'으로서, 발생 자체에는 문제가 없지만 그것도 결국 기를 수반하여 수행되는 까닭에 기에 문제가 생길 여지가 있으며, 부중절의 가능성이 생기게 된다는 것이다.

이러한 설명은 퇴계의 논리를 이어받은 것이라 할 수 있을 것이다.[36] 사단의 본질은 어디까지나 이理에 있고 기氣에 있지 않다는 것이며, 그렇지만 기의 측면이 없는 것이 아니므로 그 기에 문제가 발생할 수 있으며 그것이 부중절을 유발할 수 있다는 것이다. 사단의 부중절은 그러므로 그 고유한 의미에서는 인정되지 않는다. 사단은 어디까지나 이변理邊에 속한 것이 분명하다는 것이다.

豈非四端之不得其正而有弊者耶? 主人曰, 不當惻隱而惻隱者, 非吾所謂仁之端也, 不當羞惡而羞惡者, 非吾所謂義之端也. 心志未固, 私意雜念, 有時橫出者, 曷足以四端稱之乎? 若夫惻隱而過於惻隱, 羞惡而過於羞惡者, 理發氣隨之際, 理爲氣所誤者也. 此非四端有弊也, 乃亦氣弊也."(3문)

36 李滉·奇大升, 『兩先生四七理氣往復書』 上篇48b~49a, 「退溪答高峯非四端七情分理氣辯第二書」 「後論」(『退溪集』 권16:41a~b, 「答奇明彦〈論四端七情第二書〉」 「後論」). "且'四端亦有不中節'之論, 雖甚新, 然亦非孟子本旨也. 孟子之意, 但指其粹然從仁義禮智上發出底說來, 以見'性本善故情亦善'之意而已. 今必欲舍此正當底本旨, 而拖拽下來, 就尋常人情發不中節處, 滾合說去. 夫人羞惡其所不當羞惡, 是非其所不當是非, 皆其氣昏使然. 何可指此儳說以亂於四端粹然天理之發乎? 如此議論, 非徒無益於發明斯道, 反恐有害於傳示後來也."

순암에서 사단과 칠정은 명확히 구별되는 것이다.

4) 공희로公喜怒는 기발氣發이다

머리말에서 잠시 언급하였지만, '공희로'는 성호 문하에서 격렬한 논쟁점이 된 문제였다. 순암은 공희로가 기발氣發이라고 주장한다.[37] 그는 계속해서 다음과 같이 말한다.

> (객이 묻는다.) 지금 주인의 말을 듣고서 비로소 사단을 발發하는 것은 기氣이지만 사단이 발원發源하는 곳은 이理라는 것을 알았습니다. 즉, 그것은 '이理를 주인으로 삼고, 기氣를 심부름꾼으로 삼는다(理爲主, 氣爲使).'는 것입니다. 주인이 말씀하신 사단이 이의 발이라고 하는 것은 진실로 폐단이 없는 논설입니다. 그런데 저 성인聖人의 공칠정公七情 같은 것은 이발理發인 듯한데, 반드시 그것을 기발氣發이라고 하시는 것은 도대체 또한 무엇 때문입니까? 주인이 말했다. 성인聖人과 범인凡人의 칠정은 비록 중中과 부중不中의 같지 않음이 있지만, 칠정이 칠정이 되는 까닭은 동일합니다. 그렇다면 범인凡人의 칠정을 기에서 발한 것이라고 하면서 성인의 칠정을 유독 이理에서 발한다고 하겠습니까? 또한 이理는 본래 선한 것으로서 확충할 수 있는 데, 칠정도 또한 확충할 수 있습니까? 진실로 그것을 확충한다면 그 폐단이 장차 어떠하겠습니까? 그것을 이발理發이라고 할 수 없음이 분명합니다. 그래서, 당연當然의 칠정은 정기正氣에서 발한 것으로 기질의 맑은 것을 품부 받은 것이고, 부당연不當然의 칠정은 객기客氣에서 발한 것으

37 순암이 여기에서 사용하고 있는 용어는 '공희로'가 아니라 '공칠정'이다. 이 둘은 서로 통용할 수 있는 것으로서, 논의 상의 혼란을 피하기 위해 인용문이 아닌 경우는 더 일반적인 용어인 '공희로'라는 용어로 통일하여 서술하였다.

로 기질의 탁한 것을 품부 받은 것이라고 말한 것입니다. 비록 기가 맑거나 기가 탁하며, 정기正氣거나 객기客氣거나 하는 구분은 있어도 그것이 기에서 발하는 것임에는 동일합니다. 이자李子(退溪)께서 또한 공칠정은 '기氣가 이理에 순응하여 발한 것'이라는 설을 제안하셨는데 실로 평정平正한 이론입니다.[38]

질문자는 답변자 곧 순암의 논리를 발發과 발원發源의 구별로 파악하고, 사단의 경우 발發하는 것은 기氣이지만, 그 발원發源은 이理이며, 그것은 곧 사단에서는 이가 주인이 되고, 기가 심부름꾼이 된다(理主氣使)는 것을 의미하는 것이라 해석하였다. 부중절한 사단은 이발이기는 하되, 기가 제대로 심부름을 하지 못함으로 인해 생기는 문제로 해석할 수 있다는 것이다. 질문자는 그렇다면 공희로의 경우, 즉 칠정 중 공적인 성격을 가진 것들은 그런 의미에서 이발理發이라고 해야 하지 않는 가라고 질문한다.

순암은 그에 대해 칠정七情이 칠정이 되는 까닭, 즉 그 발원은 공희로나 일반적인 칠정이나 기氣로서 동일하다고 말한다. 즉 공희로라고 하더라도 그것은 어디까지나 기변氣邊에 속한 것으로서, 선善하다고는 하더라도 역시 기氣에 속한 것이라는 것이다. 다만 당연當然의 칠정, 곧 공칠정은 정기正氣에서 발한 것으로 맑은 기질을 품부 받았다고 말한다. 그래서 이理에 가까울 수 있지만 그럼에도 어디까지나 기氣인 것은 변함이 없다는 것이다. 이러한 정기正氣-청기

38 『順庵全集』 2책, 「擬問·四七理氣」, 520면. 今聞主人之言, 始知發四端者氣也, 而四端之所發源理也, 則此乃理爲主, 而氣爲使也. 主人所謂四端理之發者, 誠無弊之論也. 若夫聖人之公七情, 似是理發, 而必謂之氣發者, 抑又何也? 主人曰, 聖凡之七情, 雖有中不中之不同, 七情之所以爲七情, 一也. 則凡人之七情, 謂之發於氣, 而聖人之七情, 獨謂之發於理乎? 且理本善而可以擴充, 七情亦可以擴充乎? 苟使之擴充, 其弊將如何? 不可謂之理發也, 明矣. 故曰, 當然之七情, 發於正氣, 而禀氣質之清者也; 不當然之七情, 發於客氣, 而禀氣質之濁者也. 雖有氣清氣濁正氣客氣之分, 而其發於氣, 則一也. 李子又有公七情氣順理之說, 實平正之論也."(5문)

淸氣론은 율곡의 이론을 제한적으로 받아들여 응용한 것이라고 할 수도 있을 것이다.[39] 즉, 율곡이 사단이든 칠정이든 그 선한 것은 모두 청기淸氣의 발이라 한 데 대해, 그것을 칠정 중 공희로에 해당하는 것에 적용하고, 사단과는 구별함으로써 퇴계의 분별설의 타당성을 보수한 것이라고 할 수 있다. 순암은 자신의 이론이 이자李子 곧 퇴계退溪의 '기순리이발氣順理而發'설을 계승한 것을 분명히 하고 있는 것이다.[40]

이것은 비교적 그의 후기의 언설로 추정되는 데,[41] 사실은 그가 처음에 취한 입장과 대체로 일치한다. 그러나 그가 이러한 입장에 줄곧 일관한 것은 아니었으며, 그 사이에 약간의 굴곡을 거쳐 다시 이러한 입장에 이르렀음을 그의 문집에서 확인할 수 있다. 그리고 그러한 과정을 거치면서 그의 애초의 견해에도 약간의 변동이 있었음이 확인된다. 이에 대해서 조금 더 살펴볼 필요

---

39 李珥,『栗谷全書』권14,「人心道心圖說〈壬午○奉教製進〉」. "性具於心而發爲情, 性既本善, 則情亦宜無不善, 而情或有不善者, 何耶? 理本純善, 而氣有淸濁, 氣者, 盛理之器也. 當其未發, 氣未用事, 故中體純善, 及其發也, 善惡始分, 善者, 淸氣之發也, 惡者, 濁氣之發也. 其本則只天理而已." 正氣와 客氣라는 것은 또한 율곡이 쓴 용어이기도 하다.『栗谷全書』권 21「聖學輯要」3「養氣章 第七」(44-465a). "臣按, 矯治固當克盡, 而保養不可不密. 蓋保養正氣, 乃所以矯治客氣也, 實非二事, 而言各有主, 故分爲二章." 순암은 客氣를 直氣와 대비하여 말하기도 하였다.『順菴集』권12:4b,「椽軒隨筆上〈戶牖雜錄並附〉」, "客氣者, 直氣之外, 一種浮念及習氣也."

40 李滉・奇大升,『兩先生四七理氣往復書』上篇44a~b,「退溪答高峯非四端七情分理氣辯第二書」(『退溪集』권16:36b,「答奇明彦〈論四端七情第二書〉」). "孟子之喜, 舜之怒, 孔子之哀與樂, 氣之順理而發, 無一毫有碍, 故理之本體渾全. 常人之見親而喜, 臨喪而哀, 亦是氣順理之發. 但因其氣不能齊, 故理之本體亦不能純全. 以此論之, 雖以七情爲氣之發, 亦何害於理之本體耶? 又焉有形氣性情不相干之患乎?"

41 李佑成 선생은『順菴全集』의「해제」에서「擬問」의 작성 시기에 대해서 星湖 死後에 지은 순암의 晩年 所作이라고 추정하였다. 글 속에 자신의 저술인『下學指南』에 대한 언급이 있는 점, 그리고 理氣에 대해 混淪(渾淪)과 分開를 말하고 있는 점은 이글이 적어도 1770년 혹은 1784년 이후에 쓴 것임을 보여준다. 그가『下學指南』을 편성하기 시작한 것은 1740년이었으나 그 序文을 쓴 것은 1784년이었으며, 그가 혼륜 분개의 관점을 취하게 된 것은 大山 李象靖과 편지를 주고받은 1770년 이후였다고 할 수 있기 때문이다.

가 있겠다.[42]

공희로 문제에 대해 그가 처음 취한 입장은 그가 1751년 7월, 공희로를 이발理發로 보아야 한다고 주장한 정산貞山에게 보낸 편지에서 확인된다.

> 성인聖人의 희로는 발함에 저절로 절도에 맞는 것이고, 군자君子의 희로는 발함에 절도에 맞게 하려고 하는 것이고, 일반 사람의 희로는 발함에 절도에 맞지 않는 것입니다. 그것이 비록 절도에 맞고 안 맞고의 차이가 있을지언정, 그것이 형기形氣에서 발하는 것임에는 차이가 없으니, 그것이 '기氣의 발發'임은 의심의 여지가 없습니다. 사단의 경우는 현우賢愚를 막론하고 자극 받은 데에 따라 발함에 사사로운 뜻으로 헤아리기를 기다리지 않고 나에게 갖추어져 있는 인의예지仁義禮智의 본성에서 바로 나온 것입니다. 이 때문에 '이理가 발한 것'이라고 하는 것입니다. 윤장尹丈(尹東奎)께서 말한 '확충擴充'이란 말은 참으로 꼭 들어맞는 말입니다. 이理는 본래 확충할 수 있지만, 기氣는 확충할 수가 없습니다. 측은지심惻隱之心과 수오지심羞惡之心은 이理에서 발한 것이기 때문에 확충하면 인仁을 다하고 의義를 지극히 하는 경지에 이르게 됩니다. 그러나 희로의 경우는 비록 현우賢愚의 다름이 있다고는 하지만, 끝내 기氣에서 발한 것이니, 그것을 만약 확충한다면, 그 폐단이 장차 어떠하겠습니까?[43]

42 이하 公喜怒를 둘러싸고 순암, 소남, 정산 사이에 오고 간 논변의 내용은 안영상(1998; 2001)에 의해 자세하게 서술된 바 있으며 따라서 약간 중복되는 면이 있으나 중간 중간 해석상의 차이가 있으므로 중복을 무릅쓰고 조금 장황하게 서술하였다.

43 『順菴集』 권4:1b~2a, 「與貞山李景協〈秉休〉書〈辛未〉」(1751년). "聖人之喜怒, 發而自中者也, 君子之喜怒, 發而求中者也, 衆人之喜怒, 發而失中者也. 雖有中不中之不同, 而其發於形氣則無異, 其爲氣之發, 無疑矣. 至於四端, 則不論賢愚, 隨感而發, 不待私意之較計, 而油然直出乎仁義禮智所具之本性, 此所謂理之發也. 尹丈擴充之語, 誠爲的當, 理則固可擴而充之, 氣則不可擴而充之. 惻隱羞惡, 是發於理者, 故擴而充之, 則至于仁之盡義之至之境矣. 若喜怒則雖有賢愚之不同, 而終是發於氣者也, 將擴而充之, 則弊將如何?"

즉, 성인聖人의 희로喜怒는 비록 그것이 늘 저절로 중절하는 것이라고 하더라도, 결국 형기形氣에서 발원하는 것이므로 기발氣發이라고 할 수밖에 없다는 것이다. 따라서 그것이 선 혹은 중절한 것은 어디까지나 그 형기形氣의 탁월한 성질에 기인한 것이며, 사단의 선 혹은 중절이 그것이 이理에서 발하기 때문인 것과는 엄연히 다른 것으로 구별되어야 하는 것이다. 사단의 부중절이 기에 기인한다고 해서, 그의 중절 역시 기에 기인하는 것은 결코 아니다. 사단이 선한 것은 그것이 그의 기의 상태, 곧 그가 탁월한 기를 타고 났든지 저열한 기를 타고 났든지 상관없이 현우賢愚를 막론하고 모두에게 동등하게 부여된 이理에서 발원한 것이기 때문이다. 사단은 인간이라면 누구에게나 모두 동일하게 발현되는 것이다. 물론 일반인의 경우 부중절에 빠지기 쉬운 것도 사실일 것이다. 하지만 그 경우 그것은 사단의 고유한 의미를 상실한 것임은 위에서 이미 지적된 바와 같다.

순암은 더 나아가 사단과 칠정 둘 사이의 그러한 본질적 차이는 곧 그 둘에 대한 수양론적 접근에서 차이를 가져온다고 한다. 즉, 사단에 대해서는 확장하여 가고 강화하여 가는 확충의 공부가 적용된다면, 칠정에 대해서는 중절의 공부가 적용된다고 한다. 공부는 성인이 아니라 일반인에게 필요한 것으로서, 사단의 경우는 일반인이라도 중절을 추구할 필요가 없이 그대로 선한 것이므로 확충해 가는 것이 필요하다고 한다면, 칠정은 기의 편차에 따라 다양한 문제를 가진 것이므로 중절을 추구하여야 한다는 것이다.

순암의 이러한 입장은 기본적으로 소남의 입장과 동일한 것이라고 할 수 있다.[44] 그러나 순암이 이러한 입장에 일관한 것은 아니었다. 성호가 작고한

44 尹東奎, 『邵南遺稿』 36면, 「與李景協書〈辛未閏五月〉」(1751년) “喜怒 등의 마음에 이르러서는 聖과 愚, 中과 不中을 막론하고 要는 모두 氣分上의 일이어서, 절도에 맞고 이치에 합당하다면 비록 私에 인한 것이라고 하더라도 公에 즉한 것이며, 절도에 맞지 않고 이치에 위배된다면 비록 人를 위한 것으로 公이라 하더라도 私에서 면할 수 없습니다. 그렇다면 公과 私는 中節과 不中節에서 나누입니다. …… (순임금이) 四凶에게 노하고 (무왕이) 한번 노하

1763년 이후 이 문제가 성호 문하의 분열을 야기할 조짐을 보이는 가운데 그는 정산貞山의 설에 대해서도 허용하는 듯한 태도를 취하였다. 그는 1767년 정산에게 보내는 편지에서 다음과 같이 말하고 있는 것이다.

> 그 후 주자朱子가 한 말을 보았더니 말하기를, "기뻐하고 성내는 것은 인심人心이고, 기뻐해야 할 때 기뻐하고 성내야 할 때 성내는 것은 도심道心이다."라고 했습니다. 도道라고 했으니 그것이 이발理發이라는 것은 알 만한데 그런데도 선입견이 자리 잡고 있어 갑자기 머리를 돌리기가 어려웠던 것입니다. 희로喜怒는 아무래도 형기形氣 쪽으로 치우친 것이 많아 퇴계의 기순리氣順理 설이 다시 고칠 여지가 없는 정설이라 생각하고 구견舊見을 끝까지 지켜왔습니다. 그런데 요즘 와서 그 말이 원래는 신상사愼上舍(신후담)에게서 나왔고 선생님星湖의 인가를 받았으며 노형(정산貞山)도 믿고 따르고 있다는 것을 비로소 알고서는 그 설이 틀림없으리라는 것도 알게 되었습니다. 『퇴계집』에 있는 기고봉奇高峰의 「후설後說」을 보면 공정한 희로는 이발이라는 말을 발췌해내어 퇴계의 '기순리'설을 공박했는데, 퇴계 선생은 그에 대해 다시 논변한 바가 없고 도리어 그것을 인정해 주었는데, 그 해가 병인년(1566년)이었습니다. 그 후 무진년(1568년)에는 『성학십도聖學十圖』 「심통성정도心統性情圖」 중도中圖를 만들면서 사단四端을 칠정七情 속에다 포괄시키고는, "선과 악이 갈라지는 갈림길에서 선 한쪽만 말했다." 라고 했으며, 기사년(1569년)에는 이평숙李平叔에게 보낸 서한에서도 그 뜻을 되풀이했습니다. 이렇게 본다면 퇴계 선생이 노년에는 고봉의 견해를 따랐던 것인지요? 그 점 자세히 가르쳐 주시기 바랍니다.[45]

였다고 하는 것 등은 다만 '의리로써 노하였다'고 말할 수 있을 뿐이고, 곧바로 '이런 분노는 곧 의리이다'라고 말할 수는 없는 것입니다."(至於喜怒等心, 無論聖愚中不中, 要皆氣分上事, 中節而當理, 則雖因私而卽公; 不中而違理, 則雖以人爲公, 而不免於私也. 然則其公與私, 分於中節與不中節. …… 如怒四凶一怒之類, 不過曰此以義理而怒, 不可直曰此怒卽義理也.)

여기에서 고봉의 후설後說이라고 하는 것은 곧 「사단칠정후설四端七情後說」을 가리키는 것으로, 거기에서 고봉은 퇴계의 설을 위에서 언급한 바와 유사하게 확충-중절과 관련하여 부분적으로 수용하는 뜻을 밝혔지만, 여전히 칠정 중 중절한 것은 결국 사단이라는 자신의 입장을 고수하였으며, 그것에 대한 자주自註에서 퇴계가 공희로에 대해 '기순리이발'로 해석한 것에 대해 이견을 제시하고 있었다.[46]

퇴계는 그에 대한 답서에서 고봉의 그러한 지적에 대해 수용하는 듯한 입장을 밝힌 바 있다.[47] 순암은 그것과 함께 퇴계가 『성학십도』 「심통성정도」의 중도中圖에서 칠정 속에 사단을 포함하여 그린 것,[48] 그리고 이평숙李平叔(이함형李咸亨, 1550~1577)에게 보낸 편지에서 사단칠정과 인심도심을 구별하면서 인심이 도심에 대해 일변에 떨어진 사적인 것이라고 한다면 칠정은 사단을 포함한 것이라는 견해를 명언한 점[49] 등등을 들면서 퇴계의 입장이 만년에 이르러 애초의

45 『順菴集』 권4:12a~b, 「與李景協書〈丁亥〉」(1767년). "後見朱子之言, 有曰'喜怒人心也, 當喜而喜, 當怒而怒, 道心也.' 反謂之道, 則其理發可知, 而先入之見, 卒難回頭, 喜怒終是形氣上分數多, 退陶氣順理之說, 似無改評, 終守舊見, 近來始知此說, 肇於愼上舍, 蒙丈席印可, 老兄亦信從無疑, 則其說必無謬誤矣, 考『退溪集』高峯「後說」中, 剔公喜怒理發之說, 以攻退陶氣順理之語, 李先生更無所辨, 反賜許可, 此丙寅歲也. 戊辰年, 修『聖學十圖』心統性情中圖, 包四端於七情之中曰, 就善惡幾, 言善一邊, 己巳年與李平叔書, 又申其義, 以此言之, 則李先生晩來之見, 亦從高峯耶? 願賜詳敎."

46 李滉·奇大升, 『兩先生四七理氣往復書』 下篇24a~b, 「四端七情後說」. "來書謂'孟子之喜·舜之怒·孔子之哀與樂, 是氣之順理而發, 無一毫有碍'及'各有所從來'等語, 皆覺未安. 夫發皆中節謂之和, 而和卽所謂達道也. 若果如來說, 則達道亦可謂是氣之發乎?"

47 李滉, 『退溪集』 권17:23a~b, 「答奇明彦」(1566년 윤10월26일). "所論鄙說中'聖賢之喜怒哀樂'及'各有所從來'等說, 果似有未安, 敢不三復致思於其間乎?"

48 李滉, 『退溪集』 권7:23b~24a, 「進聖學十圖箚〈幷圖〉」. "其中圖者, 就氣稟中指出本然之性不雜乎氣稟而爲言. 子思所謂天命之性, 孟子所謂性善之性, 程子所謂卽理之性, 張子所謂天地之性, 是也. 其言性旣如此, 故其發而爲情, 亦皆指其善者而言. 如子思所謂中節之情, 孟子所謂四端之情, 程子所謂何得以不善名之之情, 朱子所謂從性中流出, 元無不善之情, 是也."

49 李滉, 『退溪集』 권37:27a~b, 「答李平叔」. "人心爲七情, 道心爲四端, 以「中庸序」朱子說及許東陽說之類觀之, 二者之爲七情四端, 固無不可. 滉前日答李宏仲云云者此也. 但若各就其名

입장에서 변화한 것이 아니냐 하는 의문을 제기하고 있는 것이다. 고봉의 후설이 1566년, 『성학십도』가 1568년, 이함형李咸亨에게 보낸 편지가 1569년인 것을 감안한다면 이것은 곧 공희로 문제에 관하여 퇴계가 만년에 자신의 애초의 입장을 포기하고 고봉의 견해에 따라간 것으로 이해할 수 있지 않느냐 하는 것이다. 이른바 퇴계 만년설의 사실 여부 문제이다.[50]

순암은 퇴계의 만년설 주장을 선뜻 받아들일 수 없었으며, 또한 소남이 완강하게 그에 반대하는 입장을 취하고 있었으므로 정산의 주장을 그대로 수용할 수도 없는 형편이었다. 그래서 같은 해 정산에게 이어서 보낸 편지에서는 다음과 같이 말하고 있는 것이다.

> 주신 서찰 내용이 명백하고 통쾌해서 조금도 의문스러운 데가 없고, 그 중에서도 우물에 빠지려는 어린애를 구제하느냐 혹은 밀어 넣느냐가 희로喜怒의 관건이 된다고 하신 것은 사실 이발理發의 방증傍證이 되고 있어 다시 논할 것이 없지만, 그래도 퇴계가 하신 말이 언제나 선입견이 되어 그 속에서 빠져 나오기가 어렵습니다. 게다가 윤장尹丈까지 구견舊見을 고집하고 있기 때문에 어리석은 이 사람으로서는 늘 의심이 가서 둘 다 그대로 믿으면서 후인들이 채택하도록 내버려 두려고 한 것이지요. 다만 퇴계 이후 몇 백 년이 지난 지금에 와서 선생께서 간곡하게 말하고 힘써 쟁변하신

實而細論之, 則人心之名, 已與道心相對而立, 乃屬自家體段上私有底. 蓋旣曰私有, 則已落在一邊了, 但可聽命於道心而爲一, 不得與道心, 渾淪爲一而稱之. 至如七情, 則雖云發於氣, 然實是公然平立之名, 非落在一邊底, 故如「樂記」, 『中庸』「好學論」中, 皆包四端在其中, 渾淪而爲說." 이 편지는 1569년에 보낸 것으로 추정된다. 여기에서 퇴계는 人心과 七情을 구분하여, 人心은 道心과 대립된 것이지만 七情은 四端을 포괄할 수 있다는 입장을 취하였다. 그러나 이는 혼륜의 관점에서이고, 퇴계는 또한 사단과 칠정을 도심과 인심의 구분에 대응하는 것으로 볼 수 있다는 입장을 견지하고 있었음을 상반부의 서술에서 확인할 수 있다.

50 퇴계 만년설에 대해서는 안영상이 분석한 연구가 있다. 안영상(2009), 「퇴계 만년정론을 중심으로 본 퇴계와 고봉의 사단칠정논쟁」, 『국학연구』 제15집, 한국국학진흥원 참조.

것이 도리어 기고봉奇高峯 투가 되어 가고 있으니, 그것이 의심스러운 것입니다. 만약 지하에 있는 퇴계가 다시 살아날 수 있다면 지금 이 상황에서 어떻게 말씀하시겠습니까? 이런 까닭에 저로서는 감히 확정적인 말을 못 하고 있는 것입니다.[51]

이러한 상황에서 순암은 퇴계 만년설 문제와 관련하여 1767년 소남에게 의견을 구하는 한편,[52] 1770년에 이르러서는 퇴계학의 본산이랄 수 있는 영남의 대산大山 이상정李象靖에게 편지를 써서 그 당부에 대해 질문하였다.[53] 그와 관련된 정황을 다음 편지에서 엿볼 수 있다.

그런데 근래 이쪽에는, "공정한 희로喜怒는 이발理發이다."라는 주장이 있습니다. …… 이는 기고봉奇高峯의 논리와 비슷합니다. 〈고봉은 칠정七情)도 절도에만 맞으면 모두 이발理發이라고 하여 이 논리와 조금 다르기는 합니다.〉 그런데 기고봉의 후론後論(後說) 끝 부분에 한 말에 대해 퇴계가 '내 말이 미안한 점이 있어 다시 한 번 생각해 봐야겠다.'고 한 말이 있고, 그 후 성정중도性情中圖 및 이평숙李平叔에게 답한 서신에 모두 기고봉

51 『順菴集』 권4:13a 「答李景協書〈丁亥〉」(1767년). "示諭明白痛快, 無一毫可疑, 而其中因孺子之援井擠井而爲喜爲怒者, 實是理發之左契, 更復何論. 然陶山之語, 常爲先入之主, 每每纏繞難脫, 而尹丈堅執舊說, 故愚每致疑而欲兩存之, 以待後人之採擇. 但陶山以後至今數百年, 苦口力爭者, 還歸高峯之套, 是可疑也. 若九原可作, 退陶李子將如何云也? 是以弟則不敢質言耳.

52 『順菴集』 권3:29a~b, 「與邵南尹丈書〈丁亥〉」. "然而退陶李子以聖人之喜怒, 謂氣之順理而發, 此語平正, 無可改評, 而所可疑者, 高峯後說, 雖云爛熳同歸, 而其中有云七情雖屬於氣而理在其中, 其發而中節者, 乃天命之性, 豈可謂之氣發, 以斥李子氣順理之語, 而李子之不復辨者何也? 心統性情中圖, 包四端于七情之內曰, 就善惡幾, 言善一邊, 又答李平叔書, 又是一樣. 今據文集, 則高峯後說, 是丙寅年, 聖學圖在戊辰年, 與李平叔書, 在己巳年, 然則晚定之論, 亦從高峯而然否."

53 안영상은 이 부분에 대한 학술사적 의의에 대해 논구한 바 있다. 안영상(2001) 참조.

> 의 (사단이 칠정의) 선일변善一邊이란 주장을 따르고 있기에 늘 의심을 품고서도 질문할 곳이 없었습니다. 그런데 영남嶺南이라면 퇴계 선생께서 거처하시며 공부하시던 곳이어서 연원淵源을 주고받는 과정에 문자文字 이외에 들으신 것이 틀림없이 있으리라는 생각에서 지극히 공정한 논리를 듣고 싶었습니다.[54]

순암은 정산의 공희로 이발설이 고봉의 설과 비슷하다고 지적하고, 한편으로 퇴계가 만년에 고봉의 설에 동조하였다면 결국 공희로 이발설이 퇴계의 만년 정론이라고 해야 하지 않는가 하는 취지의 질문을 한 것이다. 이에 대해 대산은 부정적인 답변을 한 것이 분명하다. 대산의 답변은 다음에서 확인된다.

> 대개 퇴계 선생과 고봉의 왕복서는 어지럽게 얽힌 것이 거의 수 만 언에 이르는데, 선생께서 처음에 생각을 돌리셔서 전일의 견해를 바꾼 것은 대개 그 대체大體가 합치하는 것만 기뻐하고 다시 그 나머지에 대해서는 힐난하지 않으시고자 하신 것이었습니다. 전서前書에 "옛 전고典故를 찾아 대응하여"라고 하고, "단지 한가롭게 다투는 것이 된다."라고 한 말을 보니, 그 의미를 알만합니다. 후서後書에 "논하신 저의 논설 중 '성현의 희로애락'과 '각각 소종래가 있다'는 등의 설은 (과연 타당하지 않음이 있는 듯하니) 감히 그 사이에 반복해 생각하지 않겠습니까?"라고 하셨지만 그 후에 다시 물격物格과 무극無極 등의 문제에 대해서 하셨던 것과는 달리 그에 대하여 한 마디도 언급하지 않으셨습니다. 그러니 그가 끝내 고봉의 설을 옳다고

54 『順菴集』 권5:33b~34a, 「與李景文書〈庚寅〉」(1770년). "近來此中有公喜怒理發之說, …… 此與高峯之論畧同矣〈高峯則並與七情之中節者, 並爲理發, 與此少異〉. 高峯後論末端所論, 退溪有'鄙說未安, 敢不致思'之語, 後來性情中圖及答李平叔書, 從高峯善一邊之論, 尋常抱疑, 無從質問, 而嶺南是先生藏脩之所, 淵源授受之際, 必有承聞於文字之外者. 故前日稟問, 欲聞至正之論也."

하지 않으신 것이 명확합니다.[55] 「심통성정도」의 중도中圖에서는 대개 혼륜渾淪에 나아가 말하는 중에는 선善 일변一邊을 취하였으니 천명지성天命之性에 근원하여 천하의 달도達道로 삼은 것입니다. 그것은 하도下圖에서 분개分開하여 설명한 것과는 서로 다른 취지입니다. 그러나 실로 평소에 의론하신 바와 같지 않은 것이 없습니다.[56]

결국 대산은 퇴계의 만년설에 변화가 있다는 것을 인정하지 않는다는 취지의 답변을 한 것이다. 그의 논리는 결국 퇴계가 혼륜渾淪과 분개分開의 두 관점을 모두 가지고 있었으며, 고봉의 설을 혼륜渾淪의 관점에서 어느 정도 수용하였으나, 그렇다고 해서 분개分開의 관점을 파기한 것은 아니었으며, 사실은 그렇게 두 가지 관점을 모두 취한 것이 퇴계가 줄곧 견지해 온 입장이라는 것이

55 이 부분에 대한 해석은 조금 명료하지 않은 점이 있는데, 안영상(2001)은 이 부분에 대한 해석에서 약간의 오류를 범한 것으로 보인다. 즉 이를 대산이 퇴계가 고봉의 설을 받아들여 공희로 이발설을 만년정론으로 취했다고 주장한 것으로 해석하였다.(69면) 그리고 주62)에서 『退溪先生文集考證』이 이를 재편집하면서 퇴계가 고봉의 공칠정 이발설을 인정하지 않았다는 의미로 바꿔놓았다고 주장하였다. 그러나 필자의 견해로는 이 부분에 대한 『退溪先生 文集考證』의 인용과 해석은 그 취지를 정확하게 살린 것이었다. '그에 대해 한 마디도 하지 않으셨다'는 것은 그것을 인정했다는 것이 아니라 인정하지 않았다는 취지로 이해해야 한다. 앞에 '物格과 無極 문제에 대해서와 같이'라고 한 부분이 혼란을 가져올 수 있는 데, 퇴계는 物格과 無極 문제에서 만년에 자신의 애초의 견해를 고치고 고봉의 의견을 받아들인다는 점을 명확하게 이야기하였다는 점에서, 그와 대비되는 사례로 집어넣은 것으로 보인다. 즉, 만약 이 문제에 대해서도 퇴계가 고봉의 견해를 받아들여 자신의 애초의 의견을 수정하였다면 그에 대해 분명히 말했을 것이지만, 한마디도 말하지 않은 것으로 보아 그가 그것을 받아들이지 않은 것이 분명하다는 것이다. 그런데 안영상은 전체적인 서술에서는 그 타당성을 잃지 않고 있다.

56 『大山集』 권14:13a~14a, 「答安百順〈庚寅〉」(1770년). "蓋先生與高峯往復, 繳紛殆數萬言, 而始回頭轉腦, 變其前日之見, 蓋喜其大體之合而不復致詰於其餘. 觀前書'獵故實以對'·'只成閒爭競'之語, 其微意可知. 後書有'所論鄙說中, 聖賢之喜怒哀樂及各有所從來等說, 敢不三復致思於其間'云云, 而其後未有一言之及於此如物格無極之說, 則其終不以高峯之說爲是也較然矣. 性情中圖, 蓋就渾淪言中, 拈其善一邊, 則原於天命之性而爲天下之達道, 與下圖之分開說者, 各是一義, 然實與平日議論, 未嘗不同."

다.[57] 사실, 이러한 혼륜과 분개의 이중적 관점은 영남에서는 갈암葛庵 이현일李玄逸(1627~1704)이래 사단칠정에 대한 이해에서 기본적 논리였다.[58]

순암은 대산의 이러한 입장을 받아들였다. 그는 같은 시기 다른 이에게 보낸 편지에서 다음과 같이 말하고 있는 것이다.

> "퇴계의 가르침은 혼륜분개渾淪分開 네 글자에 불과하다."는 소호蘇湖(이상정李象靖)의 말이 옳습니다. 윤장尹丈(윤동규尹東奎)은 혼륜渾淪의 설이 나올 적마다 이理와 기氣를 하나로 보는 병통이 있을까 염려하여 반드시 배척하려고 하는데 이는 지나친 것 같습니다. 근래에 용호龍湖(윤동규尹東奎)와 장천長川(이병휴李秉休) 사이의 쟁점爭點은 사칠이기四七理氣라는 대 안건이 아닙니다. 장천은 신상사愼上舍(신후담愼後聃)의 말씀을 신중히 따라, "희로喜怒가 비록 형기形氣에서 나오기는 하나 자신의 사적인 것에 무관無關한 공적인 희로는 이理가 발한 것이다. 예를 들어 어린아이가 우물로 들어간 것을 보고 측은한 마음이 드는 것이 이理가 발한 것이라고 할 경우, 사람이 어린아이를 구해준 것을 보면 반드시 기뻐하고 사람이 어린아이를 떠밀어 넣는 것을 보면 반드시 노할 것인데, 이 희로의 소종래所從來를 보면 측은의 그것과 무엇이 다르겠는가? 그렇다면 그것이 이理의 발임은 의심할 바가 없다."는 것입니다. 이는 고봉高峯의 후론後論에서 절도에 맞는 칠정七情을 이발理發로 돌린 것과는 또 다른 것입니다.[59]

---

57 사실 퇴계 자신이 유사한 입장을 표명한 바 있다. 『兩先生四七理氣往復書』 上篇39a, 「退溪答高峯非四端七情分理氣辯第二書」(『退溪集』권16:30b「答奇明彦〈論四端七情第二書〉」). "蓋人之一身, 理與氣合而生, 故二者互有發用, 而其發又相須也. 互發則各有所主可知, 相須則互在其中可知. 互在其中, 故渾淪言之者固有之, 各有所主, 故分別言之, 而無不可."

58 葛庵 李玄逸의 性理說에 대해서는 문석윤(2006), 「葛庵 李玄逸의 性理說」, 『民族文化』 제29집, 민족문화추진회(현 한국고전번역원) 참조.

59 『順菴集』 권8:3b~4a, 「與韓士凝書〈庚寅〉」. "退溪之訓, 不出於渾淪分開四字, 蘇湖之言得矣. 尹丈每說到渾淪處, 却恐有理氣一物之病, 必欲斥之, 此則似過矣. 近來龍湖長川所爭, 非謂四七理氣之大案也. 長川遵愼上舍之言, 謂喜怒雖出於形氣, 其公喜怒, 不干己私者, 爲

순암은 대산의 혼륜-분개설을 소남과 정산의 의견을 절충할 수 있는 유용한 관점으로 활용하였던 것이다. 즉, 소남이 정산 측의 공희로 이발설에 대해 문제시한 것은 그것이 고봉에서와 같이 혼륜에로 넘어갈 것을 경계한 것인데,[60] 사실 정산의 입장은 분개를 전제로 한 혼륜이었다는 점에서 지나친 비판이 될 수 있다는 것이다. 더욱이 정산의 이발설은 또한 그 소종래를 따져서 그렇게 한 것이고, 고봉이 칠정의 중절을 사단과 동일시하면서 이발이라고 주장하는 것과는 다르다는 것이다. 따라서 그것을 수용하지 못할 이유가 없다는 것이다. 이로써 순암은, 여전히 소남의 비판에 대해서 유의하면서, 나름대로 성호 문하에서의 이론적 분열에 대응한 자신의 해결책을 마련한 것이라고 할 수 있을 것이다.[61]

그는 또한 이러한 혼륜-분개의 관점을 자신의 본연지성과 기질지성, 인심과 도심을 포함하여 심성에 대한 이해 전반에 적용하였다. 그는 위의 발언에 이어 별지別紙를 붙여 다음과 같이 말하고 있는 것이다.

> 성性이 형기形氣 속에 떨어지면 기질지성氣質之性이 용用이 되고, 기질지성 가운데서 본연지성本然之性을 추출推出하면 곧, 이理가 있는 곳으로서, 여기에서 기질氣質과 더불어 서로 나뉘어 두 가지 이름이 있게 되는 것입니다. 〈기질지성은 본래 본연지성에서 나온 것이니, 하나의 성性인데 형기

理發, 如見赤子之入井, 有惻隱之心是理發, 則見人拯救, 必欣然而喜, 有人擠墮, 必憤然而怒, 究此喜怒之所從來, 則與惻隱何別, 其爲理發無疑. 此與高峯後論中節之情歸之理發, 又不同矣."

60 정산도 소남의 비판이 결국 그 지점을 향해 있다는 점을 의식하고 있었다. 『近畿實學淵源諸賢集』 3~635면, 『貞山雜著』 8책, 「答安百順書」, 635면. "耳老雖以公喜怒, 直作理發, 而此自別爲一說, 與從來相訟四理七氣之案, 無所關涉, 而尹丈, 則疑其相混, 守舊太堅, 斥異太嚴, 前此所以有反復者, 以此也."

61 공희로 문제에 대해 나름의 견해에 도달한 순암은 양 측 모두를 나름대로 이해하고 통합한 입장에서 소남에게 편지를 써서 논쟁을 종식할 것을 촉구하였다. 『順菴集』 권3:40a~b, 「答邵南尹丈書〈辛卯〉」(1771년)

> 形氣에 관계된 후에 기질지성이라고 합니다.〉 이는 마치 심心은 하나이지만 분류하여 말하면 인심人心과 도심道心의 구분이 있고, 정情은 하나이지만 분류하여 말하면 사단과 칠정의 다름이 있어서, 이변理邊에 속한 것을 이발理發이라고 하고 기변氣邊에 속한 것을 기발氣發이라고 하는 것과 같습니다. 혼륜渾淪과 분개分開가 이와 같을 뿐입니다.[62]

순암은 또한 그것이 이기론 일반에로 연결되는 관점임을 다음과 같이 확인하였다.

> 대저 이와 기는 혼륜混淪으로 말할 수 있는 경우가 있고, 분개分開로서 말할 수 있는 경우가 있다. 이理 속에 기氣가 있고 기氣 속에 이理가 있으니, 정자程子가 밝지 못하거나 갖추어지지 않았다고 한 가르침을 한 것은 곧 혼륜混淪으로 말한 것이다. 이理에는 불선함이 없고 기에는 선악이 있으니, 주자朱子가 이발理發 기발氣發의 이론을 제시한 것은 분개分開로 말한 것이다. 혼륜과 분개는 모두 그것으로써 이 이기理氣의 학문을 밝히는 것이라는 점에서는 하나이다.[63]

순암은 이러한 입장이 결국 혼륜설에 경도된 것이라는 비판에 대해, 자신이 주장하는 것은 혼륜과 분개이지, 분개가 없는 혼륜은 아니라고 대응하기도 하였다.[64] 위에서 논한 태극이기설과 인물심성도설의 내용을 함께 참고한다면 순

62 『順菴集』 권8:4a~b, 「與韓士凝書〈庚寅〉」 「別紙」. "性旣墮在形氣中, 則氣質之性爲用, 而氣質性中, 推出本然之性, 卽理之所在也, 於是與氣質相分爲二名,〈氣質本出於本然之性, 是一性而涉于形氣然後, 謂之氣質之性.〉 是猶心一也, 分而言之, 有人道之別; 情一也, 分而言之, 有四七之異, 屬于理邊者, 謂之理發, 屬於形氣者, 謂之氣發. 渾淪分開如是而已."(1770년)

63 『順庵全集』 2책, 「擬問・四七理氣」, 525면. "大抵理氣有可以混淪言者, 有可以分開言者. 理中有氣, 氣中有理, 而程子有不明不備之訓, 則此可以混淪言也. 理無不善, 氣有善惡, 而朱子有理發氣發之論, 則此可以分開言也. 混淪分開, 皆所以明此理氣之學則一也."(23문)

암의 입장은, 분개에 기본을 두고 실천적 관점에서 그로부터 혼륜에로 지향해 나가는 데 있었다고 하는 것이 적절할 것이다. 이 절의 서술 처음에 인용했던 바와 같이 공희로에 대하여, 순암은 혼륜과 분개의 관점에서 정산의 입장을 일부 수용하기는 하였지만, 공희로는 어디까지나 '기가 이에 순응하여 발한 것'이라는 '기순리氣順理'설을 고수함으로써, 분개의 입장에 무게 중심을 두었던 것에서도 그를 확인할 수 있는 것이다.

그런 관점에서 그는 여전히 다음과 같이 말하는 것이다.

> 대개 사단과 칠정은 먼저 그 말초가 어떠한지를 본 그 다음에 그 발원이 어디에 있는지를 알 수 있습니다. 측은惻隱과 수오羞惡는 확충할 수 있으니 그 발원이 본연지성에 있다는 것을 알 수 있으며, 희로喜怒와 애구哀懼는 확충할 수 없으니 그 발원이 기질지성에 있다는 것을 알 수 있습니다. 이理는 확충할 수 있으나 기氣는 확충할 수 없기 때문입니다.[65]

분개의 관점에서 사단과 칠정은 그 주主로 하는 바에 따라 각각 이발과 기발로 나누어 볼 수 있으며, 그 구분의 정당성은 곧 본연지성과 기질지성의 구별

64 이는 같은 해 李基讓(士興)에게 보낸 편지에서 확인된다. 『順菴集』 권8:18a~b, 「與李士興書〈庚寅〉」(1770년). "原來理氣有可以渾淪言者, 有可以分開言者, 談者雖更僕而不出此兩端, 退溪本說可考矣. 今以情一也之句, 謂之渾淪而歧貳師說, 則似未悉僕之本意也, 切願勿以爲嫌, 更乞示敎也, 朋友相聚之際, 非徒有講論之益, 其於處心行事, 容貌辭氣之間, 自相勸勉, 似有勝於講究一二句疑辭, 未知此意如何, 不宣." 이와 관련하여, 안영상은 사칠설에서 渾淪에 대한 分開의 입장을 강조하는 것이 성호 이래 성호 학파의 특징이라고 지적하고, 순암은 혼륜설의 입장을 도입함으로써 성호학파 내부의 반발을 불러왔다고 서술하였다. 안영상(2001) 61~71면 참조. 그러나 순암은 어디까지나 분개에 초점을 두고 혼륜을 받아들였다고 보는 것이 더 적절할 것이다. 이는 순암이 이해한 그대로 퇴계(와 성호)에로 이어지는 입장이었다고 할 수 있다.

65 『順庵全集』 2책, 「擬問・四七理氣」, 521면. "盖四端七情, 先觀其末抄之如何, 然後可知其發源在何處. 惻隱羞惡, 可以擴充, 則其發源在於本然之性, 可知也. 喜怒哀懼, 不可擴充, 則其發源在於氣質之性, 可知也. 理可擴充而氣不可擴充故也."(9문)

을 통해 확인되고 강화되고, 실천적으로 확충 가능성 여부, 곧 확충의 대상인가 중절의 대상인가에 따라 확증될 수 있다는 것이다.

그러나 그러한 논리를 통해서는 혼륜의 관점은 충분히 반영되지 않는다. 순암이 그러한 분개의 입장에 일관한 것은 아니었다. 그는 이제 혼륜의 관점에서 공희로 문제에 대해 새롭게 접근하고자 한다. 그것은 확충의 문제에 대해 새롭게 접근함을 통해서였다.

5) 공희로도 확충이 가능하다.

순암의 기본적인 입장은 사단은 확충이 가능한데, 칠정은 확충이 가능하지 않다고 하는 것이었다. 그런 점에서 사단은 이에 속하고, 칠정은 기에 속한다는 것이 확증될 수 있다는 것이다. 그는 먼저 그러한 원칙을 확인한다.

> (객이) 묻는다. 칠정 중의 애愛는 확충이 가능할 것 같습니다. (주인이) 답한다. 사단은 대공무사大公無私한 것이요, 칠정은 공公도 있고 사私도 있습니다. 대공무사한 것은 본연지성에 속하니, 선하지 않음이 없다고 하는 것이 그것입니다. 공도 있고 사도 있는 것은 기질지성에 속하니, 선도 있고 불선도 있다고 하는 것이 그것입니다. 본연지성은 선하지 않은 것이 없으니 확충할 수 있습니다. 기질지성은 선도 있고 불선도 있는 것인데도 또한 확충할 수 있습니까? 칠정은 기변氣邊의 것이니, 애愛가 칠정 중에 있으면 애는 본래 확충할 수 없습니다. 만약 혹 애를 곧바로 인仁이라고 한다면 확충할 수 있다고 하겠으나, 또한 불가하다고 말해야 하니 왜 그렇습니까? 인은 본연지성이고 애는 기질지성입니다. 기질지성은 금수도 가지고 있는 것이니, 지금 과연 애를 인이라고 한다면 이는 금수도 또한 인의지성을 가지고 있다는 것이 됩니다. 금수가 인의지성을 가지고 있다면 그렇게 보아도 좋겠으나, 금수에게는 인의지성이 없다고 한다면 애와 인은 저절로 구

별이 있지 않을 수 없습니다.[66]

애愛는 칠정에 속하는 것으로 선도 있고 악도 있다. 따라서 필요한 것은 그 것의 분별이지 확충이 아니라는 것이다. 순암은 애와 인은 각각 기질지성 곧 동물성과 본연지성 곧 도덕성에 연원을 가진 것으로 구별될 수밖에 없다고 말하는 것이다.

그러나, 순암은 단지 거기에 멈추지 않고 한 걸음 더 나아가 확충가능성의 관점으로 사단과 칠정을 다시 이해하는 데로 나아갔다. 이는 앞의 기준적 입장과 일견 모순되는 것이라고 할 수도 있다. 그는 다음과 같이 말하는 것이다.

> (객이) 묻는다. 사람이 부모를 사랑하고 백성을 사랑하고 물物을 사랑함에 끝내 확충 공부를 쓸 수 없겠습니까? (주인이) 답한다. 어버이를 사랑함에 그 바름을 얻으면 부모에게 인仁한 것이며, 백성을 사랑함에 그 바름을 얻으면 백성에게 인한 것이며, 물物을 사랑함에 그 바름을 얻으면 물에 인한 입니다. 이미 부모에게 인仁하고 백성에게 인하고 물에게 인仁하다라고 말한 것이 있으니 어찌 확충이 불가하겠습니까? 이것들이 이른바 기氣가 이理에 순응한 것입니다. 이理에 순응한 것인데 확충이 불가하겠습니까? 또한 기질지성을 잘 돌이키면 천지지성이 보존된다고 하였으니, 천지지성을 또한 확충할 수 없겠습니까? 저 부모를 사랑함에 다만 구체口體를 기르는 것 같은 것은 인이 아니며, 묵자의 겸애兼愛도 인이 아니며, 위공衛公이

66 『順庵全集』 2책, 「擬問・四七理氣」, 521면. "問, 七情中愛, 則似可擴充? 曰, 四端是大公無私者也, 七情是有公有私者也. 大公無私者, 屬之本然之性, 而無有不善, 是也. 有公有私者, 屬之氣質之性, 而有善有不善, 是也. 本然之性, 無有不善者, 可以擴充矣. 氣質之性, 有善有不善者, 亦可以擴充乎? 七情是氣邊物, 而愛在乎七情中, 則愛固不可以擴充也. 若或以愛直謂之仁, 而可以擴充云, 則亦有所謂不可, 何者? 仁是本然之性也, 愛是氣質之性, 而氣質之性, 禽獸亦得有之. 今果以愛爲仁, 則是禽獸亦有仁義之性也, 謂禽獸有仁義之性, 則可矣, 謂禽獸無仁義之性, 則愛與仁, 不得不有自別."(10문)

> 학鶴을 사랑한 것 같은 것도 인이 아니니, 이것들도 확충할 수 있겠습니까? 그렇다면 사랑[愛]은 확충할 수 없으나, 인仁인 연후에 확충할 수 있다고 하는 것은 또한 마땅하지 않습니까?[67]

순암은 사랑[愛]이 바름을 얻은 것이면, 곧 확충이 가능하다고 말한다. 그는 그것이 곧 '기가 이에 순응하여 발한 것'이라고 말한다. 공희로가 '기가 이에 순응하여 발한 것'이라는 것이 그의 기준적 입장이라고 한다면, 그는 이제 그것을 확충 가능성의 근거로 말하고 있는 것이다. 즉, 공희로에 해당하는 것은 비록 기발氣發이라고 해도 이理의 성격을 가지고 있으며, 즉, 본연지성에서 발한 것이라고 할 수 있으며, 따라서 확충할 수 있다고 하는 것이다. 즉, 공칠정에 해당하는 것은 기가 이에 복종한 것, 칠정이 사단에 복종한 것이므로 천리를 보존하고 있으며, 그것은 마치 기질지성을 잘 돌이켜 천지지성을 보존할 수 있게 된 것과 같다고 한다. 따라서 그것을 확충할 수 있다는 것이다.

이는 곧 혼륜의 관점을 도입한 것이라고 할 수 있을 것이다. 즉, 혼륜의 관점에서는 공희로는 이발이라고 할 수도 있고, 공부에서 확충을 적용할 수 있기도 하다는 것이다. 바로 그러한 혼륜의 관점에서 정산의 입장을 수용할 수 있다는 것이 순암의 입장이었던 듯하다. 이는 확충 가능 여부를 통해 사단과 칠정, 이발과 기발을 구별하고자 하였던 소남의 견해에서 한 걸음 더 나간 것이라고 할 수 있다. 즉, 칠정 중 확충이 가능한 것이 있으며, 그것이 이른바 공희로에 해당한다는 것이다.

67 『順庵全集』 2책, 「擬問 · 四七理氣」, 522면. "問, 人於愛親愛民愛物上, 終不可用擴充工否? 曰, 愛親而得其正, 則仁乎親者也, 愛民而得其正, 則仁乎民者也, 愛物而得其正, 則仁乎物者也. 旣云乎仁親也仁民也仁物也, 則夫何擴充之不可也? 此所謂氣之順理者也, 順理者固不可以擴充乎? 且氣質之性善反則天地之性存焉, 天地之性亦不可以擴充乎? 若夫愛親而只養口體者, 非仁也, 墨子之兼愛, 非仁也, 衛公之愛鶴, 非仁也, 則是亦可以擴充之乎? 然則愛不可擴充, 而仁然後可以擴充者, 不亦宜乎?"(12문)

그러나 그렇다고 해서 순암이 공희로를 그대로 사단으로 인정하거나, 공희로를 이발理發로 이해한 것은 아니었다. 순암은 여전히 공희로도 칠정인 한 기발에 속한다고 하는 기본적인 이해를 유지하고 있었던 것이다. 그런 점에서 정산의 입장을 그대로 받아들인 것은 아니라고 할 수 있다. 결국 순암은 소남의 견해를 기본으로 하되, 혼륜의 관점에서 확충의 실천과 관련하여 정산의 주장도 일부 받아들인 것이라 이해할 수 있을 것이다.

순암은 최종적으로 다음과 같이 자신의 견해를 요약하였다.

> 통괄하여 말하면[統以言之] 칠정七情은 기氣의 발發이며, 기氣에는 협잡夾雜이 있으므로 그것을 확충擴充할 수 없으나, 나누어 말하면[分而言之] 칠정 중에 바름을 얻은 것은 기氣가 이理에 순응한 것으로써, 이理에 순응하면 곧 천리天理를 보존하고 있는 것이요, 그러므로 그것을 확충할 수 있는 것이다[68]

칠정 전체를 통괄해 말한다면[統言] 그것은 중절의 대상이지 확충의 대상일 수 없지만—이것은 분개分開의 입장이다—세부적으로 구분하여 말한다면[分言] 그 바름을 얻은 것 그것은 아마도 공희로처럼 의리에 촉발된 칠정일 수도 있고, 또 중절한 칠정일 수도 있을 것인데, 그 경우는 확충할 수 있다는 것이다—이것은 혼륜渾淪이 입장이다. 전자는 소남의 견해를 따른 것이요, 후자는 정산의 주장을 수렴한 것이라고 할 수 있다. 이는 혼륜과 분개의 이중적 관점을 확충 문제와 관련하여 응용한 것이며, 퇴계 이래의 사단칠정설에 대한 정론正論을 보수하면서, 동시에 정산의 주장의 실천적 의의를 보존하여 받아들인 것이

68 『順菴全集』 2책, 「擬問・四七理氣」, 522면. "〈統以言之, 則七情氣之發也, 而氣有夾雜, 故不可以擴充也. 分以言之, 則七情之得正者, 氣之順理者也. 順理則存天理, 故可以擴充.〉"(12문 自註)

라고 할 수 있을 것이다. 여기에서도 성호 문하의 이론적 분열을 봉합하여 보고자 한 순암의 입장이 노정되고 있으며, 그의 실천적 실용정신을 엿볼 수 있다.

5. 맺음말

이상에서 우리는 「의문擬問」에 실린 내용을 중심으로 순암의 성리설을 개관하여 보았다. 본론에서의 논의를 통해 그것이 실로 순암이, 성호 사후에 공희로 문제로 인해 학파 내에 분열의 조짐이 있는 것에 대응하는 과정에서 혼륜渾淪-분개分開의 관점을 정립한 후 그에 입각하여 자신의 성리설을 체계적으로 정리해 놓은 자료였음을 분명하게 확인할 수 있었다. 순암은 성리설에 대한 이론적 천착보다는 일상에서의 의리의 실천을 강조한 실천적 유학자였지만 또한 이론적 요구가 있었을 때 그를 외면하지 않고 자신의 실천 이념으로서 체계적인 성리설을 구축하였던 것이다.

순암의 '혼륜渾淪-분개分開'의 관점은 비록 대산 이상정을 통해 영남의 논리를 도입하여 정립한 것이었지만 또한 이와 기, 본연지성과 기질지성, 사단과 칠정 사이의 구분을 명확히 함으로써 분개에 초점을 두면서 인간의 도덕적 주체성과 책임, 실천의 당위성을 강조하는 성호 학파의 특징을 결코 포기하지 않은 것이었다.[69] 그것은 곧 한편으로 이기理氣 불상잡不相雜을 중심으로 하되 불상리不相離의 측면도 고려하여 자신의 사칠설을 정리하였던 퇴계退溪의 입장과, 다른 한편으로 '이발기수일도理發氣隨一途'의 전제 위에서 사단과 칠정을 각각 이발理發과 기발氣發로 보았던 성호星湖의 입장을 계승한 것이라고 할 수 있다. 즉,

69 葛庵과 大山, 그리고 星湖학파에서의 '渾淪-分開'의 의미의 같고 다름과 그 의의에 대해 규명하기 위해서는 별도의 논고가 필요할 것이다.

그가 늘 표방하던 퇴계와 성호의 입장을 이기론과 심성론의 방면에서 일관적이고 정합적으로 정리한 것이었다고 평가할 수 있는 것이다.

그것은 또한 실천을 위한 확고하면서도 균형 잡힌 이론을 정립한 것이라고 평가할 수 있다. 특히 성호 사후 공희로 문제를 두고 분열의 조짐을 보이고 있었던 성호 학파 내의 이론적 대립을 해소하는 데 있어 그것은 매우 유용한 방법론적 틀로 기능할 수 있었다. 그를 통해 순암은 퇴계와 성호를 계승한다고 하는 기본적 학파적 동일성을 확인하고, 그에 잠재한 세부적인 차이들을 조정하고 조화시킬 수 있었던 것이다. 그는 성호와 퇴계가 이 문제에 대해 어느 한 쪽 설로 결안決案한 것이 아닌, 보다 더 포괄적이고 원만한 이론의 수립에로 나아갔다는 결론에 이르렀다. 따라서 성호 학파 내의 그러한 분기는 그러한 원만한 관점에서 포괄 조화될 수 있는 것으로, 어느 한 쪽에 집착하여 결정을 내리고자 하는 것은 이론적으로도, 또한 실천적으로도 바람직하지 않은 것이라 주장한 것이다.

한편 그러한 과정 속에서 인간의 본성과 동물의 본성을 명확히 구분하면서 그가 제시한, 본연지성과 기질지성에 대한 이해는 다산 정약용에로 이어지는 것으로서, 내부에 중대한 인성론상의 혁명의 가능성을 내함內含하고 있는 것이었다. 그런 점에서 순암의 성리설은 퇴계에 연원을 두고 전통 성리설을 보수한다는 것을 표방하였지만 내부적으로는 새로운 인성론, 더 나아가 새로운 철학에로 진전하여 갈 수 있는 가능성을 또한 함유하고 있었다. 그러나 순암 자신은 이러한 성리설 자체에 대해서는 그다지 큰 중요성을 부가하지 않았던 것으로 보인다. 그의 중심적인 관심은 실천에 있었으며, 이론적 성찰은 어디까지나 부수적인 데 그치는 것으로서, 그가 도달한 이해라고 하는 것도 그러한 실천의 한계 속에 멈추고 있었다. 따라서 그는 성리설과 관련하여 더 이상의 천착에로 나아가지는 않았으며, 더 이상 진전해 가지 못했던 것이다.

하지만 그의 성리설이 가지는 의의는 결코 가볍게 치부될 수 없다. 그가 제시한 기본적인 관점들의 연원과 함의는 성호의 성리설 그리고 소남과 정산, 그리고 그의 후배 및 제자들에로 이어지는 제반 성리설 관련 담론들과의 관계 속에서 자세하게 음미되고 평가될 필요가 있을 것이다. 또한 성호와의 만남 이전에 이미 영향 관계에 있던 반계 유형원의 성리설과의 관련성 등에 대해서도 검토될 필요가 있다.[70] 바로 그렇게 할 때 실학의 역사적 형성의 맥락에서 그의 성리설의 의의와 위상에 대해 제대로 평가할 수 있게 될 것이기 때문이다.[71] 이 논문에서는 그러한 데까지 이를 여력은 없었다. 그것은 차후의 과제로 돌릴 수밖에 없다.

70 姜世求(1995), 「柳馨遠・李瀷과 安鼎福의 學問的 傳承關係」(『實學思想硏究』 5・6, 모악실학회.)는 순암에 대한 반계의 영향 관계를 적극적으로 조명하였지만, 순암이 성리설에서는 반계에게서 영향을 받지 않았다고 보았다. 하지만 반계의 다음과 같은 발언은 순암의 입장과 기본적으로 동일한 것이라고 할 수 있다. 『磻溪雜藁』, 「又論人心道心書」「又別紙」, 102면. "蓋理氣元不相離而自不相雜, 故性曰本然之性氣質之性, 心曰人心道心, 情曰四端七情. 性一也, 心一也, 情一也, 而只於其中, 自有理與氣之辨耳."

71 이동환 교수는 순암이 전통 성리학과 실학 사이의 완충지대에 속한 사상가라고 평가한 바 있다. 이동환(2004), 「도학과 실학 그 二分法의 극복－順庵 安鼎福은 실학자인가」, 『韓國實學硏究』 제8호, 韓國實學學會 참조.

부록. 순암 안정복의 「의문擬問」[1]

「太極理氣圖」[2]

- 太○
  - 理
    - 元亨利貞 天道之常 始長遂成四德也
    - 仁義禮智 人性之綱 惻隱羞惡辭讓是非四端也
  - 氣
    - 水火木金土 五行
    - 喜怒哀懼愛惡慾 七情

太○[3]總理氣, 而主於理者, 四德也, 四端也 ; 主於氣者, 五行也, 七情也. 理邊無不善, 氣邊有善有不善, 須使五行聽命於四德, 七情聽命於四端, 可也. 五行

1 국립중앙도서관에 소장되어 있는 안정복일기에 수록되어 있는 자료를 정리자가 탈초하고 표점을 붙여 정리한 것이다.

2 원 자료에는 제목이 없으나 정리의 편의상 정리자가 임의로 소제목을 붙였다.

3 太○: 太極.

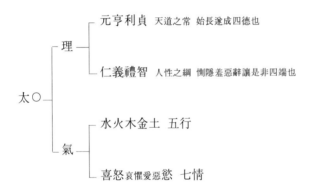

不亂, 則佐四德, 而天道成焉; 七情得正, 則佐四端, 而人道立焉. 然則五行或致乖亂, 則天以元亨利貞之道, 使之不乖; 七情不得其正, 則人以仁義禮智之性, 使之得正. 此是理勝而拑氣者也. 不然, 每有氣盛滅理之患, 可不惧哉.

「人物心性圖」[4]

〈心性圖解〉

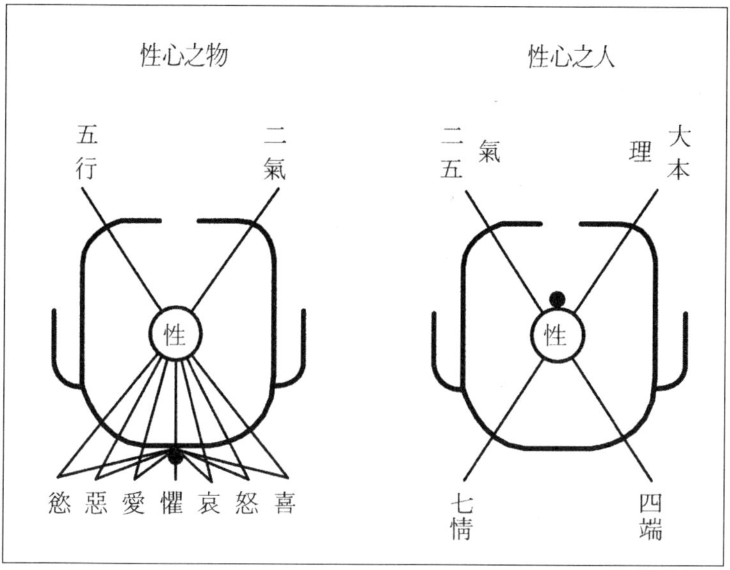

得天地之理成性, 得天地之氣成形, 理寓於氣, 性載於形, 本然爲主, 氣質爲用.

○ 旣曰天地之理成性, 則性只是理也, 今於心性圖, 大本之理二五之氣, 合以

4 원 자료에는 제목이 없으나 정리의 편의상 정리자가 임의로 소제목을 붙였다.

爲性者, 何也? 曰, 大本之理爲本然之性, 二五之氣爲氣質之性, 大本與二五, 兼得爲性者, 人也; 只得二五爲性者, 禽獸也.

○ 有曰, 性卽理也, 又曰, 二五之氣爲氣質之性云, 則性非徒理也, 亦是氣乎? 曰, 二五之氣, 亦自理中出成, 則氣以成形, 理亦賦焉者, 此也. 豈可以是而諱性卽理之說乎? 大抵形氣之前, 只是大本之理而已, 厥後二五之氣生焉, 氣以成形, 萬物化生. 天地之理與氣, 只一般, 而人物受去, 各不同, 非天不公, 乃人物自不同故也. 是知元亨利貞天地之理, 而所謂大本者也. 陰陽五行, 亦天地之理, 而以形以氣者也. 大本二五兼得者, 人性也, 只得二五者, 禽獸之性也.

○ 理與氣合成心, 心主虛靈知覺, 宰處萬事. 知覺有從理而發, 有從氣而發, 乃有人道心之別.

○ 心一籠也, 籠中所貯之物, 卽性也. 從理上發者, 謂之本然之性, 從氣上發者, 謂之氣質之性.

○ 寂不動而具衆理者, 心之體也, 感邃通而應萬事者, 心之用也. 鑑空衡平, 凡物之來, 感應之而已.

○ 心有血肉之心, 有知覺之心.

○ 天命之謂性, 而天所命, 只是元亨利貞之道也. 在天爲元亨利貞, 在人爲仁義禮智.

○ 性旣墮在形氣中, 則氣質之性爲用, 就其中抽出本然之性, 則理之所在也.

○ 天地之性, 亦不離於氣質之中.

「四七理氣」[5]

1. 客問於主人曰, 理無爲而氣有爲, 理不自發, 待氣而發, 則四端亦謂之氣發, 可也.

主人曰. 夫仁義禮智, 天理本然之性, 則四端其非屬於理乎? 喜怒哀懼, 氣質所禀之性, 則七情其非屬於氣乎? 屬於理邊者, 理爲之主, 而謂之理發, 可也. 屬於氣邊者, 氣爲之主, 而謂之氣發, 可也. 豈可以理之待氣而發者, 因謂之曰四端亦氣發耶? 理之待氣而發, 則氣爲理所使而已. 此是理發而氣隨者也. 四端之發於理, 則明矣.

2. 客曰, 四端雖發於理, 而非氣無以發矣, 則謂之氣發, 似無大害矣. 必謂之理發然後穩於義者, 可得聞歟?

主人曰, 理邊本無弊, 氣邊易生弊, 何者? 天理本然之性, 無有不善, 則理可謂無弊也. 氣質所禀之性, 有善有不善, 則氣可謂有弊也. 故四端之發於理者, 擴而充之, 則仁之至義之盡, 而萬世無弊. 七情之發於氣者, 熾而不節, 則過喜過怒過哀過懼, 弊將無窮. 然則以若無弊之四端, 謂之發於有弊之氣, 可乎? 理無弊而四端亦無弊, 觀四端之無弊, 則四端之出於無弊之理, 可知也. 烏可與七情混謂之氣發耶?

3. 客曰, 理固無弊矣, 四端則似有弊, 何者? 人或有不當惻隱而惻隱之, 不當羞惡而羞惡之, 又有惻隱而過於惻隱, 羞惡而過於羞惡者, 此豈非四端之不得其情而有弊者耶?

5 일련번호는 정리자가 임의로 붙인 것이다.

主人曰, 不當惻隱而惻隱者, 非吾所謂仁之端也, 不當羞惡而羞惡者, 非吾所謂義之端也. 心志未固, 私意雜念, 有時横出者, 曷足以四端稱之乎? 若夫惻隱而過於惻隱, 羞惡而過於羞惡者, 理發氣隨之際, 理爲氣所誤者也. 此非四端有弊也, 乃亦氣弊也.

4. 客曰, 氣之弊, 可得聞歟?
主人曰, 夫氣質之性, 有善有不善, 則淸濁粹駁氣所以爲夾雜也. 氣是夾雜, 而氣又易放, 則氣課非易生弊之物乎? 大凡氣或有有弊之氣, 而理則無有弊之理, 則此吾所謂四端之發, 亶在乎一毫無弊理之本善者也. 故先儒曰, 四端理之發. 理之發云者, 發於理之謂也.

5. 今聞主人之言, 始知發四端者氣也, 而四端之所發源理也, 則此乃理爲主, 而氣爲使也. 主人所謂四端理之發者, 誠無弊之論也. 若夫聖人之公七情, 似是理發, 而必謂之氣發者, 抑又何也?
主人曰, 聖凡之七情, 雖有中不中之不同, 七情之所以爲七情, 一也. 則凡人之七情, 謂之發於氣, 而聖人之七情, 獨謂之發於理乎? 且理本善而可以擴充, 七情亦可以擴充乎? 苟使之擴充, 其弊將如何? 不可謂之理發也, 明矣. 故曰, 當然之七情, 發於正氣, 而禀氣質之淸者也; 不當然之七情, 發於客氣, 而禀氣質之濁者也. 雖有氣淸氣濁正氣客氣之分, 而其發於氣, 則一也. 李子又有公七情氣順理之說, 實平正之論也.

6. 客唯唯而退曰, 盖四端之發, 非氣無以, 則謂之氣發, 可也. 然而氣或有弊, 而四端無或有弊, 則四端不可謂氣發也. 七情之發, 理在其中, 則謂之理發, 可也. 然而理可擴充, 而七情不可擴充, 則七情不可謂理發也. 而今以後, 吾乃知理發氣隨, 氣發理乘之義也.

7. 理發氣隨之氣, 就四端發見之氣而言之也, 氣發理乘之理, 就七情所然之理而言之也.

8. 四端發於理, 而氣以用之, 七情發於氣, 而理亦在焉. 故程子曰, "論氣不論理, 不明, 論理不論氣, 不備." 此訓甚明快, 但理發處理爲主, 則謂之理發可, 氣發處氣爲主, 則謂之氣發可. 朱子不云乎? "四端理之發, 七情氣之發."

9. 盖四端七情, 先觀其末抄之如何, 然後可知其發源在何處. 惻隱羞惡, 可以擴充, 則其發源在於本然之性, 可知也. 喜怒哀惧, 不可擴充, 則其發源在於氣質之性, 可知也. 理可擴充而氣不可擴充故也.

10. 問, 七情中愛, 則似可擴充? 曰, 四端是大公無私者也, 七情是有公有私者也. 大公無私者, 屬之本然之性, 而無有不善, 是也. 有公有私者, 屬之氣質之性, 而有善有不善, 是也. 本然之性, 無有不善者, 可以擴充矣. 氣質之性, 有善有不善者, 亦可以擴充乎? 七情是氣邊物, 而愛在乎七情中, 則愛固不可以擴充也. 若或以愛直謂之仁, 而可以擴充云, 則亦有所謂不可, 何者? 仁是本然之性也, 愛是氣質之性, 而氣質之性, 禽獸亦得有之. 今果以愛爲仁, 則是禽獸亦有仁義之性也, 謂禽獸有仁義之性, 則可矣, 謂禽獸無仁義之性, 則愛與仁, 不得不有自別.

11. 問, 有曰"仁者, 愛之理", 有曰"仁是愛之性, 愛是仁之情". 又曰"仁不能離得愛", 然則仁與愛, 似可混稱而同名也否? 曰, 仁者, 天地生物之心, 而愛之欲其生也, 以愛釋仁, 亶由於此. 若夫大體言之, 愛是一段恩愛, 而仁爲萬善所統, 則顔子之三月不違仁, 夷齊之求仁得仁焉者, 豈足以一段恩愛稱說之哉? 故先儒論後世言仁之差, 有曰'後人都不識仁, 只把做恩愛說, 是又太泥了'云, 則愛不可以正名以仁, 可知也. 〈古人言仁, 多借愛爲說者, 此皆推類立言者也, 非謂七情之愛 卽四端之仁也. 此意不可不知也.〉[6]

12. 問, 人於愛親愛民愛物上, 終不可用擴充工否? 曰, 愛親而得其正, 則仁乎親者也, 愛民而得其正, 則仁乎民者也, 愛物而得其正, 則仁乎物者也. 旣云乎仁親也仁民也仁物也, 則夫何擴充之不可也. 此所謂氣之順理者也, 順理者固不可以擴充乎? 且氣質之性善反則天地之性存焉, 天地之性亦不可以擴充乎? 若夫愛親而只養口體者, 非仁也, 墨子之兼愛, 非仁也, 衛公之愛鶴, 非仁也, 則是亦可以擴充之乎? 然則愛不可擴充, 而仁然後可以擴充者, 不亦宜乎?〈統以言之, 則七情氣之發也, 而氣有夾雜, 故不可以擴充也. 分以言之, 則七情之得正者, 氣之順理者也. 順理則存天理, 故可以擴充.〉

13. 問, 四端之惻隱與七情之愛, 有別者何也? 曰, 惻隱出自本然之性, 而大公無私, 恩愛係於氣質之性, 而有公有私, 此所以有別也.

14. 問, 孟子有善養氣塞天地之訓, 是氣則非氣質之氣耶? 何其擴充之如是耶? 曰, 其爲氣也, 至大至剛, 集仁義而所生也, 則與他氣自別, 而强名之曰氣者也. 故孟子曰難言. 盖其大無外, 故初無過大之弊, 其剛無敵, 故又無過剛之嫌. 夫如是, 則夫何憚而不爲之擴充乎? 豈與氣質之氣擴而充之熾而不節者, 同日語哉?

15. 問, 人之生, 都是氣化而無理化, 則人之性, 都是氣發而無理發然否? 曰, 天以陰陽五行, 化生萬物, 氣以成形, 理亦賦焉. 且氣以化者, 卽理也, 何必曰都是氣化也? 然則似不可以都是氣發爲言也.

16. 問, 七情之哀與愛, 仁也, 怒與惡, 義也, 喜和而懼嚴, 可謂禮也, 慾者, 心

6 〈 〉 속의 내용은 自註의 형식을 취하여 작은 글씨 2단으로 쓰여진 부분이다. 이하 같다.

之所欲也, 則可謂智也. 然則七情中亦有四端, 四端與七情, 本非二物, 而曰四七之有理發氣發之異者, 何也? 曰, 惻隱仁之端而形容不忍人之善心, 則悲哀親愛, 與惻隱有別; 羞惡義之端而恥憎己與人之不善, 則恚怒厭惡, 與羞惡自異. 哀與愛, 怒與惡, 謂之仁之類義之類則可, 謂之仁之端義之端則不可. 且揖遜辭讓辨別是非, 禮也智也, 而喜懼慾三者, 與辭讓是非, 固非吻然相合, 則豈可曰七情中亦有四端, 又可曰四七本非二物乎? 且七情禽獸亦得有之, 若四七本非二物, 則禽獸亦得有四端乎? 由此言之, 則四七豈可混而同之, 亦豈無理發氣發之異乎? 昔者或有問於朱子曰, 喜怒愛惡欲, 却似仁義, 朱子答曰固有相似處, 不正言其相似, 則意固有在也. 然則四七非二物而何?

17. 問, 羞惡之惡與七情之惡, 有不同者, 何也? 曰, 見人有不善, 憎而惡之者, 此乃四端之惡也. 死亡貧苦, 厭而惡之者, 此乃七情之惡也. 四端之惡, 屬之本性, 七情之惡, 屬之氣質, 可也. 字同而義異者, 此之謂也.

18. 問, 氣質之性, 善反之, 則天地之性存焉. 似是四七本非二物而然也. 曰, 人心惟危, 道心惟微, 氣質之性爲用, 則天地之性, 幾乎滅矣. 人於是時, 猛省而深察, 用功於氣質上, 則可至乎變化氣質, 而天地之性, 復得而存焉. 此之謂乃復其初者也. 豈其四七非二物而然耶?

19. 問, 四端情也, 七情亦情也, 情則一也, 則四七其非一物乎? 曰, 天以陰陽五行, 化生萬物, 萬物之生, 生則一也, 則子之言, 其猶萬物亦一物也. 大凡心統性情, 性動爲情, 情則一也, 而有四端之情, 有七情之情, 此所謂一本而萬殊者也. 情發以前, 只是性一圈而已, 情發以後, 四七之名, 各有分焉. 推觀於李子十圖中, 盖可知衣.

20. 問, 四端是本然之性, 而無有不善, 則所謂四端之不得其正云者, 何也? 旣曰四端, 則四端亦有不正者乎? 曰, 四端固本善之性, 而其發也, 或爲氣所溢, 則亦有所不得其正者, 此非四端不正也, 使之不正者, 乃氣也. 雖然理發氣隨之時, 或爲氣所溢已不得其正者, 不曰四端不得其正, 而謂之曰何物不得其正乎? 是故漢惠以惻隱之心, 遂之隕身, 吳札以辭讓之心, 卒致亂國, 明帝之太察, 察是非之不可得正也. 伯夷之偏於隘, 羞惡之不得正也. 此豈非四端之不得其正者耶?

21. 問, 四端不得正之前, 四端固無不善矣. 四端不得正之後, 四端似可謂惡四端也. 曰, 天下之理, 正則善, 不正則惡. 正與不正, 善惡分焉者, 此乃充類至義之辭也. 若以差等言之, 則其間自不無分數焉. 請以器喩之, 今夫器之傾仄者, 不得其正者也, 器之覆墜者, 不正之甚者也, 器之破殘無餘者, 不正之甚而乃至於惡者也. 由是言之, 則傾仄而不得正者, 爲氣所隘之初也, 覆墜而不正之甚者, 氣熾横肆之時也, 破殘而至於惡者, 氣盛滅理之後也. 然則不正之於惡也, 煞有所等分焉, 而四端之不得正者, 何必名之曰惡四端乎? 且仄而欹者, 猶可謂之器也, 殘而滅者, 器之名無所施焉. 此猶氣溢之初, 猶可謂之四端也, 理滅之後, 四端無揭號處也. 然則四端不得正之說, 可用於氣溢之初, 不可用於理滅之後, 何者? 理滅然後不可曰四端故也.

22. 盖四端之不得正, 而以至乎理弱氣熾, 則本然之性滅矣. 七情之得其正, 而以至乎氣發順理, 則天地之性存矣. 惟在人省察用功與否間耳.

23. 大抵理氣有可以混淪言者, 有可以分開言者. 理中有氣, 氣中有理, 而程子有不明不備之訓, 則此可以混淪言也. 理無不善, 氣有善惡, 而朱子有理發氣發之論, 則此可以分開言也. 混淪分開, 皆所以明此理氣之學則一也.

24. 天下之義理無窮, 人人之所見不同, 則以吾淺薄, 安敢論說性理箇箇歸至當之科乎? 近日少欲開發蘊奧, 則毫上起毫縷上起縷, 毫毫縷縷, 非天下至精, 其孰能辨之哉? 古人曰, "下學而上達."下學不已, 則淸明在躬, 志氣如神, 自然及上達之境矣. 然後可以辨義理於毫縷, 判心迹於天壤者也. 然則今日之務, 當在乎下學工夫而已. 吾欲於『下學指南』二卷, 心抄之, 口讀之, 以待後日學進而識進也.

「人物之性」[7]

1. 朱子曰, "觀萬物之一原, 則理同而氣異, 觀萬物之異體, 則氣猶相近而理絶不同." 理同而氣異者, 禀生於天則同, 而禀氣之淸濁粹駁則有異也. 氣猶相近而理絶不同者, 氣質之性則人物各得有焉, 而本然之性則人所獨禀也. 然則物所得者偏, 人所禀者全, 何者? 喜怒哀懼愛惡慾七情, 氣質之性而禽獸亦多有焉, 仁義禮智四端, 本然之性而禽獸未嘗有焉. 此之謂物得其偏者也. 人則不然, 有本然之性, 有氣質之性, 本然之性發於理而爲四端, 氣質之性發於氣而爲七情, 此之謂人禀之全者也. 人物之性, 豈可比而同之哉? 近來有一人曰, "牛中出一聖人, 然後性同之論可從." 有一人答曰, "雖有聖牛, 吾不從性同之論矣. 何者? 牛之出聖, 誠一變怪也, 豈其性同而然耶?" 此皆絶倒之言也.

2. 問, 虎狼之父子, 蜂蟻之君臣, 烏之反哺也, 犬馬之爲主也, 豈非物中之有仁義者耶? 曰, 此莫非自七情中愛來者也, 豈其有仁義之性而然哉? 夫物亦

---

7 일련번호는 정리자가 임의로 붙인 것이다.

知相愛也，故蜂蟻赴水火而以死相隨，犬馬戀其主而竭力致死，此實相愛之至，死而不自覺其死之惜也，豈知有道理之當然而然哉？大凡物性之如彼者，取譬於吾人仁義則可，直謂之曰物亦有仁義之性則不可．吾故曰出自七情中愛來者也．

3. 問，雎鳩有夫婦之別，鹿有朋友之義，然否？曰，此亦自愛情中出來者也．雎鳩不喜淫而相愛也，故似有夫婦之別，鹿不喜鬪而相愛也，故似有朋友之義．愛則愛矣，彼豈有夫婦之禮朋友之信而然哉？問，不喜淫不喜鬪，則似是本善之性也．曰，物豈有本善之性．物之禀氣，就其中有清濁粹駁之不同，則鳿與鹿，乃其清粹者也．謂其禀氣中稍爲清粹則可也，豈可與吾人本善之性，混而同之哉？

4. 物有氣相連而愛者，有類相從而愛者，有兼恩威而愛者，有感德而愛者．氣相連而愛者，虎之父子也烏之反哺也；類相從而愛者，鳿也鹿也；兼恩威而愛者，蜂蟻也；感德而愛者，犬馬也．此皆物得氣質之性而然也．有此氣質之性而又兼本善之性者，獨人也．是故萬物之中，人爲最靈，四德五常，燦然具備，若使吾人徒有氣質之性而無本善之性，則何必謂之人也，謂之禽獸亦可也．

5. 禽獸亦有氣質之性，而氣質性中，惟愛最近仁義，故人見禽獸之相愛也，便謂之曰'仁義在是'，盖不思之甚也．夫禽獸知愛母而不知愛父，愛子而不知愛及其子之子，有徒知愛群者，有徒知愛主者，有徒知雌雄相愛者．又總而言之，則徒知相愛，而相愛之中，又不知相敬之道，則有仁義禮智之性者，固如是乎？至於昆虫之類，則氣質性中又有清濁偏全所禀之不同，或有通一路者，或有通二路三路者，而比諸禽獸，其知覺尤有不多焉．由是而觀之，人物之性，同乎否乎？

6. 盖本性氣質兼有者, 人也, 只有氣質之性者, 禽獸也, 氣質性中各纔得一二者, 昆虫也, 只得陰陽五行之氣而全沒知覺與運動者, 草卉木石之類也. 此乃人物所禀偏全之等級也. 然則非徒人物之性不同, 物之性亦類萬不同. 先儒曰, 萬物各具一太○[8], 此指其化生之竗而言之也, 非指其所禀之性而言之也.

7. 朱夫子論經浩大, 或有似甲乙不相合者. 近人有辨其初晩之別傳錄之誤, 亦似遁辭而或有所不得不然者. 此等處十分愼旃看, 可也.

8. 讀書窮理, 不可無疑, 有疑不可無問. 吾生苦晩, 程朱已遠, 摳衣問質, 旣無其所, 則憤悱啓發, 於何復睹. 近日山齋有讀書之暇, 或自疑而自問之, 自解而自得之, 窃自比於當日函席上記疑問目講討之列, 斯覺僭焉, 而盖自備一說, 藏于篋笥, 以時乎自考自覽, 而亦不敢有自信自多之意, 又從而思之曰, 吾說安知非程朱當日已辨之論而程朱時棄而不錄者, 則此必有未穩底意故也. 每以此意爲主, 則畢竟歸宿在於篤信先儒之言而已. 又何有違經之誚哉? 苟或得一新意, 便自謂發前人所未發, 則其弊將至於侮聖言無忌憚之域矣. 其人輩罪案, 可勝誅哉? 渠輩末抄之歸于異端, 亦莫非自高好新之致也. 可不戒哉? (*)

---

8 太○ : 太極.

안정복의 『주자어류절요朱子語類節要』고考

정선모

1. 머리말

주자학을 통치이념으로 개국한 조선에서는 국가적 차원에서 중국으로부터 주자학과 관련된 서적들을 적극적으로 수입하고, 이를 다시 조선의 활자본으로 간행하여 반포하는 등 주자학 보급에 힘썼다. 주자학이 널리 보급되어감에 따라 주희(朱熹, 1130~1200) 및 주자 사상에 대한 연구도 심화되었으며, 이는 주자의 『사서집주』뿐만 아니라 주자와 관련된 모든 저작물에 대한 탐구로 확대되어갔다. 그리고 조선중기에 이르러 중국에서 전래된 『주자문집대전朱子文集大全』(이하 『주자대전朱子大全』이라 약칭함)과 『주자어류대전朱子語類大全』(이하 『주자어류朱子語類』[1]라 약칭함)이 다시 조선의 판본으로 간행되어 보급되자 조선의 주자학 연구도 새로운 단계로 접어들게 되었다.

이황(퇴계退溪, 1501~1570)은 『주자대전』과 『주자어류』가 주자 사상을 이해할 수 있는 주요한 텍스트라는 사실에 주목하고 이에 대한 연구에 매진했다. 특히 퇴계는 후학들에게 학문에 들어가는 단초를 제공하고자 방대한 『주자대전』에서 학문과 관계된 편지글을 대상으로 초절抄節한 『주자서절요』를 편찬했다. 또한 퇴계는 『주자어류』를 비롯한 주자 관련 서적에 자주 등장하는 송나라 때의 구어체 표현이나 속어를 풀이한 '어록해語錄解'를 작성하는 등 『주자어류』 연구의 기초를 마련했다. 퇴계가 편찬한 『주자서절요』는 조선후기 지식인들의 필독서가 되었으며, 『주자대전』과 『주자어류』에 대한 연구는 '퇴계학파'의 형성 및 조선 특유의 주자학 연구의 단서를 열었다. 퇴계 이후로 주자학 연구가 심화됨에 따라 『주자어류』 대한 본격적인 연구서 또한 적지 않게 출현한다. 특히 조선후기 주자학 연구를 대표하는 송시열(우암尤庵, 1607~1689)은 『주자어류』에 수록된 주자 제자들의 기록들이 서로 뒤섞이고 중복된 내용이 많다고 보고, 이러한 문제점을 해결하고자 그의 문인들과 함께 다시 편목을 세우고 일부 내용을 새롭게 분류하여 『주자어류소분朱子語類小分』을 편찬했다.

퇴계에서 우암에 이르기까지의 많은 연구에도 불구하고, 조선의 지식인들이 140권에 이르는 방대한 분량의 『주자어류』를 통독하고 그 속에서 주자의 핵심사상을 파악하기란 결코 쉬운 일이 아니었다. 따라서 주자학 연구가 한층 더 심화되어가는 18세기에 들어서면 『주자어류』에 대한 연구 또한 보다 세분화되어 크게 다음과 같은 두 방향으로 연구가 진행되었다. 하나는 『주자어류』의 난해한 단어나 문장의 뜻풀이를 비롯하여 텍스트의 교정 및 교감에 이르는 본격적이고 종합적인 주석 작업이었다. 또 다른 하나는 『주자어류』 속에서 주자사상의 핵심적인 내용만을 선별하여 재편하는 초절抄節 및 절요節要 작업이었

1 『朱子語類』는 모두 남송말 黎靖德이 咸淳 6년(1270)에 江西 建昌에서 간행한 『朱子語類大全』 140권본을 저본으로 한다. 이 책은 여정덕이 기왕에 나온 주희의 어록들과 어류 등을 수집하고 중복되는 부분을 삭제하여 최종적으로 26門으로 정리하여 간행한 것이다. 『주자어류』의 성립과정에 대해서는 友枝龍太郎(1979), 「朱子語類の成立 - 付朱子大全」, 『朱子思想の形成』, 春秋社; 岡田武彦(1983), 朱子語類の成立と版本」, 『中国思想における思想と現実』所収, 木耳社 참조.

다. 전자의 대표적인 주석서가 곧 우암학파에 속하는 이의철李宜哲(문암文菴, 1703~1778)이 편찬한 『주자어류고문해의朱子語類考文解義』이며, 후자의 대표적인 절요서가 곧 퇴계학파에 속하는 안정복安鼎福(순암順菴, 1712~1791)이 편찬한 『주자어류절요朱子語類節要』이다.

본고에서는 순암 안정복이 편찬한 『주자어류절요』에 대해서 종합적으로 검토하고자 한다. 먼저 조선후기 주자학 연구의 심화에 따른 『주자어류』에 대한 연구 동향 및 선집 경향에 대해서 살펴보고, 이어 순암이 『주자어류절요』를 편찬하게 된 배경 및 편찬상의 특징에 대해서 검토하고, 그 편찬 의의에 대해서 논의해보고자 한다.

2. 『주자어류』에 대한 연구 및 선집

1) 『주자어류』에 대한 연구

고려말 주자학이 원나라를 통해 수용되면서 『주자어류』 또한 이른 시기에 우리나라에 유입되었을 것으로 보인다. 하지만 현존하는 문헌자료에서는 『주자어류』의 유입과 보급을 증명할 만한 명확한 단서를 찾을 수 없다. 당시 중국에서는 140권에 이르는 방대한 양의 『주자어류』보다도 분량이 적고 손쉽게 구입할 수 있는 주자의 『어록』류가 널리 유통되고 있었다.[2] 따라서 주자학 수용 초기에는 『주자어류』보다 손쉽게 구입할 수 있었던 주자의 『어록』류가 전래되어 유통되었을 가능성이 높다. 실제로 문헌상에서도 주자의 『어록』에 대해서 언급하고 이를 인용한 기록은 이미 세종 때에 빈번하게 나타나고 있지만, 『주

2 石立善(2007), 「古本朱子語錄について－『朱子語類大全』 未收錄語錄書三十七種」, 『東アジアの宗教と文化』, 京都大學人文科學研究所 참조.

자어류』에 대한 기록은 성종 때에 처음 보인다.[3]

성종 7년(1476) 명나라에 사행을 다녀온 사은사 정효상鄭孝常 등은 귀국할 때 『주자어류』를 구입하여 진상했다.[4] 당시 정효상이 이 책을 진상하면서 “이 책은 최근 편찬된 것[此書近來所撰]”이라고 보고하고 있는 것으로 보아 이때 구입한 『주자어류』는 바로 3년 전인 성화成化 9년(1473)에 간행한 진위각본陳煒刻本 『주자어류대전』으로 판단된다.[5] 또한 정효상 일행보다 5년 후인 성종 12년(1481), 질정관質正官으로 중국에 다녀온 김흔金訢(1448~1492)도 『주자어류』 한 질을 바쳤으며,[6] 그 다음해 사행원들 또한 귀국길에 『주자어류』를 구입해 왔다.[7] 따라서 우리나라에서 『주자어류』의 수용 및 연구는 성종조 때 사행원들을 통해 진위각본 『주자어류대전』이 유입되면서 시작된 것으로 사료된다.

그리고 중종 39년(1544)에는 『주자어류』가 조선의 활자본으로 간행되어 90여 명의 조정 대신들에게 하사되었다.[8] 이 중종간본 『주자어류』 140권 75책은 명나라에서 성화 9년(1473)에 간행한 진위각본 『주자어류대전』을 저본으로 하여 동활자본(병자자丙子字, 대大・소자小字, 목활자木活字도 혼용)으로 간행되었다.[9]

이처럼 16세기 중반에 『주자어류』가 간행되어 유포되면서 『주자어류』에 대한 연구도 시작된다. 특히 퇴계가 중종간본을 사용하여 자필로 교정한 『주자

3 『주자어류』의 초기 수용양상에 대해서는 鄭墡謨(2013), 「奎章閣本『朱子語類抄』考」, 『漢字漢文敎育』 제31집, 한국한자한문교육학회, 제2장 ‘『주자어류』의 전래와 유통’ 부분 참조.

4 『成宗實錄』 67卷, 成宗7年 5月13日(乙卯)조. 그런데 여기서 進上한 『朱子語類大全』이 단지 ‘二十卷’이라고 한 이유에 대해서는 확인할 길이 없다. 이때는 『朱子語類大全』의 全帙을 구입하지 못하고, 그 중 一部만을 구입해 왔을 가능성도 생각해 볼 수 있겠다.

5 진위각본 『주자어류대전』은 여정덕의 『주자어류대전』 140권본의 번각본이다.

6 『成宗實錄』 128卷, 成宗12년(1481) 4월25일(己巳)조.

7 『成宗實錄』 139卷, 成宗13년(1482) 3월8일(丙子)조.

8 『眉巖日記草』, 戊辰년(1568) 4월10일조.

9 조선의 『주자어류』 판본에 대해서는 藤本幸夫(1976), 「朝鮮における『朱子語類』－それは如何に扱われたか」, 『朝鮮學報』 78, 天理大學 朝鮮學會; 藤本幸夫(1981), 「朝鮮版『朱子語類』考」, 『富山大學人文學部紀要』 5, 富山大學人文學部 참조.

어류』의 일부가 현존하고 있다는 사실이 이를 반증한다.[10] 그리고 당시 유학자들 사이에서 불붙기 시작한 '이기理氣'논쟁에서 퇴계를 비롯한 몇몇 학자들이 종종 『주자어류』의 관련 내용을 인용하게 되면서,[11] 『주자어류』는 주자학 연구자들의 필독서로 자리매김 한다. 따라서 이이(율곡栗谷, 1536~1584)는 초학자를 위해서 편찬한 『격몽요결擊蒙要訣』의 「독서조讀書條」에서 『주자어류』를 필독서에 포함시키고 있다.[12] 또한 조헌(중봉重峯, 1544~1592)은 선조 7년(1574)에 명나라 사행을 다녀와서 올린 「시무8조」에서, 『주자어류』가 비록 권질이 많지만 분류가 매우 정밀해서 국왕과 신하 각각에 맞는 활용법이 있으므로 각 관청 및 각도의 관아에 구비해 두고 참고하도록 해야 한다고 주장하고 있다.[13]

그런데 주자 생전에 주자가 제자들과 가졌던 문답 형식의 대화록인 『주자어류』는 대부분의 내용이 주자 당시의 구어체인 '어록語錄'을 그대로 수록하고 있다. 주자의 제자들이 이러한 문답 형식의 구어체 문장을 그대로 수록한 『주자어류』를 편찬했던 것은, 주자와 제자 사이에 진행되었던 그 당시 대화 현장을 보다 생동감 있게 재현시켜 후대 사람들에게 주자의 사상을 좀 더 쉽게 이해시키고자 한 것이었다. 하지만 언어적 환경이 다른 조선의 지식인들에게는 주자 당시의 구어체를 그대로 수록하고 있는 『주자어류』가 오히려 문어체보다도 훨씬 이해하기 어려웠던 것이다. 따라서 조선의 지식인들은 어록체 문장의 내용을 정확하게 파악하기 위하여 중국어 학습에 보다 많은 관심을 기울였다. 또한 몇몇 선진 학자들을 중심으로 이들 구어체나 난해한 단어 등에 대한 해석 작업이 시도되었다.

주자의 『어록』에 대한 단편적인 해석이나 주석 작업은 이미 16세기 초엽부

10 李滉이 교정한 『주자어류』에 대해서는 宋穖(1970), 「李滉 自筆校正本 『朱子語類』의 價値와 그의 學問方法論(修養法)」 『歷史學報』 47 역사학회 참조.

11 『退溪集』 16卷, 「答奇明彦論四端七情第二書」

12 『栗谷全書』 27卷, 『擊蒙要訣』 第四章 「讀書條」

13 修正 『宣祖實錄』 8卷, 宣祖7年(1574) 11月1日(辛未)조.

터 나타나기 시작하지만,[14] 이에 대한 보다 본격적인 연구는 『주자어류』와 『주자대전』이 간행되어 널리 유포된 16세기 중반에 이르러서 나타난다. 특히 퇴계가 문인들을 가르치기 위하여 주자 관련 텍스트에 빈번히 출현하는 구어적 표현이나 중국의 속어 등의 뜻을 풀이한 '어록해語錄解'를 작성하면서부터 『주자어류』에 대한 본격적인 연구도 시작된 것으로 보인다.[15] 퇴계를 이어 유희춘(미암眉巖, 1513~1577) 또한 경연 강독에서 참고할 수 있도록 중국어의 난해한 뜻풀이나 구어체의 독특한 표현 등을 해석한 『어록자의語錄字義』를 편찬하여 선조에게 올렸다.[16] 이후 유희춘은 자신이 편찬한 『어록자의』를 여러 학자들과 함께 검토하고 수정하여 다시 진상한 바 있으며,[17] 의심나는 바를 중국 사신에게 문의하는 등, 이후에도 『어록자의』를 계속적으로 수정하고 보완했다.[18] 유희춘은 칙명으로 『주자어류』에 대한 교정 및 경서에 대한 구결과 언해 작업을 진행하던 중, 이와 관련된 퇴계의 선행연구 자료를 얻어 보게 되고,[19] 이를 다시 『어록자의』에 보충하여 『주자어류훈석朱子語類訓釋』을 편찬했다.[20]

17세기 후반에는 유희춘의 『주자어류훈석』이 다시 정양鄭瀁(1600~1668)에 의

14 李耔(1480~1533)의 『陰崖先生集年譜』에 "嘉靖三年甲申(1524), 先生四十五歲, 書朱子語錄考解後 …… 至於語錄後書, 亦必發揮前聖之奧旨, 有足爲後學之嘉惠者, 而惜乎文字散佚於士禍兵燹之餘, 今其存者, 唯日錄若干條而已, 惜哉.)"라고 보이며, 盧守愼 또한 李耔의 行狀에서 "若書晦庵語錄考解後, 最爲醇正."이라고 평가하고 있다. 이러한 기록에 의하면, 李耔가 후학들을 위하여 『朱子語錄考解』를 편찬하고 여기에 後序를 작성했던 것으로 추정된다.

15 『語錄解』의 跋文에 의하면, "右『語錄解』者, 本出退溪李先生門. 先生嘗曰, 古無語錄, 至程朱始有之. 是蓋當時訓誨門人之俗語, 而至於書尺, 亦迭迭用此, 則本欲人之易曉, 而我東顧以語音之不同, 反成難曉, 可慨也已."라고 하여 『어록해』가 퇴계로부터 연유하고 있음을 지적하고 있다.

16 『眉巖先生集』 卷之六 「上經筵日記別編」 戊辰(1568)下.

17 『眉巖先生集』 卷之十五 「經筵日記」 戊辰(1568)下.

18 『眉巖先生集』 卷之六 「上經筵日記別編」 戊辰(1568)下.

19 『宣祖實錄』, 宣祖 7年 10月19日조.

20 『宣祖實錄』 14卷, 宣祖 13년 9月29日(丙申)조.

해 보충되고 『어록해語錄解』라는 이름으로 탈바꿈하여 널리 유통된다.[21] 정양의 발문에 의하면, 『어록해』는 퇴계의 주해서인 '계훈溪訓'과 미암의 '미훈眉訓' 및 기타 주해서에서 긴요한 것을 뽑아 한글과 한자로 주해하여 편찬한 것으로,[22] 『주자어류』를 읽고자 하는 자들에게는 반드시 필요한 책이라고 강조하고 있다. 그리고 정양의 『어록해』가 출간된 지 10여년 만인 현종 10년(1669)에 칙명으로 남이성南二星(1625~1672)이 수정 작업을 주관하여 교서관에서 간행했다. 송준길宋浚吉(동춘당同春堂, 1606~1672)의 발문에 의하면, 원간본의 표제어 중 중복되거나 주석이 미비한 것을 줄이고, 주석은 추가 보완했으며, 차자구결借字口訣이 포함된 주석부분을 한글로 바꾸는 등 원간본의 미비점을 크게 보충하였다고 한다.[23]

『어록해』의 출간과 거의 때를 같이하여, 송시열은 또한 그의 제자들과 함께 『주자어류』에 대한 본격적인 연구를 진행하였다. 송시열은 『주자어류』를 읽고 있으면 주자와 그 제자들 사이의 학문 토론장에 직접 참여하여 가르침을 받는 느낌이 들지만, 그 가운데는 번잡한 것과 잘못된 것이 적지 않아서 번거롭고 중복되는 내용을 산삭하고 문목을 재분류할 필요가 있다고 보았다.[24] 송시열은 73세 때인 숙종 5년(1679) 거제도 유배시절에 그의 손자 송주석宋疇錫(1650~1692)과 함께 『주자어류』를 집중적으로 연구했다. 『주자어류』 내용 중에서 주자 문인들의 뒤섞인 기록을 정돈하면서 번거롭고 중복되는 내용을 산삭하고, 문목을 재분류하여 편집한 다음 『주자어류소분朱子語類小分』이라고 이름을 붙였다. 또한 송시열은 자신의 작업을 김창협金昌協, 권상하權尙夏, 이희조李喜朝 등의 제자들에

21 『抱翁先生文集』 卷之七 「年譜」

22 이 책의 구성을 보면 「語錄解」 44면, 「漢語集覽字解」 약 3면, 附錄 약 8면, 跋文 약 2면 등으로 되어 있다. 語彙는 字類로 配列하여 1字類 183어, 2字類 831어, 3字類 88어, 4字類 65어, 5字類 13어, 6字類 2어로 總語彙數는 1,182어이다.

23 『同春堂先生文集』 卷之十六 「語錄解跋」

24 『宋子大全』 卷一百七 「答郭汝靜」

게 계승하도록 부탁했으며,[25] 이후 구시경具時經, 이기홍李箕洪, 홍치상洪致祥, 조인수趙仁壽, 김간金幹, 홍우익洪禹翊 등의 제자들도 참여했다. 이들 제자들은 송시열이 30책으로 정리한 『주자어류소분』 정본을 교정하면서 부첨지附籤紙를 붙여 완성했다. 『주자어류소분』은 한동안 그 행방이 묘연해졌다가, 최근 송병선宋秉璿(1836~1905)의 문충사文忠祠에서 필사본이 발견되어 공개되었다.[26]

송시열 이후 『주자어류』에 대한 연구는 우암의 후학들을 중심으로 더욱 심화되었다. 그리고 영조 47년(1771) 홍계희洪啓禧(담와澹窩, 1703~1771)의 교감을 거쳐 영남 감영본 『주자어류대전』이 간행되었다. 홍계희의 교감본에 불만을 느낀 이의철李宜哲(문암, 1703~1778)은 3년 뒤인 영조 50년(1774)에 『주자어류고문해의朱子語類考文解義』 42권 10책을 편찬했다. 이의철의 『주자어류고문해의』는 『주자어류』에 대한 철저한 교감 및 교정 작업에서부터 시작하여 난해한 어구나 문장의 뜻풀이에 이르기까지 상세한 주석을 가하고 있어 『주자어류』 대한 전문적인 주석서라고 할 수 있다.[27]

2) 『주자어류』의 선집

조선중기 이후 주자학 연구가 심화됨에 따라 『주자어류』는 지식인들의 필독서로 인식되었다. 하지만 조선의 지식인들에게는 언어적인 한계로 140권이라는 방대한 분량의 『주자어류』를 통독하고 주자의 핵심 사상을 이해하기란 결코 쉽지 않았다. 이러한 문제점을 해결하기 위한 방편으로 난해한 어구나 중국

25 『宋子大全』 卷89 「奉訣致道(己巳(1689)五月十四日)」

26 『朱子語類小分』의 편찬경위 및 이에 대한 해제에 대해서는 박종천(2009), 「尤庵學派의 『朱子語類小分』에 대한 연구」, 『역사와 담론』 53집 참조.

27 李宜哲의 『朱子語類考文解義』에 대해서는 鄭墡謨(2012), 「李宜哲의 『朱子語類考文解義』考」, 『2012臺灣師範大學國際學術會議討論輯』, 臺北 참조.

어 속어에 대한 풀이 등 『주자어류』에 대한 주석 작업이 활발하게 진행되었던 점에 대해서는 이미 앞에서 살펴보았다. 그런데 이러한 직접적인 주석이나 해석 방법이외에도, 조선후기에는 『주자어류』로부터 주자의 핵심적인 사상만을 선별하여 읽기 위한 '초절抄節' 및 '절요節要' 등의 선집 작업 또한 활발하게 진행되었음에 주목할 필요가 있다.

『주자어류』의 선집 작업은 성혼成渾(우계牛溪, 1535~1598)에서부터 시작된 것으로 보인다. 정철鄭澈(송강松江, 1536~1593)은 퇴계가 『주자대전』에서 긴요한 글들을 뽑아 『주자서절요朱子書節要』를 편찬한 것처럼 우계 또한 『주자어류』에서 선집해보도록 권했다.[28] 『우계선생연보』에 의하면, 우계는 『주자어류』에서 학문의 길잡이가 되는 내용을 초록해서 한 권의 책으로 엮어 학생들에게 가르쳤다고 한다.[29] 한교韓嶠(동담東潭, 1556~1627) 또한 『소학小學』에 주자의 언행이 수록되지 않았다고 보고, 주자의 언행을 『주자대전』과 『주자어류』 및 문인들의 기록에서 초록하여 『소학』의 편목에 의거해 한 권 분량의 선집을 편찬했다고 한다.[30]

하지만 이들 선집은 『주자어류』만을 대상으로 한 것이 아니었으며, 또한 그 목적이 초학자를 위한 선집이었다. 이 시기에는 아직 전문적인 『주자어류』의 선집이 출현하지 않은 것 같다. 17세기에 들어서면 주자학 연구가 한층 심화됨에 따라 부분적인 선집이라는 형식보다도 전문가들을 중심으로 『주자어류』 전체를 대상으로 한 연구가 성행했다. 앞에서 살펴본 송시열과 그의 문인들이 편찬한 『주자어류소분』이 그 대표적인 예라고 할 수 있다.

18세기 들어서면 앞 시대에 비해 양이나 질적인 면에서 보다 충실한 『주자

28 『松江原集』 卷之二 「與牛溪書」

29 『牛溪先生年譜』 卷之一附錄 「行狀」. 실제로 우계는 초학자를 위해 『주자대전』과 『주자어류』의 각종 서간문과 어록 및 주자의 행장에서 독서방법 등에 관한 내용을 뽑아 한권으로 편집한 『朱門旨訣』이 전하고 있다.

30 『宋子大全』 卷51 「答金延之(丁巳十月二十三日)」

어류』의 선집이 출현하기 시작한다. 먼저 퇴계학파에 속한 이재李栽(밀암密菴, 1657~1730)가 편찬한 『주어요략朱語要略』을 들 수 있다.[31] 『주어요략』은 현행본 『주자어류』 권8의 「총론위학지방總論爲學之方」, 권9의 「지행知行」, 권12의 「지수持守」, 권13의 「역행力行」, 권104의 「자론위학공부自論爲學工夫」, 권107의 「잡기언행雜記言行」, 권108의 「논치도論治道」, 그리고 권113에서 121까지의 「훈문인訓門人」편에서 교훈이 될 만한 요긴한 말들을 각각 절취해서 7권 분량으로 편찬한 것이다. 권1에는 「자론위학공부自論爲學工夫」, 「잡기언행雜記言行」, 「속기언행續記言行」편이, 권2부터 6까지는 「훈문인訓門人」 1~5편이, 그리고 권7에는 「총론위학지방總論爲學之方」, 「지행知行」, 「지수持守」, 「역행力行」, 「논치도論治道」편이 수록되었다. 「훈문인訓門人」에서 절취한 내용이 『주어요략朱語要略』의 3분의 2이상을 차지하고 있는 것에서도 『주어요략』의 편찬 의도를 알 수 있겠다.[32]

그런데 영조연간(1725~1776)에는 우암의 후학들을 중심으로 『주자어류』에 대한 본격적인 초절 작업이 이루어지면서 양이나 질적인 면에서 보다 충실한 『주자어류』의 선집이 출현하게 된다. 김창협(농암, 1651~1708)의 문인 어유봉魚有鳳(기원杞園, 1672~1744)은 영조 13년(1737)에 『주자어류요략朱子語類要略』를 편성했다. 어유봉은 『주자어류』가 공부하는 사람들에게 "하루도 읽지 않은 수 없는 책[一日不可缺之書]"이지만, 중복되고 번잡하여 주자의 본지를 파악하기 어렵기 때문에 '약가略加'나 '선정選定'이 필요하다고 보았다. 그래서 『주자어류』 원본의 번잡함을 제거하고 정수精粹한 내용만을 선정한 다음, 『근사록近思錄』의 문목門目을 참

31 『密菴文集』(25권13책, 麗江出版社, 1986, 영인본) 下冊에 수록되어 있는 필사본이다.

32 밀암의 저술로는 『朱語要略』 외에 『朱子大全』의 간략한 주해서인 『朱全集覽』 4책과 퇴계의 『朱子書節要』의 이해를 돕기 위한 주해서로서 『朱書講錄刊補』6권3책이 전한다. 밀암은 주자의 저작과 어록을 깊이 연구하여 이황의 理氣說・仁性說이 주자의 정론에 부합함을 밝히고, 나아가 영남학파가 주자의 정통임을 천명하려는 의도였다. 이에 대해서는 金駿錫(1987), 「조선후기 畿湖士林의 朱子 인식-朱子文集・語錄 연구의 전개과정」, 『백제연구』 18, 충남대학교 백제연구소 참조.

작해서 21편으로 나누어 편집했다고 한다.[33] 후대 홍직필洪直弼(매산梅山, 1776~1852)이 『주자어류요략』에 붙인 후서에 의하면, 이 책은 퇴계의 『주자서절요』의 짝이 된다고 평가하고 있다.[34]

어유봉의 『주자어류요략』 편찬과 거의 비슷한 시기에 이재李縡(도암陶庵, 1680~1746) 또한 『주자어류절요朱子語類抄節』을 편찬했다. 이재가 편찬한 『주자어류초절』 또한 『주자어류』를 "그 긴요하고 절한 것은 초록하고 번거롭고 중복되는 내용은 산삭刪削[抄其要切而刪其繁亂]"한 것에 있어서는 『주자어류요략』과 크게 다르지 않은 것 같다. 다만 상하의 문자를 옮겨 어세와 의리를 막힘없이 드러내어 열람에 편하도록 했으면서도, 문목門目을 세워 분류하는 방법을 따르지 않았다고 한다.[35] 이러한 점에서 『주자어류요략』과는 약간 성격을 달리하는 것으로 보인다. 그러나 아쉽게도 현재 이 『주자어류초절』의 존재여부를 파악할 수 없어서 구체적인 초절 방법에 대해서는 확인할 수 없다. 그런데 이 시기를 전후하여 어유봉의 『주자어류요략』이나 이재의 『주자어류초절』과 같이 『주자어류』에 대한 초절 작업이 빈번하게 이루어 진 것은, 영조연간에 경연에서 『주자어류』를 강연한 사실과도 무관하지 않을 것으로 추정된다.[36]

33 『杞園集』 卷17 附錄 · 「杞園先生年譜丁丑條」

34 『梅山集』 卷52 「朱子語類要解後序」. 어유봉의 『주자어류요략』 21卷 또한 현재 그 소재가 정확히 파악되지 않고 있다.

35 『承政院日記』, 英祖25年 3月5日(癸丑)조; 『承政院日記』, 正祖3年 3月14日(戊戌)조

36 실제로 어유봉은 영조 13년(1737) 윤9월9일에 경연관으로 발탁되었으며, 같은 해 10월에 『주자어류요략』이 편찬되었다.

3) 경연교재 『주자어류초朱子語類抄』

『주자어류』가 영조 때 경연의 소대召對교재로 처음 채택되면서 강독 교재로 사용될 『주자어류초朱子語類抄』가 새롭게 간행되었다. 『주자어류초』는 이광좌李光佐(운곡雲谷, 1674~1740)의 주장에 따라 『주자어류』 중에서 "역대의 치란과 흥망 및 인물 현사의 진퇴를 논한 부분"에서 초출한 다음 각 권의 편차만 고쳐서 새롭게 활자로 간행한 것이다.[37] 이렇게 재편하여 간행된 『주자어류초』를 가지고 영조 16년(1740) 10월12일부터 다음해 3월14일까지 한 차례 통독하였으며, 영조 26년(1750) 5월에 다시 이 교재로 강독을 시작하여 8월에 제권2에서 강의를 중단했다.[38] 실제로 『승정원일기』 등의 기록을 종합해보면, 영조 16년 10월12일 강독을 시작하여 다음해 3월 14일까지 약 5개월간 24차례의 소대에서 『주자어류초』를 강독했다. 그리고 그 강독 내용을 살펴보면 현행본 『주자어류』 권93-137 중에서 21권분을 초출하고 이를 11책본으로 재편성하여 간행한 것이었다.[39]

현재 서울대학교 규장각과 국립중앙도서관에는 경연교재로 사용했던 『주자어류초』의 완질이 상당수 소장되어 전하고 있다. 규장각에 현존하는 『주자어류초』는 모두 21권본으로 그 내용은 동일하지만 제본에 따라 11책본과 8책본 두 가지가 있다. 영조 때 소대교재로 사용된 11책본 『주자어류초』는 규장각에 완질 1부와 영본으로 1부가 전하고 있다. 이 두 본을 제외하고 규장각에 현존하는 나머지 20여부 및 기타 도서관의 『주자어류초』는 모두 8책본이다. 『주자어류초』를 현행본 『주자어류』에 대비시켜 보면 다음 표와 같다.

---

37 『承政院日記』, 英祖13年 12月22日(乙巳)조.

38 『列聖朝繼講册子次第』(奎3236).

39 鄭墡謨(2013). 참조.

『朱子語類抄』 권수	『朱子語類』 권수	수록내용	11 책본	8 책본	召對 강독일	비고
1	93	孔·孟·周·程	1	1	10.12 / 10.22	영조 16년
2	101	程子門人			10.23 / 11.14 / 11.20 / 11.21	
3	104	爲學工夫	2	2	12.05 / 12.09	
4	106	外任			12.10 / 12.14	
5	107	內任	3		12.21	
6	108	論治道		3	12.23	
7	109	論取士	4		1.06	영조 17년
8	110	論兵			1.08	
9	111	論民			1.08	
10	112	論官	5	4	1.14 / 1.18	
11	127	本朝 一			1.18 / 1.25	
12	128	本朝 二	6		2.19	
13	129	本朝 三		5	2.19	
14	130	本朝 四	7		2.26 / 2.28	
15	131	本朝 五	8	6	3.02	
16	132	本朝 六	9		3.12	
17	133	本朝 七		7	3.12	
18	134	歷代 一	10		3.13	
19	135	歷代 二			3.13	
20	136	歷代 三	11	8	3.14	
21	137	戰國漢唐諸子			3.14	

규장각의 11책본 『주자어류초』의 또 다른 특징 중의 하나는 주묵朱墨으로 전편에 정성스럽게 구결, 즉 현토를 달아놓은 사실이다. 당시에 소대교재로 사용될 『주자어류초』가 간행되자 강독관들은 강독에 앞서 중국 구어체 문장을 수록한 『주자어류』의 현토 문제에 직면하게 된다. 이에 영조는 대제학에게 『주자어류초』의 현토 작업을 일임하도록 지시했지만,[40] 대제학이 병으로 현토

40 『承政院日記』, 英祖16年(1740) 9月14日(임오)조.

작업을 완수하지 못하자, 결국 홍문관 학사들이 1차 현토 작업을 하고, 이를 경연관들이 검토하여 완성하도록 했다.[41] 하지만 『주자어류』의 현토 작업은 결코 간단한 일이 아니었다. 소대 강독이 임박할 때까지도 『주자어류초』 제1권의 현토 작업이 완성되지 못했던 사실은 저간의 사정을 말해준다.[42]

이상에서 살펴본 바와 같이 영조 때 경연의 소대교재로 사용된 규장각본 『주자어류초』 21권 11책은 이광좌의 주장에 따라 『주자어류』 권93~137 중에서 유학의 학문적 계승 관계와 위정자가 정치를 할 때 참고할 수 있는 내용을 위주로 21권을 초록한 것이다.[43] 이처럼 제왕학과 관련된 부분만을 그대로 초록하여 재편된 『주자어류초』는 초절 방법에서 보면 학술적 가치가 높다고는 할 수 없다. 다만 국왕을 중심으로 많은 대신들이 이 『주자어류초』를 가지고 경연에서 토론했다는 사실은 『주자어류』 연구사에서 중요한 의의를 가진다. 특히 『주자어류』가 경연교재로 채택되고 강독된 시기를 전후하여 어유봉의 『주자어류요략』과 이재의 『주자어류초절』이 편찬된 사실에 주목할 필요가 있다. 또한 이후 안정복(순암, 1712~1791)이 『주자어류절요』를 편찬하게 된 것도 경연교재로 사용된 『주자어류초』의 존재와 무관하지 않다.

41 『承政院日記』, 英祖16年(1740) 9月25日(계사)조.

42 『承政院日記』, 英祖16年(1740) 10月 5日(임인)조.

43 김문식(2011), 「조선본『朱子語類』의 간행과 활용」, 『史學志』 43, 단국대학교에서 규장각본을 비롯한 경연교재 『朱子語類抄』 21권을 송시열이 편집한 대표적인 『주자어류』 선본이라고 소개하고 있는데, 이는 『주자어류초』에 대한 기존의 잘못된 서지정보를 그대로 인용하면서 생긴 오류로 보인다.

3. 『주자어류절요』의 편찬

1) 서지사항

순암 안정복은 동궁에서 정조의 학문을 보좌하던 영조 51년(1775)에 『주자어류절요』를 편찬했다. 『순암선생연보』에 의하면, 순암은 『주자어류』가 배우는 자들에게 중요한 서적이지만, 어의가 중첩되고 권질에 방대하여 열람이 불편하기 때문에, 번잡한 것을 줄이고 요점만을 간추려서 8권으로 재편하고 이를 『어류절요』(이하 『주자어류절요』로 통칭함)라고 했다고 한다.[44]

순암의 『주자어류절요』는 현재 유일하게 필사본 1부가 국립중앙도서관에 소장된 것으로 알려져 있다.[45] 국립중앙도서관이 제공한 『주자어류절요』의 서지사항을 보면, "서명: 주자어류절요, 저자명: 안정복 편, 판사항: 사본寫本, 간사자: 간사자미상刊寫者未詳, 형태사항: 8권 5책; 21.5x14.3cm, 인기印記: 안정복인"이라고 간략히 소개되어 있다. 여기서 '간사자미상'이라고 소개했는데, 『주자어류절요』의 필체를 확인해본 결과 순암의 친필본임이 확실하다. 서체는 행초行草이지만 해서楷書로 작성된 곳도 가끔 보인다. 매장 글자 수는 10행 23자이다. 그리고 각 표지에는 왼쪽에 대자로 '어류절요 기幾'라고 하여 일一에서 오五까지가 표시되어 있고, 각 표지의 오른쪽 하단에는 '공오共五'라고 표시하고 있어 전체가 5책이라는 사실을 확인시켜주고 있다. 따라서 표지의 '어류절요 기幾'는 책수를 나타내고 있음을 알 수 있다. 그리고 각 표지의 중간부분에 소자로 제1책의 '대학大學·논어상論語上'과 같이 각 책에 수록된 내용을 소개하고 있다.[46]

---

44 『順菴先生年譜』.

45 청구기호 BC-古朝16-12. 이 자료는 마이크로필름이 제작되어 국립중앙도서관 전자도서관의 인터넷을 통한 열람이 가능하다.

내용을 살펴보면, 각 권의 맨 첫 장에 '주자어류절요제 기'라고 하여 제일에서 제오까지의 권수가 표시되어 있을 뿐, 제육, 제칠, 제팔은 찾아볼 수 없다. 하지만 1책(語類節要一) 마지막 장에는 '주자어류절요제이朱子語類節要第二'라고 표시하고 있으며, 2책에서는 '주자어류절요제삼', 3책에서는 '주자어류절요제사', 4책에서는 '주자어류절요제팔', 그리고 5책의 마지막 장에서는 '주자어류절요제팔'[47]이라고 표시하고 있는 등, 각권의 첫 장과 마지막 부분의 권수 표시가 일치하지 않는다. 그리고 각 권의 분량은 제1책부터 각각 124, 135, 143, 136, 156쪽으로, 분량 면에서 보면 실제 '5권5책'으로 구성되었던 것처럼 보인다. 그렇다면 '8권 5책'이라고 소개하고 있는 국립중앙도서관의 서지사항은 어디에 근거를 두고 있는 것일까?[48]

그런데 국립중앙도서관본 제5책의 마지막 장에는 "주자어류절요 제팔종第八終, 전육권前六卷 을미유월시乙未六月始 팔월필八月畢, 후이권後二卷 병신이월필丙申二月畢"이라는 순암의 친필기록이 있다. 즉 앞부분의 여섯 권은 을미년(1775) 6월에 시작해서 8월에 마쳤으며, 뒷부분 두 권은 병신년(1776) 2월에 끝마쳤다고 한다. 이 기록에 의거하건데, 순암은 원래 『주자어류절요』를 8권으로 편찬했음이 확실하며, 이는 앞에서 살펴본 『순암선생연보』의 기록과도 일치한다. 또한

46 제1책에 '大學 · 論語上', 제2책에 '論語下', 제3책에 '孟子 · 中庸 · 易上', 제4책에 '孔孟周程 · 周子書 · 程子書 · 張子書 · 邵子書, 程子門人(總論 · 呂與叔 · 謝顯道 · 楊中立 · 尹彦明 · 胡康), 附(胡明仲 · 胡原仲 · 胡仁仲 · 羅仲素 · 李愿中)', 제5책에 '呂伯恭 · 陳君擧 · 陸氏 · 老氏 · 釋氏, 本朝(列朝 · 法制 · 人物), 諸子 · 雜類 · 論文 · 拾遺'라고 보인다.

47 원래는 '朱子語類節要第十'이라 했다가 후에 '十'자를 '八'자로 고쳐 쓴 흔적이 있다.

48 한국민족문화대백과(2010, 한국학중앙연구원)에서 제공하는 『주자어류절요』에 대한 서지정보에 의하면, 제1권에서 제3권까지는 국립중앙도서관의 서지사항과 동일하지만 제4권과 제5권의 서지사항은 전혀 다르다. 여기서는 국립중앙도서관본의 제4권에 수록된 내용을 권4와 권5로 나누어 설명하고, 제5권의 수록 내용을 권6, 권7, 권8로 분리하여 '8卷5册'이라 소개하고 있다. 이와 같은 서지정보는 무엇에 근거하여 제공하고 있는 것인지 전혀 알 수가 없다. 이것은 아마도 '8卷5册'이라는 국립중앙도서관의 서지사항에 억지로 맞춰 설명하려다가 범한 오류가 아닌가 생각된다.

순암의 제자 황덕길은 「순암선생행장」에서 순암이 『어류절요』를 '팔책'으로 편찬했다고 하였다.[49] 이러한 문헌자료를 종합하면 『주자어류절요』는 원래 '8권 8책'으로 구성되었으며, 따라서 국립중앙도서관본 『주자어류절요』의 '5권 5책'은 '3권 3책' 분량이 떨어져나간 잔본으로 추정된다.

이에 국립중앙도서관본의 『주자어류절요』 제1책에서부터 5책까지의 내용을 현행본 『주자어류』와 대비시켜 본 결과, 『어류절요』 제일의 내용은 『주자어류』 권14-29에서, 제이는 『주자어류』 권30-50에서, 제삼은 『주자어류』 권51-69에서, 제사는 『주자어류』 권93-107에서, 제오는 『주자어류』 권122-140에서 각각 초절했다는 사실을 확인할 수 있었다. 이를 표로 나타내면 다음과 같다.

국립중앙도서관본 『朱子語類節要』	수록내용	현행본 『朱子語類』	비고 (분량 면수)
『語類節要』第一	大學·論語上	『朱子語類』 卷14-29	124
『語類節要』第二	論語下	『朱子語類』 卷30-50	135
『語類節要』第三	孟子·中庸·易上	『朱子語類』 卷51-69	143
『語類節要』第四	孔孟程周 以下	『朱子語類』 卷93-107	136
『語類節要』第五	呂伯恭 以下	『朱子語類』 卷122-140	156

위 표를 통해 알 수 있듯이, 현재 국립중앙도서관본의 『주자어류절요』에는 현행본 『주자어류』 권1-13, 권70-92, 권108-121에서 초절한 '3권 3책' 정도의 분량이 누락되었다. 누락된 부분을 첨가하여 다시 표를 작성하면 다음과 같다.

49 「順菴先生行狀」, "又揀語類全編中切於學問者爲八册, 名曰語類節要."

순암필사본(국립중앙도서관본)『朱子語類節要』	수록내용	현행본『朱子語類』	비고(분량 면수)
*『語類節要』第一	(理氣上~)	『朱子語類』 卷1-13	142(제자목로 2면 포함)
『語類節要』第二	大學・論語上	『朱子語類』 卷14-29	124
『語類節要』第三	論語下	『朱子語類』 卷30-50	135
『語類節要』第四	孟子・中庸・易上	『朱子語類』 卷51-69	143
*『語類節要』第五	(易六~)	『朱子語類』 卷70-92	미확인
『語類節要』第六	孔孟程周 以下	『朱子語類』 卷93-107	136
*『語類節要』第七	(朱子五・論治道~)	『朱子語類』 卷108-121	144
『語類節要』第八	呂伯恭 以下	『朱子語類』 卷122-140	156

위 표를 통해서도 밝혀진 것처럼, 『주자어류절요』는 원래 '8권 8책'으로 구성되었음이 확실하다. 따라서 현재 국립중앙도서관에 소장된 『주자어류절요』 8권 5책은 실제 '8권 8책' 중에서 '3권 3책(第一卷, 五卷, 七卷)'이 누락된 '5권 5책'의 결본이다. 그렇다면 나머지 '3권 3책'은 어디로 사라진 것일까?

필자는 『주자어류절요』의 결본 '3권 3책'의 소재 파악을 위해 분주하던 중, 고려대학교 육당문고에 『주자어류절요』 1권과 7권이 소장된 사실을 알게 되었다.[50] 그래서 이를 확인해본 결과 국립중앙도서관본에 누락된 순암의 『주자어류절요』 '3권 3책' 중 제1권과 제7권임이 판명되었다.

육당본 표지에는 왼쪽에 대자로 '어류절요 기'라고 하여 각각 일一과 칠七이 표시되어 있고, 각 표지의 오른쪽 하단에는 '공팔共八'이라고 표시하고 있어 전체가 8책이라는 사실을 확인시켜주고 있다. 그리고 제1권에는 표지의 중간에

50 청구기호 C1-A18-1, 7. 서지사항에 대해서는 "朱子語類節要. 册1, 7, 판사항: 筆寫本, 발행사항 [刊寫地未詳] : [刊寫者未詳], [正祖 1-14(1777~1790)頃], 형태사항: 2册(全8册) : b無界, 10行23字, 無魚尾; 22.0x14.5cm, 表紙書名 : 語類節要"라고 소개하고 있다.

는 수록 내용이 보이며,[51] 첫 장에는 '주자어록성씨朱子語錄姓氏'로 요덕명廖德明부터 시작하여 부지하씨不知何氏 4명을 포함한 87가家의 성씨를 수록하고, 이어 '주자어류절요제일朱子語類節要第一・이기理氣'로 이어진다. 제7권에는 표지의 중간에는 수록 내용,[52] 첫 장에 '주자어류절요제칠朱子語類節要第七・주자朱子・논치도論治道'로 이어진다. 표지를 제외한 기타 서지사항은 국립중앙도서관본과 일치하고 있어 본래 한 질에서 떨어져 나왔음을 알 수 있다.

현재 국립중앙도서관에 소장된 순암 장서 99종 235책은 조선총독부도서관에서 이성의李聖儀씨가 1927년과 1928년에 구입한 것이다. 구입 당시의 기록에 의하면, 이성의씨는 1927년 5월21일에 『주자어류절요』 '5권 5책'을 8.5원圓에 구입했다고 한다.[53] 따라서 『주자어류절요』는 구입 당시에 이미 '3권 3책'이 결본이었음을 알 수 있다. 아마도 당시 판매 서적상이 『주자어류절요』를 '5권 5책'의 완본처럼 보이기 위해 겉표지의 책수와 첫 장의 권수를 고친 것으로 추정된다.

이상의 고찰을 통해 다음과 같은 사실을 밝힐 수 있었다. 순암의 『주자어류절요』는 영조 51년(1775) 6월에서 다음해(1776) 2월 사이에 8권 8책으로 편찬되었다. 따라서 현재의 국립중앙도서관본 『주자어류절요』는 3권 3책(제1・5・7)이 누락된 잔본이며, 그중 제1권과 제7권은 고려대학교 육당문고에 소장되어 있다. 아쉽게도 나머지 제5권에 대해서는 아직 그 소재를 파악하지 못했다.

---

51 '理氣(太極・天地), 鬼神, 性理(人物之性氣質之性・性情心意等名義・仁義禮智等名義), 學(小學・總論爲學之方・知行・讀書法・持守・力行)'

52 '朱子(論治道, 論取士, 論兵, 論刑, 論民, 論官, 訓門人, 揔訓門人, 新訓門人)'

53 「순암 안정복 장서의 수집과 그 특징」(부록 〈조선총독부도서관 시기 안정복 장서 구입 목록〉), 『국립중앙도서관 선본해제』 14-순암 안정복-, 국립중앙도서관, 2012 참조.

2) 초절抄節방법

이제까지 살펴본 바와 같이 순암은 권질이 방대하고 어의가 중첩되어 열람이 불편『주자어류』 140권에서 번잡한 것을 줄이고 요점만을 간추려서 8권 8책 분량으로『주자어류절요』를 재편했다. 하지만『주자어류절요』 각권의 분량은『주자어류』의 약 2~3권 분량에 해당한다. 따라서 실제로 순암이『주자어류』에서 초절한 분량은 현행본『주자어류』의 20~25권 정도로, 전체의 약 17%에 해당한다. 이는 영조 때 경연교재로 사용하기 위해 초록했던『주자어류초』 21권과도 거의 비슷한 분량임에 주목할 필요가 있다. 그렇다면『주자어류절요』는 어떤 기준을 가지고 어떤 방식으로 초절하였던 것일까?

『주자어류절요』의 초절 방법을 구체적으로 살펴보면 다음과 같은 몇 가지 특징이 있다. 첫째, 〈초절 예시 1〉에서 보는 바와 같이『주자어류』에서 중요하면서도 짧은 문장을 그대로 전재한 것이다. 이렇게 초록한 예는 그리 많지 않다. 둘째, 중요하다고 생각되는 문장 중에서도 핵심내용만 초절하고 세부적인 내용은 산거刪去한 경우이다. 〈초절 예시 2〉에서 보는 바와 같이『주자어류』에서 중간의 일부분의 문장만을 그대로 초절하는 경우와, 〈초절 예시 3〉과 같이『주자어류』에서 중간 중간의 불필요한 구어체 표현 등을 산거하고 핵심적인 내용만 초절하여 완전한 문장을 만드는 경우가 있다.『주자어류절요』에 초절된 대부분의 내용이 이에 해당한다. 셋째, 〈초절 예시 4〉와 같이 길게 서술된 내용이나 역사적 배경 등을 설명하는 내용을 간단하게 축약 정리하여 제시한 경우이다.

〈초절 예시 1〉

『朱子語類』卷14「大學一」제1절	『朱子語類節要』卷2「大學」제1절
學問須以大學爲先, 次論語, 次孟子, 次中庸. 中庸工夫密, 規模大. (德明)	學問須以大學爲先, 次論語, 次孟子, 次中庸. 中庸工夫密, 規模大. (德明)

〈초절 예시 2〉

『朱子語類』 卷14「大學一」 제4절	『朱子語類節要』 卷2「大學」 제3절
先看大學, 次語孟, 次中庸. 果然下工夫, 句句字字, 涵泳切己, 看得透徹, 一生受用不盡. 只怕人不下工, 雖多讀古人書, 無益. **書只是明得道理, 卻要人做出書中所說聖賢工夫來.** 若果看此數書, 他書可一見而決矣. (謙)	(讀書)書只是明得道理, 卻要人做出書中所說聖賢工夫來. (謙)

〈초절 예시 3〉

『朱子語類』卷14「大學一」 제7절	『朱子語類節要』 卷2「大學」 제5절
14:7 問: "**欲專看一書**, 以何爲先?" 曰: "**先讀大學**, 可見古人爲學首末次第. **且就實處理會卻好, 不消得專去無形影處理會.**" (淳)	(讀書)問: "欲專看一書" 曰: "先讀大學, 且就實處理會, 不消專去無形影處理會." (淳)

〈초절 예시 4〉

『朱子語類』 卷14「大學一」 제37절	『朱子語類節要』卷2「大學」 제11절
子淵說大學. 曰: "**公看文字, 不似味道只就本子上看, 看來看去, 久之浹洽, 自應有得**. 公便要去上面生意, 只討頭不見. 某所成章句或問之書, 已是傷多了. 當初只怕人曉不得, 故說許多. 今人看, 反曉不得. 此一書之間, **要緊只在'格物'兩字**, 認得這裏看, 則許多說自是閑了. 初看須用這本子, 認得要害處, 本子自無可用. 某說十句在裏面, 看得了, 只做一句說了方好. 某或問中已說多了, 卻不說到這般處. **看這一書(大學), 又自與看語孟不同. 語孟中只一項事是一箇道理.** 如孟子說仁義處, 只就仁義上說道理; 孔子答顔淵以'克己復禮', 只就'克己復禮'上說道理. **若大學, 卻只統說. 論其功用之極, 至於平天下.** 然天下所以平, 卻先須治國; 國之所以治, 卻先須齊家; 家之所以齊, 卻先須修身; 身之所以修, 卻先須正心; 心之所以正, 卻先須誠意; 意之所以誠, 卻先須致知; 知之所以至, 卻先須格物. 本領全只在這兩字上. 又須知如何是格物. 許多道理, 自家從來合有, 不合有. 定是合有. 定是人人都有. 人之心便具許多道理: 見之於身, 便見身上有許多道理; 行之於家, 便是一家之中有許多道理; 施之於國, 便是一國之中有許多道理; 施之於天下, 便是天下有許多道理. **'格物'兩字, 只是指箇路頭**, 須是自去格那物始得. **只就紙上說千千萬萬, 不濟事.**" (賀孫)	(讀書) "看文字, 只就本子上看, 看來看去, 久之浹洽, 自應有得. 要緊只在'格物'兩字, 這一書(大學), 與看語孟不同. 語孟中只一項事是一箇道理. 若大學, 卻只統說. 論其功用之極, 至於平天下. '格物'兩字, 只是指箇路頭, 只就紙上說千千萬萬, 不濟事."(賀孫)

(왼쪽 『朱子語類』에서 고딕 부분이 초절된 내용이며, 그 중 밑줄 친 부분은 傍圈과 傍點 등의 강조점을 첨가한 부분임)

이처럼 순암은 『주자어류』에서 중요한 내용을 그대로 전제하지 않고, 중요한 구절에서 핵심적인 내용만을 초절한 다음 이러한 내용을 가지고 다시 완전한 문장을 만들어 독자의 가독성을 높이고자 하였다. 따라서 순암은 초절하는 과정에서 구어투 표현에 쓰이는 불필요한 글자들을 의도적으로 산거하면서 가급적 문어체 표현으로 전환하고자 노력하였다. 또한 초절한 내용 중에서도 핵심적인 부분에는 방권傍圈과 방점傍點 등의 강조점을 찍어서 열람자의 주의를 환기시키고 있다. 위의 각 예시문 중의 밑줄 친 부분이 이에 해당한다. 또한 『주자어류절요』는 각 장마다 정확하게 10행 23자로 필사하고 보완작업을 거쳤다. 이는 순암이 이 책을 초절하면서 간행을 염두에 두고 필사한 것으로 추정된다.

이상에서 살펴본 바와 같이 『주자어류절요』의 초절 방식은 영조 때 경연교재로 사용했던 『주자어류초』와는 전혀 다를 뿐만 아니라 순암 이전의 『주자어류』 절요서의 초절 방식과도 상당한 차이가 있다. 순암의 『주자어류절요』 초절 방식은 오히려 퇴계의 『주자서절요』에 나타난 초절 방식과 매우 흡사하다.[54] 따라서 순암이 『주자어류절요』를 편찬하면서 퇴계의 『주자서절요』를 의식했으며, 또한 『주자어류초』를 대신하여 경연교재로 사용할 수 있도록 간행을 염두에 두고 편찬되었다는 사실에 주목할 필요가 있다.

54 『朱子書節要』의 초절 방식에 대해서는 崔彩基(2012), 「退溪 李滉의 『朱子書節要』編纂과 그 刊行에 관한 研究」, 성균관대학교 박사학위논문 참조.

4. 『주자어류절요』의 편찬배경

1) 『주자어류』의 현토작업

앞에서 살펴본 바와 같이, 순암은 영조 51년(1775) 6월부터 8월 사이에 『주자어류절요』 제1권부터 제6권까지를 필사했으며, 제7권과 8권은 다음해(1776) 2월에 끝마쳤다. 『주자어류절요』의 편찬배경을 파악하기 위해서는 먼저 순암이 『주자어류절요』를 편찬할 당시의 활동에 대해서 고찰해볼 필요가 있다. 『순암선생연보』 및 『승정원일기』의 관련 기록을 중심으로 당시 순암의 활동을 살펴보면 다음과 같다.

순암은 61세가 되는 영조 48년(1772) 5월에 체제공蔡濟恭의 천거로 세자의 교육기관인 익위사翊衛司 익찬翊贊에 제수되었으며,[55] 그 해 서연書筵에 8회 참여하여 당시 동궁으로 있던 정조正祖를 보도하게 된다. 다음해 영조 49년(1773) 8월에는 지병을 이유로 물러나기를 청하고 광주로 돌아오게 되지만,[56] 이듬해 영조 50년(1774) 12월에는 위솔衛率에 임명되어 다시 동궁에 나아가 정조의 학문을 돕게 된다. 그리고 64세가 되는 영조 51년(1775) 윤10월에는 회인懷仁 현감에 제수되었으나,[57] 전임 현감이 그대로 재임하게 되어 부임하지 않고 다시 익위사 위솔에 재임명되어 동궁에 머무른다.[58] 그리고 영의정 한익기韓翼謩의 추천을 받아 정조의 경연을 보도하게 되면서,[59] 이해 12월 정조의 집정에도 직접 참가하게 된다.[60] 다음해 정조가 즉위하자 9월 충청도 목천木川 현감에 제수되

55 『承政院日記』, 英祖 49年 12月22日(丙午)조.
56 『承政院日記』, 英祖 50年 8月27日(戊申)조.
57 『承政院日記』, 英祖 51年 閏10月17日(辛酉)조.
58 『承政院日記』, 英祖 51年 閏10月23日(丁卯)조.
59 『承政院日記』, 英祖 51年 11月13日(丙戌)조.
60 『承政院日記』, 英祖 51年 12月10日(癸丑)조.

면서 서울을 떠나게 된다.[61]

이상에서 살펴본 바와 같이 『주자어류절요』는 순암이 익위사의 직위로 동궁에서 정조의 학문을 보좌했던 시기에 편찬되었다. 호학의 군주로 유명한 정조는 동궁시절부터 주자학에 깊은 관심을 표명하고 『주자대전』과 『주자어류』에 대한 본격적인 연구를 진행했다. 그리고 자신을 보좌하는 학자들에게 『주자대전』 및 『주자어류』에 대한 교감 및 교정작업과 함께 현토작업을 진행하도록 지시했다.[62] 실제로 순암은 동궁에서 정조를 도와 『주자어류』에 현토작업을 진행했다.

그런데 어록체 문장을 수록하고 있는 『주자어류』를 현토하는 작업은 결코 쉬운 일이 아니었던 것 같다. 순암이 63세가 되는 영조 50년(1774) 정월에 열린 서연書筵에서, 『주자어류』의 현토작업에 대한 순암과 정조의 다음과 같은 대화를 통해 저간의 사정을 엿볼 수 있다.

> 서연에 참가하여 「수렴기신收斂其身」장章을 강의했다. ……이 때 『주자어류』에 토吐를 다는 일이 있었다. 선생이 아뢰기를, "토를 다는 일은 매우 어려운 일입니다. 그리고 『주자어류』는 당시의 속어俗語가 태반이어서 실로 이해하기가 어렵습니다. 신의 생각으로는 차라리 토를 달지 않는 것이 나을 듯합니다. 그 문세文勢를 따라 읽으면서 깊이 생각하여 완미하고 탐구하다가 보면 터득하는 바가 있을 것입니다. 만약 억지로 토를 달게 되면 도리어 그 의미가 얕고 삭감될 듯합니다."라고 하였다. 동궁이 이르기를, "한 질의 책에 반은 토를 달고 반은 달지 않아서[一帙之書而半懸半不懸] 일관성이 없기 때문에 그런 것이다."라고 하였다. 선생이 토를 달기로 한 것은 『주역』과 『예기』 두 책이었다.[63]

61 『承政院日記』, 正祖 卽位年 9月24日(壬辰)조.
62 『承政院日記』, 正祖 21年 5月3日(壬寅)조; 『承政院日記』, 正祖 22年 4月19日(癸丑)조.
63 『順菴先生年譜』.

여기서 정조가 “한 질의 책에 반은 토를 달고 반은 달지 않아서 일관성이 없다”라고 한 것은, 일찍이 영조 때에 경연의 소대에서 『주자어류초』를 강독하면서 진행했던 현토작업과 관련이 있는 것으로 판단된다.[64] 영조 때 경연에서 『주자어류초』 21권에 현토를 달아 읽었는데, 이는 『주자어류』 140권의 약 15%에 해당되는 분량이다. 여기서 정조가 이미 반은 현토작업이 완료되었다고 하는 것으로 보아, 『주자어류초』 이외의 부분에 대한 현토작업이 진행되었을 가능성을 배제할 수는 없지만, 그 대강을 들어 만하는 것으로 보는 것이 타당할 것 같다. 순암은 『주자어류』 140권 중에서 『주역』과 『예기』 두 책 부분에 대한 현토작업을 책임지고 있었다. 『주역』은 『주자어류』 권65~77, 『예기』는 권84~91에 수록되었으며, 두 책을 합하면 31권으로 전체의 약 22% 분량이지만 가장 난해한 부분에 속한다.

그런데 당시 『주자어류』의 현토작업에 관한 내용이 홍대용洪大容(담헌湛軒, 1731~1783)의 경연일기에서도 거론되고 있다. 이 내용은 영조 50년(1774) 12월 홍대용과 정조의 대화기록에 보이는데, 이 기록에 의하면 안정복은 일단 맡겨진 현토부분을 완성한 것으로 보인다.[65] 순암과 홍대용의 경연일기에 나타난 것처럼, 『주자어류』에 대한 현토작업은 결코 쉬운 일이 아니었으며, 또한 당시 지식인들은 대부분 그 필요성에 대해서 회의적이었음을 알 수 있다. 따라서 순암은 영조 때 경연교재로 사용되었던 『주자어류초』를 대신하여 방대한 『주자어류』로부터 주자의 핵심 사상을 쉽게 파악할 수 있으면서 가독성을 높일 수 있는 방안을 모색하게 된다. 이러한 순암의 고심이 곧 『주자어류절요』의 편찬으로 나타난 것이다.

64 『承政院日記』, 英祖 16年 12月21日(丁巳)조.
65 『湛軒書內集』 卷二 「桂坊日記」

2) 『주자서절요朱子書節要』와의 관계

순암은 퇴계학파에 속한 이익李瀷(성호星湖, 1681~1763)의 문인으로 활동하였다. 따라서 순암은 성호를 이어 퇴계의 학문 정신을 계승하고자 했다. 성호는 일찍이 퇴계와 그의 문인들의 글 중에서 인격수양에 긴요한 글을 초록하여 『도동록道東錄』을 편찬한 바 있다. 후에 순암은 윤동규尹東奎(소남邵南, 1695~1773)와 함께 『도동록』에 첨삭을 가하고 분류별로 재편집하여 『이자수어李子粹語』라고 부르게 되었다.[66] 또한 51세 때(1762년)에는 성호의 『성호사설星湖僿說』 30권에서 중요한 내용만을 초록하고 이를 재편집한 『성호사설유선星湖僿說類選』 10권 10책을 편찬하였다.

사실 성호학파가 퇴계의 언행을 모아 『이자수어李子粹語』를 편찬한 것 또한 퇴계의 학문 정신을 계승하고자 한 것이다. 따라서 순암이 『이자수어』와 『성호사설유선』 등을 편찬하는 과정에서 퇴계가 편찬한 『주자서절요』의 초절 방식을 의식하지 않을 수 없었을 것이다. 그렇다면 순암은 『주자어류절요』를 편찬하기에 앞서 퇴계의 『주자서절요』를 의식하고, 또한 『주자서절요』의 초절 방식에 대해서도 충분히 습득했던 것으로 추정된다.

이처럼 성호의 문하에서 활동한 순암은 선유들 중에서도 특히 퇴계의 학설을 존신하였다. 영조 50년(1774) 순암이 동궁에서 정조를 보좌할 때 서연에 나아가 『성학집요聖學輯要』를 강의한 일이 있었다. 이때 이기장理氣章에 관한 강의가 끝난 다음에 정조가 순암에게 묻기를 "퇴계와 율곡의 이기설이 각각 다른데 그대는 어느 설을 좇는가?"라고 하였다. 이에 대하여 순암은 다음과 같이 대답했다.

> 율곡은 스스로 얻은 견해(自得之見)이여서 비록 좋기는 하지만 퇴계의 설

---

66 『順菴先生文集』 卷18 「李子粹語序」 참고.

은 본래 『주자어류』에서 보광輔廣이 기술한바[67] "사단四端은 리理에서 나온 것이며 칠정七情은 기氣에서 나온 것"이라는 데서 온 것입니다. 보광은 주자의 고명한 제자이므로 반드시 틀리게 기록하지는 않았을 것인즉 퇴계의 설은 그 내력이 근본에서 나온 것이라고 볼 수 있습니다. 때문에 신은 일찍이 퇴계의 설을 좇고 있습니다.[68]

이처럼 순암은 이기론에 있어서도 퇴계의 설을 따르고 그의 학문 정신을 계승하고자 했는데, 이러한 순암의 태도는 그가 지니고 있는 정주학적 도통의식에서 나온 것이다. 순암은 공맹으로부터 정주와 퇴계와 성호로 이어지는 성리학의 도통을 잇고 전하기 위해 필생의 노력을 기울였다.[69] 순암의 이러한 도통의식은 다음 글에서도 잘 드러나고 있다.

남송 이후에 주자의 학문이 천하에 행하게 되었는데, 우리나라는 원나라를 통해서 대략 주자학의 존재를 알게 되었다. 그리고 목은과 포은을 비롯한 제유가 처음 성리지설性理之說을 창도하였고 퇴계에 이르러 집대성되었다. 퇴계의 평소의 학문을 행함은 걸음마다 주자요 마음 씀마다 주자이니 또한 동방의 주자라고 할 수 있다. 퇴계의 『주자서절요』는 퇴계가 정력을 다해서 이루었으니 진실로 학자의 가장 힘쓰고 종신토록 애용해야 하는 책이다. 그러나 근세의 사람들이 대부분 이 책을 읽지 않기 때문에 실학이 점점 어두워지고 속학이 점점 승해진 것이다.[70]

67 여기서 말하는 『주자어류』의 輔廣에 관한 기록은 『朱子語類』 卷53 「孟子」 三에, ""四端是理之發, 七情是氣之發. 問: "看得來如喜怒愛惡欲, 卻似近仁義." 曰: "固有相似處."(廣)"라고 보인다.

68 순암은 『주자어류절요』에서 이 부분을 초록하고 특히 "四端是理之發, 七情是氣之發"(『朱子語類節要』 第四 「孟子」)에는 방점을 찍고 있다.

69 『下廬先生文集』 卷16, 「順菴先生行狀」

70 『順菴集』 卷6, 「答鄭君顯書」.

이와 같이 순암은 성호학파의 도통의식에 기인하여 퇴계를 동방의 주자라고 높게 평가하고 있다. 또한 퇴계가 심혈을 기울여 편찬한 『주자서절요』를 학자들이 가장 힘써 배우고 종신토록 애용해야 한다고 주장하고 있다. 따라서 순암은 『주자어류절요』를 편찬하고 주자 문하의 『논어』라고 자칭하면서, 퇴계가 편한 『주자서절요』와 서로 표리가 되기를 바란다고 하였다.[71] 여기에는 순암이 퇴계의 학맥을 계승하겠다는 도통의식이 강하게 작용하고 있었던 것이다.

5. 맺음말

순암 안정복은 퇴계의 『주자서절요』 편찬을 의식하면서 방대한 『주자어류』에서 주자 사상의 핵심적인 내용만을 초절한 『주자어류절요』를 편찬했다. 『주자어류절요』는 순암이 동궁에서 정조의 학문을 보좌하던 영조 51년(1775) 6월에서 다음해(1776) 2월 사이에 편찬되었다. 가독성을 높이면서 주자의 핵심 사상을 좀 더 쉽게 파악할 수 있도록 방대한 분량의 『주자어류』에서 약 17%의 내용을 초절하여 8권 8책으로 재편한 것이다.

『주자어류절요』의 초절 방식은 먼저 『주자어류』에서 중요한 구절을 선별한 다음 핵심적인 내용만을 초절하고, 이를 다시 완전한 문장으로 만들었다. 따라서 순암은 초절하는 과정에서 구어투 표현에 쓰이는 불필요한 글자들을 의도적으로 산거하면서 가급적 문어체 표현으로 전환하고자 노력하였다. 또한 초절한 내용 중에서도 핵심적인 부분에는 방권과 방점을 찍어 강조하고 있다.

『주자어류절요』의 편찬배경에는 순암이 퇴계의 학맥을 계승하겠다는 도통의식이 강하게 작용하고 있었다. 따라서 순암은 『주자어류절요』를 편찬하고

71 『下盧先生文集』 卷16, 「順菴先生行狀」.

주자 문하의 『논어』라고 자칭하면서, 퇴계가 편한 『주자서절요』와 서로 표리가 되기를 기대했다. 또한 순암은 『주자어류절요』의 간행을 염두에 두고 각 장마다 정확하게 10행 23자로 필사하고 보완작업도 마쳤지만 아쉽게도 간행되지 못했다. 『주자어류절요』는 필사본으로 현재 제2·3·4·6·8권이 국립중앙도서관에, 제1·7권이 고려대학교 육당문고에 소장되어 있으며, 제5권은 그 소재를 파악할 수 없다.

순암 안정복의 목민사상과 주요 목민책

원재린

1. 머리말

조선후기 실학은 양란 이후 중세사회 제 모순이 확산되는 시점에 본격적으로 등장하여, 국가체제의 전면적인 변혁을 추구하는 개혁사상으로서의 면모를 갖추었다.[1] 18세기 이르러 근기남인계 실학자를 중심으로 다양한 부면에 걸쳐 학문역량을 강화시켰다. 그 중심에는 성호 이익이 있었다. 그는 학파를 만들어 시대적 요청에 부응해 나아갔다. 유교경전에 대한 새로운 해석을 바탕으로 주

1 李佑成(1973), 「實學硏究序說」, 『實學硏究入門』, 一潮閣; 金駿錫(1998), 「兩亂期의 國家再造 문제」, 『韓國史硏究』 101, 한국사연구회; 정호훈(2004), 「조선후기 實學의 전개와 改革論」, 『東方學志』 124, 연세대 국학연구원; 김용흠(2011), 「조선후기 實學과 社會人文學」, 『東方學志』 154, 연세대 국학연구원. 등 참조.

자성리학 위주의 주류 학계에서 주목하지 않았던 경세학, 인문·지리학, 역사학, 천문학, 서학 등에서 활발한 학문 활동을 펼쳤다. 이로써 실학사상은 학문적 폭과 깊이를 확대해 나아 갈 수 있었고, 그만큼 조선사회 현실 속으로 내재화 되어갔다. 즉 국가개혁의 목표를 추구하면서도 일상에서 실학의 경세지향을 실현하고, 이를 구현할 방편을 강구하여 실용 학문으로서의 특장을 발휘하는 단계로 접어들게 되었다. 대표적인 실학자로 순암 안정복을 들 수 있다.

순암은 하학에 주목하면서 일상에서의 도덕적 실천을 통해 선진유학의 기본이념을 구현하려 했다.[2] 하학에서 비롯된 학문의 실천성과 일상성에 대한 관심은 자연스럽게 양반 지식인의 생활공간이었던 향촌사회에 대한 관심으로 옮겨갔다. 집권적 봉건국가 구성의 최소단위였던 향촌사회는 조선후기 사회·경제 변화의 영향을 전면적이고 직접적으로 받았던 공간이었다. 동시에 사회 제 세력 간 이해관계가 착종되어 갈등이 심화되는 삶의 현장이었다. 대립이 격화된 직접적인 원인으로 불합리한 부세 운영과 과도한 부담을 꼽을 수 있다.

당시 부세제도의 폐단은 토대변화에 제대로 조응하지 못한 국가운영 체제의 구조적 모순에서 기인하였다. 차등적 신분제에 기반한 불합리한 부세정책은 농민들에게 과중한 세금부담으로 이어졌고, 유리도산遊離逃散의 직접 원인이 되었다. 반면 생산관계 변동 과정에서 새롭게 등장한 부농층은 향권 장악을 통해 지위 향상에 노력하였다. 그 과정에서 향촌사회 운영의 주도권을 둘러싸고 불가피하게 구래의 재지사족들과 갈등하였다. 이같은 상황에 직면하여 양반지주층은 명분의리론에 입각한 강상윤리 강화로 계급적 이해관계를 보존하려 했다. 한편 중앙정부는 향촌사회 안정을 도모하기 위해 면리제面里制, 오가작통법五家

2 강세구(1996), 『순암 안정복의 학문과 사상연구』, 혜안; 이봉규(2000), 「순암 안정복의 유교관과 경학사상」 『韓國實學硏究』 2, 한국실학학회; 홍정근(2006), 「조선후기 학자 순암 안정복의 주체적 사유」, 『韓國哲學論集』 19, 한국철학사연구회; 함영대(2008), 「순암 안정복의 학문적 지향과 ≪孟子疑義≫」 『韓國實學硏究』 16, 한국실학학회 등 참조.

作統制 등을 통해 집권체제를 강화시켜 나아갔다. 이로써 민인의 생산기반을 양반토호와 중간 지배층의 수탈로부터 보호하고, 담세층을 확보하여 국부를 유지・확장해 나아가려 했다.

순암은 기본적으로 양인 농민층의 입장에서 다양한 경세방략을 모색하였다. 향촌운영 문제에서도 동일한 관점이 적용되었다. 다만 구래 지배세력의 기득권을 일거에 제거할 수 없는 조선후기 현실을 충분히 감안하면서 효과적인 목민책을 마련하는데 깊이 고민하였다.[3] 이런 상황 속에서 순암은 직계제자 가운데 유일하게 스승의 향정론을 계승하며 경안면이리동약慶安面二里洞約(이하 이리 동약), 향사법 등 일련의 향정책과 목민서로서 『임관정요(이하 정요)』를 편찬하였다.

본고는 이상의 성과에 유의하면서 순암의 목민사상에 반영된 실학적 면모를 구명하고, 주요 특징과 의미를 목민책을 통해서 구체적으로 살펴보겠다. 이를 위해 우선 이리 동약과 향사법, 그리고 『정요』에 담긴 실학적 목민방략의 대강과 특징을 검토하겠다. 다음으로 순암이 실질적인 향촌사회 안정을 위해 제시했던 권농 방안과 제산 확보 노력을 정리하겠다. 마지막으로 농업생산력 증대에 따른 혜택이 민인에게까지 고르게 분배되기 위해 제안했던 목민책들을 균평 실현의 관점에서 재구성해 보겠다.

3 韓相權(1987), 「順庵 安鼎福의 社會思想」『韓國史論』 17, 서울대 한국사학회; 崔洪奎(1989) 「朝鮮後期 廣州와 水原지방의 鄕約(상) : 安鼎福의 二里洞約과 禹夏永의 鄕約說을 중심으로」『畿甸文化』 5, 기전향토문화연구회; 심재우(1998), 「朝鮮後期 牧民書의 편찬과 守令의 刑政運營」『奎章閣』21, 서울대 규장각; 金泰永(1999), 「順庵 安鼎福의 鄕政論」, 『韓國實學研究』 1, 한국실학연구회.; 盧惠京(2004), 「安鼎福과 黃胤錫의 對民政策 비교」, 『韓國思想史學』 23, 한국사상사학회; 임형택(2007), 「≪牧民心書≫의 이해 -다산 정치학과 관련하여」 『韓國實學研究』 13, 한국실학연구회; 김선경(2010), 「조선후기 牧民學의 계보와 ≪牧民心書≫」『朝鮮時代史學報』 52, 조선시대사학회; 김용흠(2010), 「18세기 牧民書와 지방통치」 『韓國思想史學』 35, 한국사상사학회; 정호훈(2010), 「15~6세기 牧民書의 전개와 牧民學」『韓國思想史學』 36, 한국사상사학회; 원재린(2011), 「조선후기 星湖學派의 鄕政論 계승 양상」 『韓國思想史學』 37, 한국사상사학회 등 참조.

2. 실학적 목민지향과 『임관정요臨官政要』

순암의 목민사상을 이해하는데 주목되는 인식은 시비명변에 입각한 이분법적인 사고에서 벗어나 있었다는 것이다. 일에는 수많은 단서가 있지만 그것은 다만 옳고 그름, 이 2가지뿐이라고 전제하면서도 "옳은 것 중에서도 그른 것을 구하고, 그른 것 중에서도 옳은 것을 구해야 한다고 했다. 옳고 그름 가운데 또한 경중이 있다."[4]는 지극히 현실적인 사고를 갖고 있었다. 특히 계급 상호 간의 이해관계가 뒤엉킨 향촌사회에서는 이같은 원칙은 더욱 준용되어야 한다고 생각했다. 이 점은 이리 동약 운영 과정에서 지나치게 의리를 명변明辨하는 태도에 반대했던 사실에서 유추해 볼 수 있다.

순암은 과실상규過失相規를 논하는 대목에서 과실을 지나치게 규제하는 것이 동약 시행을 어렵게 만드는 주요 원인이라고 보았다. 이 같은 빌미를 제공한 장본인으로 '기묘제현己卯諸賢'을 들었다. 기묘년(1519, 중종 14) 제현들이 악을 지나치게 미워하며 규계規戒하고, 너무 심하게 의리를 분별하는 잘못을 저질렀다는 것이다.[5] 향촌민을 대상으로 한 과실상규 조항을 언급하면서 기묘사림의 잘못을 사례로 든 것은 명분의리론을 향촌사회 운영에까지 과도하게 적용할 경우 동약의 성과를 기대하기 어렵다고 판단했기 때문이었다. 본래 의미를 상실한 채 상대방을 부정하며 지속적으로 갈등을 유발했던 현실을 고려한 결과였다. 향촌 구성원 간의 조화와 이를 통해 민풍民風을 진작시키기 위해서 한쪽의 입장만을 강조하는 의리명변의 방식은 지양해야 했다. 더욱이 민의 성장으로 사회적 위상이 제고되는 상황에서 구래 양반사족의 이해관계를 대변했던 명분

---

4 安鼎福, 『順菴全集』 3, 「臨官政要」 '時措'(驪江出版社 영인본), 259면, "事雖千頭萬緒 只有是非兩端 之是而求其非 之非而求其是 是非之中 又有經重."

5 安鼎福, 『順菴集』 II, 권15 「雜著」 '廣州府慶安面二里洞約'(韓國文集叢刊 영인본, 230권) 103면.

의리론을 더 이상 일방적으로 강요할 수 없었다.

이 같은 이리 동약의 특징은 하인약조下人約條인 '유하계문諭下契文'을 독립시켜 양반약조인 '여씨향약呂氏鄕約 부조附條'보다 앞에 배치한 사실에서도 확인된다. 이는 민의 성장에 따라 동계 운영에 있어서 하민下民의 의사를 무시할 수 없었던 현실 인식의 반영이었다. 하민에 대한 포장褒奬 혹은 치죄를 규정하는 조항에서도 이 점이 관철되었다. 종전처럼 동집강洞執綱이 독단적으로 결정하지 않으며, 하민의 대표인 삼로三老와 반드시 상의를 거쳐야만 했다. 처벌도 하민 대표인 삼로와 존두목에게 집행을 위임하였다.[6] 동약에서 피지배층의 의사가 존중되고 의견을 반영하기 시작했다는 사실은 하민들이 동약의 운영과 집행 과정에까지 관여할 정도로 성장하였음을 반증하는 것이다.[7] 당연히 이리 동약에는 향촌내 소민의 사회·경제적 이해관계를 보전해야 한다는 목표가 설정되었다.

순암은 이리 동약 서문에서 법을 만들어 백성을 인도함에 먼저 민심에 따라야 함을 천명하였다. 만일 민심에 따르지 않는다면 이것이야말로 해정害政의 원인이라고 규정하였다.[8] 해정의 원인을 없애고 민정民情을 진작시키기 위해서는 반드시 백성이 눈으로 보는 곳에서부터 시작해야 했다. 이는 민정을 무시한 채 향촌사회를 재지사족의 입장에서 일방적으로 통제·관리하는 방식은 현실적이지 못하다는 판단이 실린 언급이었다. 순암은 실례로 한·당·송·명대 시행되었던 삼로三老·이정里正·보장保長·방장坊長의 법을 사례로 들었다. 이들 제도는 위로는 도리로써 모범을 보이지 않고, 아래로는 법이 시행되지 않아 향론이 분열된 폐해를 낳았다.[9]

6 위 책, '廣州府慶安面二里洞約', 총간 230권, 94~95면.

7 韓相權(1987), 289~290면.

8 앞 책, '慶安二里洞約序 丙子', 총간 230권, 157~158면, "… 夫作法導人 先順民心 民心之不順 恒由於害政 …."

9 위 책, '慶安二里洞約序 丙子', 총간 230권, 157~158면, "… 降而漢唐宋明 若三老里正保長坊

이에 순암은 동약의 목표로 교활한 수령과 흉악한 아전들의 횡포로부터 민인을 보호하여 민심을 안정시키고 교화를 펼치는 것을 상정하였다. 이때 주목이 되는 점은 맹자의 왕도정치를 거론하면서 민산 제정을 학교[敎化]보다 우선하여 강조했다는 사실이다.[10] 민의 교정·교화에 앞서 생산기반 확보가 우선되어야 했고, 그 관건은 민폐 제거에 있다는 인식이었다. 이와 관련하여 순암이 동약과 함께 향사법의 시행을 주장한 점이 주목된다.[11]

순암 당대 조선의 관인·유자들은 집권적 봉건국가로서 3백년 간 지속되면서 누적되어온 모순과 그로부터 야기된 각종 폐정을 개혁 혹은 개선하기 위한 방안들을 제기하였다. 그 중 하나가 중앙 정부의 향촌사회에 대한 장악력을 높여 양반토호와 중간 지배층의 수탈을 억제하여 민생을 안정시키고, 이들을 담세층으로 흡수하여 국가재정 기반을 확충하는 방안이었다. 순암의 향사법은 이같은 취지에 부합되는 정책 제안이었다.

향사법은 향촌자위단의 성격을 강하게 내포한 명대明代 유종주劉宗周의 보갑제保甲制를 참고하여 입안되었다. 이는 향촌 통제와 인보隣保조직의 정비를 목적으로 한 공적 사회제도로서 성격을 띠고 있다. 그는 향사법을 일체의 교화와 정사의 성패를 좌우할 관건으로서 여기고, 이 법이 제대로만 시행된다면 성왕聖王의 정치를 일으킬 수 있다고 확신하였다.[12]

향사법은 '향사지적鄕社之籍·향사지정鄕社之政·향사지교鄕社之敎·향사지례鄕社之禮·향사지양鄕社之養·향사지비鄕社之備·향사지금鄕社之禁' 등 모두 7개의 조목과 향사패식鄕社牌式으로 구성되었다. 먼저 '향사지적'에서는 향촌조직을 통統

長之法 猶其制也 然而上無道揆 下無法守 人私其身 士異其論 治雖暫隆而俄而汚焉 …."

10 위 책, '慶安二里洞約序 丙子', 총간 230권, 157~158면, "… 今洞中爲民害者 梳櫛而除之 使民心有所歸依 然後敎亦可行 孟子論王政 制民産 居學校之先 良以此也 …."

11 오영교(2001) 참조.

12 『順菴全集』3, 「臨官政要」附錄 '鄕社法', 377면, "… 此制成而後 可以遂生養 可以行敎令 可以同風俗 可以止獄訟 可以弭盜賊 可以禦外侮 而聖王之治興矣."

[5가家]－갑甲[2통統 = 10가家]－사社[10갑甲 = 20통 = 100가]－향鄕[취사위향取社爲鄕]으로 편제하는 방안이 제시되었다.[13] '향사지정'에서는 향촌민들이 향사 내에서 준수해야 할 화촉상계火燭相戒, 도적상어盜賊相禦, 우환상휼憂患相恤, 희경상하喜慶相賀, 법령상외法令相畏, 조부상근租賦相謹 등 6가지 사항이 제시되었다. 향사 내에서 관련 상황이 발생하면 긴밀한 연대를 통해 일사불란하게 조처하며, 이와 관련된 소소한 사안까지도 향사체제에 따라서 단계적으로 상급 기관에 알리도록 규정되었다. 향사는 최종적으로 업무를 총괄하고, 그 결과를 관에 보고하였다.[14] 결국 6가지 사항으로 대변되는 향촌 내 모든 일들이 향사조직을 통해 일률적으로 중앙에 전달되었다. 정부는 향사조직을 통해 일향一鄕에 거주하는 일민一民의 동향을 파악하고, 이에 필요한 적절한 조처를 취할 수 있었다.

이를 뒷받침할 구체적인 행정조처가 '향사패식'에 정리되었다. 패식에는 출경出京과 이거移去상황, 가족 구성원의 인적 사항, 기객寄客과 친우의 경우 본인과의 관계를 자세히 기재하도록 되어 있다. 뿐만 아니라 복종僕從, 행세行稅, 문면門面, 월량月糧, 호세戶稅, 기계器械 등에 관한 항목도 있다. 패식을 통해 해당 호구의 가족 구성, 재산상태 등 소소한 일면까지 면밀히 파악할 수 있었다.[15] 패식에 기록된 정보는 단계를 거쳐 올라가 종합되었다. 패식의 내용이 통치의 기본 자료였던 만큼 각 장들이 책임을 지고 진위 여부를 확인해야 했다. 그래야만 실질적으로 향촌 운영에 유용한 자료로 활용될 수 있기 때문이었다. 결국 향사조직을 활용하여 작성된 패식은 대민 파악의 효율성을 기하고, 이를 토대로 국가에 의한 일민적인 지배를 구현할 수 있는 기본 자료였다.

순암은 향사법을 통해 통－갑－사－향의 일사불란한 조직 체계를 향촌 사회에 확립하고, 이를 통해 국가 공권력의 확장을 도모하였다. 물론 그 목적은

13 위 책, '鄕社法', 379면.
14 위 책, '鄕社之政', 380~381면.
15 위 책, '鄕社牌式', 388~391면.

재지세력의 사적 지배를 배제하고, 대신 국가 대 민의 직접 지배 관계를 구축하여 소농경제 안정을 이루기 위해서였다.

그런데 아무리 좋은 법과 제도라 할지라도 그 운영주체의 능력과 역량에 따라 성패가 결정 된다. 고을을 관장하고 민인을 다스리는 목민관의 비중이 그만큼 커졌다. 순암은 수령이 해당 고을의 풍속을 관찰하여 민간의 실상과 거짓을 항상 눈앞에 있듯이 잘 파악해야 한다고 보았다. 수령의 역할은 단순히 민인을 지배하는 통치자로서의 면모만 갖추는 것이 아니었다. 오히려 '벼슬살이는 머슴살이[作官如雇工]'라고[16] 표현하였다. 치자로서의 체모 보다는 목민관으로서 맡겨진 소임에 최선을 다해야 한다는 각오를 엿볼 수 있다. 그것은 수령칠사守令七事의 기본 업무를 충실히 수행하여 안민安民을 이루고, 중간 지배층에 의한 수탈을 제어하여 민산을 확보해야 했다. 또한 수령은 향촌 구성원 간의 상충되는 이해관계를 조율해야할 책무가 부가되었다. 당연히 임금과 근심을 나누며 민을 다스리는 목민관의 소임을 충실히 수행할 지침서가 필요했다. 그 세목을 현실에 맞게 정리한 저술이 『정요』였다.

『정요』는 순암의 향정지향이 담긴 목민서로서, 「정어政語」·「정적政蹟」·「시조時措」편을 통해 지방관이 갖추어야 할 복무 자세와 요령, 참고해야할 다양한 통치 사례, 수행해야할 주요 업무가 소개되었다. 일단 체제와 구성면에서 『정요』는 앞선 목민서들에[17] 비해 학문적이고 실용적이면서 현실적이었다.

「정어」는 다스림에 필요한 성현의 교훈을 각종 서책에서 정리해 놓았다. 순암은 목민관으로서 갖추어야할 자질과 행정 수행 능력을 하학의 관점에서 제

---

16 앞 책, 「臨官政要」 '時措', 286면, "諺云作官如雇工 今日雖居官 而未知明日 有何事也 …."

17 18세기 중반 이래 등장하는 목민서로 『先覺』·『七事問答』·『臨官政要』·『牧民攷』·『牧民大方』·『居官大要』·『牧綱』·『四政考』 등이 있었다. 해당 목민서들은 구성상 특징에 따라 『목민고』류와 『선각』류로 분류할 수 있다. 『목민고』류의 저술자는 대부분 소론인 것에 비해, 『선각』류는 이원익·안정복·정약용 등 남인 계통이며, 소론으로서는 홍양호의 『목민대방』을 들 수 있다. 김용흠(2010), 94~95면.

시해 놓았다. 대체로 그것은 왕도정치 이념을 명확히 인지하고, 이를 실천할 수 있는 품성을 일상에서 터득하며, 스스로 통치의 주체가 되어 이서를 비롯한 수하를 원활하게 통제해 나아가는 것이었다.[18] 이는 다른 목민서에서는 찾아볼 수 없는 별도의 편성이었다. 향촌사회 문제를 단순히 기능적 차원에서 파악하는 것이 아니라 학문성을 바탕으로 수령상을 정립하려는 의도를 반영하였다. 즉 치자로서 자신의 이상을 실현하고자 하는 사대부 학인의 포부와 고심이 담긴 학술적 저술의 성격으로 발전하고 있음을 보여준다.[19]

「정적」에서는 대표적인 중국 목민관의 주요 통치 행적을 소개해 놓았다. 중국의 사례가 대부분이고, 과거의 사례였다는 점에서 다소 긴장감이 떨어질 수도 있다. 하지만 실제 발생했던 사건이었고, 이에 효과적으로 대처했던 유리儒吏·양리良吏·능리能吏들의 행적이 담겨 있다는 점에서 『정요』를 목민을 위한 지침서로 활용하고자 했던 이들에게는 매우 유용했을 것이다. 다양한 사례 중에는 권농·부세·이재·휼민 등 민산 관련 항목이 차지하는 비중이 컸다.[20] 이전 목민서에서 「정적」처럼 통치 사례를 별도의 장으로 편성한 선례는 찾을 수 없다. 「정어」를 통해 복무자질을 갖춘 수령이 「정적」에 소개된 사례를 숙지한다면 기존의 민폐를 야기했던 수령들과는 달리 공정하면서도 효율적으로 통치할 수 있었을 것이다.

「시조」는 때에 알맞은 조처들로 구성된 편이다. 위정爲政·지신持身·처사處事 등 총 21장은 수령칠사의 세목에 해당하는 것으로 목민관으로서 반드시 수행해야할 소임이었다.[21] 순암이 다양한 목민책을 강구할 때 무엇보다 우선시했던 점은 현실에 적합한지의 여부였다. 양인 농민층의 사회경제적 위상 제고

18 앞 책, 「臨官政要」 '政語', 45~122면.
19 김선경(2010), 169면.
20 앞 책, 「臨官政要」 '政蹟', 123~233면.
21 위 책, 「臨官政要」 '時措', 245~376면.

라는 실학의 목민지향을 실현하기 위해서는 실효성 여부가 무엇보다 중요한 고려 사안이었다. 이에 순암은 책상물림으로는 파악할 수 없는 현장에서 확인된 목민책을 그 성패까지 고려하면서 신중하게 제시하였다.

이처럼 순암의 목민사상은 실학의 경세지향 실현을 대전제로 향촌사회에서 민인의 이해관계를 반영하고 실현시킬 수 있는 현실적 대책을 수립하는 데에 맞추어져 있었다. 이리 동약을 통해서 향촌민의 자율성을 고양시키면서, 향사체계 속에서 공권력을 통해 수탈을 막고 민산을 보장하여 공민으로 포섭하려 했다. 이 같은 자율과 규제를 시의 적절히 활용하여 향촌사회를 안정적으로 이끌어 나아갈 수령의 책무가 『정요』에 체계적으로 정리되었다.

3. 권농의 실천과 제산制産 확보

순암은 실학적 목민지향이 실효를 거두기 위해서는 무엇보다 민산을 안정시킬 구체적인 방안이 뒷받침 되어야 한다고 생각하였다. 옛 사람이 다스림에 대해 말할 때 민을 사랑할 뿐이라고 했다. 민을 사랑하기 위해서는 눈앞의 해로움도 구제해야 하지만 보다 중요한 것은 오래도록 지속될 수 있는 방법을 생각해야 했다.[22] 애민 실현을 위한 구체적인 방편 마련으로 제산 확보만한 것이 없었다. 그 시작은 농업의 권장에서 출발하였다.

왕자의 정치는 농사에 힘쓰는 것을 최우선 과제로 삼았다. 순舜은 구관九官을 임명하여 곡식 파종을 다른 교령보다 우선하였다. 맹자는 정치를 논할 때 학교를 제산 뒤에 두었다. 「홍범」에서는 부유해진 뒤에야 비로소 착하게 된다고 했으며, 『논어』에서도 부유해진 뒤에 가르칠 수 있다고 했고, 『관자』에서도 의식

22 위 책, 「臨官政要」 '時措', 265면, "古人言 治不過曰 愛民 愛民有多般 目前之害 雖不可不救 而當思永遠之圖 …."

이 넉넉해져야 예절을 안다고 했다. 상앙商鞅은 개간령開墾令을 제정하여 밭 가는데 힘썼으며, 한나라에서는 역전과力田科를 두었다. 왕도나 패도 가릴 것 없이 한결같이 농사를 급선무로 삼았던 것이다.[23]

사실 조선시대 관인・유자로서 권농을 통한 제산 확보의 중요성을 인식하지 못하는 사람은 없었다. 문제는 구체성과 실천성에 달려 있었다. 실제로 순암은 당대 수령의 농정 관련 업무가 구두선에 그치고 있다고 보았다. 심지어 임금이 민들을 걱정하여 교서를 내려도 주현에서는 한낱 빈종이 조각으로 본다는 풍자시를 소개하며 개탄하였다.[24]

순암의 권농 의지는 수령이 권농관을 적극 활용해야한다는 주장에 잘 피력되었다. 수령은 각 동마다 권농관 1명을 임명한다. 그는 『경국대전』에 규정된 면面은 너무 넓어서 돌아다니며 살피기 불편하기 때문에 동 단위로 두어야 된다고 보았다.[25] 이때 권농관은 재산이 넉넉하고 근면한 자여야만 했다.[26] 권농관이 수행해야할 업무에 대해 세세히 규정해 두었다. 일단 매년 정월이면 각 동마다 권농관을 차출하고, 1년 동안의 농사 계획을 논밭을 갈고 김을 매기 전에 미리 세운다. 수령은 파종 때부터 권농관을 장려하였다. 부임한 고을의 풍속이 아무 절기를 조종早種의 시기로 삼는다면 관에서는 권농관에게 명령을 전하여 해당 절기보다 10여 일 앞서 씨를 뿌리게 한다. 그렇게 해야 해당 고을의 풍속에 따라 씨 뿌릴 때가 되면 그 일이 이미 끝마쳐서 만에 하나라도 때를 놓칠 염려가 없게 된다는 것이다.[27]

이때 주목되는 점은 농정에 대한 순암의 식견이었다. 순암은 지역에 따라

---

23 위 책, 「臨官政要」 '時措', 289면.

24 위 책, 「臨官政要」 '時措', 289면, "… 近世勸農之政 徒爲文具 而無實效 東人詩曰 九重雖下憂民敎 州縣傳看 一虛紙 不勝歎哉."

25 위 책, 「臨官政要」 '時措', 289~290면, "一面太廣 巡檢難便 故今從各洞."

26 위 책, 「臨官政要」 '時措', 245~376면.

27 위 책, 「臨官政要」 '時措', 292면.

남북 간에 차이가 나기 때문에 농사도 일찍 짓고 늦게 짓는 차이가 있다고 보았다. 주안점은 해당지역의 풍토에 따르되, 사람의 정서가 느긋해서 항상 때를 놓치는 폐단이 생길 수 있다는 사실이었다. 그래서 차라리 절기보다 빨라야지 늦어서는 안 된다고 했다. 농정의 핵심은 서두를지언정 느긋해서는 안 된다는 것이었다. 순암이 생각하는 파종시기는 토맥土脈이 풀리는 시점이었다. 이때 빨리 씨를 뿌리면 바람과 차가운 기운을 이겨내어 가을에도 열매가 잘 맺는다. 이는 흙의 기운을 먼저 받아 뿌리가 굳게 내리기 때문이라고 했다.[28]

망종芒種의 의미를 해석한 대목을 보면 순암이 파종시기를 얼마나 중요하게 여겼는지를 재확인할 수 있다. 이른바 망종이란 인력이 부족하여 모든 일을 서둘러 마치지 못했을지라도 그때까지 일을 마친다면 오히려 가을에 수확할 희망이 남아 있음을 알리는 절기라는 것이다. 즉 늦었다고 해서 씨를 뿌리지 않고 있다가 농사를 망치는 것 보다는, 이때라도 씨 뿌리는 것이 났다는 의미였다. 망종 때를 기다렸다가 씨를 뿌리라는 뜻이 아니라고 해석하였다. 하지만 현실은 그렇지 못했다. 지금 수령들은 옛 습속에 익숙하여 비록 파종 할 때가 되었는데도 스스로 '망종이 아직 멀었다'고 여겼다. 이렇게 파종시기를 놓치거나, 파종할 씨앗을 나눠 주는 일을 서두르지 않아서 매번 지체하는 잘못을 저질렀다는 것이다.[29]

심지어 수령 가운데 농사일을 제대로 알지 못한 채 농사를 권면해야 한다는 명분만 갖고 독촉하여 너무 서두르다가 미처 싹도 피지 못하고 오히려 농사를 망치는 자도 있었다. 혹은 절기의 빠르고 늦음을 잘 파악하지 못하고 스스로

28 위 책, 「臨官政要」 '時措', 291면, "… 地有南北之殊 故農有早晩之異 當隨其風土而爲之 然而常人之情 狃於緩忽 恒有後時之獘 寧早無晩 寧急無緩 農之政也 土脈始開 盖可耕種 耕種之法 不厭太早 太早則耐風寒 秋而實 盖先受土氣立根堅固故也 …."

29 위 책, 「臨官政要」 '時措', 298면, "… 農政所重 惟在不違其時 不奪其力而已 … 且云芒種者 人力不贍 雖不能皆早 若及此時 則猶有秋成之望 故特限節候以示 與其晩而失業 不若及此時之爲愈也 …."

서툴게 계산하다가 시기를 놓치는 자도 있었다.[30] 임금의 걱정을 나누어지는 지방관이 부족한 농정 경험과 부정확한 지식으로 인해 농사를 망치는 경우가 적지 않았다. 순암이 비교적 소상히 농정 업무를 소개한 것은 직접 경험한 잘못을 반복하지 않기 위해서였다. 농정에 대한 이같은 관심은 순암의 권농 실현 강한 의지를 반영한 것이기도 했다. 권농의 세밀함은 농우農牛 운영·관리를 설명한 대목에서 확인할 수 있다.

논밭을 경작할 때가 되면 각 동의 권농관에게 명령하여 소를 보유한 가호의 대장을 만들게 한다. 소 주인에게 먼저 자신의 논밭을 경작한 뒤 소 없는 사람들의 논밭을 경작하게 빌려준다. 가령 한 마을에 10호戶가 살고, 경작할 논밭 10결結이 있다면 소를 보유한 자가 3명, 소가 없는 자가 7명이면 권농관은 논밭을 경작할 날짜를 헤아려 순서를 정한 다음 경작하게 한다. 경작이 끝나면 관에 다음과 같이 보고한다. "아무 마을은 모일부터 시작하여 모일 날 밭 갈기가 끝났다." 관에서는 수시로 몰래가서 살펴보되 혹 시간이 있으면 수령이 직접 논밭을 돌아보면서 해당 고을의 사람들을 불러놓고 권농관의 능력여부를 징험하여 상이나 벌을 준다.[31] 순암의 식견은 작물 재배 뿐만 아니라 농정 운영 전반에 걸쳐 권농관을 관리·감독할 정도의 수준에 도달해 있었다. 그리고 이를 적극 활용하여 농정의 효율성을 제고하고자 했다.

순암은 권농업무를 충실히 수행한 목민관으로 주자를 거론하였다. 주자는 농촌 현장을 누비고 다니며 꼼꼼하게 목민관으로서 책무를 수행한 지방관이었다. 주자의 「권농문」은 이같은 현장 경험을 토대로 작성되었다. 순암이 주목한 것은 해박한 농정 지식에 기반한 실효성이었다. 주자는 먼저 관할 지역의 전반적인 농정을 파악하였다. 토양의 비옥도를 헤아리고 세금 부담의 경중을 살피

30 위 책, 「臨官政要」 '時措', 298면, "… 或不識稼穡之宜 徒取勸課之名 勸督太早 苗不得生 反以害農者 有之 或未能眞知節氣之早晩 自計疎虞以失事機者 亦有之 豈分憂字牧之意乎."
31 위 책, 「臨官政要」 '政語', 298~299면.

며, 민들이 씨뿌리고 김매는 등의 농업 활동에 힘쓰는 여부를 정확히 파악하여 다른 지역과 비교하여 종합적으로 판단하였다. 이렇게 주자는 자신의 경험을 통해 획득한 농정 사항을 글로 남겨서 장리長吏로서 권농의 업무에 충실할 것을 권유하였다.[32] 순암은 농정 전문가로서 주자의 능력을 높이 평가하고, 해박한 농업 지식을 바탕으로 부지런히 권농업무를 수행한 사실에 주목하였다.

우선 토질 관리를 위해서 가을과 겨울 사이 쟁기질을 자주할 것을 당부하였다. 쟁기질이 잘된 토양에 종자를 뿌려야 토질이 비옥해져 심은 벼가 잘 자라고 물기가 풍부하여 건조함을 이길 수 있었다. 다음으로 볏모를 뿌리기 위한 사전작업으로 거름 만드는 방법을 소개하였다. 거름 만들기는 가을과 겨울철 일이 없을 때 하는데, 이때 미리 토양 표면의 풀뿌리를 제거해서 햇볕에 말렸다가 태워서 만든 재와 인분을 섞고 종자를 그 속에 혼합한 뒤에 뿌린다. 이런 볏모를 때를 놓치지 않고 심어야 했다.[33] 누차 강조했던 때를 놓치지 말아야 한다는 점이 다시 한 번 부각되었다.

특히 주자는 농업생산력 증대를 위해 수리시설의 중요성을 강조하였다. 주자는 저수지와 연못의 이로움을 농사의 근본으로 인식하고 힘을 합쳐서 수리시설을 정비에 힘쓸 것을 주장하였다. 만일 나태하고 게을러서 때에 맞추어 나아가 수리시설을 돌보지 않는 자가 있으면 여러 사람들이 함께 소장을 올려 현縣에 알려 징계해야 할 것이다. 만일 공력이 너무 많이 들어 사사롭게 사람들을 모으기 어려우면 사정을 현을 거쳐서 관에 알려 정비하게 할 것이었다.[34] 수리는 한 해 농사를 좌우할 중요한 농정이었다. 지방관은 실정을 파악하고,

---

32 위 책, 「臨官政要」 '政語', 98면, "… 長吏勸課不勤 使之至此 深懼無以下固邦本 仰寬顧憂今有合行 勸諭下項."

33 위 책, 「臨官政要」 '政語', 99면, "… 一秧苗既長 便須及時 趨蚤栽插 莫令遲緩 過却時節 …."

34 위 책, 「臨官政要」 '政語', 100면, "陂塘之利 農事之本 尤當協力興修 … 如有功力浩澣處 私下難以糾集 即仰經縣自陳 官爲修築 如縣司不爲措置 即仰經軍投陳 切待別作行遣."

사정을 살펴 공권력을 활용하여 철저히 관리해야 했다. 필요하다면 행정력을 동원하여 상급기관의 지원도 요청해야 했다.

주자의 「권농문」은 순암에게 농정을 꼼꼼히 관찰하고 실제로 적용하여 실효성이 확인된 현장경험이 담긴 글이었다. 순암에게 주자는 이론과 실천을 겸비한 농업 행정가였으며, 수령 주도하에 농정관리의 중요성을 일깨우기에 적합한 사례였다. 이러한 주자 인식은 당대 주류학계의 그것과는 달랐다. 주지하다시피 서인・노론은 주자의 성리학설에 착목하고, 이를 절대주의에 입각하여 정치적으로 활용하는데 진력하였다. 반면 순암의 주자에 대한 이해는 어디까지나 실용적 측면에서 이루어졌다. 권농을 통한 제산 확보라는 목표를 위해서라면 사상적 편향 없이 무엇이든 수용하려는 융통성과 포용력을 발휘하였다. 이는 수리사업 관련 사항에 잘 나타나 있다.

순암은 수리사업에서는 수차水車사용을 적극 권장 하였다. 수차의 제도는 『태서수법泰西水法』보다 좋은 것이 없다고 했다. 사용법이 지극히 간단하여 시행하기 쉽다는 이유에서였다. 무엇보다 민을 이롭게 한다는 점에서 보물이라고 까지 극찬하였다. 해당 조항의 세주細註에서 이탈리아 선교사 우르시스(Sabba thin De Ursis, 1575~1620)가 소개한 용미차龍尾車・옥형차玉衡車・항승차恒升車・쌍승차雙升車・수고水庫의 기능을 간결하게 개괄하였다. 당연히 솜씨와 식견이 있는 자에게 방법을 연구하여 시행토록 할 것을 촉구하였다. 실례로 충청도 덕산德山의 선비 이철환李嘉煥[35]이 처음으로 용미차를 만들었고, 이는 경기도 안산安山의 이조환李祖煥이 그 제작법을 전수받았다는 사실도 기술하였다.[36] 제산 확보를

35 이철환은 충청도 禮山 古德에 거주하면서 博物學에 힘썼다. 성호의 姪孫으로서 실학사상을 계승하여 家學을 이루었다. 해당 지역에 世居했던 성호 집안의 학문내력은 이문종(2004) 참조.

36 앞 책, 「臨官政要」'時措', 293면, "盖欲興水利 莫善於水車 水車莫善於泰西水法 其法簡而易行 當今有巧識者 講究而行之 … 泰西水法 其用至簡而易行 誠利民之寶器也 … 近有德山士人李喜煥 始製龍眉車 安山李祖煥傳其制云." 동일한 구절이 朴趾源의 『七事考』(1799)에

위해서라면 서양과학 기술일지라도 기꺼이 채용하여 백성을 이롭게 하는데 적극 활용해야 한다는 의지를 표명한 것이었다. 더욱이 실제로 만들어진 사실을 기술한 것은 하루 빨리 적용해 보려는 심사를 반영한 것이었다.

수리분야에 투영된 실학적 안목은 반계磻溪 유형원柳馨遠의 제언 확충 주장을 소개한 대목에서 재차 확인할 수 있다. 순암은 제언 수축을 개간과 함께 민산 제정의 방도이자 민산을 크게 일으킬 수단으로 인식하였다. 조선의 지형을 개괄하면서 그 필요성을 부각시켰다. 우리나라는 압록강을 기준으로 동쪽 지역은 산이 많기 때문에 큰 가뭄이 들어도 최악의 상황에는 이르지 않는다. 이는 곳곳마다 계곡이 있어서 물을 댈 수 있기 때문이었다. 반면 호남 우도 일대는 바다와 연결 된 평평한 육지였다. 때문에 냇물에 소금기가 있는 조수潮水가 섞여서 논밭에 물을 댈 수 없었다. 그래서 제언이 유독 호남지역에 많이 설치되었다는 것이다.[37] 이어서 제언 수축을 주장했던 반계의 주장을 소개하였다.

반계는 호남에 소재한 벽골碧骨・눌지訥池・황등黃登 등 큰 제언 때문에 민에게 많은 이익을 주었다고 했다. 이들 제언들을 고쳐서 다시 사용한다면 노령蘆嶺 위쪽에 위치한 7, 8개의 군郡은 흉년이 들어도 민들이 마을을 버리고 떠도는 걱정은 영원히 사라지게 될 거라고 전망하였다. 궁극적으로 민에게 많은 이익을 줄뿐만 아니라 국가의 세금도 증대될 것으로 내다보았다.[38] 순암은 이를 뛰어난 계책이라고 평가하였다. 즉 수리시설의 확충이 단순히 농정 차원에서 논

서도 발견된다. 김문식(2010), 38면. 편찬시점을 고려할 때 박지원이 『정요』의 내용을 필사한 것으로 보인다. 최소한 실학자 내에서 서양 수차에 대한 관심이 컸고, 더 나아가 당색을 떠나 『정요』가 주요 목민서의 하나로 읽혀졌다는 사실을 확인할 수 있다.

37 위 책, 「臨官政要」'時措', 295~296면, "境內如有起墾 或堤堰灌漑處 當訪問看審 及時爲之 以利民爲意 後世制民産一節 難以遽言 惟此二事 可以興行 … 惟湖南右道一帶 平陸連海 而川流受潮醎 不得潤田 所以堤堰 獨多於湖南也 …."

38 위 책, 「臨官政要」'時措', 296면, "磻溪曰 湖南碧骨・訥池・黃登等 堤皆其最大 而民利甚博 廢棄已久 若復修治 則嶺上七八郡 永無凶荒流亡之患 不惟民利無窮 國稅亦增 豈非長策哉 …."

의된 것이 아니라 민부民富를 확대하고 이를 토대로 국가재정의 건전성 확보를 목표로 했던 것이다. 권농은 제산 확보를 이룰 방편일 뿐만 아니라 국정운영의 안정성을 담보할 핵심 사안이었다. 이 점 순암이 주목했던 다음의 반계 주장에서 재차 확인할 수 있다.

반계는 수리사업을 진휼문제와 결부시켜 파악하였다. 그는 감사에게 흉년이 든 지금 곡식을 지원하고 민들을 모집한다면 정부丁夫를 뽑을 필요 없다고 했다. 이는 흉년에 굶주린 백성을 구제하고 제언도 정비하는 일거양득의 효과를 거두는 일이라고 했다.[39] 제언 정비 자체만으로도 제산을 확보하여 백성을 이롭게 하는 방편이었다. 그런데, 여기에 더해 흉년에 굶주린 백성을 동원하여 공사에 활용한다면 진휼의 성과뿐만 아니라 본래 부역에 동원되어야 할 민의 부담까지도 덜어줄 수 있었다. 실상은 한 번에 3가지 효과를 거둘 수 있는 방책이었다. 비록 반계의 주장은 그 취지를 제대로 이해하지 못한 지방관에 의해 받아들여지지 않았다. 하지만 그 속에 내재 된 실학적 사고는 순암에게 수리사업의 중요성을 재인식하고, 이를 제산 확보 문제와 연관하여 이해하는 데 영향을 주었다. 이 점은 다음의 사례를 통해 확인할 수 있다.

순암은 토정土亭 이지함李之菡의 행적을 소개하였다. 그는 아산 군수 재직시 구호만을 목적으로 하는 진휼방식을 지양하였다. 매일 남자는 1되, 여자는 6홉, 노약자는 5홉의 식량을 나눠주었다. 이때 남자는 땔감을 해오거나 신발을 만들게 했으며, 여자는 나물을 캐거나 밤에 길쌈을 시켰다. 이렇게 각자 기술에 따라 일을 시켜서 품삯[工價]을 받게 하되, 소득에 대해서는 관에서 간섭하지 않았다.[40] 진휼 사업을 단순히 기민饑民 구제의 방편으로만 인식하지 않았다. 소극적인 구휼 방식에서 한발 더 나아가 보다 적극적으로 제산 마련의 계기로

39 위 책, 「臨官政要」 '時措', 296면, "… 嘗以此言于監司曰 今値凶年 當給粟募民 不必調發丁夫 救災興利 一擧兩得 …."

40 위 책, 「臨官政要」 '時措', 347면,

삼으려 했다. 개별 민인의 노동력을 적극 활용하여 근로 의욕을 고취시켜 새로운 가치를 창출하고, 그 대가를 지불하여 스스로 처분할 수 있도록 하였다. 이를 통해 굶주림에서 벗어나 정상적인 사회 구성원으로서 자립할 수 있는 기반을 제공하려 했던 것이다.

동일한 방식은 범중엄范仲淹의 사례에서도 발견되었다. 범중엄은 강소성江蘇省 오중吳中에 흉년이 들자 천 명의 인부가 동원되는 큰 토목공사를 벌였다. 이로 인해 탄핵 당했음에도 굴복하지 않고 그대로 강행하였다. 그 이유는 토목 공사를 계기로 굶주린 민들이 자신의 기술로 음식을 바꿔먹을 수 있기 때문이었다. 실제로 공사 간에 먹고사는 사람이 하루에 무려 수만 명에 이르렀다고 했다. 따라서 흉년에 이보다 더 큰 민을 구제하는 정책은 없다고 단언하였다.[41] 당대 중국이나 조선에서 토목공사를 벌일 때는 농한기를 이용하여 민력民力을 강제로 동원하는 것이 전통적인 방식이었다. 비록 재해에 국한된 사례였지만 중세사회 해체기 신분제에 근간한 중세적 부역체제를 대체하여 임노동을 활용하여 민산을 안정시킬 방안으로 활용해 볼만한 내용을 담고 있었다.

시세 변화에 맞춰 제산을 확보하려는 노력은 채소재배에도 잘 반영되었다. 순암은 목축과 채소 재배도 제안하였다. 소나 말 이외에 닭이나 개 등도 길러 번식시키며, 생강·토란·파·마늘·오이·가지·무·배추처럼 사람들이 먹을 수 있는 것들을 밭고랑을 나누어 심게 한다. 토란과 배추 등이 많이 재배되면 재화를 모을 수 있으며 또한 기근으로부터 민들을 구제할 수도 있다는 것이다.[42] 근기지역에 거주하면서 조선후기 도시의 확장과 인구 유입에 따른 소비시장의 확대를 직접 목도했을 그에게 채소재배의 권장은 매우 시의 적절한 판단이었다. 예의 실학적 관점에서 사회경제적 변화에 적극 대응하여 제산을 확

41 위 책, 「臨官政要」 '時措', 349면, "… 所以安遊興造 皆欲以發有餘之財 以惠貧者 貿易飮食工技服力之人 仰食於公私者 日無慮數萬人 …."

42 위 책, 「臨官政要」 '時措', 295면.

보하려는 의도로 평가할 수 있다.

4. 균평의 실현과 주요 목민책

권농을 통한 제산 확보 못지않게 순암이 주안점을 둔 향정목표는 균평의 실현이었다. 순암은 공자의 '부족함을 걱정하는 것이 아니라 고르지 못함을 걱정한다'는 언설을 인용하며,[43] 균평 실현에 관심을 기울였다. 당대 민생과 관련하여 균평 문제가 심각하게 제기된 분야는 부세제도였다. 부세 운영의 공정성 확보야 말로 제산 확보를 통해 고양된 향촌사회의 안정성을 실질적으로 담보해 줄 관건이었다.

하지만 지주전호제 확산에 따른 대토지 겸병이 만연된 상황에서 기존의 부세운영 원리와 방식은 부익부 빈익빈의 악순환을 고착시키는 기재로 작용하였다. 더욱이 농업 생산량 증대와 상품유통경제의 발달에도 불구하고 불평등한 신분질서에 입각한 분배구조의 왜곡은 초과이윤을 둘러싼 계급간 갈등과 대립을 격화시켰다. 이에 양란이후 관인・유자들에 의해 다양한 부세 개혁안들이 제시되었고, 치열한 논의과정을 거쳐 공민확보를 통한 재정 건전성을 회복할 방안들이 정책으로 입안・집행되었다. 순암 역시 균평을 이룰 수 있는 실천 방략을 모색하였으며, 실효성의 관점에서 기존 정책들에 관심을 보였다. 스스로 천명한 '옳은 것 중에서도 그른 것을 구하고, 그른 것 중에서도 옳은 것을 구해야 한다'는 현실적 사고의 발현이었던 셈이었다.

순암은 부세 가운데 큰 비중을 차지하였던 전세田稅 부과의 균평을 실현하기 위해 중국의 경무법頃畝法에 주목하였다. 일단 조선의 토지제도가 중국과 크게

43 위 책, 「臨官政要」 '時措', 328면, "… 孔子曰 不患寡 而患不均 …."

다르다고 하면서 경무법의 장점을 거론하였다. 중국은 경무법을 사용하여 논밭 면적을 정하고, 해마다 풍흉을 살펴 세율을 달리 적용하였다. 경무가 같으면 토지의 절대면적도 서로 같고, 여기에 동일한 재감災減 비율을 적용하면 부세행정의 투명성을 확보하였던 것이다.[44]

반면 조선은 수확량에 기준한 결부結負로써 토지 면적을 정하였다. 결부는 비옥도와 같은 눈에 보이지 않는 기준에 따라 등급을 정하는 제도였다. 따라서 비록 같은 면적이라도 비옥도가 다르면 결부가 달랐다. 균평을 실현하기 위해서는 작황을 살피는 답험의 중요성이 매우 중요했다.[45] 부세운영 과정에 대한 엄격한 관리·감독이 균평 실현의 관건이었다. 순암이 경무법을 소개한 의도는 당시 농업생산력 발전 수준을 고려할 때 충분히 수용할 수 있다는 것이었다. 아울러 당대 전세 불균등의 원인을 분명히 드러내고, 결부세 하에서 균평을 실현하기 위해서는 기왕의 것을 대체할 새로운 운영 원리와 방식이 필요하다는 인식이 깔려 있다.

이같은 맥락에서 순암은 중앙정부에서 제안했던 새로운 세법체제에 주목하였다. 그 균부균세의 혜택이 민인에게 돌아갈 수 있도록 준용할 것을 촉구하였다. 순암은 이리 동약의 유하계문에서[46] 조부租賦의 철저한 이행을 촉구하면서 전삼세田三稅(전세·대동미·삼수미)로 국가 정공正供이 통일 된 이후 모든 잡역이 감면되어 돌아오는 혜택이 커진 사실을 강조하였다. 부세 경감에도 불구하고 조부를 납부하지 않고 관망하면서 감면 받기를 기다리는 행위에 대해 처벌할 것을 주장하였다.[47]

---

44 위 책, 「臨官政要」'時措', 335~336면.

45 위 책, 「臨官政要」'時措', 336면.

46 '租賦'項을 향약에 굳이 덧붙인 것을 다른 향약에서는 찾아볼 수 없는 독특한 일면으로 조선후기 문란해진 稅制·糶糴과 病渴된 국가재정 등 제 양상에 대한 사대부로서 취해야할 적극적인 관심의 표명이라고 할 수 있다. 崔洪圭(1989), 150면.

47 『順菴集』 Ⅱ, 권15 「雜著」'廣州府慶安面二里洞約', 총간 230권, 100면, "謹租賦 尤人民之

전삼세 시행과 관련하여 주목되는 세법 개혁안은 균역법均役法(1752, 영조28)이었다.[48] 동약 제정 시점이 1756년임 감안할 때 특별히 언급하지 않았지만 균역법은 민들에게 혜택을 준 세제로 간주해도 무리가 없을 것이다. 비록 지주제 혁파와 토지개혁을 통해 균산을 이루지는 못했지만 군포를 감면해 주고 부족분을 토지에 기준하여 부과하는 균역법이야말로 균부균세를 실현할 수 있는 현실적 대안이었다. 따라서 향촌민은 정부 정책에 적극 호응하여 그 효과가 확산될 수 있도록 납세 의무를 충실히 이행해야만 했다.

대동법大同法[대동미]에 대해서는 비교적 상세히 거론되었다. 16세기 이래로 양인 농민층의 부담을 가중시킨 세목 가운데 하나가 공납이었다. 이 문제를 해결하기 위한 정책노력이 꾸준히 강구되었고, 17세기 초반 이래 점진적으로 확대 시행되어 가다가 마침내 숙종대 비로소 전면적으로 시행 되었다. 순암이 대동법에 주목한 것은 수미법收米法 시행에 따른 민력의 부담 감소였다. 조선시대 민들이 부담해야 할 여러 가지 역이 있었고, 거두는 곡식도 찹쌀 · 팥 · 메밀 · 들깨 등으로 매우 번거로웠다. 효종 때 우의정 김육金堉은 선배들의 의론을 수용하여 대동법 시행을 청하였다. 법이 시행되자 민들이 매우 편리하게 여겼고, 관청의 수요도 그 중에 포함되어 때에 맞추어 마련할 수 있었다. 이밖에도 기존의 참기름과 종이도 쌀로 바꾸어 거두어 들였다.[49] 대동법 시행에 따른 경제적 편리성을 열거하며 양인 농민층의 납세부담을 완화시킨 양법良法의 장점을 드러냈다.

순암은 편익이 민에게 돌아갈 수 있었던 것은 과세기준이 토지로 고정되면서 불균등함이 사라졌기 때문이라고 보았다. 민간에서 땔감과 닭 등의 잡역을

所當惕念者也 田三稅 實國家惟正之供 而雜役蠲減 盡在其中 爲惠大矣 …."

48 『英祖實錄』 권77, 영조 28년 6월 戊午, 43책 453면.

49 앞 책, 「臨官政要」 '時措', 324면, "… 孝廟時 宰臣金堉 因先輩所論之議 建請立大同法 民甚便之 … 著於續大典."

변통할 때 민호民戶에 기준하여 거둔다면 이서들이 민호의 크고 작은 차이를 빌미로 농간을 피울 수 있었다. 이 문제를 해결할 방안이 토지에 과세하는 것이었다. 자연스럽게 소득에 따른 균평 과세가 실현될 수 있었다. 일정해서 변하지 않는 토지 결수를 과세 기준으로 삼아 각 고을에서 널리 시행하자 민들이 편리하게 여겼고, 그 효과가 이미 나타나고 있었다.[50] 그 효과란 대동법의 실시로 과세 기준이 호별 대신에 토지 결수로 바뀌면서 양반 지주의 세금 부담이 커진 반면 영세 농민의 부담은 상당히 줄어들었던 사실을 의미하는 것이었다. 또 한 가지는 중간 지배층 수탈을 억제한 점이었다. 크고 작은 부역을 대동법에 따라 정하여 교활한 향리들이 비리를 저지르는 것을 막을 수 있었다.[51]

대동법과 균역법은 지주제 혁파를 전망하기 힘든 상황에서 기존의 부세체제에서 탈피하여 새로운 운영방식을 모색하여 일정하게 실효를 거둔 정책이었다. 일거에 제산을 확보하진 못했지만 현실에서 제한적이나마 양반지주의 부담을 늘이고 소민의 안정성을 도모했다는 점에서 불균등이 심화된 향촌사회에 확산되기를 기대했던 것이다. 이것이 그가 강조했던 '그른 것 중에서도 옳은 것을 구해야 한다'는 사례로 볼 수 있다.

하지만 균부균세의 이로움이 지속적으로 유지되기 위해서는 무엇보다 현존하는 무수한 비리를 제어할 세밀하고 구체적인 목민책이 뒷받침 되어야 했다. 자연스럽게 수령의 역할과 위상이 부각되었다. 그간 향리층이 좌우했던 부세 운영의 권한을 회복하는 일이 매우 중요하였다. 그 대강이 군역 관련 세태를 정리하면서 표명되었다.

순암은 요즘 군액을 채워 넣기 어려운데 빠져 나가는 구멍이 한 두 가지가

50 위 책, 「臨官政要」 '時措', 324~325면, "… 若收之民戶 則戶有大小吏緣爲奸 …不若定以民結一定不易之爲愈也 是故各邑 亦多行之 民以爲便 此已然之效也 …."

51 위 책, 「臨官政要」 '時措', 328면, "各邑賦役 其規不一 勞逸亦異 當使之均一 無使有偏苦之患 可也 … 間有猾鄕奸吏 循私越次 專務利己者 當嚴察而痛禁之 大小賦役 亦皆大同出定至當."

아니라고 보았다. 구체적으로 양반 토호의 억압과 간사한 향리가 농간을 부리는 가운데 교활한 자는 모두 역에서 빠져 나갔던 것이다. 그 형태도 다양해서 지배세력과 유향留鄕들의 양호養戶, 교원생의 정원외 인원[額外], 승려와 거사居士의 도역逃役, 각 관청 노비로 투입된 자, 각 마을의 잘 사는 사람 가운데 뇌물을 바치고 역을 면하였다. 그 숫자가 무려 수천 여명에 이르렀다. 이처럼 세력이 있으면 끌어당겨 의뢰하지 않는 경우가 없었다. 반면 순박한 자는 기러기가 그물에 걸리듯 빠져나가지 못하여 역 부담이 더욱 가중되었다.[52] 이를 바로잡기 위해서 순암은 목민관의 역할을 강조하였다. 군역의 공정한 관리를 위해서는 관장은 다른 사람에 의존하지 않고 직접 한정閑丁을 수괄收括하고 군적軍籍을 작성할 것을 촉구하였다.[53]

매년 7월 15~20일 사이에 김매기가 끝나면 수령은 각 군軍의 색리色吏를 시켜 도망자·사망자·폐질자廢疾者를 뽑게 한다. 폐질자의 경우 수령이 직접 살핀 뒤 군적에서 제외시켜 주었다. 대신 충원될 군정은 이해 당사자가 직접 수괄토록 하였다. 즉 탈이 난 사유가 있는 자의 자손과 족속으로 하여금 탈루자를 색출하여 고발하게 하고, 그 신상명세를 적은 문건을 제출하게 했다. 수령은 이 문건을 직접 받아, '아무개 대신 새로 들어갈 아무개이고, 고발한 자는 아무개이다'라고 적어두었다. 한편 수령은 새로 충정할 인원을 하리下吏에게 맡기지 말고 직접 패牌를 내어 잡아오게 한 다음 법에 따라 심문해서 진술을 받고 차례로 작은 책에 기록하였다. 그 과정에서 업무수행을 게을리 하는 이서와 면임, 차사差使 등을 엄중히 다스렸다. 이후 다시 한번 군역을 담당하는 병리兵吏를 시켜 장부에 기록해서 잘 간수하도록 했다.[54]

52 위 책, 「臨官政要」 '時措', 319면.

53 위 책, 「臨官政要」 '時措', 316면, "… 守令者 常常留念 如得一口隱漏者 綠於別冊 勿委他人 漸次充定 勿令騷擾於民間 此爲善策 … 軍政之要 莫先於籍法."

54 위 책, 「臨官政要」 '時措', 317~318면.

군적을 정리하는 일체 과정을 수령이 철저히 관장하여 불공정의 소지를 없애고, 충원 과정에 이해당사자를 참여시켜 불평을 최소화하려 했다. 또한 담당 이서배들의 불법적인 개입을 막고 군정이 정상적으로 진행될 수 있도록 배려하였다. 즉 가능한 인징隣徵과 족징族徵 같은 양역良役의 폐단을 제거하여 민의 원성을 없애려는 의도가 담겨 있었다. 균부균세 실현을 목표로 개편된 부세정책의 성과를 유지·확산시키기 위해서는 무엇 보다 수령의 권한을 최대한 활용하여 꼼꼼히 세무행정을 챙겨야만 했다. 만약 책무를 제대로 수행하지 못한 수령과 이서들이 있다면 법전 규정에 따라 파직으로부터 형장刑杖에 이르는 형벌을 적용하였다.[55] 수령 역시 실무자인 면임·풍헌 등에게 군정의 중요성을 강조하면서 상벌로써 경계하여[56] 국가의 재정기반을 확충해 나아갔다.

이같은 목민원칙은 전정田政 분야에도 그대로 관철되었다. 순암은 민을 다스리는 방도 가운데 전정이 가장 어렵고, 한번 실수했을 때 민들이 받게 될 피해가 적지 않다고 경계하였다.[57] 공평 과세를 위한 여러 목민책을 제시하였는데, 흥미로운 점은 각각의 대책 마다 꼭 평가를 실어 두었다는 사실이다. '전정을 처리하는 좋은 방법'이라든가, '절묘한 방법이지만 여러 차례 행한다면 속임을 당할 것이다' 내지는 '한 번쯤 시행할 수 있으나, 두 번 사용하면 실패할 것이다' 혹은 '한 번쯤 사용할 수 있다'는 평가를 적시해 두었다. 이렇듯 목민책의 성패까지 공개한 이유는 시행착오를 최소화 하면서 균평을 이루고자 했기 때문이었다. 불공평을 양산하는 구래의 전정운영 방식을 답습하지 않고 민생 현장에서 얻은 지식을 바탕으로 최선의 목민책을 마련하고자 심사숙고했던 것이다.

순암이 제시한 전정 관련 목민책들을 종합 정리하면 다음과 같다. 기본적으

55 위 책, 「臨官政要」 '時措', 314~315면.
56 위 책, 「臨官政要」 '時措', 319면.
57 위 책, 「臨官政要」 '時措', 329면, "大概 治民之道 田政最難 一手虛着 民害不貲 …."

로 수령이 전정을 주도하면서 향소와 이서를 활용하여 재결상황을 정확히 반영하는 방식이었다. 우선 수령은 토지대장에 기록된 원실수元實數를 숙지하고 손익을 자세히 살펴야 했다. 그래야 작은 실수도 발생하지 않을 것이라고 생각하였다. 이를 위해 면임을 시켜 답험문서를 올리게 하고, 아울러 전부佃夫를 시켜 문서로 보고하거나 혹은 자신이 직접 한 두 고을을 돌아다니며 답험할 곳을 추려내어 실제로 조사하여 그들의 공과 죄를 논하는 것이었다.[58]

하지만 이 방식에는 두 가지 문제점이 있다고 우려하였다. 하나는 민들이 단자를 올릴 경우 숨기는 폐단이고, 다른 하나는 면임을 시켜 답험을 할 경우 몰래 도둑질하는 문제가 생긴다는 것이다. 물론 사전에 폐단을 최소화하기 위해 전정의 중요성을 강조하고 국법으로 엄중히 문책할 것을 포고하며 면임으로부터 다짐을 받기도 했다.[59] 전정의 성패는 답험의 공정성과 투명성을 확보하는 데 있었다. 결부제의 구조적 모순으로 초래되는 다양한 변수를 고려하면서 균평의 성과를 거두기 위해서는 가능한 모든 방법을 동원해야 했던 것이다. 순암은 서원과 풍헌을 활용한 대책을 내놓았다.

우선 6월에 각 면마다 서원을 나누어 정하여 전결문서田結文書를 정리하고, 이를 각 면의 풍헌에게 내려 보낸다. 각 면의 풍헌은 8월 10일 이후에 농사현황을 직접 살피며, 9월이 되면 계산을 마감하고 10월에 결세와 요역徭役의 규모를 정하였다. 이것이 전정을 처리하는 좋은 방법이라고 했다.[60] 다음의 목민방략은 민이 직접 단자를 바치고, 그 내용을 서원이 토지대장과 비교하여 살핀다. 그런 다음 서원이 계산하여 작결作結하면 수령이 그 실수를 총괄하는 방식이었다. 이렇게 하면 서원은 농간을 부릴 수 없고, 민은 억울함을 호소하는 폐

58 위 책, 「臨官政要」 '時措', 333~334면. "大要 守令先執量付元實數 精察其損益之術 則萬不差一也 …."

59 위 책, 「臨官政要」 '時措', 330면.

60 위 책, 「臨官政要」 '時措', 330면.

단이 없어질 것으로 내다보았다. 이 방법에 대해서 순암은 절묘한 방법이지만 인심이 워낙 교묘하기 때문에 여러 차례 행한다면 속임을 당할 수 있으니, 시험 삼아 한 번쯤은 사용할 수 있다고 했다.[61]

순암은 전정 운영과 관련하여 하나의 확정된 목민책만 적용하려 하지 않았다. 서원 대신에 계산에 능한 자를 보내고 여기에 더해 민인이 직접 바친 단자와 비교한다거나, 서원이 작성한 단자를 땅주인에게 주고 수령이 또한 살펴 농간을 부릴 여지를 없애려고 했다. 혹은 서원을 시켜 답험하도록 하되 문서 작성 과정에서 갑작스럽게 거두어 처음 기록과 비교하여 간사한 꾀를 부리지 못하는 등의 보안책을 마련해 두었다. 그 만큼 전정을 둘러싼 이서들의 농간이 극심했다는 현실을 반영한 것이었다. 사정이 이렇다면 수령이 실효성이 기대되는 목민책을 제시하고 부세행정의 투명성을 높이려 해도 균평을 이루기 어려운 것이었다. 수하들을 제대로 통제하지 못한다면 모든 노력이 수포로 돌아갈 수밖에 없었다. 이에 순암이 제시한 방안이 새로운 향임층의 등용이었다.

순암은 수령보다 민과 친한 사람으로 향소를 꼽았다.[62] 이들이 민을 위해서 공적 차원에서 수행해야할 업무 가운데 하나가 이서들을 관리·감독하는 일이었다. 향소를 시켜 이서의 행동거지를 살피고 가르쳐 그 장점을 높이고 단점은 나무라서 그치게 한다. 그럼에도 불구하고 통제할 수 없는 이서들에 대해서는 관에 고발하여 처벌하는 구조를 만들려 했다.[63]

순암은 이같은 공적 업무를 수행할 향소를 새로 뽑을 것을 주장하였다. 향소는 부민富民 가운데에서 근면하고 건실한 자를 선택할 것을 촉구하였다. 부민을 선택한 이유는 법을 두려워하고 자신을 아끼며 일을 판별할 줄 알아서 민을 침탈하는 경우가 드물기 때문이었다.[64] 일정정도의 재산을 보유하고 있으면

61 위 책, 「臨官政要」 '時措', 331면.

62 위 책, 「臨官政要」 '時措', 272면, "古語 親民 莫如守令 而余謂 親民 尤莫如鄕所也 …."

63 위 책, 「臨官政要」 '時措', 284면, "… 鄕所得人後 群吏能否 專委鄕所 …."

서 나름 개인의 명예를 추구하고 사리분별을 할 수 있는 새로운 세력을 중용하려 했던 것이다. 무엇보다 민을 침탈하지 않는다는 점이 기존 향임과는 크게 구별되었다. 그런 만큼 순암은 이들을 일반 민과 달리 대우하며 상으로 권면하려 했다.[65]

그런데, 순암은 침학 가능성이 상대적으로 낮은 새로운 향임층에게 조차 형벌로써 징계하려는 의사를 내비쳤다. 그것은 온정을 중시하는 농업공동체 특성을 고려할 때 자칫 다시 이권을 둘러싼 유착관계가 되살아나고, 이로 인해 침학이 재현될 것을 우려했기 때문이었다. 이들에게 한 고을의 일을 전적으로 맡게 되면 자기 멋대로 농간을 피울 수 있기 때문에 수시로 비밀리에 살피고 경계하여 큰 죄를 저지르면 벌을 내리고 쫓아낸다. 또한 응당 보고해야할 고을 일을 하지 않거나 없애야할 폐단을 방치한 경우가 생길 수 있기 때문에 지속적으로 감독하고 관찰해야 했다.[66] 이 문제를 미연에 방지하기 위해서는 수령이 권병權柄을 잡고 엄정하게 형정을 집행하는 것이었다.

민심을 얻기 위해 너그러움을 베푸는 것이 공자의 가르침이지만 무슨 일이든 가리지 않고 너그러움만 힘쓴다면 서리들이 법률의 조문을 마음대로 해석하여 법을 남용할 것이라고 경계하였다.[67] 그래서 입법立法을 통해 정형을 밝힐 것을 주장하였다. 입법은 시급한 일이며 민생을 넉넉히[優民]하기 위해 필요한 일이라고 생각하였다. 맹자가 '정형政刑을 밝힌다'고 한 말이 바로 이것에 해당한다고 보았다.[68] 아울러 형정의 집행에서도 공평성을 강조하였다. "공평함만

64 위 책, 「臨官政要」 '時措', 270면, "… 別擇富民中勤幹者 凡富民 稍能畏法 而知自愛辦事 而鮮漁奪爲之 …."

65 위 책, 「臨官政要」 '時措', 270~271면.

66 위 책, 「臨官政要」 '時措', 271면, "… 若專掌面事 有自擅隴斷之去 則時時密察 以警責之 大者罪之 …."

67 위 책, 「臨官政要」 '時措', 281면, "… 然而一例寬大 權柄下移 胥吏玩弄 若權常在己 何妨於寬."

68 위 책, 「臨官政要」 '時措', 356면, "至後世 則立法爲急 立法所以優民 孟子所謂 明其政刑 是

이 사람을 복종시킬 수 있다."는 언설을 인용하면서 수령이 먼저 민을 사랑하며 만물을 사랑하는 것을 중심으로 삼고, 상벌과 호령을 공정하게 집행하여 사사로움을 없애면 인심은 자연이 기뻐할 것으로 전망하였다.[69]

균등의 실현을 위해서는 무엇보다 조세행정의 투명성을 확보하는 일이 매우 중요하였다. 새롭게 적용된 대동법과 균역법은 양인 농민층의 세금 부담을 덜어주었다는 점에서 일정한 성과를 거두었다. 문제는 그것이 제산 확보의 수준에까지 도달하기 위해서는 지속적인 관리·감독이 필수조건이었다. 이를 위해 순암은 목민관의 주도하에 현장에서 검증된 목민책을 시행하려 했다. 수령이 균평을 실현하기 위해 새로운 향소를 발탁하고, 이들로 하여금 구래 이서층의 견제하며, 형정을 엄정하게 적용하여 운영 과정에서 발생할 수 있는 폐단을 최소화하려 했다.

5. 맺음말

순암은 성호학파의 경세치용 학풍을 내면화시켜 실학의 지향을 실현하려 노력한 학자였다. 그 일차적인 적용대상은 조선후기 향촌사회였다. 그는 향촌사회의 구성원이자 집권국가의 공민으로서 양인 농민층의 사회경제적 위상을 정립하기 위해서 제산 확보와 균평 실현을 주요 목민목표로 상정하였다. 중세사회 해체기 체제 모순과 변동을 고스란니 받고 있었던 향촌사회에서 소민의 안정성을 확보하기 위해서는 재지사족과 타협하며, 공권력에 의한 보호 노력이 동시에 강구되어야만 했다. 동약은 향촌 내 자율성을 최대한 보장하면서 양인

也 ….”

69 위 책, 「臨官政要」 ‘時措’, 267~268면, “… 而賞罰號令 公平無私 則人心自悅 古人云 惟公可以服人.”

농민층의 이해관계를 점진적으로 반영할 방편이었다. 향사법은 양반 토호와 중간지배층의 수탈로부터 민인을 보호하고, 국가의 담세층으로서 공민의 위상을 유지하기 위해 필요한 제도였다. 이 같은 제도운영의 성패는 수령의 능력배양과 위상 확립에 달려 있었다. 『정요』는 이를 실현할 구체적인 목민책이 담긴 목민서였다. 즉, 조선 후기 사회현실을 고려하면서 실학의 이념을 내재화시키는 과정에서 제출된 성과로 볼 수 있다.

순암이 목민관에게 일차적으로 기대했던 역할은 농정을 장악하고, 농업생산력 제고를 통해 제산을 확보하는 것이었다. 관건은 구체성과 실천성이었다. 기존 수령들은 농사일을 제대로 경험하지 못한 채 단지 책상물림을 통해 획득한 지식만을 가지고 농정을 주관하다 망치는 일이 비일비재 하였다. 반면 순암이 제시한 권농책은 현실적이고 실용적이었다. 순암은 농정업무에 정통한 수령이 해당 지역의 농형農形을 면밀히 파악하고, 권농관을 적극 활용하여 민산을 이룰 모든 방편을 강구하였다. 이를 위해서 수차와 같은 서양과학 기술의 활용도 마다하지 않았다. 반계의 수리사업 같이 빈민구제와 제산 확보를 동시에 이룰 수 있는 방안도 적극 제시하여 권농이 재정 안정화에 기여할 것으로 기대하였다.

권농을 통해 확보된 초과이윤은 그 자체만으로 민산의 안정적 기반이 될 수 없었다. 실질적인 혜택이 양인 농민층에게 고르게 돌아 갈 수 있게 공정한 소득분배 체제의 확립이 뒷받침되어야만 했다. 순암은 균평 실현의 방편을 현실 속에서 찾았다. 그 중 하나가 경무법이었다. 절대면적에 기준한 과세는 결부제의 구조적 모순을 제거하고 균평을 이룰 현실적 대안이었다. 이를 위해서는 기존의 방식에서 벗어난 새로운 운영체제의 확립이 필요했다.

이런 관점에서 순암은 균부균세 실현을 목표로 시행되었던 각종 부세 개혁안에 관심을 보였다. 대표적인 것이 대동법과 균역법이었다. 두 제도 모두 양반지주 중심의 사회·경제체제 속에서 민인의 부세 부담을 크게 경감시켜 주었다는 점에서 진일보한 측면이 있다. 대동법의 실시로 과세 기준이 토지 결수로 바뀌면서 양반 지주의 세금 부담이 커진 반면 영세 농민의 부담은 상당히 줄어들었다. 균역법의 실시로 민인은 막중한 군포의 부담에서 벗어날 수 있었으며, 반면 양반지주는 결작結作이라는 명목으로 소유토지만큼 세금을 물게 되었다. 불균등한 분배 구조를 타개하고 장기적으로 양인 농민층의 재산 확보 가능성을 높일 대안인 셈이었다. 순암은 향촌 내 균평의 효과를 확산・지속시키기 위해 다양한 목민책을 제시하였다.

순암 안정복의 단대사斷代史 편년체, 『열조통기列朝通紀』

오항녕

1. 머리말

미스테리, 즉, 설명하기 애매하거나 어려운 불가사의는 사태(사건, 物, 事, thing) 자체에 내재하지 않는다. 그보다는 사태 자체를 이해하는 인식능력의 한계의 다른 표현이다. 사태의 발생은 우연이든, 필연이든 자체의 동력이 있을 터이기 때문이다. 이런 점에서 『열조통기』를 미스테리로 느낀다는 것은 바로 필자 자신의 이해능력이 『열조통기』를 장악하지 못하고 있다는 고백이다. 저술[編纂]한 사람도 있는데, 그 저술을 제대로 읽지 못한다는 것은 안타까운 일이다.

이렇게 『열조통기』가 미스테리처럼 느껴지는 데는 현재의 연구현황과도 상관이 있다. 조선시대 최고의 역사가로 평가되는 순암順菴 안정복安鼎福(1712~1791)은 동사강목東史綱目의 편찬자로 잘 알려져 있다. 하지만 그가 『열조통기列朝通紀』라는 역사서를 더 편찬하였다는 사실을 그리 주목받지 못하였다. 전자가 삼국시대부터 고려시대까지 정리한 통사通史라면 후자는 조선시대만을 대상으로 한 단대사斷代史이다. 그렇지만 연구동향으로 보면 전자에 대해서는 연구논문도 다수 제출된 반면, 후자의 경우에는 귀한 연구가 제출되기는 했지만, 아직 심도 있는 연구가 필요한 상태이다.

『열조통기』에 대해서는 그동안 김세윤의 연구가 전부라고 해도 과언이 아니다.[1] 김세윤의 연구는 규장각본과 장서각본에 대한 서지書誌 조사를 비롯하여, 『열조통기』의 편찬 배경, 서술의 특징, 인용서목과 구조에 대한 연구를 시작으로, 『열조통기』의 조선시대 인식에 대한 논의까지 이어졌다. 본고에서는 이왕의 연구를 바탕으로, 『열조통기』라는 역사서에 대해 다음과 같은 문제의식과 방법을 통해 접근하고자 한다.

먼저 편년체 일반의 성격에 비추어 『열조통기』가 갖는 특성을 고찰하고자 한다. 기전체, 편년체, 기사본말체 등은 각각 그 용도와 특성을 지니고 있기 때문에, 『열조통기』 역시 그런 역사편찬체재의 전통 속에서 이해할 수 있으리라 생각한다. 또 그런 이해 속에서만이 『열조통기』의 특징이 드러날 수 있으리라 기대한다.

둘째, 『열조통기』의 서술 특징을 알아보려고 한다. 그러나 『열조통기』는 5백 종 가까운 역사서에서 자료를 모으고, 거기에 자신의 사론史論을 첨부한 편찬물이다. 술이부작述而不作의 전통에 따른 편찬물인데, 이는 편찬자료의 선택과 사론을 통하여 편찬자의 역사관이 드러나기도 하지만 무엇보다도 중요한 것은 역사의 사실성을 중시한다는 공통점이 있다. 역사는 무엇보다 사실의 기록이라는 정신이 그것이다.

특히 『열조통기』는 실록의 체재와 유사하다. 실록은 무엇보다도 '믿을 수 있는 기록', 즉 문서의 모음이라는 성격을 띠는데, 본문에서 논하겠지만 『열조통

1 김세윤(1985), 安鼎福의 列朝通紀에 대한 一考察, 『부산여대사학』 3집; 김세윤(1986), 順菴 安鼎福의 朝鮮時代認識 『부산여대사학』 4집.

기』의 편년 역시 실록과 방불하다. 수록 내용에서 보면 실록이 훨씬 방대하지만, 왕대별 편찬과 기사記事의 범례가 유사하기 때문에 관찬官撰 실록과 사찬私撰『열조통기』의 비교는 그 자체로 흥미로운 데가 있다.

다만 실록과 비교할 때 양이 적다고는 하지만,『열조통기』역시 적은 분량의 기록은 아니다. 따라서『열조통기』전체를 실록 및 여타 역사서와 비교하는 것은 논문 한 편으로 가능하지도 않을뿐더러 효율적이지도 않다. 따라서 본고에서는 특정 왕대王代를 선택하여『열조통기』의 기사를 살펴보았는데, 광해군대와 현종대가 그 대상이다. 광해군대는 정치 혼란의 결과 반정反正이라는 통상적이지 않은 방식의 정권교체가 이루어졌던 점에 주목했고, 현종대는 두 차례의 예송 논쟁으로 서인과 남인의 대립이 발생했고 이후 숙종 6년 경신환국庚申換局까지 정계의 변동이 있었던 점 때문에 선택했다.

마지막 3장에서는, 최근의 '기억' 이론을 통해 안정복의『열조통기』에 접근하고자 한다. 저장기억의 성격이 짙은 편년체 일기(또는 실록)와, 의식적 집단기억의 성격이 짙은 당론서 중 열조통기는 분명 전자에 가깝다. 이 문제는 결론이라기보다 또 다른 연구주제의 제시로 삼고자 한다. 이렇게 논의를 제한하더라도『열조통기』의 본 모습을 이해하는 데는 부족한 점이 많을 것이다. 이는 추후 별도의 추가 연구를 통해 보완하기로 한다. 아울러『열조통기』의 판본은 대동문화연구원 영인본『순암총서順菴叢書』(하)에 수록된『열조통기』와 함께 규장각본『열조통기』를 비교하면서 서술하고 필요한 경우 차이점을 밝히려고 한다.[2]

2 영인본은 장서각본을 저본으로 하고 일부를 규장각본으로 보완하였다. 김세윤(1985), 4~10면. 김세윤은 규장각본의 기사에 인용서목이 나오는 점, 장서각본 기사에 추가 기사가 나오는 점을 근거로 규장각본이 원본에 가깝다고 보았다.

2. 편년체 단대사斷代史, 『열조통기』

과거 역사 서술(편찬) 체재로 6가家를 언급하기도 하고, 좌전가左傳家와 사기가史記家를 언급하기도 한다.[3] 6가는 상서가의 풍부한 기언記言과 정령政令, 춘추가의 간결한 기사記事, 좌전가의 상세한 편년, 국어가의 나라별 역사, 사기가의 통사通史 기전체紀傳體, 한서가의 왕조별 기전체를 특징으로 들 수 있을 듯하다. 대체로 중국 한漢나라 시대를 지나면서 기전체紀傳體 정사正史와, 날짜, 연월 단위 기록인 좌전을 본뜬 편년체의 두 갈래로 역사서 편찬체재가 정리되었고 이를 2체體라고 불렀는데, 이후 역사편찬 방식의 전범이 되었다. 한 국가나 왕조를 단위로 편찬하는 기전체와 달리, 편년체는 여러 왕조를 한꺼번에 또는 여러 왕조를 잇달아 편찬하는 데 장점이 있었다. 편년체 『열조통기』를 이해하기 위해서 우리는 편년체 역사편찬의 역사와 성격에 대해 좀 더 살펴볼 필요가 있다.

편년체編年體란 말은 유지기가 『좌전左傳』을 설명하면서 붙인 말이다. 편년체로 편찬되었던 통사通史라는 말은 원래 양 무제梁武帝 때 편찬된 역사서의 명칭에서 유래하였는데,[4] 통通의 의미를 '위아래로 미친다[上下通達]'로 해석하면서 보통명사화된 것으로 보인다.[5] '위로는 황제부터 시작하여, 아래로는 한나라 무제에 이른다[上起黃帝, 下窮漢武]'라는 말에서 보듯이, 여기서 '위아래[上下]'는 '태초에서 당대까지'라는 시간적 의미이다.

당唐나라 때 이르러 실록 편찬이 본격적으로 시작되었고, 이후 편년체는 『춘추春秋』 같은 통사通史가 아닌 바로 이 실록편찬의 체재로 알려지게 되었다. 이

---

3 유지기 저, 오항녕 역(2012), 『사통』, 역사비평사. 6가란, 尙書家・春秋家・左傳家・國語家・史記家・漢書家이다.

4 『隋書』「經籍志」

5 유지기 저, 오항녕 역(2012).

후 『자치통감資治通鑑』의 편찬으로 다시 한 번 편년체 통사가 등장하기는 하지만,[6] 역시 편년체의 총아는 실록이었다. 흔히 우리가 쓰는 일기日記에서 확인할 수 있듯이, 편년체는 그때그때 사실과 문서를 정리하기에 편리한 방법이라는 데 그 1차적 특징과 장점이 있다. 날짜별로 정리하는 것보다 쉽고 편한 방법이 어디 있겠는가. 『열조통기』의 편년체 역시 이런 관점에서 먼저 이해되어야 할 것이다. 그러므로 편년체는 뭐라고 명명할 수 없는 시대의 역사를 편찬하는 방법으로 유용하다고 할 수 있다.

여기서 주목하고 싶은 것은 기전체 정사는 왕조나 국가가 망한 뒤에나 편찬이 가능하지만, 실록처럼 편년체는 당대사當代史의 편찬이 가능하다는 점이다. 안정복이 『열조통기』를 편년체로 선택한 데는 이 이유가 있었다고 생각한다. 이와 관련하여 떠오르는 역사서가 이긍익李肯翊(1736~1806)의 기사본말체紀事本末體 역사서 『연려실기술燃藜室記述』이다.

안정복보다 한 세대 뒤에 태어난 조선시대 또 다른 발군의 역사학자 이긍익은 당조사當朝史를 기사본말체로 편찬했다.[7] 대상 시기만이 이긍익은 조선건국에서 숙종까지, 안정복은 영조까지였던 점이 다르다. 그러면 편년체와 기사본말체의 차이는 무엇일까?

『사고전서총목四庫全書總目』에서 이미 정사류, 편년류, 기사본말류, 별사류別史類, 잡사류雜史類 등으로 구분했듯이, 남송南宋 원추袁樞의 『통감기사본말通鑑記事本末』에서 시작된 기사본말체는 편년체에 이어 하나의 역사편찬체재로 자리를 잡고 있었다.[8] 기사본말체는 사건을 통해서 사실을 이해하는 방식의 서술인 한

6 『춘추』는 노나라 애공 16년(BC479년), 공자의 몰년에서 끝나고, 『좌전』은 애공 27년에 끝난다. 사마광은 『자치통감』에서 주 周)나라 威烈王 23년(BC403년)에서 송이 건국되기(960) 바로 전인 後周 顯德 6년(959년)까지 1362년간의 역사를 기록하였다. 즉 사마광은 『춘추』 이후의 통사를 구상하여 『자치통감』으로 완성한 것이다.

7 이존희(1991), 李肯翊과 『燃藜室記述』의 편찬, 『韓國古典심포지움』 제3집, 일조각.

8 『欽定四庫全書總目』 권49, 史部5, 「紀事本末類」

편, 편년체는 시간의 흐름 속에서 사실을 이해하는 방식이다. 이런 점에서 편년체가 더 원시적原始的이라고 할 수 있고, 기사본말체가 가공적加工的이라고 할 수 있다.[9]

그러므로 안정복이 편년체 『열조통기』를 편찬하면서 기사의 연대를 밝히는 데 고심했고, 그 흔적이 '연월미고年月未考', '연월미상年月未詳'과 같은 기사 말미의 소주小註로 표현되었다는 지적은 매우 적절하다고 생각한다.[10] 이런 점에서 한 세대의 간격을 두고 안정복과 이긍익이 『열조통기』와 『연려실기술』을 편찬한 것은 편찬 체재의 진화라는 측면에서 볼 때도 흥미로운 측면이라고 하겠다.

그러나 안정복이 단순히 편년체의 방식을 기계적으로 적용한 것은 아니었다. 『열조통기』 곳곳에서 주요한 사건을 편년할 때면 그와 관련된 사실은 비록 후대의 것이라도 함께 수록하여 이해를 돕는 방법을 택하고 있다. 세종 26년 전제상정소田制詳定所 설치에 대해 기술하면서 소주 형식으로 유형원柳馨遠의 『반계수록磻溪隧錄』 기사를 가져와 함께 비교할 수 있게 한다든지,[11] 광해군 즉위년 정창연鄭昌衍을 이조판서로 임명하던 때의 기사에서 앞뒤로 있던 사실을 같이 수록하여 이해를 돕는다든지,[12] 기해예송己亥禮訟 당시 윤선도尹善道의 종통적통론宗統嫡統論에 대한 처벌에 반대했던 권시權諰의 상소 아래 유관 사실을 함께 수록한 경우가 그것이다.[13]

이러한 사례는 강목체綱目體의 영향이라고 볼 수도 있다. 또한 강목체 역시 편년체의 하나라고 보아 대수롭지 않게 여길 수도 있고, 또한 『동사강목』을 편

9 이와 관련, 정사 기전체는 문명, 국가를 종합적으로 기록화(Documentation)하는 데 적절하고, 전기류는 인물을 통해 사실을 이해하는 방식이라고 할 수 있다. 그러나 편년체에서 卒記가 있어 기전체의 열전 부분을 수용하고, 기사본말체에도 典故가 있어 기전체의 志를 보완하는 방식으로 편찬체재가 진화하기도 한다.

10 김세윤(1985), 11면.

11 『열조통기』(영인본), 123면.

12 『열조통기』(영인본), 378면.

13 『열조통기』(영인본), 519~521면.

찬했던 경험이 영향을 끼친 것으로 볼 수도 있을 것이다. 그러나 조선시대 편년체의 전범인 실록을 매개로 보면 조금 다른 해석이 가능하지 않나 생각한다.

조선왕조실록이 편년체로 편찬되었음은 다 아는 사실이다. 그런데 조선초기에는 당대사 편년체인 실록의 편찬에도 그 기사 편집방법을 놓고 이러저러한 논의가 있었다. 문종 2년 3월 세종실록이 편찬되기 시작할 무렵, 김종서金宗瑞는 "『태종실록』은 모두 강목체로 편찬하였습니다. 그러나 옛날 역사를 편찬할 때는 대부분 편년체를 썼습니다. 이제 편찬할 『세종실록』은 그대로 편년체로 기사하고 뒷날의 수사修史를 기다리는 것이 어떻겠습니까."라고 문제를 제기하였다. 이때 문종文宗은,

> "『태종실록』은 강목의 서법을 썼다면 당시 무슨 취지가 있었을 것이오. 내가 사마광의 『자치통감』의 서법을 보니, 강과 목을 나누어 포폄은 하지 않았으나, 어떤 일이 길어서 몇 장에 이르면 그 대강의 뜻을 추려 먼저 쓰고 나서 그 일의 시종을 기록하였소. 이제 『실록』은 편년체의 예에 따르되, 기사가 많으면 『자치통감』에서 요지를 뽑아 쓴 예에 의하여 그 요지를 먼저 기록하는 방법도 좋겠소."[14]

라고 대답하였다. 세종대에 충분한 연구와 보급에 힘입어 『통감』과 『강목』을 익히 알고 있는 터에 『세종실록』이 편찬되면서 앞서 『태종실록』과 편찬체재를 비교하면서 그 장단점을 논의하고 있던 것이다. 경사經史에 밝았던 김종서는 당시 『고려사』와 『고려사절요』의 편찬을 통해 정사 편찬과 실록 편찬 및 강목체의 성격에 대해 깊이 이해하고 있었던 것으로 보인다. 『강목』은 강綱을 통해 범례에서 밝힌 포폄의 기준을 사료에 적용하는 외에도, 강과 목을 통해 해당 기사의 요지와 전말을 요령 있게 정리하여 열람에 편리하게 만든 장점

14 『문종실록』 권12, 2년 3월 29일(임술).

이 있었다.

반면, 『강목』보다 먼저 만든 『통감』은 이런 배려는 하지 않았다. 다만, '시시是時 운운', '선시先是 운운', '초 初운운' 하는 방식으로 사건의 시말始末과 인과因果를 보충 설명하는 편년체로 편집되어 있었다.[15] 그런데 『강목』에서 강목체의 형식을 선택하게 된 이유로 정통론에 입각한 포폄의 원칙을 밝힌 범례를 강목綱目의 기사에 적용하는 것이 중요한 이유 중 하나였음을 간과할 수 없겠다. 만일 포폄의 원칙이 큰 문제가 되지 않을 경우에는 강목체 서술은 효용이 떨어지게 마련이었다. 실록이 바로 그러하였다.

물론 강목체로 하는 편이 기사를 일목요연하게 파악하는 데 유리하다는 장점이 있지만, 문종이 지적한대로 『통감』에서도 긴 기사는 기사의 대의를 요약하는 방식을 취하고 있듯이 『실록』도 그렇게 편찬하면 역사서로서의 모습을 갖추기에 나무랄 데는 없었다. 그러므로 문종이나 김종서는 『실록』에 강목체를 적용하는 의미는 강목체의 포폄보다는 강과 목으로 나누는 단순한 편집형식의 측면에서 이해하고 있었던 것인데, 이는 정확한 관점이라고 할 것이다.

그러므로 『열조통기』에서 나타나는 강목체는, 동사강목에서 들어온 강목체에 대한 이해에서 비롯된 바도 있지만, 사학사史學史에서 보면 이미 조선초기부터 실록편찬과정에서 습득하여 전수된 상식적 경험이기도 하였다고 판단된다. 편년체가 강목체로, 강목체가 편년체로 변환되면서 영향을 미치는 점도 생각할 수 있지만, 편년체 역사서는 편년체 역사서대로, 강목체 역사서는 강목체 역사서대로 내적 영향을 주었던 측면이 사학사에서 먼저 검토되어야 한다는 점을

15 편년체로서 편찬할 때 어떤 사실의 원인과 결과를 쉽게 설명하기 어려운 약점이 있을 수밖에 없다. 이에 따라 이와 같은 방식으로 인과관계를 서술하는 방식을 선택하였던 것이다. 이러한 사마광의 서술방식에 대하여, 다나카[田中謙二]는 이런 방법이 『통감』에서 시작된 것은 아니지만, 『통감』에서 빈번히 활용되고 있는 것은 사마광의 사건의 인과에 대한 주도면밀한 배려라고 설명하고 있다. 田中謙二(1985), 「資治通鑑의 理解」, 『中國의 歷史認識』 上, 창작과비평사, 326~327면.

고려해야 할 것으로 보인다. 이런 사학사의 전통에서 보면 우리는 『열조통기』를 이해할 수 있는 다른 단서를 더 끄집어낼 수 있다. 그것은 현재 남아 있지 않은 『열조통기』의 찬수범례撰修凡例에 대한 단상이다.

『열조통기』에는 안정복 자신의 범례가 없고, 제자인 정현동鄭顯東이 지은 「열조통기소지列朝通紀小識」가 그나마 서문, 혹은 범례에 유사한 자료의 전부이다. 그런데 『열조통기』를 읽다보면 마치 실록과 비슷한 느낌을 자주 갖게 된다. 이는 편년체라는 특성 때문일 수도 있다. 또한 『열조통기』가 『국조보감國朝寶鑑』을 기본으로 편찬하여 약 인용서목 회수의 19%를 차지한다는 점에 비추어 볼 때,[16] 당연한 결과일 수도 있다. 『국조보감』은 국왕이 실록을 열람할 수 없기 때문에 선왕先王의 치적 중 본받을 만한 사실을 따로 모아 열람할 수 있게 만든 역사서이므로 실록의 구조와 범례를 그대로 반영하고 있다.[17] 그렇다면 『열조통기』가 실록과 비슷하다는 느낌은 단순한 느낌이 아니라, 실제로도 그러하다는 증거를 인용서목의 일부에서 확인할 셈이다.

역으로, 실록의 찬수범례를 통해서 『열조통기』의 찬수범례를 재구성할 수는 없을까? 아직 확정하기는 어렵지만, 실록을 편찬할 때 적용하는 「시정기찬수범례」 14개 조항에 비정比定하여 『열조통기』의 기사 유무有無과 특성을 소략하게 비교해 보았다.[18]

---

16 김세윤(1985), 23면.

17 정재훈(2002), 「『國朝寶鑑』을 통해 본 朝鮮前期의 政治思想 -『四祖寶鑑』과 『宣廟寶鑑』의 비교를 중심으로」, 『國史館論叢』 100.

18 실록의 「시정기찬수범례」는 조선 초기, 늦어도 성종실록 편찬 무렵부터는 성립된 것으로 보인다. 순조 때 정조실록을 편찬하면서 『日省錄』의 영향으로 찬수범례가 27개 조항으로 늘어날 때까지 내내 「시정기찬수범례」는 14개 조항으로 유지되었다.

英祖實錄 纂修凡例	대상, 내용	『열조통기』 기사
1. 사관의 시정기, 注書의 일기, 서울과 지방의 兼春秋의 기록 외에, 비변사 狀啓軸, 의금부 推案 및 형조의 참고할 만한 중요하고 핵심적인[緊關] 문서, 事變과 推鞫에 대한 주서 일기도 마찬가지로 가져와서 검토하여 갖추어 적는다.	수집 자료	사관의 시정기, 곧 사초는 당연히 볼 수 없었다. 그러나 국조보감을 비롯, 尙瑞院 등 관청기록도 다수 포함되어 있다.
2. 모든 詔勅 및 우리나라[本朝]의 유관 敎書는 찾아내어 기록한다.	외교	對明 외교문서 포함되어 있다.
3. 이름 있는 신하는 卒記를 작성하는데, 빠진 대목이나 소략한 데가 있으면 일시의 공론이나 혹은 문집의 비문과 誌文을 참고하여 상세히 보충하여 기록한다.	卒記	졸기 역시 『열조통기』에서 유의하여 기록하였다.
4. 매일 매일의 날짜는 甲子만 기록한다.	干支	주로 연, 월로 기록되어 있다. 인용자료의 성격상 날짜를 확인하기 어려운 경우가 많다.
5. 모든 재변의 경우, 관상감 抄錄을 하나하나 첨가하여 적는다. - 지방의 바람, 비, 지진 등 각각의 사항은 그 당시 보고한 문서[啓聞]를 반드시 살펴보고 갖추어 기록한다.	災害	상대적으로 적지만, 재변이 심한 경우는 기록하였다.
6. 대간의 論啓는, 첫 번째 논계[初啓]의 경우 중요하고 핵심적인 내용은 모두 적고, 잇달아 올린 논계[連啓]의 경우는 단지 '연계'라고만 적고, 혹시 중요한 내용이 첨가되어 있으면 뽑아낸다. 7. 대간의 논계는 단지 '사헌부', '사간원'이라고만 적고, 와서 보고한 사람의 성명은 적지 않는다. 다만 첫 번째 논계했을 때는 성명을 모두 적는다. 중대한 시비가 걸린 사안의 경우는, 다른 의견을 꺼낸 경우도 적지 않으면 안 된다. - 御史의 성명 및 관리를 쫓아낸 일[黜陟], 폐단을 변통한 일 등도 상세히 기록한다.	臺諫의 啓	실록만큼 많기는 어렵다. 그러나 주요 논란은 기록하려고 노력하였다.
8. 상소 중에서 중요하고 핵심적인 내용은 상세히 갖추어 싣고, 그 사이의 불필요한 글자는 해당 구절을 빼더라도 무방하다. 예에 따라 사직하는 상소나 차자의 경우는 반드시 모두 적을 필요는 없지만, 혹시 거취나 시비 같은 당시 정치에 관련된 사안은 역시 기록하지 않으면 안 된다.	疏章	이 역시 실록만큼 많기는 어렵다. 그러나 주요 상소는 기록하려고 노력하였다.
9. 모든 관직 임명[除拜]의 경우, 중요하지 않고 잡다한 관직이나 산직[冗散] 외에는 이조와 병조[兩銓]의 문서를 다시 살펴보아 상세히 기록한다.	除拜	재상을 중심으로 기록하였다.

10. 각 연도의 과거에 합격한 인원은 '아무개 등, 몇 사람'이라고 적는다.	登科	비교적 상세하다.
11. 군병의 숫자, 서울과 지방의 법제, 호구 숫자에 대해서는, 각 해당 문서를 상소하여 상세히 기록한다.	軍兵과 戶口	자료접근이 어려웠기 때문인지 소략한 편이다.
12. 도움이 되지 않는 번잡하고 쓸데없는 문자는 참작하여 다듬어서 간결하고 압축적인 문장이 되도록 힘쓴다.	删去 방법	* 산절방식
13. 조정[朝家]의 吉凶 등 여러 의례 중에서 나라의 憲章에 관계되어 후세 사람들에게 남겨 보여줄 만한 것은 문장이 비록 번거롭고 잡다해도 갖추어 기재하지 않으면 안 된다.	吉凶禮	주요 내용은 서술하였다.
14. 서울과 지방의 관리 출척이나 공적 또는 사적 시비는 반드시 그 대략을 뽑아 기록한다.	黜陟과 是非	주요 내용은 서술하였다.

편년체라는 공통점, 『국조보감』이 주요 참고 문헌으로 이용되었던 점 때문에 『열조통기』가 실록에 영향을 직간접적으로 반영하고 있음은 틀림없어 보인다. 그러나 위의 비교표를 보면, 아무리 편년체라는 점을 감안하더라도 사찬 역사서에서는 찾아보기 힘든 기사記事의 범주가 포함되어 있다. 예컨대 졸기卒記나 제배의 형식은 실록과 거의 똑같고, 외교, 등과 현황, 상소 등도 내용만 줄였을 뿐 실록과 대동소이하다. 이런 점을 염두에 두고 실제 『열조통기』의 서술로 들어가 보자.

3. 『열조통기』의 서술

1) 광해군대 역사서술

『열조통기』는 양적으로 볼 때 실록과 비교할 수 없을 정도로 기사 분량이 적다. 그러나 사찬이란 점을 고려할 때 『열조통기』 역시 적은 분량의 기록은 아니며, '사찬 실록'이라고 부를 수 있을 정도로 실록과 유사하다. 이번에는 『열조통기』의 특정 왕대王代, 그러니까 광해군대와 현종대를 대상으로 선택하여 『열조통기』의 특징을 살펴보려고 한다. 먼저 광해군대부터 살펴보겠는데, 안정복은 광해군 즉위년의 주요 사건에 대해 비판적인 시각에서 찬술하였다.

① 이원익이 말하기를, "… 삼사의 계사에, '가마니에 철퇴와 칼을 싸서 궐문으로 들여왔다.'고 했으니, 당시 수문守門 장졸將卒 중에 본 사람이 있을 것입니다. 이 장졸들에게 물어보는 것이 좋겠습니다."라고 하니, 모두 동의하였다. 바로 추문했더니, 모두 "보지 못했습니다."라고 했다. 광해光海가 별도로 "이 옥사는 외부인에게 물어볼 필요가 없다. 철퇴나 장검을 궁중에서 본 자가 혹 있을 것이다."라는 비답을 내렸다. 이원익이 곧 병으로 들어가니, 광해는 그 사이에 형문을 당하던 궁노宮奴(임해군의 종)를 꾀어 사형을 면해주기로 하고 임해군의 역모를 증언하게 했다. 두 궁노의 난언亂言이 있자 옥사가 성립되었다.[19]

② 정창연을 이조판서로 삼았다. 이조판서 성영成泳은 유영경柳永慶의 당으로 탄핵을 받아 파직되었다. 영의정 이원익이 이광정李光庭·김수金晬·이정귀李廷龜를 의망했는데, 가망하라고 명하자 신흠申欽을 천거하자 또 가망하라고 명했다. 광해의 뜻이 정창연에게 있었으니, 대개 왕비의 외삼촌이었기 때문이다. 이원익이 부득이 김신원金信元·한효순韓孝純·정창연鄭昌衍을 천거했다. 여론이 떠들썩하였지만, 외척의 권세가 치성하여 당시 감히 말하는 자가 없었다.[20]

③ (임해군을 조사하러온 중국) 차관差官이 (태평관에서 창덕궁으로) 오지 않았

19 『열조통기』(영인본), 즉위년 (2월) 14일, 378면.

20 앞과 같은 곳. 『광해군일기』 권1 즉위년 2월 20일(정축) 기사에도 거의 똑같은 내용이 수록되어 있다. 정창연은 國舅 柳自新의 처동생으로, 광해군에게는 처외삼촌이었다.

다. 광해가 은銀과 인삼[蔘]으로 뇌물을 잔뜩 주었다. 종계宗系를 고칠 때 조정에서 재물을 주려는 논의가 있었는데, 역관譯官 홍순언洪純彦이, "이런 길을 열게 되면 절단나는 데 이르러서야 폐단이 그칠 것입니다. 종계가 성공한 지 몇 년이 지났으니 무슨 문제가 있겠습니까."라고 하여 결국 뇌물을 주지 않았는데, 홍순선의 말이 이때에 이르러 증명되었다. 뇌물을 주는 문이 열리자, 아무리 작은 일이라고 역관이 수작을 부려 뇌물이 아니면 일이 되지 않았고, 중국 사신은 우리나라를 재물 나오는 곳[貨窟]으로 생각하였다. 환관이 사신으로 오면 은이 많게는 십여 만 냥에 이르러, 백성들이 살 길이 없었다.[21]

④ 처음으로 대동법大同法을 경기京畿에 시행하고 선혜청宣惠廳을 설치했다. …… 이원익이 선혜청을 설치하고 대동법을 시행할 것을 청했다.…… 광해가 먼저 기내畿內에 시험하라고 명했다. 거실居室 호가豪家와 방납 주인 등은 모두 방납이 가져다주는 큰 이익을 잃지 않으려고 온갖 방법으로 흔들었다. 광해가 여러 차례 파하려고 했으나, 경기 백성들이 대동법의 편리함을 다투어 말했기 때문에 시행했다.…… 이듬해 승지 유공량柳公亮이 작미作米의 불편함을 말하자 광해가 파하려고 했다.[22]

두말 할 것도 없이 안정복의 찬집은 중초본中草本, 정초본正草本으로 남아 있는 『광해군일기』의 기록과 일치하거나 유사하다. ①에서 광해군이 임해군의 종을 꾀어 옥사를 조작하는 대목과 ③에서 역관 홍순선의 경고는 『광해군일기』에도 보이지 않는 기록이다. ④의 대동법 시행 과정의 경우, 사실을 압축적으로 묘사했지만 전후 관계를 전달하는 데는 무리가 없어 보인다. 실제로 광해군

21 『열조통기』(영인본), 즉위년 6월, 380면. 『연려실기술』에도 같은 기록이 보인다. 『국역 연려실기술』 권19 廢主 光海君 故事本末 「명나라 조정에 奏請하다」, 『荷湛錄』 인용.

22 『열조통기』(영인본), 즉위년 12월, 381면.

의 이런 태도는 대동법 추진 동력을 현저히 떨어트렸기 때문이다.[23]

광해군 3년 이후의 정세에 대해서 안정복은 다양한 자료를 동하여 상황을 전달해주었다. 특히 "대북大北의 세력이 날로 치성하여, 참판 송순宋淳, 참의 이 이첨李爾瞻이 인사를 주도하여 판서 이정귀李廷龜가 자리만 채우고 있을 뿐"이며, 그나마 "이조판서 이정귀를 교체하고 정창연으로 대신했으며", "영의정 이덕형이 사직하고, 좌의정 이항복도 사퇴하여 조정에 삼공三公이 없었으며, 정창연, 박승종朴承宗, 이이첨이 시정時政을 주도했고, 관직에 임용하는 사람들은 모두 정인홍鄭仁弘의 문객이나 제자"라고 설명했다.[24] 또한 "일시의 주론主論이 전적으로 대북에게 돌아갔지만, 유희분柳希奮의 권세도 무거웠기 때문에 소북小北도 서로 알력하면서 다툼의 단서를 담겼다."고 진단했다. "주상께서 여러 신하를 인접하는 날이 절대 적고, 조석으로 함께 있는 사람은 궁첩宮妾일 뿐이다."라고 했던 이원익의 진언을 소개하면서, 그 결과 "당시 광해가 하는 일이 날로 더욱 무상했다."고 평가했다.[25]

광해군 4년 2월 봉산군수 신율申慄의 무고誣告로 시작된 김직재金直哉의 옥사 이후, 광해군이 경연에 참석하지 않는 것을 지신사 정엽鄭曄의 상소를 통해 지적하고,[26] 우의정 정인홍에게 조정의 대권이 귀일되었다고 하였다.[27] 이어 벌어진 광해군 5년의 계축옥사癸丑獄事도 "이이첨이 강도强盜 박응서朴應犀를 회유하여 큰 옥사를 일으켰다."고 하여, 안정복은 무옥誣獄으로 판단하였다.[28] 당시 옥사가 확대되었는데, "용사자用事者가 영창대군永昌大君을 기화奇貨고 삼고 화근禍

23 『광해군일기』 권13, 1년 2월 5일(정사) 광해군의 전고 및 2월 28일(경진), 사간원의 계.

24 『열조통기』(영인본), 3년 7월, 386면, 『菁川集』 인용.

25 앞과 같은 곳. 『記言』 인용. 영인본에는 광해군을 '主'라고 했는데, 규장각본에는 원래 '광해'로 되어 있었다.

26 『열조통기』(영인본), 4년 5월, 388면, 『名臣錄』 인용.

27 『열조통기』(영인본), 4년 11월, 389면, 『菁川集』 인용.

28 『열조통기』(영인본), 5년 4월, 391면. 안정복은 '推鞫文案'을 인용하고 있는데, 현재 이 시기 계축옥사에 대한 추국 문서는 남아 있지 않다.

根이라고 하면서 다투어 죽이려고 하였다. 첨정 정온鄭蘊이 이이첨에게 말하기를, '어린 아이는 무지하고, 또 대비께서 걱정이 되어 울고 있다고 들었다. 만일 불행한 일이 생기면 공들은 훗날 어떻게 변명하겠는가.' 하니, 이이첨이 화를 내며, '그러면 대비도 아울러 폐하면 된다.'고 했다. 정온이 마침내 이이첨과 절교했다."고 하여 폐모론廢母論의 발단을 명시했다.[29]

결국 영창대군의 봉작을 삭탈하고 김제남을 죽인 뒤에는 폐모론이 이어졌다. 계축옥사를 전후하여 서인과 남인은 조정에서 거의 쫓겨나거나 귀양을 갔다. 이 사이 이위경李偉卿, 정조鄭造, 윤인尹訒 등은 폐모론을 제기했고, 이에 맞서 영의정 이덕형李德馨이 반대하다가 관직을 삭탈당하고 쫓겨났다.[30] 결국 우의정 정인홍이 상소하여 역당을 다스리라고 청하고, 또 한나라 광무제光武帝가 여후呂后를 태묘太廟에서 쫓아낸 일을 인용하여 폐모론을 야기했다. "이의를 불알 깐 돼지에 비유하고, 7신臣을 이의의 우익羽翼으로 여겨 먼저 한준겸韓浚謙 등을 제거하여 영창의 우익을 자르려고 하였다. 이이첨 등은 정인홍의 설이 적절하다고 생각했다. 처음에 광해가 부득이하여 정조와 윤인을 삭탈관작했으나, 다시 거두어 서용했고, 이이첨과 정조가 이수李潃를 시켜 김제남을 추륙追戮함으로써 대비를 폐출廢黜하는 계단으로 삼고자 했다."[31]

이런 기사는 정인홍의 진술과 상이하다. 정인홍의 『내암선생문집萊菴先生文集』 권10에는, 「영창대군을 신원하는 소[伸永昌疏] - 계축 7월 9일」가 실려 있으나, 내용이 부족하여 상세한 내용을 알 수가 없다. 아무튼 '신원하는 소'이기 때문에 변호했으리라 보는 것이다. 한편 『광해군일기』에는 정인홍의 문집에 실려

29 『열조통기』(영인본), 5년 5월, 392면, 『기언』 인용.

30 『열조통기』(영인본), 5년 6월, 394면, 『丁戊錄』과 '일기' 인용.

31 『열조통기』(영인본), 5년 6월, 395면, 『丁戊記』와 『亂中雜錄』 인용. 이수의 상소가 올라간 뒤 광해군은 "역적을 토죄하는 뜻을 가상하게 여긴다."고 답하고, 추국청에 상소를 내려 처리하게 했다. 『광해군일기』 권105 8년 7월 8일(병자). 그 결과 김제남은 추륙당했고, 인목대비 폐위 논의는 가속화되어 광해군 10년 1월 폐위절목이 작성되었다.

있는 상소가 그대로 실려 있는데, 그 기록에 보면, 정인홍은 "이의李璣 같은 어린아이는 서서히 처리하라"고 했지 신원한 것은 아니었다.[32]

이런 정인홍의 태도는 정온鄭蘊이 영창대군에 대해 가졌던 태도와 대비된다. 정온은 광해군 즉위년 유영경을 비판하다가 귀양을 간 정인홍을 지지했던 적이 있다. 영창대군이 광해군 6년 2월 10일에 강화부사江華府使 정항鄭沆에게 살해된 뒤 올린 상소에서, 정온은 광해군이 '거칠고 사나운 무관의 손을 빌렸다[假手於麤悍之武夫]'고 말했다. 승정원의 권고로 '손을 빌렸다[假手]'는 말을 '속았다[見欺]'로 고쳤다. 그럼에도 불구하고 정온은 이 일로 인해 광해군의 친국親鞫을 받았고 귀양을 갔다.[33] 이렇게 볼 때 폐모론에 대한 『광해군일기』, 『열조통기』, 『동계선생문집』의 기록은 서로 일치하는 한편, 이들 기록과 『내암선생문집』의 기록은 다름을 알 수 있다.

광해군 중후반 대북의 독주에 따라 발생하는 과거의 폐단,[34] 그에 대한 북인 내부의 균열이라고 할 수 있는 윤선도의 이이첨 비판 상소,[35] 경운궁慶運宮 투서 사건에 이은 허균許筠의 복주伏誅,[36] 대북과 소북이 폐모에 앞서 세력을 규합했던 장원서掌苑署 모임과 폐모에 대한 백관百官의 의견 수합,[37] 대비 폐위 절목 논의[38] 등 주요 사건을 안정복은 압축적으로 편집하였다.

토목土木 공사에 대한 기사가 빠질 수 없다. 광해군의 대규모 토목공사는 익히 알려진 바이지만, 안정복 역시 『열조통기』에서 주의 깊게 기술하고 있다.

---

32 『광해군일기』 권68, 광해군 5년 7월 9일(을축).

33 『桐溪先生文集』 권3 「甲寅封事」 및 『광해군일기』 권75, 6년 2월 22일(갑진) 등에 자세하다. 이 사건을 계기로 정온은 정인홍 문하를 떠났다.

34 『열조통기』(영인본), 6년 가을, 397면, 『雜錄』 인용.

35 『열조통기』(영인본), 8년 12월, 400면, 『南坡集』 및 『난중잡록』 인용.

36 『열조통기』(영인본), 9년, 400면, 『정무기』 인용 및 10년 8월, 406면. 『잡록』 『逸史』 『하담록』 인용.

37 『열조통기』(영인본), 9년 11월, 402면, 『東史紀略』 인용.

38 『열조통기』(영인본), 10년 10월, 407면,

"광해는 새문동塞門洞(인조의 아버지 정원군定遠君의 사제)에 왕기王氣가 있다는 설을 무척 싫어하여 그 집을 철거하고 신궐新闕을 지었는데, 경덕궁慶德宮이라고 했다."며, 이 사실을 능창군綾昌君(정원군의 아들)을 유배 보냈다가 자결하게 했던 기사 뒤에 적었다.[39] 그러나 궁궐 공사가 이런 이유만은 아니었다. 광해군이 창덕궁이 불안하다며 다른 궁궐을 짓고자 했는데, 이를 부추기는 자들이 있었다.

> 봄. 창경궁을 중건했다. 완성되자, 영건도감을 설치하여 인경궁, 경덕궁 두 궁궐을 창건했다. 인왕산仁王山 아래 인가를 모두 철거했다. -『야록野錄』- 시문용施文用이란 자는 도망친 중국 병사인데, 풍수風水와 점占을 보았다. 정인홍이 친척 누이를 아내로 삼게 하고 동정動靜에 반드시 길흉吉凶을 물었으며, 광해에게 소개했다. 승僧 성지性智는 풍수로 총애를 비할 사람이 없었다. 신궐 가까운 곳에 집 하나를 차지하고 사미승沙彌僧을 키우면서 하나의 절을 차리고 놀았다. -『상촌집象村集』 풍수로 상上을 현혹하여 두 궁궐을 영건했고, 3결結에 1포布를 더 거두었다가 또 1결당 포를 거두었다. 또 유배 간 사람들에게 은을 받고 죄를 면해주거나, 조도調度, 별장別將이라고 부르는 자들을 팔도에 두루 보내어 백성들이 살 수가 없었다. 8년에 이르러서도 완성하지 못하고 파하였다. -『야록』- 성지는 또 광해에게 12궁궐을 건립하라고 권하였다. 나라의 운명이 연장된다고 했기 때문에 먼저 두 궁궐을 지었는데, 인경궁은 인왕산 아래에 정원군 집에 있었고-즉 원종元宗의 사저이다-, 경덕궁은 돈의문敦義門 안에 있었다. -속칭 새문[新門] 안 궐이라고 불렀다. -[40]

여기에 지응곤池應鯤, 김순金純 같은 자들을 조도사調度使로 파견하여 끼친 폐

39 『열조통기』(영인본), 7년 8월, 399면, 『하담집』 인용.

40 『열조통기』(영인본), 8년 봄, 399~400면.

단도 심각하였다.[41] 광해군 원년 창덕궁이 완공된 뒤에도 궁궐 영건은 이어졌고, 이미 당시부터 조도관이라는 과외 세금을 거두는 무리들이 조정에서 파견되었다. 이들은 반정反正이 일어나기 직전까지도 궁궐 영건을 위해 백성들의 고혈을 짜고 있었거니와,[42] 안정복이 수집한 자료와 일치하는 사실이었다.

특히 이때는 북쪽에서 만주족의 흥기가 심상치 않던 때였다. 광해군 원년부터 정언 김치원金致遠 같은 사람은 "큰 적이 틈을 엿보고 있는데 무비武備는 텅 비어 남북의 변경 일이 위급하고, 나라의 재정은 한 해도 지탱할 수 없는데 관리들의 가렴주구苛斂誅求는 이미 바닥까지 긁어가고 남기지 않아서 생민들이 극도로 도탄에 빠졌다."고 경고했다.[43] 광해군 8년에는 누르하치[老喇赤]가 만주를 통일한 뒤 천명天命이라고 건원하고 후금後金을 세웠으며,[44] 후금은 조선에 국서國書를 보내 "우리는 남조南朝(명나라)와 원수이다. 귀국이 남조를 돕는다면 군대한 무리를 보내 먼저 귀국으로 갈 것이다."라고 협박했다.[45]

이어 명나라의 파병 요청이 있었고, 광해군 10년 6월 강홍립姜弘立을 도원수로 삼아 군대를 파견했다. 그러나 "좌영장左營將 김응하金應河만 홀로 힘껏 싸우다 전사했고, 강홍립은 좌시하고 구원하지 않았다."[46] 심하 전투의 패배 이후, 광해군은 "(호차胡差를) 강변의 초가草家에 두지 말고 관사로 안내하여 손을 잡고 가슴을 터놓고 술도 권하고 선물도 주어 그들의 환심을 사도록 하는 것이 좋을

41 『열조통기』(영인본), 7년 11월, 399면.
42 『광해군일기』 권185, 15년 1월 26일(정사). 조도사 김충보는 2품관인 경주부윤 金存敬이 영건을 원수처럼 여기고 있으니 京獄으로 잡아 가두라고 보고했다. 이때 거론된 조도사와 督運別將이 金純·池應鯤·禹纘舜·王明恢·金忠輔 등이었다.
43 『열조통기』(영인본), 원년 8월, 383면, 『청천집』 인용. 김치원의 계는 『광해군일기』 권19, 8월 10일(무오)에 실려 있다.
44 『열조통기』(영인본), 8년 8월, 400면.
45 『열조통기』(영인본), 9년, 404면. 『잡록』 인용.
46 『열조통기』(영인본), 11년 봄, 408면. 『잡록』 및 『傑說』 인용. 규장각본에는 小註에서 '姜弘立傳'이라고 하지 않고, '姜奴傳'이라고 하여 포폄을 분명히 드러내었다.

것이다."라고 하며 후금을 구슬르는 임기응변을 취하였다.

『열조통기』의 기록대로라면, 그간 내치內治의 실패로 인해 광해군이 선택할 수 있는 여지는 많지 않았다. 능동적이고 주체적인 외교 전략을 구사할 수 없었던 것이다. 안정복은 "심하深河의 전투에서 사로잡힌 군졸들이 대부분 도망쳐 돌아왔다. 후금 사람들이 말하기를, '호랑이, 표범 가죽은 길들일 수 있어도, 조선 사람만은 길들일 수가 없다.'고 했다."며, 비록 패하였으나, 조선 인민들의 강한 면모를 기록해두었다.[47] 광해군의 정치가 혼란스럽고 백성들은 곤궁에 처해 있다는 말과 함께.[48]

2) 현종대 역사서술

현종대에는 두 차례의 예송禮訟이 있었고 이로 인해 서인과 남인의 대립이 발생했다. 예송은 복제服制 논쟁이기 때문에 실용주의적인 접근이 가능하면서도, 효종孝宗의 즉위를 종법宗法상 어떻게 이해하는가와 연관되어 있었기 때문에 보기에 따라서는 정통성 논쟁처럼 해석될 여지도 있었다. 그리고 이 대립의 여파는 숙종대까지 이어져, 경신대출척의 간접적인 원인이 되었던 현안이었다. 뿐만 아니라, 현종대는 대동법大同法의 확대, 호포법戶布法 시행을 둘러싼 논의 등 민생 안정을 위한 고민도 이어졌다.

이런 이념과 정책의 차이를 반영이라도 하듯이, 현종대의 역사는 『현종실록』, 『현종개수실록』 두 종류의 실록으로 남아 있다. 숙종 초년 영암, 철원으로 귀양을 갔다가 복귀한 영의정 김수항은 "사국史局의 일은 엄중하고 비밀스러워 신은 상세히 알지 못하였으나, 너무 소략하여 신뢰하고 후세에 남길 수

47 『열조통기』(영인본), 11년 4월, 410면. 『建州聞見錄』 인용.
48 『열조통기』(영인본), 14년 12월, 416면. 『續雜記』 인용.

없다 합니다."라고 수정을 요청하였다.[49] 이 자리에서 『현종실록』 편찬이 시작되었을 때 대제학으로 책임을 맡았다가 직무가 바빠 민점閔點에게 넘겨주고 실록 편찬 일선에서 물러났던 병조판서 김석주金錫胄도 수정에 동의함으로써 『현종실록』은 전면적인 개수改修에 들어갔다.

『현종실록』은 숙종 원년(1675) 5월에 편찬을 시작하여 숙종 3년(1677) 9월에 편찬을 마쳤는데, 당초 『현종실록』의 개수로 시작했기 때문에, 22권에서 28권으로 권질도 6권이 늘었고, 인물, 사건에 대한 기사도 내용이 많아졌다. 두 실록의 차이점은 별도의 연구가 필요하겠지만, 인물에 대한 평가, 특히 송시열宋時烈, 송준길宋浚吉에 대해 남인이 편찬한 『현종실록』에서 부정적으로 평가하리라는 것은 충분히 예측할 수 있는 일이고, 실제로 그러하였다. 마찬가지로 『현종개수실록』에서 윤휴, 허목, 윤선도를 부정적으로 평가했던 것도 사실이었다.

그러나 그 '부정'의 폭과 논리는 다른 문제이다. 그리고 그 폭과 논리를 읽어내는 방식에 따라 현종대 역사를 얼마나 풍부하게 할 것인가가 결정될 것이고, 역사가 케케묵은 대립의 재발이 아니라 이해와 치유에 기여할 수 있을지 여부가 결정될 것이다. 이런 점에서 『현종실록』과 『현종개수실록』이라는 두 역사서가 남아 있는 조건에서 제출된 『열조통기』, 더구나 두 실록을 보지 못한 상태에서 편찬된 『열조통기』에는 그 시대를 어떻게 기록하고 평가했을지 궁금하지 않을 수 없는 것이다. 본 장에서는 그 일단을 들여다보기로 한다.

사안이 사안이었으니만큼 『열조통기』에서 현종 초년 주목한 것은 기해예송이었다. 현종 즉위년 송시열의 의견에 따라 대왕대비의 복제를 기년복으로 정한 사실에 이어,[50] 상의원 정尙衣院正 허목許穆이 『중용中庸』을 강의하던 중 복제

---

49 『숙종실록』 권9, 6년 7월 15일(임인).

50 『열조통기』(영인본), 원년, 509~510면, 『宋記』 인용. '송기'가 정확히 무엇인지 모르겠다. 참고로, 현종대에는 『국조보감』 인용이 많다. 『국조보감』이 실록 중에서 귀감이 될 사실을 따로 모아 편찬한 것이기 때문에, 昏君으로 폐위된 광해군 시대의 『국조보감』이 편찬되지 않았기 때문에 당연히 『열조통기』에 인용될 수 없었다.

논의가 다시 제기되었고 허목은 "왕대비가 대행 대왕 효종의 상사에 차장자次長子의 복으로 삼년복을 입어야 한다."고 주장했다.[51] 이는 송시열이 『의례儀禮』 주소註疏에서 말한 바, 삼년복을 입지 않는 네 가지 경우인 사종설四種說에 대한 설명으로, "인조의 입장에서 말하자면 소현昭顯의 아들은 바로 '정이불체正而不體(장손이지만 몸을 받은 아들은 아님)'이고, 대행 대왕(효종)은 '체이부정體而不正(몸을 받은 아들이지만 장자는 아님)'인 셈입니다."라고 했던 데 대한 반론이었다. 이미 예송의 진행에 대해서는 여러 편의 연구가 제출되었으므로,[52] 여기서는 안정복의 기억과 견해를 확인하는 것으로 논의를 제한한다.

> 『어류語類』에서 "종자宗子는 단지 적자嫡子만 세울 수 있다. 서자庶子는 나이가 많더라도 세울 수 없다. 적자가 없으면 또한 서자를 세운다. 이른바 세자世子의 동모제同母弟란, 세자가 적자인데 만약 세자가 죽으면 세자의 친제親弟를 세우는 것이니, 또한 차적差適이다. 이것이 서자는 세울 수 없다는 말이다."라고 했다.[53] 이에 근거하면 미수의 말이 더욱 분명한데, 당시 주자朱子의 이 말을 집어낸 사람이 없었으니, 미처 살펴보지 않아서 그랬던 것인가?[54]

안정복은 주자의 말을 근거로 허목의 차장자(=차적자) 삼년설이 명백하다고 생각했다. 그리고 기해예송 당시 주자의 이 말을 보았다면 논의가 금방 결론났을 것이라고 말했다. 그러나 사안이 그리 간단치 않았다. 먼저, 당시 논쟁 과정에서 논자들이 주자의 이 말을 검토하지 않은 것이 아니었다. 다음

51 『열조통기』(영인본), 원년, 513면, 『眉叟年譜』 인용.

52 지두환(1987), 「朝鮮後期 禮訟 研究」, 『부대사학』 11; 李迎春(1989), 「第一次禮訟과 尹善道의 禮論」, 『청계사학』 6

53 『朱子語類』 권90. 이 말은 『家禮』의 「大宗小宗圖」 아래에도 붙어 있다.

54 『열조통기』(영인본), 원년, 517면.

자료를 보자.

『가례家禮』의 「대종소종도大宗小宗圖」 아래에 기록된 주자朱子의 설에, "종자宗子는 적자만 세울 수 있다."라는 대목에서 이른바 '적適'과 '서庶'는 바로 적첩嫡妾의 아들을 가리켜서 한 말이니, '역립서자亦立庶子'까지가 하나의 뜻이 되고, '소위세자지동모제所謂世子之同母弟' 이하가 하나의 뜻이 됩니다. 『주자어류朱子語類』의 본문을 살펴보면 이 대목은 동모제同母弟를 논하기 위해서 한 말인 듯합니다. 신성시申聖時가 이 설을 인용하면서 '역립서자'의 '서자'를 동모제로 여겼으니, 주자朱子의 본지를 잘못 이해한 듯합니다. 수정해야 할 듯한데, 어떻게 생각하십니까? 이는 비단 신성시의 견해가 이와 같을 뿐만 아니라, 이 글을 읽는 자들은 으레 '동모제'를 윗글에 붙여서 읽습니다. 그래서 관학 유생館學儒生이 올린 상소에서도 그런 의미로 이해했던 것입니다. 학사學士 이유능李幼能(이단상李端相)이 이를 가지고 우옹尤翁(송시열)에게 문의하였는데, 답변한 내용[55]이 제 견해와 똑같았다고 합니다.[56]

이미 윤증尹拯은 박세채朴世采에게 보낸 편지에서, 주자가 말하는 서자庶子는 첩자妾子를 말하는 것이고, '역립서자亦立庶子'까지가 한 단원이고, '소위세자지동모제所謂世子之同母弟' 이하가 한 단원이라고 정리했다. 그리고 이는 송시열도 마찬가지였다.

잘 알려진 대로 허목은 차장자설의 연장에서 송시열의 말하는 서자庶子는 첩의 자손이라고 하면서 효종은 중자衆子(적처의 아들)이므로 자최삼년상이 되어야 한다고 주장했다. 그러나 『의례』 주소註疏에서 말한 '체이부정'의 서자란 중자衆

55 『宋子大全』 권64, 「答李幼能」에 보인다.
56 『국역 명재유고』 제11권, 「박화숙에게 보냄[與朴和叔 - 丁巳二月二十一日]」

子이지 첩자를 의미하는 것이 아니었으므로 허목의 견해에는 약점이 있었다. 안정복은 이런 당시 논쟁의 전개에 대해 다소 소홀히 조사한 것이 아닌가 한다.[57] 이런 상황에서 "허목이 형 허후許厚에게 보낸 편지에서, '희중希仲(윤휴尹鑴)—이 사성思誠(권시權諰)에게 와서 말하기를, 「영보英甫(송시열)를 보고 삼년설을 말했더니, 영보가 생각하더니 깨닫고 후회하는 기색이었다.」고 합니다. 매우 기쁩니다.'라고 했다."고 했는데,[58] 안정복이든, 허목이든 뭔가 상황을 오해한 듯하다.[59]

허목의 차장자설이 갖는 약점 때문에 제기된 것이 윤휴의 신모설臣母說이었다. 무왕武王이 문모文母를 신하로 삼았다는 설을 인용하여 말하기를, "아들이 임금이 되면 어머니도 신하인 것이다."라고 했던 것이다.[60] 그런데 이런 견해는 첫째, 송시열이 지적했듯이 문모는 무왕의 어머니가 아니라 왕비였던 읍강邑姜을 가리키므로 사실을 오해한 것이고,[61] 둘째, 부모와 자식간의 천리를 부정함으로써 성리학 이념에 맞는 복제를 정하려다가 도리어 천륜을 부정하는 견해로 귀결되어 버리고 말았다.

기실 이때까지 예송은 복제 논쟁의 성격을 띠고 있었다. 그러나 안정복이

---

57 이런 안정복의 견해는 丁若鏞의 견해와 차이가 있다. "장차 傳重할 아버지의 禮로써 이미 전중한 어머니의 服에 옮기려 하였으니, 서로 어긋나지 않겠는가. 그러니 '적처 소생의 둘째 아들도 또한 장자라고 명명한다.[適妻所生第二子之亦名長子]'는 것은 무슨 까닭인가? 이것은 眉叟(許穆의 호)가 잘못 인용한 것이다. … 義는 한 때에 펴졌지만 말은 만세萬世에 詘하게 되었으니 생각이 깊은 자의 처사가 아니었다." 『茶山詩文集』「己亥年 邦禮에 대한 변증—장기長鬐에서 짓다」

58 『열조통기』(영인본), 원년, 517면.

59 『열조통기』(영인본), 원년, 520~521면에 보면, 윤선거와 윤증의 말을 빌어 송시열도 삼년설로 입장을 바꾸었다고 했는데, 이는 사실과 다르다.

60 『현종개수실록』 권3, 1년 5월 3일(정사).

61 『서경』「周書・泰誓」와 『논어』「泰伯」에 나오는 "나는 다스리는 신하 열 사람을 두었다.[予有亂臣十人]"고 한곳의 열 사람 가운데 한 사람에 대해 後漢 馬融은 武王의 어머니 文母를 가리킨다고 했는데, 송나라 劉敞은 註에서 "자식이 어머니를 신하로 삼는 의리는 없으니 아마도 무왕의 비 邑姜일 것이다."라고 했다.

"윤선거尹宣擧는 윤휴에게 편지를 보내, '예송이 거창하게 벌어졌지만 한 사람의 춘관春官(예관)의 임무에 불과할 뿐이다. 고명께서 걱정되고 분이 난다는 말은 지나친 말이 아닌가. 충암沖菴(김정金淨)의 소릉昭陵 복위 상소로 기묘사화가 시작되었는데, 이런 예송의 결말이 사림의 깊은 근심이 되지 않을지 어찌 알겠는가?'라고 했다."는 기사를 남긴 데서 알 수 있듯이, 잠재적인 사화士禍의 가능성이 있었다. 당초 국왕에 대한 상복 논쟁이기 때문에 정쟁이 될 수도 있었고, 예송이었기 때문에 이념 논쟁이 될 수도 있었다. 그러나 무엇보다도 복제 논쟁으로 생각했기 때문에 원두표나 김수홍 같은 사람들도 각자의 생각에 따라 삼년상을 주장했던 것이고, 기년설을 주장하는 측이나 삼년설을 주장하는 측 모두 사화로 확대되는 것은 조심하는 상황이었다.

이런 복제 논의를 심각한 정치 현안으로 현실화시킨 것이 윤선도의 예설이었다. 윤선도의 견해는 자의대비의 효종에 대한 상복은 차장자에 대한 자최삼년상이라는 점에서는 허목과 같다. 그러나 효종이 종통을 이었지만 적통이 아니라는 송시열의 주장은 효종의 적통을 부정하는 것이라는 것이 윤선도의 주장이었다. 아울러 위 상소 끝에서 한 말처럼 삼년상 여부가 임금과 국운 여부와 관련된다고 못박음으로써 논쟁을 극단화했다.[62] 윤선도가 귀양을 갔지만, 그는 국왕의 정통 논의로 비화시켜 기년복제를 주장하는 사람을 "군주를 비하하고 종통을 두 갈래로 나눈다.[卑主貳宗]"고 역적으로 규정함으로써,[63] 갑인예송의 씨앗을 잉태시켰다. 현종 12년에 세상을 뜬 윤선도는 갑인예송 때 간여할 수 없었지만, 갑인예송을 사화로 만들었다.

『열조통기』에서는 윤선도의 상소를 별다른 논평 없이 사실 중심으로 서술하고 있다. 윤선도의 귀양 조치를 취소할 것을 청하는 권시와 조경趙絅의 상소를 실록과 마찬가지로 기재했고, 삼수三水로 귀양을 갔던 윤선도를 위리圍籬했는데,

62 『현종실록』 권2, 1년 4월 18일(임인).
63 『명재연보』 권1, 33년(1660) 현종대왕 원년(경자) 4월.

나이가 여든 살이 되었는데도 안연晏然했다는 말만 덧붙였다.[64] 그러나 윤선도의 졸기에서는 조경, 허목의 말을 빌려 기리고 있다.[65]

안정복은 『열조통기』에서 당대의 현안이었던 대동법의 시행에 깊은 관심을 보였다. 현종 원년 7월, 전라도 산군山郡에 대동법을 시행했고,[66] 또 현종 3년에 산군 26읍에 시행하게 되었다고 하였다.[67] 이는 『열조통기』 기사의 오류가 아니다. 현종 원년에 흉년이 들어 대동법 실시를 반대하는 세력에게 좋은 빌미가 되었다. 게다가 전염병까지 돌자 다시 연기되었다가, 1663년(현종4)에 이르러서야 산군 대동법이 결정되었다.[68] 이런 사정을 『열조통기』에서는 세세히 다 기술할 수 없었을 뿐이다.

안정복은 전세田稅는 물론 대동법 실시의 기초 조사인 양전量田에 대해서도 꼬박 기록하였다. 경기 양전 사목事目을 정한 일,[69] 충청도 20읍과 황해도 4읍에 양전을 실시한 일은 물론,[70] 대동미의 결정을 위한 각사各司 공물의 상정詳定도[71] 기재하였다. 그러므로 안정복이 공납제 개혁의 추이는 의식하고 있었다고 보아야 할 것이다.

그뿐 아니라, 이러한 편찬 태도는 『열조통기』의 공정성을 높이는 결과를 가져왔다. 안정복과 같은 당색의 남인이 편찬한 『현종실록』에는, 진상進上 공물 개정 논의, 호남 산군 대동법 논의, 선혜청의 운영 등의 기록이 누락되어 있다. 또한 송준길이 주장한 내수사 절수의 폐단[72] 등 『열조통기』에서 기재한 내수

64 『열조통기』(영인본), 2년 4월, 523면.
65 『열조통기』(영인본), 3년 4월, 525면.
66 『열조통기』(영인본), 원년, 522면. 『국조보감』 인용.
67 『열조통기』(영인본), 3년 4월, 525면.
68 『현종개수실록』 권8, 4년 3월 12일(경진).
69 『열조통기』(영인본), 3년 4월, 525면.
70 『열조통기』(영인본), 10년 8월, 537면.
71 『열조통기』(영인본), 7년 7월, 529면.
72 『열조통기』(영인본), 원년, 522면.

사內需司의 폐단도 『현종실록』에서는 누락되거나 소략하게 기재되어 있었다. 안정복이 예송에 대한 평가에서 허목의 관점에 섬으로써 일정한 당론黨論을 피할 수 없었지만, 정치의 득실에서는 허적許積의 외교 실책도 기록하였고,[73] 개혁논의에 대해서는 서인의 대동법 추진과 내수사 개혁론을 기재함으로써 『열조통기』의 객관적 신뢰도를 높였다.

4. 『열조통기』의 성격

앞서 우리는 『열조통기』의 서술 체재인 편년체에 주목하여, 사학사에서 편년체 역사서의 전통 속에서 『열조통기』를 조명한 바 있다. 편년체는 기록하고, 정리하는 가장 초보적인 방식이다. 초보적이라는 것은 쉽다는 것이기도 하지만 한편으로는 그렇기 때문에 보편적인 양식이라는 의미도 된다. 이는 우리가 쓰는 일기日記의 형식이 바로 연월일의 편년체라는 데서도 알 수 있다.

그런데 역사를 하나의 행위로 볼 때, 거기에는 세 차원이 존재한다. 기록하고[Recording], 정리 보존하며[Archiving], 서술하는 일[Historiography]이다. 이 모두 역사가의 일이지만, 그 목적은 상이하다. 지금 발생하는 사건들을 기록하는 것은 분명 일차로 현재를 위해 현재를 갈무리하는 일이다. 그러나 기록한 것을 정리 보존하는 것은 지금 현재를 지난 미래를 위한 일이다. 서술하는 일은 현재 또는 미래를 위해 과거를 해석하는 일이다. 또 이런 일들은 겹쳐서 진행되기도 한다.

보존, 정리하는 행위를 빼놓더라도, 여전히 일기를 쓰는 행위와 일기를 읽는 행위는 다르다고 할 수밖에 없다. 우리는 오래 전에 쓴 일기를 보면서 자신의

73 『열조통기』(영인본), 8년 정월, 530면.

낯선 지난날을 발견한다. 여기에 재구성(Re-construction)이 개입한다. 활성화되지 않은 저장기억으로서의 일기와, 한켠에 무슨 이유에서인가 활성창을 띄우듯 떠올려야만 회상되는 활성기억(기능기억)이 생긴다. 그 기능기억이 작동하는 지점이 흔히 말하는 역사서술이 시작되는 지점이기도 하다.

다른 사례를 통해 이 주제를 전개해보자. 종종 『광해군일기』는 계해반정 이후에 서인西人이 편찬하였으므로 믿을 수 없지 않느냐는 의문을 갖는다. 일견 이런 의문은 매우 타당해 보인다. 실록은 그 자체에 편찬자의 관점이 개입되기 때문에 당연히 사료비판이 돼야 한다. 그러므로 현재 학계에서 사료비판을 게을리한 점은 반성해야 할 일이다.

그러나 『광해군일기』 편찬에 서인만이 아니라 남인, 반정 이후 조정에 들어온 북인도 참여했으므로 서인이 편찬했으므로 믿을 수 없다는 의문은 훨씬 제한적으로 타당하다. 또한, 『광해군일기』의 기본 사료는 계해반정 이후 편찬할 때 작성한 것이 아니라, 광해군 재위 당시 기록된 사초이거나 작성되어 주고받은 문서이다. 그러므로 일부 사평史評을 제외하면 거의 대부분 광해군대의 기록인 셈이다. 더구나 현존 『광해군일기』 중초본은 활자로 간행되지도 않았으니 원형의 모습을 더욱 진하게 간직하고 있다고 할 것이다.

이쯤에서 재미있는 것이 바로, 광해군 시대를 비판적으로 보든 일부 긍정적으로 보든 연구자들이 논거로 삼는 연구 자료의 대부분은 『광해군일기』이다. 이는 『광해군일기』에는 광해군을 비판할 수 있는 자료는 물론 광해군을 긍정적으로 평가할 수 있는 자료도 동시에 남아 있음을 의미한다. 바로 이 대목에서 편년체 역사서의 이러한 성격, 앞서 초보적 기록 방식, 보편적 기록 방식, 저장기억이라고 표현했던 '역사'의 잠재성이 표출된다. 그래서 실록은 기본적으로 '목적적인 역사서술[Historiogrhphy]'이라기보다 '기록보존[Archiving]'의 성격을 지닌다.

실록 같은 저장기억으로서의 역사는 '무정형의 덩어리'로, 사용되지 않고 정돈되지 않은 기억의 마당이고 풀(pool)이다. 의식되지 않거나 무의식인 이 덩어리가 기능기억의 배경이 된다. 그에 비해 기능기억은 의미를 발생시키고, 의미는 기억을 고정한다. 의미는 항상 구성의 문제이자 나중에 부과된 해석물이다.[74] 일정한 문화적, 집단적 기능기억은 '주체'와 연결되고, 그것은 국가나 민족과 같은 집단적 행동 주체들이 기능기억 위에 지은 집이다.

여기가 기능기억이 정체성을 구성하는 지점인데, 이런 기능기억의 역할은 또한 매우 위험할 수 있다. 정통성과 권력의 문제가 개입하기 때문에 정치적이다. 그것이 '전통'을 만들어내고 강화한다. '우리끼리의 기억'. 그것은 의식적이고 의지적인 기억이고, 이 기억은 과거 역사를 사회적인 의미를 가진 구성물로 조직하도록 강제한다.

여기는 또 저장기억이 비판적 역사 기술의 출발이 될 수 있는 전선戰線이다. 기존 기능기억과 차별화를 시도할 수 있는 역사 기술의 가능성, 그것은 기능기억의 풀인 저장기억에서 온다. 기존 해석의 횡포에 맞서는 새로운 해석의 가능성, 그것은 저장기억이라는 사실의 풀이다. 이 주제를 다른 각도에서 음미해보자.

조선 후기에 당론서黨論書가 다수 편찬되었음은 주지의 사실이다. 주로 당론서란 당론을 합리화하는 역사서를 말한다. 그러나 당론서라고 하여 편당적이라고만 폄하하는 것은 정확하지도 사실과 부합하지도 않는다. 『아아록我我錄』, 『동소만록桐巢漫錄』과 같은 당론서는 사실과 논거, 체계의 측면에서 높은 수준의 역사서술을 보여주고 있다.[75] 하지만, 당론서는 결정적인 한계, 즉 어떤 경우든 당론의 계선을 넘어서지 않는다. 즉 기능기억의 한계를 가진다.

---

74 알라이다 아스만 저, 변학수・채연숙 옮김(2011), 『기억의 공간』, 그린비, 183면. 아스만은 오롯이 남아 있는 기록보관소의 문서, 기록을 저장기억으로, 회상에 의해 떠오르는 기억을 기능기억으로 구분하였다. 전자가 쌓아놓기라면 후자는 찾아내기이다. 무의식-의식의 이분법이 떠올라 조심스럽기는 하지만, 오랜 인간의 '역사 행위'를 놓고 볼 때 유효한 구분이고, 그 상보성을 열어놓는다면 비판적 역사서술의 가능성이 있다고 생각한다.

75 정호훈(2012), 『我我錄』의 조선 정치사 서술과 인식 태도, 『역사와 현실』 85호; 원재린(2012), 『桐巢漫錄』에 반영된 南夏正의 정국인식, 『역사와 현실』 85호.

이런 질문도 가능하다. 지금 일기, 실록을 기능기억의 한계 또는 폐해를 수정, 극복할 수 있는 가능성, 즉 저장기억으로 보고 있는데, 실록도 수정, 개수되지 않았는가?

그렇다. 그러나 만일 『현종실록』의 개수 이후 『현종개수실록』만 남았다든지, 『경종실록』의 수정 이후 『경종수정실록』만 남았다면, 우리는 실록을 당론서와 마찬가지로 의심스러운 눈으로 쳐다볼 수밖에 없었을 것이다. 그러나 조선 후기 네 차례의 실록 수정, 개수에도 불구하고 원본과 수정본이 모두 남아 있음으로 해서 '실록의 저장기억적 성격'을 유지할 수 있었다고 생각한다. 또 실제로 두 실록을 함께 남기는 관례는 실록을 수정, 개수했던 그 시대 사람들이 후대 사람들을 의식하는, 즉 역사는 후대사람들의 판단을 위해 남겨두는 것이라는 저장기억에 강조점을 둔 역사의식의 소산이기도 했다.

앞서 『열조통기』를 한 세대 뒤에 나오는 『연려실기술』이라는 기사본말체 역사서의 전 단계로 이해할 수 있다는 말도 필자는 했다. 그러나 편년체 역사서가 갖는 저장기억의 성격을 염두에 두면, 우리는 안정복의 편찬을 다시 탐색해 볼 수밖에 없다. 『열조통기』는 실록만큼 많은 내용을 담고 있지 못하다. 개인이 동원할 수 있는 물력과 정보량의 차이가 있었을 것이다. 누구나 인터넷으로 실록 등의 연대기와 문집을 검색할 수 있는 요즘 조건을 가지고 안정복의 시대를 보면 안 될 것이다. 이런 점을 감안하면 『열조통기』의 내용과 기사의 질적 수준은 사찬 실록이라고 불러도 좋을 만한 발군의 역사서임에는 틀림이 없다.[76]

당시, 그 많은 당론서가 나오던 그 때, 왜 안정복은 그 사재史才로 당론서가

76 숙종대 편찬된 『朝野僉載』가 『열조통기』와 가장 체재면에서 유사하고 영향 관계가 있을 수 있다. 『조야첨재』도 실록과 유사한 느낌을 주기 때문이다. 『열조통기』와 비슷한 시기, 혹은 뒤에 편찬된 『朝野輯要』, 『藥坡漫錄』도 편년체 역사서인데, 이들과의 상호 비교 연구도 과제이다.

아닌 편년체 단대사를 구상했을까? 그 많은 학습[學]으로 왜 『열조통기』라는 편년체 역사서를 구상했을까? 그가 후대에 전하고자 했던 바, 그것은 무엇이며, 그것을 본 그의 식견[識]은 무엇이었을까? 이것이 『열조통기』의 편찬체재, 구성과 기사에 대한 구체적 고찰, 저장기억으로서의 『열조통기』에 대한 추론에도 불구하고 필자가 '편년체의 미스테리'라고 토로할 수밖에 없던 이유이다.

5. 맺음말

지금까지 안정복의 『열조통기』에 대해, 편년체 역사서의 전통, 특히 실록과의 연관 속에서 사학사적 의미를 살펴보았고, 『열조통기』의 광해군대, 현종대 기사의 특징을 사례연구로 검토했으며, 다시 『열조통기』를 편년체 저장기억의 특징 속에서 반추해보았다. 지금까지 논의를 정리하고 과제를 제시하는 것으로 본고의 논의를 마치고자 한다.

먼저 『열조통기』를 편년체라는 사학사의 전통 속에서 살펴보았다. 『열조통기』는 조선초기 강목체 논의를 거쳐 정착된 실록의 「시정기찬수범례」와 매우 유사한 패턴으로 편찬되었다. 『국조보감』이 주요 참고 문헌으로 이용되었기 때문에 『열조통기』가 간접적으로 실록의 영향을 받았으리라는 것은 짐작할 수 있다. 그런데 실록과 같은 편년체라는 점을 감안하더라도 사찬 역사서에서는 찾아보기 힘든 기사記事의 범주가 포함되어 있다. 예컨대 졸기卒記나 제배의 형식은 실록과 거의 똑같고, 외교, 등과登科 현황, 상소 등도 내용만 줄였을 뿐 실록과 대동소이하다.

또한 『열조통기』 기사의 특징을 알아보기 위해 광해군대, 현종대를 사례로 검토하였다. 광해군 초기 임해군 옥사, 대명 관계의 왜곡, 대동법 시행의 좌절 등, 광해군대에 대한 안정복의 찬집은 중초본中草本, 정초본正草本으로 남아 있는 『광해군일기』의 기록과 일치하거나 유사하였다. 광해군 3년 이후의 정세에 대해서 안정복은 다양한 자료를 통하여 상황을 전달해주었다. 대북大北 중심의 전횡을 비판하면서, 이이첨과 정인홍의 독단, 궁궐공사에 따른 민생파탄, 무원칙한 후금정책을 주요 의제도 다루었음도 살펴보았다.

현종대의 기사 역시 실록과 유사하게 나타났다. 현종대의 현안이었던 기해예송과 관련, 안정복은 남인 허목의 효종의 차장자설에 입각한 삼년복을 지지하였고, 윤선도의 종통-적통론에 대해서 논평은 없었지만 윤선도의 처신에 우호적인 입장을 보임으로써 남인 당론을 따르고 있었다. 그러나 국정 운영 및 대동법 같은 민생과 관련된 정책은 당색에 상관없이 수록함으로써, 내용은 비록 소략하더라도 기사의 질은 같은 남인 중심으로 편찬했던 『현종실록』보다 나은 측면이 있었다.

마지막으로, 실록-일기라는 원시적, 초보적 기록 방식이 갖는 무정형성을 특정한 기억방식, 즉 문화적 집단적 기억과 구분하여 살펴보았다. 당시 역사서로서의 수준이 높은 당론서가 출현하기도 했지만, 그러한 집단 기억은 강제적이고 폐쇄적이 될 수 있었다. 그러므로 저장기억은 그런 집단적 기능기억을 비판할 수 있는 역사서술의 가능성을 열어 놓는 역할을 수행할 수 있었다. 이미 『동사강목』으로 역사가의 재능을 보여준 안정복이, 편년체 『열조통기』를 통해 후대에 남기려고 했던 메시지, 그것은 당론黨論이 아니라 당론을 지양止揚할 수 있는 새로운 가능성으로서의 저장기억이 아니었을까, 그래서 관찬 실록이 아닌 사찬 실록을 편찬하려고 했던 것은 아닐지, 과제로 제시해보았다.

과제가 하나 더 있다. 『동사강목』은 번역되어 연구자나 일반 독자들의 접근이 용이한 반면, 『열조통기』는 읽기 어려운 상태의 영인본만 나와 있어서 가독성 높은 영인본 제작과 번역이 시급한 상황이다. 실제로 긴 시기를 다루는 편년체 역사서는 논문보다 번역이 우선되어야 하고, 세세한 각주가 달린 번역을 토대로 꼼꼼한 연구가 진행되어야 그 가치를 제대로 평가하고 역사연구에 활용할 수 있다. 그런 점에서 본고는 앞뒤가 바뀐 연구순서를 반복한 느낌을 지울 수 없다. 앞으로 미력이나마 『열조통기』 연구에 보탤 것을 약속하는 것으로 발표에 대신하고자 한다.

『동사강목東史綱目』과 『통감강목通鑑綱目』의 대비 연구

유국충

1. 머리말

『동사강목東史綱目』은 한국의 저명한 학자인 안정복(1712~1719)의 중요한 역사 저서의 하나로, 한국사에서 매우 중요한 위치를 차지하고 있는 책이다. 그런데 학술 발전의 과정에서 보자면, 이 『동사강목東史綱目』은 중국 송宋나라의 학자인 주희朱熹가 저술한 『통감강목通鑑綱目』이라는 책과 상당히 밀접한 연원 관계를 지니고 있기 때문에, 이 책의 출현이 단순히 고립적이라고는 말할 수 없다.

그래서 만약 이 두 저서에 대해 대비 연구를 진행한다면, 그 속에 담겨 있는 무수한 의의를 발견해 낼 수 있을 뿐만 아니라, 또한 한중韓中 두 나라의 학술과 사상면에서 상호간에 끼친 영향과 상호 참고를 하는 우호적인 전통도 찾아낼 수 있을 것이다.

따라서 본 논문에서는 이 두 저서의 상호 비교를 통하여 이 두 저서가 지닌 학술적인 가치와 역사적인 의의를 더욱 명료하게 파악하고자 한다. 그러나 만약 본 논문의 서술에서 적절치 못한 부분이 있다면, 여러 학자들의 많은 질정을 바란다.

1.

『통감강목』은 주희의 중요한 역사 저서의 하나로, 그는 이 책에서 위로는 중국의 주周나라 위열왕威烈王 23년(기원전 403년)에서부터 아래로는 후주後周의 세종世宗 현덕顯德 6년(서기 959년)까지 모두 1362년 간의 역사를 기술하고 있다. 그런데 사실 주희의 이 책은 사마광司馬光이 지은 『자치통감資治通鑑』이라는 책을 재편집한 것이라고 말할 수 있다. 그렇지만 주희가 이 『통감강목』을 쓰게 된 데에는 나름대로 자신만의 특별한 심사숙고가 있었다.

사마광의 『자치통감』은 위대한 역사 저서의 하나로, 세상에 책이 출판되면서부터 많은 학자들의 보편적인 찬사를 얻어 왔다. 그렇지만 이 『자치통감』은 그 권수가 너무나 방대하였기 때문에, 전체를 통독한 학자들이 단지 몇몇 소수에 지나지 않았다.[1] 그래서 사마광은 전체의 핵심 내용을 간추려서 『목록目錄』 30권을 따로 편집하기도 하였다. 그러다가 나중에 사마광은 『자치통감』의 기술이 너무나 상세한 데 반해 『목록』은 또한 너무 지나치게 간략하다고 생각하고는, 마침내 전체 편수가 적절한 『통감거요력通鑑擧要歷』이라는 책을 다시 편찬하고자 하였다. 그러나 이 책이 미처 완성되기도 전에 사마광 자신은 그만 세상을 떠나버리게 되었다.

그러다가 남송南宋 초기에 이르러 호안국胡安國은 사마광의 유고에 의거하여

1 사마광 자신의 표현에 의하자면, 『자치통감』이 출판되고 나서 당시에 단지 王勝之 한 사람만이 『자치통감』 전체를 통독하였고, 그 나머지 학자들은 대부분 한 두 권도 채 못읽고는 곧 정신이 어지러워지고 잠이 들 지경이었다고 하였다.

『자치통감거요보유資治通鑑擧要補遺』 100권을 지었는데, 주희는 이 책에 대해 '문장은 더욱 간략해지고 사건 기술은 더욱 구비되었다'라고 하면서, 이 책의 문자가 더욱 간략해진데다가 사건 기술은 오히려 더욱 상세히 기술되어 있다고 찬사를 보냈다. 그렇지만 주희는 이 책이 『자치통감』에 보이는 역사를 서술하면서 편년編年의 일반적인 서술과 두서가 없는 형식을 제대로 고치지 못했기 때문에, 요점적인 내용을 간명하게 제시하는 것이 결핍되어 독자들이 여전히 역사 발전의 실마리를 파악하기가 그다지 쉽지 않다고 여기면서, 이 책의 전체적인 구성에 대해서는 불만을 가졌다.

더욱이 주희는 『자치통감』과 같은 책의 방대한 분량과 서술 형식에 대해 불만을 가진 것 외에도, 『자치통감』과 같은 책의 '서법書法'에 대해서도 오히려 유보적인 견해를 취하였다. 그런데 여기서 말하는 '서법'이란 사관이 사서를 기술할 적에 취하는 기본 자료의 처리와 역사적 사건의 평론, 인물의 포폄 등의 방면에 정해둔 일정한 체제를 말한다. 그래서 주희는 『자치통감』과 같은 책이 이 '서법' 부분에서 타당하지 못한 점이 상당히 많다고 보았다.

예를 들어 보자면, 『자치통감』이 분열과 할거 시대의 역사를 기술할 적에는 대체로 한 왕조를 중심적인 기년紀年으로 잡곤 하였는데, 그 중에 보이는 구체적이고 수많은 처리 방법에 대해서 주희는 그다지 찬성하지 않았다. 예를 들어, 삼국시대三國時代의 역사에 대해서 주희는 당연히 정통성이 촉한蜀漢에 있었기 때문에, 만약 한 왕조를 위주로 기년을 잡는다고 하면 당연히 촉한의 기년을 채택해야 한다고 생각하였다. 그러나 이와는 달리 『자치통감』에는 위魏나라를 중심으로 기년을 잡는 바람에, 위나라 태화太和 2년(228년)에 제갈량諸葛亮이 침입하다와 같은 기록이 나타나게 되었다. 그런데 주희는 제갈량이 위나라를 친 일은 명백하게 군대를 이끌고 적을 토벌하는 일인데, 오히려 '침입하다'라고 일컬어 지는 것은 도저히 수용될 수 없다고 생각하였다.[2]

2 『통감강목』의 창작 동기와 목적에 대해서는 주희 자신이 이미 명확하게 설명을 하고 있다.

그래서 이러한 사실에 비추어 보자면, 주희는 『자치통감』의 풍부한 사료를 이용하기로 마음먹고 하나의 새로운 역사 저서를 편찬한 것이었다. 그리고 제자들의 도움 아래 20여 년의 거듭되는 편찬과 교정을 거치면서 마침내 이 책은 기본적으로 완성이 되었다. 그렇지만 주희는 생전에 계속해서 이 책의 교정을 보았기 때문에, 이 책은 단지 하나의 미완성 원고 작품이라고도 말할 수 있다. 이것이 바로 『통감강목』이라는 책의 유래이다.

그리고 이 『통감강목』에 기재된 내용은 기본적으로 모두 『자치통감』에 근거를 둔 것이기는 하였지만, 주희는 또한 기타 다른 저서들도 함께 참고를 하였다. 특히 주희는 당시 학자들의 역사에 대한 여러 견해와 논평도 항상 이 『통감강목』에다 인용을 하곤 하였다. 그래서 학자들의 연구를 참고하자면, 이 『통감강목』이라는 책은 『자치통감』의 내용 교정과 창작에 있어서 다음의 다섯 가지 방면으로 주로 나타난다.

첫째, 『자치통감』의 서사 내용을 대폭적으로 빼고 줄였다. 그래서 『자치통감』이라는 책은 원래 294권으로 그 권수가 무척 방대하였지만, 주희의 교정을 거치면서 최종적으로 편집된 『통감강목』은 단지 59권의 내용만 남아 다만 원서의 1/5 정도 분량에 불과한 편이다. 이것은 대체로 번잡함을 없애고 간략화

그가 이르기를, "신이 예전에 『자치통감』을 읽으면서 그 중간에 말단 제후가 참람되게 왕을 칭하였는데도 그 명분을 바로 잡지 못한 것을 슬쩍 보았습니다. 그래서 漢나라 승상인 제갈량이 군사를 이끌고 적을 토벌한 일을 거꾸로 침입했다라고 기록하고 있는데, 이러한 유형이 하나가 아니니 유독 납득할 수가 없었습니다. 또한 무릇 사건의 처음과 끝이 상세하거나 간략하고 한결같이 평이한 문장으로 기술하고 있는데, 비록 『목록』이 있지만 또한 찾아보기가 어려웠습니다. 그래서 제가 망령된 생각에 그 사실에 나아가 따로 한 권의 책을 지었는데, 연도를 표시함에 첫해를 잡았고, 또한 연도에 따라 통일적으로 저술하였습니다. 그래서 큰 글자로는 요점을 제시하고 작은 주로는 제 견해를 갖추었습니다. 그리고 是非得失의 경우에 이르러서는 곧 고대 사서의 書法으로 다시 대략 훈계를 하였는데, 그 이름하여 『資治通鑒綱目』입니다." (『朱文公文集』 卷22 『辭免江東提刑奏議狀三』 참고) ; 倉修良이 主編한 『中國史學名著評介』 第二卷중에서 『통감강목』에 대한 소개 부분을 참고할 것. (倉修良主編(1990), 『中國史學名著評介』, 第二卷, 山東教育出版社.

를 추구하며 작업을 진행한 주희 등의 노력에서 기인한 것이었다. 그리고 기본적인 역사적 사실은 그대로 남겨두면서 부차적인 문구와 어떤 일의 구체적인 경과 서술은 모조리 생략함을 통해, 독자들이 요점을 파악하며 한 눈에 이해할 수 있도록 해주었다.

그래서 학자들의 통계에 따르면, 당唐나라 희종僖宗 광명廣明 원년元年 11월의 서사 내용과 관련된 일에 관하여 『자치통감』의 원문은 모두 726자인데, 『통감강목』에는 그것을 빼고 줄여서 겨우 298자만 남아있다. 그렇지만 만약 좀더 자세히 비교를 해보면, 『자치통감』에 기재된 이 부분의 기본 내용은 『통감강목』에도 모두 그대로 남아있는데, 반면에 사용된 글자수는 오히려 크게 줄었음을 발견할 수가 있다. 따라서 이것은 『통감강목』을 지은 저자의 고도의 요약 정리 능력과 숙련된 창작 수준을 잘 드러내고 있다고 할 수 있다.

그리고 두 번째로, 『자치통감』의 기록에는 보이지 않는 내용을 증가하였다. 그런데 이러한 상황은 비록 많지는 않더라도 그렇다고 전혀 없는 것은 아니다. 예를 들어, 한漢나라 고조高祖 4년(기원전 203년)에 일찍이 산부령算賦令을 시행하였는데, 『자치통감』에는 이 부분의 기록이 없지만 주희는 이 사료를 매우 중요하게 생각하여 『통감강목』에서 증보를 하였다.

그리고 세 번째로는 『자치통감』의 부당한 부분을 교정하였다. 『자치통감』은 십간十干의 기년紀年 방법을 채택하여 '대황락大荒落'과 '강어強圉'와 같은 용어를 사용하고 있는데, 일반 독자들이 이 말을 쉽게 이해할 수가 없었다. 그래서 주희는 그것을 간지干支 기년으로 대체하면서 간단 명료하면서도 쉽게 이해할 수 있도록 하였다. 그리고 분열과 할거 시대의 서술에 있어서도 『자치통감』은 한 왕조 중심의 기년 처리 방법을 채택하여 기년과 기사紀事가 서로 연관이 없게 되어버렸는데, 『통감강목』은 그것을 동일하게 병렬하면서 평등하게 서술하고 있다.

그리고 『자치통감』은 기년에서 만약 한 해 중에 연호가 변경될 경우에는 가장 마지막의 연호를 사용하였다. 이를 테면, 어떤 황제가 초반기에는 하나의 연호로 원년, 2년, 3년 …… 식이었다가 어느 해의 하반기에 이르러 다른 연호로 바꾸었다면, 이것에 대해 『자치통감』에서 사마광은 이 바뀐 연호로 그 해 전체의 기년을 삼는 방법을 채택하여 다시 또 한 차례의 원년, 2년, 3년 …… 식이 되어버리고 말았다. 그래서 이러한 기술 방법은 『자치통감』의 연호가 모두 원년은 있지만, 말년은 반드시 있는 것이 아닌 것으로 만들어버렸다. 그렇기 때문에 학자들은 이러한 처리 방식은 머리는 갖춰져 있지만 다리가 갖춰지지 못한 것으로써, 연호의 시작과 끝의 정확한 시간을 반영할 수가 없을 뿐만 아니라 또한 기년과 기사가 서로 부합되지 않는 모순까지 초래하는 것이라고 구체적으로 평가를 내리고 있다. 그렇지만 『통감강목』에서는 일률적으로 사실에 따라 기재를 함으로써, 그 방법이 사마광보다는 더 뛰어난 것이라고 할 수 있다.

그리고 그 외에도 주희는 『자치통감』 중에서 몇몇의 역사적 사실에 오류가 있음을 발견했을 적에, 기타 사료에 근거하여 그것을 교정하곤 하였다. 예를 들어, 제齊나라가 연燕나라를 정벌한 시기에 대해 사마광은 제나라 선왕宣王 10년이라고 잘못 기술하고 있는데, 주희는 여러 사료의 고증을 거쳐 제나라 민왕湣王 50년이 되어야 한다고 여기면서 이 관련 기록을 교정하였다.[3]

그리고 네 번째로는 봉건적인 강상綱常 윤리 사상을 대대적으로 강화하였다. 그래서 주희는 공자가 지은 『춘추春秋』를 대단히 존숭하면서 사서의 포폄褒貶 처리를 통하여 난신적자를 두렵게 할 수 있다고 여겼다. 따라서 주희는 『통감강목』의 「범례凡例」에서 전체의 체제에 대해 매우 엄격한 규정을 정해 두었는데, 이를 테면 주周나라, 진秦나라, 한漢나라, 진晉나라, 수隋나라, 당唐나라 등이 몇 왕조만을 정통 왕조로 귀결시키고 있고, 이 정통 왕조 외에는 열국列國, 찬적簒賊, 건국建國, 무통無統, 불성군不成君, 원방소국遠方小國 등의 일곱 가지로 분류하고 있다.

그리고 『통감강목 범례通鑒綱目凡例』에서는 정통과 비정통의 연도, 명칭, 즉

3 『朱子語類』 卷51에 주희의 고증 과정이 상세히 기록되어 있다.

위, 개원改元, 존립尊立, 조회朝會, 봉배封拜 등에 대해서 모두 엄격하게 구분된 표현을 사용하고 있다. 예를 들어, 한漢나라 때의 여후呂后와 왕망王莽, 당唐나라 때의 무측천武則天 등은 모두 '찬적簒賊'의 부류에 귀속시키고 있는데, 이른바 '찬적'이란 이 사람들이 일찍이 왕위를 찬탈하여 정통을 파괴하였지만 미처 왕위 계승은 제대로 하지 못한 사람들을 가리킨다. 따라서 주희는 무측천의 역사를 기록하면서 무측천의 연호를 사용하지 않는 대신에, 당나라 중종中宗의 연호로 기년을 하는 방법을 채택하여 무측천의 모든 행위를 비난하고 있다. 그래서 주희는 이러한 '춘추春秋'의 필법을 통하여 '명분을 판명하여 강상을 바르게 한다'라는 식으로 봉건적인 예교禮教를 보호하고자 하였다.

그리고 다섯 번째로는 창조적으로 '강목체綱目體'의 역사서 집필 체재를 사용하였다. 그래서 주희는 편년체編年體, 기전체紀傳體, 기사본말체紀事本末體 등의 각종 사서 체재의 장점을 흡수한 기초 위에 다시 창조적으로 새로운 형식의 사서 체재인 강목체를 발명해 내었다. 그런데 강목체는 대체로 '강綱'과 '목目'의 두 가지로 구성되어 있다. 그 중에서 '강綱'이 주로 모방한 것은 『춘추』 경전으로, 곧 시간적인 선후에 따라 기술을 해간 역사적 사실의 요강이며, 큰 글자로 글을 써서 표제의 기능을 갖추고 있으면서도 또한 간단 명료하게 요점을 제시하고 있을 뿐만 아니라 그와 동시에 작가의 포폄도 내포하고 있다. 그리고 '목目'은 그 주요 모방이 『좌전左傳』이지만 실제로는 역사적 사실에 대한 구체적인 서술이고, 또한 어떤 때에는 역대 명신名臣의 그와 관련된 몇몇 평론을 뒷쪽에 부기하기도 하였는데, 작은 글자의 주석 형식으로 집필하였다.

그리고 주희 자신이 『통감강목』에서 추구한 것에 대해 말하자면, '강'의 부분에서는 엄격함을 요구하되 대사大事를 빠뜨리지 않는 것이었고, '목'의 부분에서는 상세함을 갖추되 장황하지 않도록 하는 것이었다.[4] 그래서 주희는 『통감

4 주희가 원래 한 표현에는, "이 책은 별도의 표준이 있는 것은 아니지만, 그 綱에서는 엄격하되 빠뜨림이 없고자 하였고, 目에서는 상세함을 갖추되 장황하지 않고자 했을 뿐이다."라고

강목』의 편찬을 통하여, 기존 사서의 장점을 종합한 기초 위에 조리가 정연하고 중점이 두드러지며 포폄이 선명하고 간결하고도 쉽게 이해할 수 있는 강목체 사서의 체재를 창조해 낼 수 있었다. 그런 까닭에 어느 학자는 '강목체의 사서는 사학史學을 사회로 향하게 하고, 사학을 통속으로 향하게 하는 길목에서 예상치 못한 역할을 하였다.'라고 지적하고 있다.[5]

그리고 이 『통감강목』은 비록 주희가 생전에 원고를 완성하지는 못했지만, 주희가 죽고 난 후에 학자들로부터 많은 중시를 받게 되었다. 더욱이 남송南宋의 저명한 학자인 진덕수真德秀는 일컫기를, 『통감강목』은 『춘추』 이래로 일찍이 없었던 책으로, 임금이 된 자가 이 책에 통달한다면, 덕행과 권위의 근본을 능히 밝힐 수 있고, 치란治亂과 흥망의 근원도 통찰할 수 있게 된다. 그리고 신하된 자가 이 책에 통달한다면, 일상 정무의 바름을 능히 지킬 수 있을 뿐만 아니라 임기응변의 변통 방법에도 통달할 수 있게 된다라고 하였다. 그래서 그의 마지막 결론은, 이 책은 하늘의 이치를 궁구하고 그 쓰임을 다하는 일에서 집대성적인 작품이자, 또한 모든 역사 기록의 평가 기준이 된다라고 하면서, '모든 역사 기록의 표준이며 규칙'이라고까지 이 책을 추켜올렸다.[6] 그러면서 진덕수는 또한 최초로 이 책을 출판까지 하였는데, 그 후로 이 책은 출판이 끊이지 않았다.

되어 있다. 上海古籍出版社와 安徽教育出版社가 공동으로 출판한 『朱子全書』 第11册, 3498면 참고.

5 倉修良, 「朱熹和『資治通鑑綱目』」, 『安徽史學』, 2007年, 第1期를 참고할 것.

6 그 원문에는, "크고도 깊구나! 진실로 『춘추』 이후로는 일찍이 없었던 책이다. 그래서 임금이 된 자가 이 책에 통달한다면, 덕행과 위엄의 근간을 능히 밝힐 수 있고, 治亂의 근본도 비출 수 있게 된다. 그리고 신하된 자가 이 책에 통달한다면, 일상사의 바름을 능히 지킬 수 있을 뿐만 아니라 임시적인 일의 변통에도 통달할 수 있게 된다. 그래서 이 책은 이치를 궁구하고 그 쓰임을 다하는 일의 집대성이자, 모든 역사 기록의 표준이며 규칙이 된다."라고 되어 있다. 상해고적출판사와 안휘교육출판사가 공동으로 출판한 『주자전서』 第11册, 3502~3503면을 참고할 것.

그리고 이학理學이 중국 봉건사회 후기의 주요 사상으로 대두되면서, 이 『통감강목』도 후대 제왕들에 의해 만세의 사법史法이자 역사가의 표준으로 제정되게 되었다. 더욱이 주희의 『통감강목』은 명분을 바로잡고 인륜의 정립을 가장 중요시하였기 때문에, 후대 사람들은 주희의 이 『통감강목』이 공자의 『춘추春秋』를 계승하여 출현한 후대의 또 하나의 위대한 저작으로, 가히 『춘추』와 함께 논할 수 있다고까지 여기게 되었다. 그래서 예를 들어보자면, 게혜사揭傒斯는 「『통감강목』의 서법書法 서문 『통감강목通鑒綱目』 서법서書法序」에서, 공자는 노魯나라의 역사를 근거로 하여 『춘추』를 지으면서 만세의 법칙이 되었고, 주자는 사마광의 『통감』을 근거로 삼아 『강목』을 지으면서 제왕의 다스림을 확립하였다. 그리하여 이 둘은 모두 천지의 법칙과 군신의 도리 및 성현의 고심을 구현한 것이라고까지 생각하였다.[7] 그리고 이 외에도 이와 비슷한 대단한 찬사는 그 수가 아주 많지만, 여기에서는 그것을 일일이 열거하지 않기로 한다.

그리고 이뿐만이 아니라 수많은 학자들이 계속 책을 저술하면서, 주희의 『통감강목』에 보이는 의리 사상과 간단하지만 심오한 말로 대의를 나타내는 것에 대해 의견을 제시하곤 하였다. 예를 들어, 『통감강목』이 출판되고 얼마 후에 윤기신尹起莘은 바로 『자치통감강목발명資治通鑒綱目發明』이라는 책을 지으면서 『통감강목』 중에 보이는 관련 내용에 대해 대대적으로 찬양을 하였고, 그 뒤에 나온 유우익劉友益의 『강목서법綱目書法』, 왕극관汪克寬의 『강목고이綱目考異』, 왕유학王幼學의 『강목집집람綱目集集覽』 등의 책들은 모두 『통감강목』에 대해 주석注釋과 설명을 붙이거나 고증을 진행하였다.

그 밖에도 수많은 학자들은 다시 『통감강목』에 근거를 두고 속편과 보충편

7 그 원문에는, "공자는 魯나라의 역사로 인하여 『춘추』를 지으면서 만세의 법칙이 되었고, 주자는 사마 씨의 『통감』으로 인하여 『강목』을 지으면서 수많은 제왕의 다스림을 바로잡았다. 이것은 천지의 常道이고, 군신의 의리이며, 성현의 마음이다."라고 되어 있다.

혹은 재편집의 작업을 진행하기도 하였다. 그래서 김이상金履祥의 『강목전편綱目前編』 저술과 상로商輅의 『속자치통감강목續資治通鑑綱目』 저술 등을 그 예로 들 수가 있다. 더욱이 특기할 일은 청清나라의 강희康熙 황제는 진인석陳仁錫의 판본을 이용하여 친히 평가를 내리면서 이 책의 서문을 쓰기도 하였는데, 이로써 『어비통감강목御批通鑑綱目』이 생겨나게 되었고, 건륭乾隆 황제는 다시 대신들에게 명하여 『통감강목삼편通鑑綱目三編』을 편찬하게 함으로써 명明나라 시기의 역사를 보충하게 하였다. 그리고 건륭 황제는 다시 대신들에게 명하여 강목체綱目體를 이용하여 간단명료한 한 권의 통사通史를 재편찬하게 하였는데, 이름하여 『통감집람通鑑輯覽』이라고 불렀다. 그래서 이것으로부터 고금을 모두 관통하는 '강목체'의 역사서가 만들어지게 되었다.

따라서 주희의 『통감강목』은 『자치통감』의 부족한 부분을 보충하기 위하여 저술된 것이었고, 또한 주희는 이 『통감강목』을 편찬하는 과정에서 강목체의 사서 체재를 창조적으로 발명함으로써, 조리가 정연하고 중점이 두드러지게끔 역사를 기록할 수 있게 되었다. 그리고 주희는 역사에서 교화教化의 역할을 매우 중요시하였고, 또한 윤리와 강상綱常 수호를 중요시하였기 때문에, 그 집필 방법에서는 공자가 채택한 간단하지만 심오한 말로 대의를 나타내는 '미언대의微言大義'의 방식을 이어받아 서로 다른 어휘 사용을 통하여 자신의 찬양이나 배척의 감정을 표출하였다. 그래서 이 책이 비록 완성된 원고는 아니었지만, 저서가 출판되고 나서는 오히려 대대적인 환영을 받게 되었는데, 위로는 제왕 장상將相에서부터 아래로는 평민 백성에 이르기까지 모두 보편적인 환영을 받게 되었다. 더욱이 이 책과 관련된 증보작들이 계속해서 출현하면서, 마침내 이 책은 중국 전통사회 후기에 가장 영향력을 지닌 역사 교과서로 되었다.

2.

주희의 『통감강목』이 출판되고 난 뒤에 이 책은 곧바로 한반도로까지 전해졌고, 또한 그러면서 조선왕조 사학의 발전에도 심원한 영향을 끼치게 되었다.

그래서 『고려사高麗史』의 기록에 의하면, 아마도 이 『통감강목』은 13세기 말이나 14세기 초반인 고려 말기에 이미 한반도로 유입되어 고려 우왕禑王 2년(1376년)에는 일찍이 목판 활자로 이 『통감강목』을 간행하였다는 말도 있는데, 안타깝게도 아직 실물 증명이 이루어지지 않아 현재로서는 그 간행 지점이나 간행 방법 등의 구체적인 상황에 대해서는 전혀 알 길이 없는 편이다.[8] 그런데 조선왕조에 들어오면서 이 책은 다시 연행燕行 사신들을 통하여 대량으로 유입되기 시작하며 한반도에 널리 보급되게 되었는데, 예를 들어 세종대왕世宗大王은 역사학을 연구하는 데에 있어서 이 『통감강목』보다 더 좋은 저서가 없다라고까지 생각하였다.[9] 그래서 세종 3년(1421년)에 세종대왕은 『통감강목』을 간행토록 명을 내렸는데, 그 뒤로 이 『통감강목』은 조선에서 계속 간행되어 나오게 되었다.

그리고 조형진曹炯鎭 교수의 연구 조사에 따르면, 『통감강목』의 활자본으로는 경자본庚子本, 갑인본甲寅本, 계축본癸丑本, 계유본癸酉本과 한구자韓構字 등의 여러 판본이 존재하고 있다고 한다. 또한 한국 『고서목록古書目錄』의 기록을 살펴보면, 한국의 규장각奎章閣, 장서각藏書閣, 국립중앙도서관, 국사편찬위원회 등지에 각종 한국 판본의 『통감강목』 활자 간행본이 현재 모두 24부 소장되어 있고, 그 외에도 『통감강목』 목판본 등 여러 종의 판본이 소장되어 있다고 되어 있다.[10]

그리고 조선왕조 건국 초기에 주자학朱子學을 치국의 국시로 지정하면서, 『통감강목』은 주희 역사 사상의 대표적인 저서인지라 조선왕조 때 대량으로 간행

8 張秀民, 『中國印刷術的發明及其影響』, 人民出版社, 1958, 113~114면을 참고할 것.

9 그 원문에는, "史學을 연구하고자 함에 있어 『강목』이라는 한 권의 책보다 나은 것이 없다." 라고 되어 있다.

10 『통감강목』의 한반도 보급 상황에 대해서는 楊雨蕾, 『『資治通鑒綱目』在朝鮮半島的傳播』(『世界歷史』, 2002年, 第3期)이라는 논문을 참고할 것.

될 수 있었고, 또한 높은 평가도 받았는데, 이것은 모두 매우 당연한 일이었다. 더욱이 세종 18년(1436년)에 세종대왕은 이계전李季甸과 김문金汶에게 명하여 『사정전훈의자치통감강목思政殿訓義資治通鑑綱目』을 집필하게 하였는데, 이 책을 간단히 『통감훈의綱目訓義』라고도 부른다. 그런데 이 『통감훈의』는 조선왕조 때 『통감강목』을 더 잘 이해하고 학습하기 위하여 교정과 해석을 덧붙여둔 책이었다. 그래서 이 책에 대해 유의손柳義孫은 『통감훈의』의 서문 중에서 이르기를, 『통감강목』은 『춘추春秋』의 필법을 본받았기 때문에 비록 그 내용은 역사이지만, 그 속에 담겨진 함의는 오히려 경서經書에 속한다고 하였다.[11]

그리고 이 『통감강목』이 한반도에 전래되고 위에서 아래로 보급되는 과정 중에 이 책은 한반도에서 주자학의 전래에 있어서 끝까지 중요한 역할을 수행하였을 뿐만 아니라, 또한 조선의 역사학, 교육, 인쇄 등의 방면에도 막대한 영향을 끼쳤다. 특히 그 중에서도 가장 직접적인 것은 조선왕조 강목체綱目體 사서의 출현과 발전에서 두드러졌다. 더욱이 주자학이 조선왕조에서 철저히 시행됨에 따라 조선 학자들의 일반적인 존중을 받게 되었는데, 이에 따라 조선왕조에서는 역사 저서 방면에서 『통감강목』만을 존숭하는 현상까지 나타나게 되었다. 그래서 수많은 학자들이 이 책을 계속하여 모방하곤 하였는데, 김우옹金宇顒(1540~1603)의 『속자치통감강목續資治通鑑綱目』, 유계俞棨(1607~1664)의 『여사제강麗史提綱』, 홍여하洪汝河(1620~1664)의 『동국통감제강東國通鑑提綱』, 임상덕林象德(1683~1719)의 『동사회강東史會綱』 등의 역사 저서가 이 당시에 출현하게 되었다. 그렇지만 그 중에서도 집대성적인 저작은 당연히 안정복의 이 『동사강목東史綱目』을 꼽을 수 있다.

그리고 안정복이 이 책을 편찬한 데에도 또한 나름대로의 심사숙고가 있었는데, 그는 『동사강목』의 「서序」에서 이르기를, 조선의 역사 저작이 이미 비록

11 그 원문에는, "朱文公의 『강목』은 『춘추』의 필법을 근본으로 하여서, 그 문장은 곧 역사이지만, 그 의미는 곧 經書)이다."라고 되어 있다.

많기는 하지만 또한 부족한 것도 많은 편이다. 예를 들어, 김부식金富軾의 『삼국사기三國史記』는 비교적 세심하지 못하고 간략하여 수많은 역사적 사실의 오류를 지니고 있고, 정인지鄭麟趾 등이 편수編修한 『고려사高麗史』는 내용은 번잡하지만 핵심적인 부분은 매우 적은 편이다. 그리고 서거정徐居正과 최부崔溥 등이 편찬한 『동국통감東國通鑑』은 그 주지主旨와 체제에 수많은 모순을 안고 있고, 유계의 『여사제강』과 임상덕의 『동사회강』은 '서법書法' 부분에서 대단히 일치하지 못한다. 더욱이 이러한 사서들 중에는 또한 서로 옮겨쓰는 과정에서 잘못을 그대로 반복하는 오류도 한결같이 지니고 있는데, 이러한 현상은 각 사서 중에 모두 보일 뿐만 아니라 그 오류의 양도 서로 비슷한 편이라고 하였다.[12] 따라서 이것을 거울로 삼아 안정복은 마침내 한반도의 역사를 전면적으로 반영하는 한 권의 저서를 새로이 편찬하기로 마음먹게 되었다.[13]

그리고 『순암집順菴集』이라는 책에 붙어 있는 「연보年譜」에 의거하여 우리는 안정복이 조선의 민중들이 본국의 역사에 대해 이해가 부족함을 한탄하였을 뿐만 아니라, 또한 더 나아가 기존의 역사서에 대해서도 그다지 만족하지 못하였음을 알 수가 있다. 그래서 안정복은 『동사강목』이라는 책을 집필하기 시작하였는데, 이 작업은 영조英祖 32년(1756년)에 시작하여 그가 48세 되던 영조 35년(1759년)까지 꼬박 4년이라는 긴 시간을 들여서야 비로소 이 대작업이 끝날

12 그 원문에는, "우리의 역사도 또한 갖춰져 있는데, 紀傳으로는 곧 金文烈, 鄭文成의 『삼국사기』과 『고려사』가 있고, 編年으로는 곧 徐四佳와 崔錦南이 교지를 받들어 편찬한 『동국통감』이 있다. 그리고 이로 인하여 俞史의 『여사제강』과 林씨의 『동사회강』이 나왔고, 핵심의 초록으로는 곧 權씨의 『史略』과 吳씨의 『纂要』 등 이러한 책들이 적절하게 盛한 편이다. 그렇지만 『삼국사기』는 疏略하여 사실과 위배되고, 『고려사』는 내용은 번잡하지만 핵심은 적으며, 『동국통감』은 대의와 체제에서 많이 어긋나고, 『여사제강』과 『동사회강』은 필법에서 간혹 어그러진다. 그리고 오류를 따라 잘못을 답습하고 잘못됨으로 잘못됨을 전함에 이르러서는 곧 모든 사서가 비슷하다."라고 되어 있다.

13 안정복은 자신의 『順菴文集』 卷13에 있는 『橡軒隨筆下』의 '東國歷代史' 조항에서 한반도 역사를 기록한 각종 저서에 대하여 전문적으로 논평을 해 두었다. 『韓國文集叢刊』本, 『順菴集』 II, 46면을 참고할 것.

수 있었다.[14] 그러므로 이 책의 집필과 완성은 안정복의 수많은 심혈을 응축한 것이라고 말할 수 있다.

그리고 이 『동사강목』이라는 책은 위로는 기자箕子 원년元年에서부터 시작하여 아래로는 고려 말년에까지 이르는데, 한반도 내의 건국과 변천의 역사를 기록하고 있다. 더욱이 이 책 전체는 주희의 『통감강목』의 체재를 본떠서 강목체를 채택하여 집필하고 있는데, 『통감강목』과 마찬가지로 이 『동사강목』도 책 앞부분에다 「동사강목범례東史綱目凡例」를 붙여 이 책의 기본 주지와 체재의 상황에 대해 설명을 하고 있다. 그래서 이것은 이 책의 강령綱領이 되는 부분으로, 『동사강목』이라는 책을 이해하는 데에 있어서 매우 좋은 길잡이가 되고 있다.

그리고 이 『동사강목 범례』 중에서 안정복은 '주희의 『통감강목』이 출판된 이래로 이 책의 내용이 너무나 훌륭하고 읽기에도 무척 용이한 까닭에, 강목체를 이미 역사서의 표준적인 체재가 되도록 하였다'라고 언급하고 있다. 그래서 자신의 『동사강목』도 이 체재를 모방하여 집필하였는데, 다만 『통감강목』이 주로 다룬 것은 화하華夏의 역사였고 『동사강목』이 주로 다룬 것은 한반도의 역사였기 때문에, 서로 예법이 다르고 역사적인 사건도 달랐으므로 많은 경우에는 부득이하게 새로운 체재를 만들기도 하였다.

그래서 안정복은 「통감강목범례通鑒綱目凡例」를 참고한 기초 위에 다시 매우 상세한 「범례凡例」를 하나 정했는데, 여기에는 한국사에서 많은 역사가가 처리

---

14 그 원문에는, "35년 己卯에 『동사강목』이 완성되었다. 또한 이르기를, 선생은 일찍이 우리나라 사람이 유독 자신의 일에 어두운 것을 한탄하고는, 丙子부터 초고를 잡기 시작하여 4년을 지나고서야 책을 완성하였다. 그래서 위로는 箕子 元年에서부터 아래로는 麗末에 이르기까지 綱을 세우고 目을 세웠다. 그리고 이 책은 모두 18권인데 (현재 다시 살펴보면 실제로는 모두 17권이다.), 다시 『考異』와 『地理考』 2권이 더 있으므로 (현재 다시 살펴보면 실제로 이 책에는 『고이』, 『怪說辨證』, 『지리고』 3권이 있다.), 합하여 모두 20권이다."라고 되어 있다. 『한국 문집총간』 本, 『순암집』 II, 373면을을 참고할 것.

하기 어려웠던 문제에 대한 자신의 처리 방법이 제시되어 있다. 예를 들어, 안정복은 한국사에서 단군檀君, 기자箕子, 마한馬韓, 신라 문무대왕文武大王(9년 이후), 고려 태조(9년 이후)를 정통으로 삼았고, 삼국이 병립되었던 시기는 통치가 없었던 무통無統의 시기로 다시 처리하였다. 그리고 정통 정권과 무통 정권에 대한 표현 방식에 있어서도 『동사강목』의 어휘는 매우 달랐는데, 예를 들어 정통 정권의 왕위 계승은 '즉위卽位'라고 표현한 반면에, 무통 시기에는 '입立'이라고 표현한 것 등이 있다. 그리고 위만衛滿 정권에 대해서 『동국통감東國通鑑』에서는 일찍이 단군, 기자와 함께 삼조선三朝鮮이라고 불렀지만, 안정복의 『동사강목』에서는 그것을 강등하여 '참국僭國'으로 만들어 처리를 하였다. 그 밖에도 구사舊史에 보이는 황당무계하고 이치에 맞지 않는 이야기들에 대해서 『동사강목』에서는, 그것들을 모조리 삭제하고는 다시 전문적으로 『괴설변증怪說辨證』 1권을 따로 써서 그에 대해 논술을 펼쳤다. 그래서 이렇게 책 전체의 체재가 엄격하면서도 강목이 뚜렷하고, 내용이 풍부하면서도 문체가 평이하고 내실이 있어서 가독성이 매우 뛰어난 편이다.

그리고 안정복은 『동사강목』을 집필하면서 주희의 『통감강목』과 마찬가지로 글자와 어휘 사용 방면에 매우 염두를 두었는데, 『춘추』의 필법 관철에 매우 주의를 기울여 서술 중에서 포폄褒貶의 의미를 표현해 내곤 하였다. 그래서 그는 「답소남윤장별지答邵南尹丈別紙」에서 일찍이 예를 들어가며 자신의 필법을 설명하였는데, 고려 왕조의 명종明宗 4년에 권신權臣인 이의방李義方이 피살된 일이 있었다. 그런데 이 이의방은 죄악이 하늘만큼이나 크고 죽어서도 여죄가 있을 정도여서, 이치로 본다면 마땅히 '복주伏誅'라는 용어를 사용해야만 했지만, 다만 이 '복주'라는 어휘는 가끔 일종의 정의의 토벌을 의미하기도 하였다. 그러나 이 이의방의 피살 경과는 오히려 이와 같지 않았는데, 당시의 정균鄭筠은 승려와 몰래 결탁을 하고 이의방이 미처 대비하지 못한 때를 틈타 그를 살해해버렸다. 그래서 만약 여기에 '복주'라는 용어를 사용한다면, 확연히 역사적인 진상과는 서로 그다지 부합하지 못한다고 하였다.[15] 따라서 이러한 토론에서 본다면, 안정복은 『동사강목』을 집필하는 과정에서 확실히 매 구절을 세심히 다듬으며 대단히 심혈을 기울였음에 틀림없다. 그렇게 본다면 이 『동사강목』이 학자들의 보편적인 찬사를 얻을 수 있었던 것도 또한 이상한 일이 아니었다.

그리고 『동사강목』의 책 뒤에는 다시 『고이考異』, 『괴설변증怪說辨證』, 『지리고地理考』 등이 각 1권씩 붙어 있는데, 이것도 이 책의 큰 특색의 하나이다. 그런데 우리가 이미 알다시피, 사마광은 『자치통감』을 편찬할 적에 일찍이 대량의 사료를 참고하면서 자신이 이용한 사료의 취사 선택 원인을 설명하기 위해 『자치통감고이資治通鑒考異』를 전문적으로 집필하기도 하였다. 그리고 『통감강목』은 사료를 기본적으로 『자치통감』이라는 책에서 취하였으므로, 이 방면의 문제는 거의 없는 편이었다. 그러나 『동사강목』은 이와는 전혀 달라서, 중국과 한국의 각종 관련 저서를 광범위하게 수집하고 참고하였기 때문에, 각종 사료 간에 보이는 상호 모순적인 기록에 대해서는 반드시 취사 선택을 해야만 하였다. 따라서 이 세 권의 내용은 작가의 관련된 연구 소견을 밝히고 있다고 말할 수 있고, 또한 이로써 이 책의 신뢰성을 높이고 있을 뿐만 아니라 작가의 엄격하고도 소박한 집필 태도도 잘 반영해 내고 있다.

그리고 『동사강목』이라는 책이 바로 이렇게 다양한 특색과 장점을 지니고 있었기 때문에, 이 책은 출판된 후에 조선왕조에 막대한 영향을 끼치게 되었고, 또한 조선왕조 강목체 사서의 한 축이 되는 저작으로까지 되었다. 그래서 전반적으로 보자면, 조선왕조의 역사학 발전 과정 중에서 '강목체'의 역사학이 매우 발달하게 되었는데, 이것은 조선왕조 시기 역사학에서 하나의 두드러진 특색이라고 말할 수 있다. 그런데 이러한 상황은 당연히 조선왕조가 주자학만을 존숭한 일과도 관련이 있겠지만, 그러나 조선왕조의 학자들이 창조적으로 강목체 체재를 응용하면서 통속성과 학술성을 하나로 모은 본국의 역사서를 저술해 냄으로써, 강목체 역사학이 조선왕조에서 꽃이 피고 결실을 맺도록 한

---

15 『한국문집총간』本, 『순암집』 I, 卷三, 401면을 참고할 것.

것이 또한 하나의 중요한 요인이라고 볼 수 있다. 그리고 이러한 과정 중에서 『동사강목』은 다시 이러한 창작 실천의 최고 작품이었으며, 그 학술적인 가치는 지금까지도 여전히 우리가 긍정과 제창을 할 만한 것이다.

3.

위에서 다룬 『동사강목』과 『통감강목』의 대비 연구를 통해 우리는 이 두 저서에 매우 큰 공통성이 있음을 발견할 수가 있다. 그래서 필자는 『통감강목』과 『동사강목』이 지닌 역사적 의의와 학술적 가치를 다음의 몇 가지로 귀납시킬 수 있다고 생각한다.

1. 이 두 저서의 작가는 모두 국민들에게 편수의 길이가 적당한 하나의 역사 교과서를 제공함으로써, 국민들에게 본국의 역사를 이해하게 하는 절박한 요구를 충족시켰다.

2. 이 두 저서의 작가는 모두 역사의 교화 역할을 매우 중요시하여 역사의 서술 방식을 통해 권선징악勸善懲惡과 정의를 표창하고 사악함을 물리치기를 희망하였다. 그런데 역사는 비록 이미 지나간 과거의 일이긴 하지만, 어떻게 그 역사를 인식하고 그 중에서 역사적 경험과 교훈을 섭취하는가 하는 일은 오히려 모든 역사가가 직면한 중요한 과제라고 할 수 있다. 그래서 전통 사회에서 이 두 역사서는 이러한 목적을 매우 잘 실현하였다고 평가되어야만 한다.

3. 이 두 저서의 작가는 모두 자신들이 편찬한 역사 저서가 간단하고 명료하며 쉽게 읽힐 수 있기를 희망하였다. 그래서 그들은 『춘추』 경전의 특색을 충분히 섭취한 뒤에 '강綱'과 '목目'이 서로 결합된 형식의 응용을 통해,

독자들의 독서를 편리하게 해주었다. 따라서 '강'의 부분은 간단 명료하여 가끔 한 두 마디로 역사적 사건을 개괄하였고, 또한 '목'의 내용에서는 이 '강'에 대해 진일보된 서술을 전개하였다. 그래서 독자들은 자신의 홍미가 있는 부분에 촛점을 맞추거나 혹은 '강'의 내용만을 읽더라도 역사 발전의 대세를 이해할 수 있고, 혹은 '강'과 '목'을 서로 연결시켜 읽으므로써 역사의 변천 과정을 상세하게 이해할 수도 있다. 그러므로 이러한 강목체 사서의 형성은 역사서의 편찬 방식에 확실히 커다란 정도의 변화를 가져왔고, 또한 역사 지식을 광범위하게 보급시켜 줄 수도 있었다.

4. 이 두 가지 저서는 모두 상당히 오랜 역사 기간 동안 역사적으로 심원한 영향을 끼쳐왔다. 그래서 『통감강목』은 중국의 원元나라, 명明나라, 청淸나라 시기의 역사학에 깊은 영향을 끼쳤을 뿐만 아니라 이러한 영향력은 또한 한국, 일본 등의 주변 국가에까지도 파급되었다. 그리고 『동사강목』은 강목체라는 한 역사서 체재를 이용하여 성공적으로 한반도의 발전된 역사를 집필하였고, 또한 조선왕조 시기와 그 후의 역사학 발전 과정에서 커다란 영향도 미쳤다.

그런데 20세기 이래로 전 세계의 형세에는 급격한 변화가 일어나게 되었는데, 중국과 한국은 한결같이 전통 사회에서 현대 사회로의 변천을 끝내게 되었다. 특히 중국에서는 사회에 이미 커다란 변혁이 일어났기 때문에, 주희의 『통감강목』처럼 의리義理의 포폄褒貶으로 역사서를 집필하는 이러한 인식에 대해 중국의 학자들의 견해가 크게 변화되기 시작하였다. 그래서 어떤 학자는, "역사학이 실사구시實事求是를 추구하는 것은 이것으로 역사를 존중하는 것이지만, 한 글자 한 구절이나 혹은 어떤 하나의 저술 방식으로 포폄을 표현하며 정치적인 사상을 기탁하는 일은 역사학의 올바른 책임이라고 할 수 없다. 그래서 역사학은 먼저 진실성과 객관성으로 역사의 본래 면목을 서술해야 하고, 그 다음에서야 비로소 역사적 사실의 기초 위에 규칙을 찾으며, 마지막으로 역사에 의

거하여 사람들을 교육시킬 수 있다. 그런데 이처럼 의리의 포폄을 으뜸으로 인식하고, 또한 정통과 비정통을 옳고 그름의 표준으로 삼으며, 한 집안과 하나의 성씨를 역사의 주류가 의탁하는 것으로 삼는 '서법書法'은 역사학을 사실의 견고한 기반에서 일종의 안정되지 못한 의리의 기반으로 옮겨 내려가게 하기가 너무나 쉽다. 더욱이 이 의리가 정치를 따라 끊임없이 자신의 얼굴을 변형시킬 경우, 역사학도 그 기반이 불안해짐에 따라 장차 정확성을 상실하게 될 수도 있다. 그러나 이처럼 의리의 포폄을 핏줄로 삼는 역사학은 오히려 중국 역사학의 태생적인 전통이었고, 또한 그것은 장구한 시간 동안 역사가의 영혼을 뒤덮어 왔다. 그래서 주희의 『통감강목』은 이러한 전통을 계승하면서 또한 이러한 비정상적인 행태를 확대시켰는데, 정통과 비정통의 구분에 얽매여 명분名分의 여탈予奪이나 따지고 있었다. 따라서 설사 당시에 혹시 현실을 훈계하는 의미가 있었다고는 하더라도, 역사학 발전의 각도에서 말하자면 이것은 오히려 역사가를 잘못된 길로 인도할 수도 있었다."라고 지적하기도 하였다.[16]

그러나 이러한 견해가 전혀 이치가 없는 것은 아니지만, 필자는 이 중에서 역사 연구와 역사 교과서 양자에 대해 구분을 지을 필요가 있다고 생각한다. 그래서 역사 연구의 목적은 당연히 실사구시를 통해 역사의 진면목을 드러내야 하므로, 그의 임무는 '진실 찾기'여야 한다. 그렇지만 역사 교과서는 수많은 민중들에게 역사 지식을 보급하기 위하여 편찬된 것이다. 그래서 이것은 사랑과 증오의 분명함이 요구되고, 또 일종의 정확한 역사관으로 인도를 하는 것이 필요하며, 역사를 서술하는 과정에서 독자들에게 은연중에 감화되는 교화 작용을 불러일으킬 수 있어야만 하므로, 그의 임무는 '선善 찾기'여야 한다. 더욱이 이 '선 찾기' 부분에서 『통감강목』과 『동사강목』의 방식은 여전히 우리가 배울 만한 것인데, 그들은 당시의 의리 사상을 준칙으로 삼아 역사를 관통하는 교화 기능에 주의를 기울였고, 또한 역사학의 통속화와 보급화의 과정 중에서도 특

16 葛兆光, 『從『通鑒』到『綱目』』, 『揚州師院學報』(社會科學版), 1992年, 第3期를 참고할 것.

출한 공헌을 하였다. 그래서 이러한 것들은 모두 우리가 배울 만한 일들인데, 하물며 그들이 건립하고 발전시킨 강목체 사서 체재는 오늘날의 역사 편찬 중에서도 여전히 훌륭한 기능을 발휘할 수 있을 것이다.

그래서 요약해서 말하자면, 『동사강목』과 『통감강목』은 모두 규모도 거대하고 사려도 정밀한 '체대사정體大思精'의 저작임에 손색이 없다고 할 수 있다. 더욱이 성공한 두 권의 역사 저서로서 그 중에 녹아 있는 경험과 집필의 방법은 우리가 더욱 되새겨 보고 본보기로 삼을 만한 것이다.

순암 안정복의 상고사上古史 인식

단군조선과 기자조선을 중심으로

조성을

1. 서언緖言

순암順菴 안정복安鼎福의 『동사강목』은 조선후기 역사학의 양대兩大 학풍을 집대성한 것이다. 하나의 큰 학풍은 강목체綱目體 역사학이며 다른 하나의 큰 학풍은 역사지리학歷史地理學으로 대표되는 치밀한 문헌고증적文獻考證的 학풍이다. 전자는 대체로 홍여하洪汝河의 『동국통감제강東國通鑑提綱』 및 『휘찬여사彙纂麗史』와 유계兪棨의 『여사제강麗史提綱』에서 시작되어 임상덕林象德의 『동사회강東史會綱』을 걸쳐 안정복의 『동사강목』에 이르러 완성을 보았다. 후자의 학풍에 속하는 가운데 역사지리학은 한백겸韓百謙의 『동국지리지東國地理誌』에서 시작되어 유형원柳馨遠의 『동국여지지東國輿地志』, 신경준申景濬의 『강계고疆界考』 등을 거쳐 일단 『동사강목』에서 정리된 다음 정약용丁若鏞의 『아방강역고我邦疆域考』와 한진서韓鎭書의 『해동역사海東繹史』 「지리고地理考」에서 다시 총정리되었다. 정약용과 한진서의 역사지리 연구도 『동사강목』의 지리 고증에 힘입은 바가 많다고 여겨진다. 더욱이 『동사강목』에서는 역사지리 이외에도 다른 여러 논란이 되는 문제들에 대하여도 치밀한 문헌고증을 가하였다. 안정복의 문헌고증은 우리 전근대 역사학의 문헌고증에서도 정점에 위치하며 우리 근현대 역사학의 성과를 선취한 부분이 있고 앞으로 연구의 진전을 위해 시사하는 점이 적지 않다.

이미 안정복의 역사학에 대하여 일부 검토가 이루어졌으나 대체로 개략적 검토에 그치고 있어 분야별로 나누어 좀 더 정밀하게 살펴볼 필요가 있다. 그리고 안정복의 역사관은 강목체 사관에 기초하고 있고 조선후기 강목체 역사학의 정점에서 그것을 완성한 위치에 있으므로 보수적인 것으로만 오해할 소지가 많다. 그가 우리 역사를 보는 관점은 단순히 그렇게 만 볼 수 있는 것이 아니다. 기본적으로 우리 입장에 서 있고 매우 주체적이고 현실적인 측면이 있으며 우리 "근대 민족주의 역사학"의 입장을 선취한 부분도 있다.

본고에서는 순암 안정복의 상고사 인식 가운데 먼저 단군조선과 기자조선에 대한 인식을 상세하게 살펴보고자 한다. 이 과정에서 『동사강목』이전과 이후 다른 역사서에 보이는 단군조선 및 기자조선의 인식과 비교하여 검토함으로써 순암 안정복의 단군조선과 기자조선의 인식의 사학사적 위치를 살펴보고자 한다. 아울러 그의 단군조선과 기자조선 인식에 보이는 단군조선과 기자조선의 인식에서 나타나는 "민족"의 자주와 생존, 동이東夷 역사의 발견, 그리고 "실학적 개혁" 지향성을 조망함으로써, 우리나라 강목체 역사학의 정점에 서면서도 근대민족주의 역사학의 방향을 제시한 측면에 대하여 아울러 생각해 보기로 한다. 먼저 제2장에서 단군조선의 인식을 살핀 뒤 제3장에서 기자조선 인식을 살피고 제4장 결어 부분에서는 제2장과 제3장에서의 논의를 요약한 뒤 안정복의 단군조선 및 기자조선 인식 사학사적 위치와 의의, 안정복의 강목체 역사학과 "민족적 지향"과의 관계, 우리 근대역사학과의 관련 문제, 앞으로 역사학 진전을 위하여 안정복의 역사학에서 배울 점, 앞으로의 연구 과제 등에 대하여 생각하여 보기로 한다.

2. 고조선

1) 단군조선[1]

단군조선에 대한 안정복의 인식은 『동사강목』 서두의 기자조선 원년에 대한 기록에 덧붙여 언급된 단군조선 관계 기록 및 「범례」, 『동사강목』 부록(중)의 「괴설변증怪說辨證」과 『동사강목』 부록(하)의 「잡설」, 「지리고」 등에서도 찾아볼 수 있다.[2] 이하 이들 자료를 토대로 하여 안정복의 단군조선 인식을 살피기

1 안정복 이전의 단군조선 인식을 다룬 연구로는 다음의 논문들이 있다.
전형택, 「조선후기 사서의 단군조선 서술」, 『한국학보』21, 1980
한영우, 「許穆의 고학과 역사인식」, 『한국학보』40, 1985
한영우, 「17세기 중엽 영남남인의 역사서술-홍여하의 『휘찬여사』와 『동국통감제강』」, 『변태섭화갑기념사학논총』, 1985
한영우, 「18세기 중엽 少論學人 이종휘의 역사인식」, 『동양학』17, 1987
한영우, 「18세기 전반 南人 李瀷의 사론과 한국사 이해, 『한국학보』46, 1987
한영우, 「18세기 후반 南人 安鼎福의 思想과 『東史綱目』」, 『한국학보』53, 1988
(이상 한영우 논문들 『조선후기사학사연구』, 일지사, 1989 재수록)
한영우, 「17세기 후반-18세기 초 홍만종의 회통사상과 역사의식」, 『한국문화』12, 1991
김문식, 「임상덕」, 『한국의 역사가와 역사학』(상), 창작과 비평사, 1994
박광용, 「단군 인식의 역사적 변천」, 『단군-그 이해와 자료』, 서울대출판부, 1994
정옥자, 「허목」, 『한국의 역사가와 역사학』(상), 창작과 비평사, 1994

2 『동사강목』 가운데 가장 먼저 완성된 부분은 「地理考」로 판단된다. 「地理考」의 서문 말미에서 스스로 "爲地理考 丙子冬"이라고 하였으므로 1756년(영조32: 45세) 「지리고」를 탈고하였음을 알 수 있다. 그리고 「순암선생연보」에서 "自丙子始草 閱四年而成"이라고 하였으므로 일단 1759년(영조35: 48세) 때 『東史綱目』(초고본)이 완성되었음을 알 수 있다. 이에 대하여 李瀷 선생이 1762년(영조38: 51세) 서문을 부탁받고 쓰다가 마치지 못하고 다음해 1763년 타계하였다. 초고본이 완성된 다음에 일단은 다른 역사 저술 작업에 힘을 기울인 것으로 생각된다. 1763년(영조39: 52세, 癸未)에 『史鑑』 8권이 완성되었고 1767년(영조43: 56세, 丁亥)에 『列朝通紀』 25권이 완성되었기 때문이다.(초고본, 제1차 작업) 그러나 『동사강목』 초고본 완성 이후 꾸준히 수정, 보완 작업이 계속된 것으로 보인다. 1774년(영조50: 63세) 5월 이병휴가 서문 「題東史篇面」을 완료하기 때문이다(甲午五月天中日 從子秉休敬書). 이어서 1776년(정조 즉위년: 65세)겨울~1778년(정조2) 1월 사이에 다시 수정 작업이 있었고 1778년

로 한다. 이와 더불어 그의 단군조선 인식을 이에 선행하는 단군조선 인식 그리고 나중의 정약용, 한치윤 및 민족주의 역사학자들의 인식과 비교하기로 한다.

첫째 안정복은 단군조선을 역사적 사실로 인정하여 『동사강목』 고이考異 부분의 「단군원년무진檀君元年戊辰 당작당요이십오년當作唐堯二十五年」 조에서 다음과 같이 언급하였다.

> 『위서魏書』에서 "지난 2천 년 전에 단군왕검이 아사달에 도읍하고 개국하여 조선이라고 하였다. 요堯임금과 동시이다"라고 하였다. 중국 사서의 기록이 우리 사서와 대략 같다. 다만 우리 사서는 지나치게 탄망하므로 고인 가운데 믿지 않은 분이 많았다. 그러나 황당한 이야기로 돌리는 것은 옳지 않다.[3]

이것은 역사적 사실로서의 단군조선을 우리 역사에서 배제하려는 『삼국사기』 및 『아방강역고』 등의 태도와는 다른 것이다.[4] 더욱이 『위서』에서 말한 "이천 년 전"(『위서』 찬술 당시로부터)이라는 언급도 믿어야 한다고 생각하였다. 위 인용문에서 보듯이 『고기古記』류 기록의 탄망함을 비판하면서도 이를 역사적 사실

(정조2: 67세) 2월 1일 木川 用晦堂(관아)에서 안정복 자신이 서문을 썼다(聖上卽祚之三年戊戌仲春初吉 漢山安鼎福 書于木州之用晦堂中). 그리고 1781년(정조5: 70세) 6월: 『東史』(東史綱目)을 內入하라는 교서가 내려 承宣 鄭志儉을 통해 上納하였고 1783년(정조7년: 72세) 8월 獻陵令 直齋所에서 『東史綱目』을 교정 작업을 시작하여 9월에 완료하였다. 앞으로 『동사강목』 각 부분의 완성 시기, 수정보완 시기를 검토할 필요가 있다.

3 魏書"往在二千載有檀君王儉 立都阿斯達 開國號朝鮮 與堯同時"云 中國史所記 如東史略同 但東史太涉誕妄 故人多不信 而歸之恍惚存亡之間 則不可 (『동사강목』 考異 「檀君元年戊辰當作唐堯二十五年」)

4 『아방강역고』는 단군조선을 부인하고 우리 역사의 출발을 기자조선에 잡고 있으며 『삼국사기』는 「신라본기」에서 시작하면서 우리 역사의 출발을 기자조선에 잡았다. 『삼국사기』는 구『삼국사』의 서두에 있는 「단군본기」를 삭제하였다고 생각된다.

로서 보고 단군조선을 받아들이는 태도는 역사학자로서의 그의 면모를 보여준다. 이것은 한백겸 이래 역사지리학을 중심으로 치밀한 문헌고증을 전개하여 왔던 흐름, 중국 측 사료를 중시하고 우리의 사료를 배제하려는 태도와는 구별된다. 이것은 그가 치밀한 문헌고증학자이지만 다른 역사지리학자와 구별되는 점이다.

둘째 『동사강목』의 「범례」에서 안정복은 우리나라 역사에서 대하여 정통의 문제를 먼저 제기하여 이에 대하여 다음과 같이 언급하였다.

> [전략…] 무릇 계통은 사가史家가 역사를 시작하는 가장 주요한 부분이다. 『동국통감』에서 단군과 기자의 사적을 떼어 「외기外記」로 한 것은 옳지 않다. 지금 정통을 기자에서 시작하면서 단군을 기자 동래 아래에 붙인 것은 『자치통감강목』이 권두에 삼진三晉을 둔 것에 따른 것이다.
>
> (살펴보건대 단군은 처음으로 나라를 세웠고 기자는 문물을 처음 일으켜 각기 천여 년 신성한 통치를 하였으므로 빠뜨려서는 안 되는데도 『동국통감』에서는 전할 기록이 없다고 하여 「외기」에 넣었다. 「외기」라는 이름은 유서劉恕와 사마광司馬光이 『자치통감』을 편수하고서 다시 상고 이하의 일을 채록하여 『통감외기』를 만든 것에서 비롯된다. 잡다하게 전기에 나와 있는 것이어서 선택할 만한 것이 못된다. 예를 들면 여와씨가 하늘을 깁고 예羿가 열 개의 해를 쏘았다는 등의 것이다. 따라서 「외기」라는 이름을 붙였다. 단군과 기자의 사실을 비록 인멸되었지만 이들과는 다르다. […중략…] 정통은 단군, 기자. 마한, 신라 문무왕(9년 이후), 고려 태조(19년 이후)이다.)[5]

5 凡統系 爲史家開卷第一義 以通鑑[東國通鑑]以檀·箕史蹟 別爲外記 其義不是 今正統始于箕子 以檀君附見于箕子東來之下 倣通鑑綱目[자치통감강목]篇首三晉之例 (按 檀君首出御國 箕子肇興文物 各千餘年神聖之治 宜有不可泯者 而通鑑[東國通鑑]以爲史書無傳 編於外紀 外紀之名始於劉恕 劉恕與司馬公修資治通鑑 復采上古以下 作通鑑外紀 雜出於傳記者

위 인용문에 따르면 우리 역사에서 정통은 단군－기자－마한－신라(문무왕 9년 이후)－고려(태조 19년 이후)로 이어진다는 것이다. 이것은 물론 주자 강목체 역사학의 정통론에 따른 것이다. 이런 관점에서 단군조선과 기자조선을 「외기」에 넣은 조선 초기 단계의 『동국통감』을 비판하였다. 중국 『자치통감』의 「외기」는 황당한 기록이므로, 『자치통감』의 체제에 의거하여 「외기」를 두면서 정통의 역사에 속하는 단군조선과 기자조선을 이 「외기」에 넣는 것은 있을 수 없다는 것이다. 『동국통감』 단계에서는 주자 성리학을 수용하면서도 주자의 『강목체』 역사학을 철저하게 추종하지 않고 대체로 사마광의 『자치통감』과 같은 수준의 의리론을 갖고 역사를 정리하였던 데 비하여 『동사강목』은 주자 강목체 역사학의 정통론을 철저히 따르려고 한 것이라고 할 수 있겠다.[6] 『동국통감』에서 단군조선과 기자조선을 「외기」에 넣은 것에 대한 비판은 『동사강목』에 앞서서 홍만종洪萬宗의 『동국역대총목東國歷代總目』(1705)에서 주장되었다.[7] 『동사강목』의 채거서목採擧書目 가운데 『동국역대총목』이 있으므로 안정복은 이를 참고하였을 것이다.[8]

無所揀擇而書之 若女媧補天 · 羿射十日之流是也 故名以外紀 檀 · 箕事實雖湮 豈可同於此科乎 [중략] 正統爲檀 · 箕 · 馬韓 · 新羅文武王(九年以後) · 高麗太祖(十九年以後(「凡例」, 『東史綱目』 1, 12~13면) 면수는 경인문화사 영인본의 것을 따름.

6 『동국통감』의 사론에 대하여 안정복이 최부에 의한 것이라는 주장을 하였고 현대에 와서 한영우, 「18세기 후반 南人 安鼎福의 思想과 『東史綱目』」(1988)에서 『동국통감』의 본문은 훈구파에 이루어졌고 사론은 최부로 대표되는 사림파에 의하여 이루어져 훈구파와 사림파 입장을 절충한 형태의 역사서가 되었다고 주장하였다. 사론 가운데 상당 부분을 최부가 작성하였음은 『금남집』을 통하여 확인되지만 『동국통감』을 사림파와 훈구파의 인식을 절충한 역사서로 보기보다는 조선 초기에서 중기로 넘어가는 단계의 성리학 수준을 대변하는 것이라고 보는 편이 낫다고 생각된다. 훈구파도 기본적으로 성리학자였고 아직 조선 자체의 성리학 연구가 크게 진전되기 전인 그 시점에서 훈구파와 사림파의 학문적 차이는 그다지 없었다고 생각된다.

7 「凡例」, 『東國歷代總目』

8 『동사강목』 서두에는 採據書目을 우리와 중국 측 자료로 나누어 제시하였다.

1. 우리 역사서

이리하여 『동사강목』에서는 단군조선과 기자조선을 「본기本紀」 부분에서 서술하였다. 그러나 단군조선은 남아 있는 기록이 소략하여 기자조선 원년 기사의 아래에 덧붙이는 방식을 취하였다. 이 부분에 수록된 단군조선 관련 기사는 아래와 같다.

동방에 처음에는 군장이 없다가 신인이 단목 아래로 오자 나라 사람들이 임금으로 세우니 이분이 단군[혹 왕검王儉]이다. 국호는 조선이니 요임금 무진년이었다. (살피건대 동방의 『고기』 등 책에서 단군에 일에 대하여 말한 것은 모두 황탄하고 불경하다. 단군이 처음 나올 때 반드시 신성한 덕이 있었을 것이므로 옛 사람들이 취하여 임금으로 세웠다. 옛날 신성한 분의 탄생은 보통 사람과 다르나 어찌 이렇게 심하게 무리한 일이 있었을 것인가. 이른바 환인桓因 제석帝釋은 『법화경』에 나오며 그밖에 말한 바도 모두 승려들의

『삼국사기』, 『삼국사략』(『동국사략』), 『삼국유사』, 『고려사』, 『고려사』(『고려국사』 실전), 『여사제강』, 『동국통감』, 『동사찬요』, 『동사회강』

이상 우리 역사서와 관련하여 『삼국사절요』, 『고려사절요』 및 『동국통감제강』에 대한 언급이 없다.

2. 우리 문집, 지리서, 기타

『파한집』, 『보한집』, 『이상국집』(동국이상국집), 『역옹패설』, 『목은집』, 『양촌집』, 『용비어천가주』, 『응제시주』, 『해동제국기』, 『여지승람』, 『동문선』, 『필원잡기』. 『용재총화』, 『퇴계집』, 『고사촬요』, 『기자실기』, 『평양지』, 『동각잡기』, 『지봉유설』, 『계고편』, 『해동악부』, 『대동운부군옥』, 『졸옹집』, 『미수기언』, 『송도잡기』, 『여지고』(동국지리지), 『경세서보편』, 『수록』(반계수록), 『해동명신록』, 『범학전서』, 『동국총목』(동국역대총목), 『사설』(성호사설), 『여사휘찬』(휘찬여사)

『동국이상국집』에 대한 언급 있는 것이 주목된다. 당연히 「동명왕편」을 참고하였을 것이다.

3. 중국서적 역사서, 지리서, 기타

『사기』, 『한서』, 『후한서』, 『삼국지』, 『남북사』(남사와 북사), 『수서』, 『당서』, 『통감전편』(元 김이상 찬), 『자치통감』, 『강목』(자치통감강목), 『송원강목』(명 성화연간), 『통전』, 『문헌통고』, 『황명통기』, 『오학편』(명 정효), 『성경통지』, 『죽서기년』

『통전』과 『문헌통고』 같은 백과전서가 있는 것이 주목된다. 중국 측 자료 가운데 일부는 이 두 책을 통하여 보충하였을 것이다. 앞으로 이 두 책에서의 인용된 부분의 원래 출전을 조사할 필요가 있다.

이야기이다. 신라와 고려 때에 이단인 불교를 존숭하여 그 폐단이 여기에 이르렀다. 우리나라가 여러 차례 병화를 겪어서 국사國史를 비장한 것이 남지 않게 되어 암혈 가운데 보존된 것을 얻어 전하였는데 후세 사가가 기록할 만한 일이 없는 것을 염려하여 혹 정사正史 가운데 편입되기에 이르렀다. 세월이 오래될수록 더욱 사실로 여기게 되어 우리 인현仁賢의 나라를 괴이한 것으로 귀결되게 하였으니 탄식하지 않을 수 없다. 이런 불경한 이야기는 일절 취하지 않고 오류를 답습하는 습속을 깨끗이 씻어버리고자 할 따름이다. 선왕이 예를 제정하고 법도를 만드신 것은 매우 엄격한 일이다. 지금 문화현 구월산에 삼성사三聖祠가 있는데 고려부터 본조까지 환인, 환웅, 단군을 제사 지낸다 단군을 제사 지내는 것은 마땅하지만 환인과 환웅은 빨리 제거하여야 한 다. 이것은 자신의 귀신이 아닌데 제사 지내는 것과 같은 일이다.)[9]

위 인용문을 보면 『삼국유사』 기이紀異의 「고조선(왕검조선)」에 인용된 『고기古記』 기록이 황탄불경荒誕不經한 것 및 구월산 삼성사에서 환인과 환웅에게도 제사 지내는 것을 비판하였다.[10] 이리하여 삼성사에서의 제사에서는 단군 외에 환인과 환웅을 속히 제거할 것을 주장하는 한편 『고기』의 기록 대신 신인

9 東方 初無君長 有神人降[于太白山]檀木下 國人立爲君 是爲檀君 [或名王儉] 國號朝鮮 〈卽〉 唐堯戊辰歲也 (按 東方古記等書言檀君事 皆荒誕不經 檀君首出 必其人有神聖之德 故人取而爲君耳 古者神聖之生 固有異於衆人者 豈有若是無理之甚乎 其所稱桓因帝釋 出於法華經 其他所稱皆是僧談 羅麗之代 尊崇異教 故其弊至此矣 東方屢經兵火 國史秘藏 蕩然無存 而僧釋所記 得保於巖穴之中以傳 後世作史者悶其無事可記 至或編入正史 世愈久而言愈實 使一區仁賢之邦 歸於語怪之科 可勝嘆哉 若是不經之說 一切不取 庶欲洗刷襲謬之陋習耳 夫先王制禮祀典最嚴 今文化縣九月山有三聖祠 自勝國至本朝 際桓因·桓雄·檀君 檀君祭之固當矣 〈桓〉因·桓雄 亟去勿疑 非其鬼之祭 此類是也) (『동사강목』 1, 103면.)

10 李承休의 『帝王韻紀』에서 「本紀」(단군본기)를 인용하여 언급된 단군 전승은 환웅의 손녀와 단수신 사이에 단군이 출생한 것으로 되어 있어 환웅과 웅녀 사이에 단군이 태어난 것으로 한 『삼국유사』의 『고기』 인용 부분의 기록과는 다소 다르다. 『동사강목』의 채거 서목 가운데 『제왕운기』가 없으므로 안정복은 『제왕운기』의 이 기록은 참고하지 않은 것으로 보인다. 필자의 생각으로 『고기』가 선행적으로 있었고 이를 고려 초의 구『삼국사』가 자료로 이용하면서 비합리성을 줄이기 위하여 다소 변형한 것으로 생각되며(혹은 원래 서로 다른 두 계통의 자료가 있었을 가능성도 완전히 배제할 수는 없음) 구『삼국사』의 「단군본기」 부분을 『제왕운기』에서 인용한 것으로 생각된다. 그리고 『삼국유사』에서 『고기』를 인용하면서 용어를 약간 바꾸었을 가능성도 생각하여 볼 수 있다.

神人 단군檀君이 스스로 단목檀木 아래로 내려왔다는 것으로 대신하였다. 이 언급은 조선 건국 초 권근權近의 「응제시應製詩」에 처음 보이고 「역대세년가」(1436), 「용비어천가」(1445), 『동국통감』 「외기」 단군조선조로 이어졌다.[11] 『동사강목』의 "동방에 처음에는 군장이 없다가 신인神人이 단목 아래로 오자 나라 사람들이 임금으로 세우니 이분이 단군檀君이다. 국호는 조선이니 요임금 무진년이었다"라는 언급은 바로 『동국통감』의 구절을 인용한 것이다.[12] 따라서 『동사강목』의 이 주장은 「응제시」, 「용비어천가」, 『동국통감』 계통을 이은 것이라고 할 수 있다.

조선 초기 권근의 「응제시」 단계에서는 단군을 신인神人으로 보기는 하지만 "하늘[제석帝釋]의 손자"(제석의 손자: 『삼국유사』)나 "하늘[제석]의 외손"(제석의 증손녀의 아들: 『제왕운기』)이라고 하여 단군을 "하늘의 후손"이라고 보던 관념에서 벗어났다. 권근이 이와 같이 생각한 것은 그가 주자 성리학자였으므로 불교 및 한당유학에 비하여 합리적 사유를 갖고 있었기 때문이라고 생각된다. 이리하여 이 주장은 『동국통감』에서 수용되었고 조선조의 성리학자들은 대체로 이 견해를 따랐으며 기본적으로 주자 성리학자였던 안정복의 『동사강목』에도 그대로 수용될 수 있었다고 할 수 있겠다. 여기에는 우리나라를 중국의 제후국처럼 생각하는 선초 이래의 인식도 반영되었다고 여겨진다.

셋째로 단군의 명칭에 대하여 『삼국유사』에는 "단군壇君"으로 되어 있고 『동국통감』 및 『고려사』 「지리지」 등에는 "단군檀君"이라고 되어 있는데 안정복은 후자를 따른다고 하였다.[13] 아울러 안정복은 『삼국사기』 고구려 동천왕 21년

11 윤이흠 편, 『檀君』, 서울대출판부, 1994, 421~427면.

12 東方 初無君長 有神人降[于太白山]檀木下 國人立爲君 是爲檀君 [或名王儉] 國號朝鮮 〈卽〉 唐堯戊辰歲也. 다만 『동사강목』은 『동국통감』에 비하여 [] 안의 구절이 추가되어 있고 원래 〈是〉를 〈卽〉으로 바꾸었다.

13 「檀君異稱」, 『동사강목』3, 483면. 『제왕운기』에서도 "檀君"이라고 하였다. 원래 『고기』에서도 "檀君"이었을 것인데 이를 『삼국유사』 찬자가 "壇君"으로 바꾸었을 것으로 추정된다.

조의 기록에 "평양은 선인 왕검의 거처(平壤者 仙人王儉宅)"이라고만 하였지 "왕검王儉"을 이름이라고 하지 않았으므로 『동국통감』에서도 왕검王儉을 이름으로 생각하지 않았다고 보았다. 그러나 안정복은 혼란을 줄지도 모르겠다고 생각하면서도 『동사강목』에서 "혹 이름이 왕검"이라는 말을 덧붙였다. 『삼국사기』에는 "평양은 선인 왕검의 거처(平壤者 仙人王儉宅)" 구절 아래에 "혹 왕의 도읍지 왕검(或云 王之都王儉)"이라고 주석을 덧붙이고 있다. 안정복은 이 주석 가운데 "왕지도왕검王之都王儉(왕의 도읍지 왕검)" 부분은 김부식이 『한서漢書』의 "위만이 조선을 격파하고 점차 진번과 조선의 여러 이적 및 연과 제나라의 망명자를 복속시켜 왕 노릇을 하고 왕험에 도읍하였다(衛滿擊破朝鮮 稍役屬眞番·朝鮮諸夷及故燕·齊亡命者 王之 都王險)"라는 구절의 앞부분을 제거하여 축약한 것으로 보았다. 이렇게 보면 "왕지도왕검王之都王儉"은 구두가 "왕지王之 도왕검都王儉"이 되어야 하며 왕검王儉도 왕험王險으로 바꾸어야 한다.[14] 그러면서도 바로 위에서 언급한 것처럼 『동사강목』「본기」 부분에는 『삼국유사』에 인용된 기록을 따라서 "혹 이름이 왕검王儉"이라는 구절을 추가하였다. 이것은 역사학자로서 사료를 남겨두어야 하며 우리 역사에서는 우리의 기록을 존중하여야 한다는 자세를 그가 갖고 있었음을 의미한다. 이런 태도는 "왕검王儉"을 완전히 부정하고 "왕검王險"을 지명으로 한 정약용의 태도와는 다소 다르다고 하겠다.[15]

넷째로 단군이 개국한 구체적 연도, 역년, 수명 등에 대하여 『동사강목』「고이」 부분의 「단군원년무진당작당요이십오년檀君元年戊辰當作唐堯二十五年」에서 다음과 같이 언급하였다.

> 승려 무극과 일연 등이 『삼국유사』를 편찬하면서 『고기』를 인용하여 '요임금 즉위 50년 경인庚寅'이라 하고 스스로 주를 붙여 '요임금 즉위 원년

14 「檀君異稱」, 『동사강목』3, 484면.

15 정약용, 「기자조선」, 『我邦疆域考』

이 무진戊辰이므로 50년은 정사丁巳이지 경인庚寅이 아니다'라고 하였다. 이것은 『경세서』와 다르니 반드시 별도의 책이 있었을 것이다. 『동국통감』과 『고려사』 「지리지」에서는 모두 '요임금 무진년에 단군이 평양에 도읍하였다'라고 하였다. 요임금이 상원 갑자의 갑진년에 즉위하였으므로 무진년은 요임금 25년이 된다. 신익성의 『경세보편』에서도 요임금 25년 무진을 단군 원년으로 하였으므로 지금 이를 따른다.[16]

위 인용문에서 보듯이 단군의 개국 연도에 대하여 『삼국유사』에서는 『고기』를 인용하여 "요임금 즉위 50년"라고 하면서도 『고기』에서 간지를 "경인庚寅"이라고 한 것은 "정미丁未"의 잘못이라고 하였다. 이것은 요임금 원년을 무진년戊辰年으로 보았기 때문이다. 『삼국유사』에서 인용한 『위서魏書』에서는 단군의 개국 연도에 대하여 "개국하여 조선이라 하였고 요임금과 동시이다(開國號朝鮮 與〈高〉(堯임금) 同時)"라고 하였다. 중국 요임금에 대하여는 일반적으로, 위 인용문에서 언급하였듯이 "상원갑자 갑진년(甲辰之歲)"으로 잡고 있으며 그렇다면 단군이 개국한 무진년은 위 인용문에서 말한 바와 같이 요임금 25년이 된다.

『삼국유사』와 거의 동시기에 편찬된 『제왕운기帝王韻紀』에서는 단군의 개국 연도, 역년, 수명 등에 대하여 다음과 같이 언급하였다.

제석의 손자 '단군'(「단군본기」에서는 '…… 1038년을 다스리고 아사달에 들어가 산신이 되었다. 죽지 않기 때문이었다'라고 하였음)이 요임금과 함께 무진년에 홍기하여…… 은나라 무 정 8년 을미에 아사달에 들어가 산신이 되었다(지금

16 麗僧無極 · 一然等 撰三國遺事 引古記云〈以唐高卽位五十年庚寅〉 自註云〈唐高卽位元年戊辰 則五十年丁巳 非庚寅也〉 此與經世書異 必別有一書也 東國通鑑及麗史「地志」(地理志) 皆云〈唐堯戊辰 檀君都平壤〉 堯之立在上元甲子甲辰之歲 則戊辰則二十五年也 申翊聖『經世書補編』亦以堯二十五年戊辰 爲檀君元年 故今從之

구월산이며 일명 궁홀 또는 삼위라 하며 사당이 아직 남아 있고 역년 1028년).[17]

이에 따르면 단군의 개국은 무진년이며 요임금과 동시이다. 이 인식은 『삼국유사』의 인식과 같다. 아마도 『삼국유사』, 『제왕운기』를 편찬한 고려후기에는 이런 인식이 일반적이었던 것으로 생각된다. 또 『삼국유사』와 『제왕운기』가 모두 단군의 개국 연도를 요임금과 같은 시기로 본 것은 역시 당시 원元 간섭기 초에 우리의 역사를 중국과 대등한 것으로 하려는 시대적 분위기와 관련이 있고 이 분위기는 대몽항쟁기 분위기의 연장선상에 있는 것이라고 여겨진다. 더 소급하면 고려 건국 초의 분위기와 연결된다고 생각된다.[18]

조선 건국 초 권근의 「응제시」 단계까지 단군의 개국 연도를 요임금과 동시이며 무진년이라고 보는 인식이 계속되었다고 할 수 있다. 「응제시」의 자주自註에서 권근은 "옛날 신인이 단목 아래로 내려오자 나라사람들이 세워 임금으

---

17 釋帝之孫名檀君(本紀[단군본기]曰'.....理一千三十八年 入阿斯達山爲神 不死故也') 並與帝高興辰.......於殷虎[武]丁八乙未 入阿斯達山爲神(今九月山也 一名弓忽 又名三危 祠堂猶在 享國一千二十八)

18 필자의 견해로는 『古記』라는 책이 후삼국시대에 이미 존재하였다고 생각된다. 이 책을 고려 건국 초에 고려의 입장에서 재편집한 것이 구『삼국사』이며 고려중기에 이를 재편집한 것이 『삼국사기』였을 것으로 여겨진다. 고려후기에 이르러 『삼국유사』는 『고기』를 인용하면서 『삼국사기』에서 삭제한 부분을 보충하였으며 『제왕운기』는 구『삼국사』를 자료로 이용하였다고 생각된다(「동명왕편」은 구『삼국사』에 근거). 『삼국유사』와 『제왕운기』의 단군 관계 기록에서 차이가 보이는 것은 『고기』의 관련 기사가 구『삼국사』에 수록될 때 일부 변형되었기 때문으로 여겨진다. 그리고 『고기』는 고려초기에서 『삼국유사』의 편찬까지의 사이, 혹은 『삼국유사』에 수록될 때 약간 자구, 용어 등이 변경되었을 가능성도 있다. 하지만 『고기』는 『삼국사기』 편찬 당시에도 참고되었고 『삼국유사』에 인용된 『고기』의 내용은 대체로 원형이 유지된 것으로 여겨진다. 『고기』가 편집된 것은 후삼국 항쟁의 상황에서 삼한일통을 바라는 분위기 속에서였다고 여겨진다. 그러나 이때에는 완전히 후고구려 혹은 고려 일방적인 입장은 아니었고 이전의 전승을 비교적 충실하게 정리하려 하였다고 생각된다. 그러나 구『삼국사』에서 일방적으로 단군조선-고구려-고려 중심으로 역사를 정리하려는 데에서 부여·고구려·백제의 시조 전승에 일정한 변형이 일어나게 되었다고 생각된다.

로 하고 단군이라 하였다. 이 때는 요임금 원년 무진이었다.(昔神人降檀木下 國人立以爲主 曰號檀君 時唐堯元年戊辰也)"라고 하였기 때문이다. 그러나 권근의 외손인 서거정徐居正 단계에서부터 이런 인식에 대한 비판이 보이기 시작한다. 그는 「역대연표서歷代年表序」(1478년 이후)에서 다음과 같이 언급하였다.

> 우리나라는 단군 무진년에 시작되었다. …… 정리하여 5권으로 하고 『역대연표』라고 이름한다. …… 『고기』에 단군이 무진년에 요이금과 함께 즉위했다고 하였으나 이 책에서 요임금은 갑진년에 즉위하고 단군은 무진년에 즉위하였다고 한 것은 어째서인가. 요임금 원년을 무진년으로 한 것은 위서緯書에서이다. 따라서 취하지 않는다.[19]

서거정徐居正은 단군의 개국을 무진년으로 하는 것은 받아들면서도 요임금 원년은 갑진년이라는 설을 채택하면서 요임금 원년을 무진년이라고 보는 것은 위서緯書(참위서)에 의거한 것이라고 하였다. 이후 이 주장은 『동국통감』에 채택되어 단군이 개국한 무진년은 "요임금 25년"이라고 하게 되었으며 이후 대체로 이 설이 채택되어 안정복의 『동사강목』에서도 단군의 개국 연도를 "요임금 25년 무진년"이라고 하게 되었다. 이렇게 한 것은 기본적으로 서거정 단계에서 요임금의 개시 연대에 대한 보다 신뢰할 수 있는 자료에 근거하게 된 것에 따른 것이겠지만 새롭게 사림파가 등장하는 단계에 주자 성리학이 보다 심화되어 중국 요임금보다는 단군을 조금 낮추어 보려는 인식이 생겨나게 된 것과도 관계된다고 여겨진다.

다음으로 단군의 역년에 대하여 생각하여 보기로 한다. 앞에서 인용한 『삼국유사』의 『고기』 인용 부분을 보면 단군의 역년은 요임금 즉위 원년 무진년

19 東國則始自檀君戊辰…… 釐書五卷 名曰歷代年表.…古記云 檀君與堯並立於戊辰 今書堯立於甲辰 檀君於戊辰 何也 曰以堯爲戊辰者 緯書也 是以不敢取 (『사가집』5.)

에서 주周나라 무왕武王 즉위년卽位年인 기묘년己卯年까지 "1500년 간"이다. 그리고 앞에서 인용한 『제왕운기』를 보면 단군의 역년에 대하여 요임금 원년 무진년에서 은殷나라 무정의 을미년까지로 하면서 앞에서는 "1038년 간"이라고 하였고 뒤에서는 "1028년 간"이라고 하여 상호 모순되는 언급을 실었다. 어쨌든 두 책 모두 단군의 역년을 1000년 넘게 보는 것이 된다.

단군 역년의 문제점을 합리적으로 설명하려는 태도는 조선건국 초 권근의 「응제시」에서 비롯된다. 그는 이 시의 말미에서 "전해진 세대 수는 알 수 없으나 역년은 천년이 넘는다.(傳世不知幾 歷年曾過千)"이라고 하였다. 즉 이전까지 천년 넘게 되어 있던 단군의 역년을 단군조선의 역년으로 바꾸어 생각한 것이다. 이것이 이후 『동국통감』에 받아들여졌고 이 입장은 조선 유자들이 대체로 수용하였으며 안정복도 『동사강목』에서 이를 받아들여 "권근의 말이 맞다.(以近言爲是)"라고 하였다.[20]

다음으로 단군의 수명壽命 문제에 대하여 생각하여 보기로 한다. 이것은 단군의 역년 문제와 관련이 있다. 단군의 역년을 단군조선의 역년으로 고쳐 생각할 수 있다면 수명도 달리 생각하여야 할 것이다. 단군의 수명에 대하여 『삼국유사』에서는 "수명 1908세(壽一千九百八歲)"라고 하였고 『제왕운기』에서는 앞의 인용문에서 살핀 바와 같이 수명에 대한 언급은 없다.

단군의 수명 문제를 합리적으로 설명하려는 것은 "신등臣等 안按"으로 시작하는 『동국통감』의 안설에서 비롯된다. 이 안설의 찬자를 안정복은 최부崔溥로 보았는데 이 주장은 현재 대체로 받아들여지고 있다. 여기에서 "어찌 단군 혼자의 수명이 1408년이며 이 동안 나라를 다스렸겠는가.…… 선배(권근)이 단군조선의 역년이라고 한 것이 맞다.(安有檀君獨壽千四十八年 而享一國乎.… 前輩[권근]以爲 …… 檀君傳世之歷年)"라고 하였다. 이 역시 주자 성리학자의 합리적 해석이라고 할 수 있겠는데 단군의 수명이 얼마였을 지에 대하여 구체적으로

---

20 『동사강목』 1, 104면 및 『동사강목』 3 「檀君薨」(486면).

말하지는 않았다.

이후에도 단군의 수명을 구체적으로 말하는 것을 역사서에서 찾아볼 수 없고 『동사강목』에서도 수명을 구체적으로 추정하지는 않았다. 다만 「고이」의 「입아사달위산신入阿斯達爲山神」 조에서는 단군이 신이 된 것은 황당하다고 하면서도 "후세에도 사람이 죽자 높여 신으로 제사 지낸 일이 많다. 혹 이런 종류라고 생각되므로 따르기로 한다.(後世 多有人死而尊以爲神祀之者 是或其類也 故從之)"라고 하여 신으로 제사지내는 것은 인정하는 태도를 보였다. 안정복은 합리주의자이면서도 사람들이 사후에 신으로 높여 제사지냈다면 그대로 따르겠다는 입장이다. 비합리적인 행태도 역사적 사실이므로 그것을 존중하겠다는 안정복의 자세, 즉 매우 진지한 역사학자의 자세를 엿볼 수 있다.

다섯째 단군조선의 강역에 대한 안정복의 견해를 살펴보기로 한다. 이에 대하여는 『동사강목』 「지리고」 부분의 「단군강역고」에서 다음과 같이 언급하였다.

> 단군의 강역에 대하여는 알 수 없다. 그러나 기자가 단군을 대신하였는데 그 봉토의 절반이 요동지역이었으므로 단군조선 때에도 그러하였을 것이다. 『고기』에 북부여를 단군의 후예라 고 하였다. 생각하건대 부여는 요동 북쪽 천 여리이므로 아마도 단군조선이 쇠퇴하여 자손 이 북쪽으로 옮겨가자 단군조선의 옛 강역에 봉하였을 것이다. 『고려사』 「지리지」에 '강화도 마니산에 참성단이 있는데 세상에서 단군이 하늘에 제사지내던 제단이며 전등산은 일명 삼랑성인데 단군의 세 아들이 쌓은 것이라고 전한다' 라고 하였다. 그렇다면 단군조선의 남 쪽 경계는 마땅히 한강으로 하여야 한다.[21]

21 檀君疆域無考 而箕子代檀氏 其提封半是遼地 則檀君之世 亦當然矣 古記云北扶餘爲檀君之後 按 扶餘在遼東之北千餘里 盖檀氏世衰 子孫北遷 而舊疆因入提封矣 麗史「地志」江島摩尼山塹城壇 世傳檀君祭天之壇 傳燈山一名三郎城 世傳檀君使三子築之 然則其南域當限以漢水 (『동사강목』 3, 558면.)

이상에서 보면 안정복은 단군조선의 영역을 요동과 한반도 북부(한강 이북)에 걸쳐 있었던 것으로 생각하였음을 알 수 있다. 그러나 단군이 내려왔다는 태백산太白山과 평양에서 이도移都한 백악白岳에 대하여는 「태백산고」와 「백악고」에서 각기 오늘날의 백두산과 평양 부근으로 생각하였다.[22]

한편 안정복은 단군조선의 강역과 관련하여 다음과 같은 언급도 하였다.

> 생각하건대, 혹자가 '동이가 옛날 종족이 번식하여 지역에 따라 이름이 달랐을 것이며 모두 우리 강역(한반도) 안에 있지는 않았을 것이다'라고 물었다. 대답한다. '종족은 비록 하나가 아니지만 지역은 요하 유역과 심양 안팎을 벗어나지 않았을 것이다. 단군도 구이九夷 가운데 하나일 것이다. 대체로 동방은 목木의 기운이 승하여 인仁이 많다. 따라서 『한서』와 『후한서』에서 모두 동방은 천성이 유순하다고 하였다. 그 말이 우리의 성품과 부합되므로 더욱 믿을 수 있다. 그리고 요순 시절 유주와 영주가 그 치내에 있었고 단군이 요임금이 병립하여 압록강 내외에 걸쳐 있어 성인의 교화가 멀지 않았다. 따라서 복식, 제기에 중화의 풍모가 있었고 또 기자가 동래하여 인현의 교화를 베풀었다. 공자가 바다를 건너와 이곳에 살고자 한 것은 이 때문이었다. 반고, 범엽, 안사고 등의 말이 우리를 속이겠는가. 『후한서』 및 『통전』「동이전」에서 구이의 시말을 논하였으므로 지금 여기에 붙여 장고掌故의 자료로 삼고자 한다.'[23]

---

22 『동사강목』 3, 558~559면. 이것은 단군이 내려온 곳을 요동 지역으로 보는 이익과는 다소 다른 견해이다.

23 按 或問'東夷古初 種落寔繁 地別號殊 未必皆在我疆 則子之編于此者何也' 曰'其種雖不一 而其地要不出遼·瀋內外之地 檀氏亦安知非九夷之一乎 大抵東方木氣勝而多仁 故兩漢書皆云〈東方天性柔順〉 其言與我人資性相符 尤爲可信 且堯舜之際 幽·營在其治內 檀君與堯幷立 跨居鴨綠內外 去聖人之化不遠 是以 其其弁冠·俎豆 有中夏之風 而箕子東來 又施仁賢之化 夫子之浮海欲居 蓋以是也 班·范·顔·류之言 其欺我哉 後漢書及通典東夷傳 論九夷始末 故今附于此 以備掌故之資 (『동사강목』 1, 104~105면.)

위에 인용된 안정복의 안설按說에 따르면 그는 구이九夷(동이)의 거주지를 요하 및 심하瀋河의 서쪽과 동쪽으로 생각하였고 단군조선은 구이九夷 가운데 하나이며 그 위치는 압록강 서쪽과 동쪽에 걸쳐 있었다고 보았음을 알 수 있다. 그리고 구이는 기본적으로 모두 천성이 유순한 하나의 동질적 집단이고 요순 이래의 유교적 교화로 중화의 풍모가 있었고 이에 더하여 기자의 교화가 있었으므로 구이九夷 전체의 시말始末에 대하여 전체적으로 언급한다고 한 점이 주목된다. 이것은 우리의 조상을 단군족의 후예라는 데에서 더 나아가 동이 전체(구이)로 확장시켜 생각하려는 태도를 보인 것으로 생각된다.

동이를 하나의 전체로서 파악하면서 이를 긍정적으로 평가하는 자세는 이미 성호星湖 이익李瀷에게 보이며 안정복은 바로 이것을 계승한 것이라고 할 수 있다. 나중의 정약용도 「탁발위론」, 「동호론」 등에서 유사한 견해를 표명한 적이 있다.[24] 안정복의 이런 자세는 청나라 건륭제의 명에 의해 편찬된 『만주원류고滿洲源流考』와 유사한 면이 있지만 이런 자세가 우리로 하여금 만주족(여진족)과의 동류同類 의식을 갖도록 발전하게 하는 계기가 되지는 못한 것으로 여겨지며 이것은 정약용의 경우에도 마찬가지였다. 동류의식은 결국 한말, 일제 초 신채호申采浩, 박은식朴殷植의 단계에 이르러서야 나타나게 된다. 그러나 이미 하나의 "민족"으로서의 만주족은 당시 이미 거의 사멸 상태에 있었다.

안정복의 단군조선 강역에 대한 인식은 단군조선의 영역을 대체로 한반도 내부로 비정한 『삼국유사』의 견해 및 『제왕운기』에 비하여 발전한 것이다.[25] 『동국통감』 단계에서는 단군조선의 강역에 대한 언급은 없지만 단군조선의 첫 도읍지를 평양이라고 한 것으로 보아서 대체로 한반도 지역으로 상정한 것으

24 이들은 정약용의 젊은 시절의 글이며 나중에 이 점이 확대하여 발전되지는 못하였다.

25 『제왕운기』 「지리기」에서는 "遼東別有一乾坤 斗與中朝區以分 洪濤萬頃圍三面 於北有陸連如線(두만강과 압록강) 中方千里是朝鮮 江山形勝名敷天 耕田鑿井禮義家 華人題作小中華"라고 하였다.

로 여겨지며 17세기 초 한백겸의 『동국지리지』 단계에서는 고조선의 영역을 대체로 한반도 북부 지역(한강 이북)으로 보았다. 인징복이 단군조선의 영역을 요동에서 한반도 북부(한강 이북)에 걸친 것으로 보는 데에는 성호 이익의 영향이 있었다고 생각된다.[26]

그러나 이러한 단군조선의 강역에 대한 인식이 바로 안정복 당시 우리영토관으로 연결되는 것은 아니다. 안정복은 다음과 같은 언급을 하였기 때문이다.

> 살펴보건대, 요하 유역은 옛날 처음에 동이東夷 지역이며 우禹임금의 자취가 미쳤다. 갈석산에 이르러 '도이島夷가 피복皮服하였다'라고 하였는데 도이島夷는 우리 동방을 가리킨다. 우리 동방의 지형은 삼면이 바다에 막혀 있어 그 모습이 섬과 같으므로 『한서』에서 조선은 바다 가운데 있다고 한 것이 이것이다.[27]

위 언급은 요하 유역을 동이의 영역에 포함시켜 생각하는 것이기는 하지만 우리의 강역을 기본적으로 삼면이 바다로 둘러싸인 한반도 지역으로 보는 것이라고 하겠다. 단군조선 단계에서는 요동 지역까지 우리의 강역이었지만 조선후기 당시로서는 우리영토를 한반도로 생각하여야 한다는 입장의 반영이라고 볼 수 있겠다.

이러한 강역관은 앞에서 언급한 『제왕운기』에서의 언급과 매우 유사하며[28] 조선 초기의 「역대세년가」에서도 언급과도 같다.[29] 안정복의 이러한 우리영토

---

26 이익의 역사 인식에 대하여는 다음의 두 논문이 참고된다. 한영우(1988), 「18세기 후반 南人 安鼎福의 사상과 『東史綱目』」, 일지사; 김문식(2012), 「성호의 역사인식」, 『성호 이익 연구』, 사람의 무늬.

27 按 遼地 古初爲東夷之地 禹迹所及 至于碣石而曰'島夷皮服' 島夷指我東也 我東地形 三面阻海 其狀如島 故『漢書』'朝鮮在海中越之衆' 是也 (『동사강목』1, 104면).

28 遼東別有一乾坤 斗與中朝區以分 洪濤萬頃圍三面 於北有陸連如線(두만강과 압록강) 中方千里是朝鮮 江山形勝名敷天 耕田鑿井禮義家 華人題作小中華

관은 정약용의 우리영토관과 일치하며 이점에서 둘은 동일하게 만주 지역의 고토 회복론, 달리 표현하면 북벌론의 흐름과는 다른 입장에 있었음을 보여준다. 또 한반도를 중국과는 별개인 하나의 독자적 지역으로 보는 관점은 우리가 비록 중국의 책봉을 받고 조공을 하여 왔지만 우리는 중국 내부의 군현과는 달리 독립적 주권을 가진 국가이라는 생각과 결부되어 있다.

여섯째 『동사강목』에서는, 이전의 『동국통감』이나 『동사회강』에서는 단군조선의 역사에 대한 구체적인 언급이 없었던 비하여 가능한 자료를 중국사서나 백과전서류에서 모아서 중국의 요순堯舜, 하夏나라, 상商(은殷)에 해당하는 단군조선의 역사를 다음과 같이 비교적 자세하게 정리하였다.

[1] 요순堯舜

〈1〉 단군이 처음 평양에 도읍하다.[30]

〈2〉 백성에게 편발개수編髮盖首, 남녀유별 및 음식거처의 제도를 가르친 것은 이(단군)에서 비롯되었다. 처음 기주 동북 지역에 거하였으므로 요임금의 덕을 널리 입어 대개가 귀화하여 피복을 공납으로 바쳤다. 순임금이 섭정하면서 유주와 영주를 설치하여 여러 이적에게 기미 정책을 하였다.([전략] 요임금과 순임금 즈음에 덕교가 널리 펼쳐져 동이 가운데 귀화하는 자가 더욱 늘어나므로 기주 동북 지역을 영주로 하였다. 지금 요하 이서 지역이 이곳이다. 청주 동북에서 바다 너머 지역이 영주이며 지금 요하 요동 지역이 이곳이다. 성인의 다스림은 덕에 힘쓰는 것이지 영토를 넓히는 데 힘쓰는 것이 아니다. 이것은 후세의 기미주와 같은 것으로 요컨대 이夷와 맥貊을 소속시켰을 뿐이다.)[31]

---

29 遼東別有一乾坤 山川風氣自分 三方濱海北連陸 中有萬里之古國 (「역대세년가」)

30 檀君初都平壤 (『동사강목』1, 104면).

31 敎民編髮盖首 君臣男女飮食居處之制 自此[단군]始焉 初冀州東北之居焉 堯德廣被 率皆歸

〈1〉의 평양에서의 단군의 개국에 대하여, 그 연도를 앞에서 언급한 바와 같이 안정복은 요임금 25년 무진년으로 보았다. 〈2〉의 언급은 이미 단군 시대, 즉 중국의 요순 때부터 우리가 중국 유교문화의 영향을 받기 시작하였다는 것으로 우리 유교문화의 시작을 종래에 일반적으로 기자조선에서부터 잡던 것에서 단군 시기까지 소급한 것이라고 하겠다. 단군조선에 대한 긍정이 신이적神異的인 데에서가 아니라 유교문화의 시작이라는 점에서 이루어진 것이라고 할 수 있겠다. 다만 이것은 순임금이 기주와 영주를 설치하여 동이東夷를 기미 정책으로 통제하였다고 한 언급, 중국에 피복皮服을 공납하였다는 언급과 결부되어 있다. 안정복은 중국과는 구별되는 우리 독자적 영역이 있고 이에 따라 독립적 주권이 있으며 종족도 중국과는 달리 동이라고 하면서도 단군조선의 시작부터 중국과 일종의 조공 관계에 있어 왔음을 주장하였다. 오늘날 우리의 입장에서 보면 자주성과 중국에의 사대 양면이 있다고 하겠다. 그러나 이것은 중국 유교문화 우위와 보편성을 인정하는 데에서 출발하고 있다는 점에서 유의할 필요가 있다. 그리고 그가 중국에 대한 사대를 우리의 국가를 보존하기 위한 외교적 수단이라고 생각한 점도 고려하여야 한다. 다만 단군이 즉위한 해를 요임금과 같은 해로 하지 않고 요임금 25년으로 한 것은 요임금보다는 상대적으로 조금 낮게 보려고 하는 생각과 관련이 있다고 여겨진다.

한편 우리가 단군 시기부터 유교문화의 영향을 받는 문제와 관련하여 "교민편발개수敎民編髮盖首" 구절이 "『동국역대총목』에 나오며 본래 어느 책에 근거하였는지 모르겠으나 반드시 근거가 있었을 것이며 또 개국 초에 반드시 교민의 술이 있었을 것이다"라고 하였다.[32] 홍만종洪萬宗의 『동국역대총목』은 단군에

化 貢其皮服 舜攝政 置幽·營二州 覊屬諸夷 ([前略] 堯舜之際 德敎漸敷 東夷歸化者益多 故以冀州東北之地爲幽州 今之遼河以西是也 以靑州東北越海之地爲營州 今遼河以東是也 聖人之治務德不務廣地 此蓋如後世覊縻州 要以係屬夷貊而已) (『동사강목』1, 104면.)

32 此條出於洪氏總目(동국역대총목) 未知本於何書 亦必有據 且開國之初 必有敎民之術 (『동사강목』3, 484면.)

대하여 단군조선을 중시하여 우리의 역대 왕조 가운데 단군조선을 가장 앞에 두었으며, 앞에서 언급한 바와 같이 단군조선을 「외기」에 넣는 것을 비판하여 우리 역대의 다른 왕조들과 같은 차원에서 다루었다.

[2] 하夏나라

〈1〉 하나라 우임금이 즉위하여 제후들을 도산에 소집하자 단군이 아들 부루를 보내어 입조하다.[33]

〈2〉 하나라 태강이 나라를 잃자 이인夷人이 반란을 일으키다.

〈3〉 후상이 즉위하여 견이를 정벌하다.

〈4〉 다음해 또 황이를 정벌하다.

〈5〉 [후상] 7년에 간이, 견이가 하나라에 내빈하다.

〈6〉 소강 이후 이인夷人이 비로소 왕의 교화에 복종하기 시작하다. 방이가 내빈하여 이때부터 樂舞를 바치다.

〈7〉 후괴 3년에 구이가 하나라에 내빈하다.

〈8〉 후설이 즉위하다. 견이, 백이, 적이, 황이, 풍이, 양이에게 명을 내리고 처음으로 작명을 주다.

〈9〉 후발 원년에 여러 이夷가 내빈하여 왕문에 들어와 춤추다.

〈10〉 걸임금의 난리 사이에 견이가 반과 거 사이에 들어와 거하다. 걸임금이 포학하여 여러 이夷가 많이 내침하다.[34]

---

33 禹夏卽位 會諸侯於塗山 檀君遣子夫屢入朝 (『동사강목』1, 104면).

34 〈2〉 夏后太康失國 夷人始叛
〈3〉 及后相卽位 征畎夷
〈4〉 明年又征黃夷
〈5〉 [후상]七歲 干夷·畎夷 賓于夏
〈6〉 小康以後 夷人始服王化 方夷來賓 自是獻其樂舞
〈7〉 后塊三歲 九夷賓于夏

〈1〉은 단군 시기 우禹임금 즉위 때에 이미 우리가 중국과 조공 관계에 있었다고 한 점에서 주목된다. 이것은 요堯·순舜 시기부터 여기에서 주목되는 것은 동이가 일시 하나라에 반역하여 정벌을 당한 적이 있으나 대체로 동이가 하나라에 복종하여 일종의 책봉을 받았다고 생각한 점이다. 대체로 중국에 대하여 사대, 조공 관계를 유지하는 것이 좋다는 데에서 나온 것이며 이것은 요순 시기부터 동이가 조공 관계에 있었다고 보는 생각과 연결되는 것이라고 할 수 있겠다.

[3] 상商(은殷)나라

〈1〉 은나라 탕이 혁명하여 정벌하다.
〈2〉 정중이 육사六祀하다. 또 남이가 다시 반란을 일으키다. 이로부터 제후가 혹 복종하고 혹 반역하다.
〈3〉 무을 때에 미쳐 동이가 침성하여 마침내 회淮, 대岱 지역으로 나누어 들어와 점차 중국 땅 에 거하다. 이른바 서이가 이것이다.[35]

위 인용문을 보면 하나라 말에 동이가 걸桀임금의 포학함 때문에 반란을 일으켰으나 은殷나라 탕왕湯王이 혁명을 하고 동이를 정벌한 사실 및 이후의 반란

〈8〉 后泄卽位 命畎夷·白夷·赤夷·黃夷·風夷·陽夷 始加爵名
〈9〉 后發元歲 諸夷賓于王門入舞
〈10〉 桀之亂 畎夷入居泮岐之間 桀爲暴虐 諸夷多來侵
〈2〉~〈10〉『동사강목』1(104면)에 의거하여 정리. 이들 자료는 안정복이 『후한서』 및 『통전』의 「동이전에 의거하였다고 하였으나(『동사강목』1[104면]) 『후한서』의 내용은 소략하므로 대체로 『통전』에 의거한 것으로 볼 수 있겠다.

35 〈1〉 殷湯革命 伐而征之
〈2〉 仲丁六祀 又有藍夷復叛 自是諸侯或服或叛
〈3〉 及武乙 東夷寢盛 遂分遷淮·岱 漸居中土 所謂西夷是也 (〈1〉~〈3〉 『동사강목』1, 104~105면.)

과 복속 그리고 은나라 무을武乙 때에 이르러 동이의 분파가 중국 본토 회淮·대岱 사이에 들어가 서이西夷가 된 것에 언급하였다. 이 서이西夷의 존재에 대하여 언급한 점 및 서이西夷를 동이東夷의 분파라고 본 점이 주목된다. 현대의 연구자 가운데 서이西夷를 동이東夷와 관련시켜 보는 입장도 있으나 별개로 간주하는 입장도 있다. 어쨌든 안정복은 동이가 한 때 중국 본토의 일부까지 차지할 정도로 세력이 강성하였던 때가 있었다고 생각하였음을 알 수 있다.

일곱째 안정복이 단군조선의 계승 문제에 대하여 어떻게 생각하였는지에 대하여 살펴보기로 한다. 그는 앞에서 언급한 바와 같이 단군조선이 쇠퇴하여 단군의 후손이 요동 북쪽 1000여 리 지점에 부여(북부여)를 건설한 것으로 보았다. 이 점과 관련하여 「괴설변증」 부분에서 다음과 같이 언급하였다.

> 『고기』에서 "단군이 비서갑 하백의 딸을 취하여 아들을 낳으니 이름이 부루이다"라고 하였다. 우임금이 도산에 제후를 소집하자 부루를 보내어 조회하였다. 뒤에 북부여왕이 늙어 아들이 없자 후사를 위한 기도를 하여 곤연에 이르러 소아를 얻어 길렀다. 이 분이 금와이고 금와는 아들 대소에게 전하였으나 고구려 대무신왕에게 멸망당하였다. 단군은 요임금과 같은 시대이다. …… 여기에서 부루가 북부여의 임금이 되었다고 한 것은 전한 말에 해당한다. 부루의 수명이 거의 2천년이 되니 무리한 일이다. 「고이」에 상세히 언급하였다.[36]

36 古記云 "檀君娶非西甲河伯之女 生子曰夫婁" 禹會塗山 遣夫婁朝焉 後爲北扶餘王 老無子 祈嗣 至鯤淵得小兒而養之 是爲金蛙 金蛙傳子帶素 而爲高句麗大武神王所滅 檀君與堯幷立. …… 此云夫婁爲北扶餘之君 則此當西漢之末 夫婁之壽 亦幾二千歲矣 必無是理 詳考異 (『동사강목』 3, 528면.)
안정복의 「괴설변증」은 반계 유형원의 영향을 받은 것이다. 『반계잡고』에도 「괴설변증」이 있다.

위와 같이 부루의 수명이 2천년에 가깝게 된다는 사실에 의문을 제시하고서 「고이」 부분의 「부루당유이인夫婁當有二人」 조에서 부루는 두 사람이 있나고 하였다. 즉 단군의 아들 부루가 있고 따로 북부여의 왕 해모수의 아들 (해)부루가 있다고 설명하였다.[37]

『삼국유사』에서는 부루와 주몽 모두 단군의 아들이라고 보았으며 이것이 『제왕운기』에서는 보다 확대되어 시라(신라), 고리(고구려), 남옥저, 동북부여, 예와 맥 등을 모두 단군의 후손이라고 보았다. 그러나 위에서 보았듯이 『동사강목』에서는 단군의 아들로서의 부루와 해모수(북부여 시조)의 아들로서의 부루, 즉 별개 두 사람의 부루가 있었던 것으로 생각한 것과 동시에, 주몽은 북부여의 시조 해모수의 아들로서 해부루에게 이복형제(夫婁之異母弟)가 된다고 하였다.[38]

이렇게 되면 주몽을 단군의 아들이라고 한 『삼국유사』의 주장이 부정된다. 『삼국유사』에 앞서 『고기』는 단군과 북부여를 연결시켜 생각하여 해모수＝단군이라고 보는 한편 단군의 아들로 해부루를 보았으나 구 『삼국사』에서는 주몽을 단군의 아들이라고 하였다. 이 두 기사가 상호 모순되는 것을 발견한 『삼국유사』의 찬자는 주몽과 부루 모두 단군의 아들이라고 절충을 시도하였다.

안정복은 논리적 추론으로, 부루가 둘이 있으며 주몽은 북부여의 시조 해모수의 아들임을 명쾌하게 밝혔다. 이리하여 『삼국유사』의 무리한 추론은 부정되었다. 이런 식의 안정복의 정리는 단군조선의 계승이 북부여(단군 후예인 해모수가 건국)였고[39] 고구려는 단군조선의 직접적 계승이 아니라 (북)부여의 분파임을 분명하게 한 것이라고 하겠다. 북부여를 단군조선의 후예라고 보는 입장은 오늘날 우리에게 상당히 시사적이다.

37 『동사강목』 3 고이, 484~485면.

38 『동사강목』 1, 121면.

39 『동사강목』 3, 「부루당유이인」, "解慕漱者 亦始降檀君之後 又名其子夫婁"(484면).

아울러 안정복의 이와 같은 주장은 시라(신라), 고리(고구려), 남옥저, 동북부여, 예맥 등 우리 상고사의 여러 국가들을 모두 단군의 후손이라고 보는 『제왕운기』의 입장도 논파한 것으로 볼 수 있겠다. 이리하여 그는 단군 하나에서 우리역사가 비롯되는 관점을 벗어날 수 있게 되었다. 우리의 종족적 내원을 동이와 연관 지은 것은 『삼국사절요』가 구이九夷(동이의 9종족)가 신인神人 단군을 추대하였다는 데에서 비롯된다.[40] 하지만 『삼국사질요』에서는 동이의 역사에 대하여 구체적으로 살피지 않았다. 『동사강목』에서 처음으로 단군조선의 역사를 중국 측 기록에 보이는 여러 동이 관련 자료로 정리하였고 단군조선을 동이 가운데 한 종족의 국가로 이해하였다. 이것은 현대 우리역사학의 입장과 대략 일치하는 것이라고 하겠다.

한편 구이九夷(동이東夷의 9종족)에 대한 비교적 상세한 언급은 『후한서』에 처음 보이며[41] 뒤에 당나라 때의 『통전』에도 보인다. 우리 역사서 가운데 『삼국유사』와 『제왕운기』에서는 언급을 찾을 수 없고 『삼국사절요』에서 처음 확인된다. 『삼국사절요』의 이 언급은 『후한서』 및 『통전』에서의 언급과 내용과 같으므로 우리의 독자적 전승이 아니라 이 『후한서』(또는 『통전』)에 근거한 것이라고 할 수 있겠다. 『삼국사절요』(1476)에서의 구이九夷에 대한 언급은 "단군이 단목 아래로 나라 사람들이 군장으로 추대하였다"라고 하는[42] 언급을 하기 위한 전제로서 「단군조선」의 가장 앞부분에 서술되어 있다. 이에 따르면 단군은 국인國人의 추대에 의하여 구이九夷의 군장君長이 된 것이다. 매우 합리적인 해석이라고 할 수 있다. 『삼국사절요』보다 앞선 「역대세년가」(1436) 및 『삼국사절요』보다 조금 뒤인 『동국통감』(1484)에는 구이九夷에 대한 언급이 없이 "신인神

40 『삼국사절요』, 「단군조선」

41 初東方夷有九種 曰畎夷 · 曰方夷 · 曰于夷 · 曰黃夷 · 曰白夷 · 曰赤夷 · 曰玄夷 · 曰風夷 · 曰陽夷 率皆土着 天性柔順 喜飮酒歌舞 或冠弁衣錦 器用俎豆 (『후한서』)

42 初無君長 有神人降檀木下 國人立爲君 國號朝鮮 (『삼국사절요』)

人이 있어 단목 아래로 내려오자 나라사람들이 임금으로 세우고 국호를 조선이라고 하였다"이라는 언급만 있다.[43] 구이九夷에 대한 언급이 『삼국사절요』에는 있으나 『동국통감』에는 없는 것은 두 책 사이에 약간 성격적 차이가 있는 것으로 이해할 수도 있겠다. 어쨌든 우리 종족적 내원을 구이九夷(동이東夷의 9종족)으로 이해하는 것은 『삼국유사』와 『제왕운기』에서 단지 단군의 가계만을 언급하면서 단군을 하늘의 손자, 또는 하늘의 증손녀의 아들이라고 한 것에 비하여 진전된 것이다.

고려후기에 이미 중국과는 다른 별개의 독자적 세계로서의 우리나라에 대한 지리적 관념, 달리 말하면 영토적 관념은 나타났으나 아직 종족적 연원에 대한 견해는 분명하지 않았는데 조선 초 『삼국사절요』 단계에 이르러 이 점을 분명하게 한 것이라고 할 수 있겠다. 이것은 조선 초기, 그 가운데에서도 대략 세종대 이후 강화된 민본 의식과 "민족" 의식의 강화에 근거한 백성에 대한 관심의 증대와 관련이 있다고 생각된다.[44] 즉 이전 단계에 비하여 백성에 대한 관심이 고양되어 있었기 때문일 것이다. 물론 『삼국사절요』가 간행된 1476년은 성종 7년이지만 이런 관념은 세종－세조대를 걸쳐 고양되어 있었을 것이다.[45]

43 有神人降檀木下 國人立爲君 國號朝鮮 (「역대세년가」 및 『동국통감』)

44 여기에서 "민족"은 "전근대 민족"(준민족체)을 가리킨다. 한국사에서는 적어도 고려후기 이후에는 이미 강하게 준민족체가 형성되었으며 이 점이 서구 역사와 다른 점이다. 고려후기에서 조선초기에 걸친 "국사 체계"의 형성은 이와 관련이 있다고 여겨진다. 물론 국사 체계 형성은 고려후기에 앞서 이미 고려 초 구『삼국사』에서 시작된 것을 판단되지만 이것은 고조선－고구려－고려의 체계로서 부여계와 삼한의 여러 종족 및 백제, 신라 등이 배제되는 제한적인 것이었다. 구『삼국사』에서 제1차로 국사 체계의 형성이 이루어졌고 몽고 전란기를 거치면서 제2차 국사 체계의 형성이 이루어지기 시작하였으며 이것이 조선초중기의 『동국통감』으로 귀결되었고 다시 이것이 조선후기 『동사강목』에 의하여 수정되어 제3차 국사 체계가 형성되었다고 볼 수 있겠다. 우리 근현대의 국사체계를 『동사강목』과 비교하여 그 위치를 비정하는 일, 그리고 21세기 통일 지향적 국사 체계를 새롭게 정립하는 일이 앞으로 우리의 과제가 된다. 우리는 지금 국사 체계를 해체할 단계에 있는 것이 아니라 21세기 한반도의 조건에 맞추어 새롭게 정립하여야 하는 단계에 있다.

45 이 시기를 "국학"의 발생기로 보고 싶다. 그러나 아직은 자료 수집과 정리 단계에 머문 것이

하지만 "민족"에 대한 관심은 성종대 이후 사림파의 대두와 더불어 점차 줄어들어갔을 것으로 생각된다. 『삼국사절요』는 상대적으로 우리 고대 종족에 대한 관심이 『동국통감』보다 강하다고 하겠다.

한편 『동국통감』에서는 없는 구이九夷에 대한 언급이 『동사강목』에 다시 나타난 사실이 주목된다. 이것은 조선후기 당시의 시대적 분위기, 즉 우리의 종족적 연원에 대한 관심의 증대와 관련이 있다고 생각된다. 안정복은 주자 성리학자였지만 우리의 종족적 연원에 대한 관심이 컸다고 할 수 있겠다. 『동사강목』의 「채거 서목」에 『후한서』가 있으므로 안정복의 구이에 대한 언급은 직접적으로 『후한서』 근거한 것이라고 할 수 있겠다.[46] 따라서 안정복은 원래 동방에 구이九夷가 있었으며 이들에게 신인神人이 내려와 이들이 추대하여 단군이 최초로 구이九夷 가운데 한 파의 군장君長이 되었던 것으로 생각하였다(이에 대하여는 후술). 이것은 단군이 구이九夷 전체의 군장이 되었는지, 구이 가운데 한 파의 군장이 되었는지 확실하게 말하지 않은 『삼국사절요』에 비하여 발전한 것이라고 하겠다. 다만 안정복의 역사지리 관념으로 보면 원래 동이족의 거주지는 앞에서 살폈듯이 요하 유역(요서와 요동)이며 나중에 중국 본토의 회淮·대岱 사이까지 확장되었다가(서이西夷) 이들은 진秦나라 때 중국에 흡수된 것으로 생각하였다.

아울러 『동사강목』에서는 중국 하나라와 상商(은殷)나라 및 주周나라(춘추전국시대 포함)의 동이東夷에 대한 내용을 중국 쪽의 기록 『후한서』 및 『통전』을 통하여 보완하고 있는 사실도 주목된다.[47] 이것은 전근대에 이루어진 우리의 통사로서는 최초로 동이東夷의 역사를 자세히 다룬 것이라고 할 수 있다. 이런 동

었고 비판적 연구는 17세기 이후 시작된다고 볼 수 있다.

46 『동사강목』의 채거 서목 가운데 『삼국사절요』는 보이지 않는다.

47 대체로 『통전』에 의거한 것이고 『통전』은 『급총기년』(죽서기년) 등의 지료에 근거한 것으로 보인다.

이의 역사에 대한 관심은 이후 한치윤의 『해동역사』에서는 별도로 하나의 기紀로 확대되어 「동이총기東夷總紀」라는 제목으로, 단군조선(제2권 수록)에 앞서 해동역사 모두冒頭에 제1권으로 기록되었다. 그러나 보다 본격적인 발전은 1900년대 이후 단재 신채호의 민족주의 역사학에서 이루어진다.

2) 기자조선箕子朝鮮[48]

기자조선과 관련하여 첫째 문제되는 것은 단군조선과 기자조선의 관계, 즉 기자가 단군을 몰아내고 조선을 차지하였는지 여부이다. 이에 대하여 가장 먼저 언급한 것은 현재 확인할 수 있는 한, 『삼국유사』 고조선(왕검조선) 조와 『제왕운기』 「후조선기後朝鮮紀」 부분에서의 기록이다. 『삼국유사』에서는 "주나라 무왕 기묘년에 기자를 조선에 봉하였다. 이에 단군은 장당경으로 옮겼고 후에 돌아와 아사달에 숨어 산신이 되었으며 나이는 1908세였다.(周虎王卽位己卯 封箕子於朝鮮 檀君乃移於藏唐京 後還隱於阿斯達 爲山神 壽一千九百八歲)"라고 하였다. 이 기록은 결국 현자賢者인 기자가 단군을 쫓아낸 것이 되므로 이후 논란이 되었다.

한편 『제왕운기』에서는 다음과 같이 『삼국유사』와 다소 다른 견해를 보

---

48 안정복의 기자조선 인식에 대하여는 다음의 논문이 있다.
김문식, 「18세기 후반 순암 안정복의 箕子 인식」, 2000
안정복 전후의 기자조선 인식에 대하여는 다음의 논문들이 있다.
박광용, 「箕子朝鮮에 대한 인식의 변천－고려에서 한말까지의 사서를 중심으로」, 『한국사론』 6, 1980(서울대)
한영우, 「許穆의 고학과 역사인식」, 1985
한영우, 「17세기 중엽 영남남인의 역사서술－홍여하의 『휘찬여사』와 『동국통감제강』」, 1985
한영우, 「18세기 전반 南人 李瀷의 사론과 한국사 이해」, 1987
한영우, 「18세기 중엽 少論學人 이종휘의 역사인식」,1987
(이상 한영우 논문은 『조선후기사학사연구』에 재수록)

였다.

그 뒤 164년 어진 사람이 다시 군신관계를 열었다.(다른 곳에서는 164년 동안 부자관계는 있었으나 군신관계는 없었다고 함) 후조선의 시조이니 바로 기자이다. 주나라 무왕 원 년 기묘 봄에 이에 이르러 나라를 세웠다. 주나라 무왕이 책봉하고 윤음을 내리니 예의 상 거절할 수 없어 입조하고 홍범구주로 인륜을 아뢰었다.

『상서』의 소疏에는 "주나라 무왕이 기자를 풀어주자 기자가 조선으로 달아나 나라를 세웠고 무왕이 듣고서 책봉하자 기자가 이를 받아들이고 신하의 예를 하지 않을 수 없으므로 입조하여 사은하였으며 주나라 무왕이 홍범구주를 들었으니 주나라 13년이다"라고 하였다.[49]

이에 따르면 단군조선과 기자조선 사이에는 군신관계가 없는 공백 시대가 164년 있었다. 이렇게 되면 기자는 단군의 나라를 빼앗은 것이 아니라 주인이 없는 빈 땅을 차지한 것이 된다.

이 문제에 대하여 『동사강목』「고이」「단군피기자이장당경檀君避箕子移藏唐京」조에서 다음과 같이 언급하였다.

『삼국유사』에서 "단군이 즉위한지 1500년 주나라 무왕 기묘년에 기자를 조선에 봉하자 단군 이 장당경으로 옮겼고 뒤에 돌아와 아사달에 숨어 산신이 되었으며 나이는 1908세였다"라고 하였다. 지금 『경세서』로 살펴보

49 却後一百六十四年 仁人聊復開君臣(一作'以後一百六十四 雖有父子無君臣) 後朝鮮祖是箕子 周虎[주나라 무왕]元年己卯春 逋來至此自立國 周虎王遙封降命綸 禮難不謝乃入覲 洪範九疇問彝倫 (尙書疏云 虎王[무왕]〈釋箕子之囚 箕子走之朝鮮立國 虎王聞之 遂封焉 箕子受封不得無臣禮 因謝入覲 虎王聞洪範九疇 在周之十三年也〉 以下現於傳者 皆不注) (『제왕운기』)

면 요순 무진년에서 무왕 기묘년까지 1212년이니 나라를 1500년 다스렸다는 이야기는 황탄하여 따질 것도 못 된다. 또 기자는 인성仁聖한 분인데 어찌 남의 나라를 탈점할 리가 있겠는가. 아마도 단군조선이 이미 쇠망한 뒤 기자가 와서 황무지를 새롭게 개척한 것일 따름이었을 것이다.[50]

위 인용문에서 "기자는 인성仁聖한 분인데 어찌 남의 나라를 탈점할 리가 있겠는가. 아마도 단군조선이 이미 쇠망한 뒤 기자가 와서 황무지를 새롭게 개척한 것일 따름이었을 것이다"라고 한 것을 보면 안정복은 기자는 인성仁聖한 분이므로, 단군조선 몰아낸 이미 단군조선이 망한 뒤에 황무지가 된 구舊 단군지역에 와서 건국한 것으로 생각하였음을 알 수 있다. 앞 단군조선 부분에서 언급하였듯이 안정복은 단군조선이 쇠퇴하자 후손 해모수가 요동 북쪽 천 여리 지점으로 이동하여 (북)부여를 건국한 것으로 보았다. 이렇게 기자조선이 황무지에 새로 개창된 것으로는 보는 입장은 기자를 도덕적으로 완벽한 사람으로 하는 것으로서, 주자 성리학자로서의 보다 심화된 도덕의식을 보여준다. 단군조선과 기자조선 사이에 공백이 있다는 견해는 이미 앞에서 살폈듯이 『제왕운기』 단계부터 있었고 안정복의 견해는 여기에서 한 걸음 더 진전된 것이라고 하겠다. 그러나 채거 서목에 『제왕운기』가 없으므로 안정복이 직접적으로 『제왕운기』를 참고하였는지는 확인되지 않는다.[51] 『삼국유사』의 언급에 대하여 문제를 느끼면서 자신의 비교적 정확한 연대 계산에 기초하여 독창적으로 제시한 견해라는 점은 확실하다. 이 문제와 관련하여 안정복은 "단군은 처음 평양에 도읍하여 뒤에 백악으로 옮겼으며 단군이 죽은 뒤 196년(이 해는 단군의 후

50 遺史"檀君御國一千五百年 周武王己卯 封箕子於朝鮮 檀君乃移藏唐京 後還隱於阿斯達山爲神 壽一千九百八歲" 今以經世書考之 自堯舜戊辰至武王己卯 一千二百十二年 御國千五百年之說 誕不足辨 〈且箕子之仁聖 豈有冒占人國之理 其誣聖甚矣 盖彼[단군조선]已衰亡箕子之來 披草萊開創耳〉(『동사강목』3 고이, 486면.)

51 그러나 반드시 참고하지 않았다고 할 근거는 없다.

손 대에 해당)"라고 하여[52] 단군조선이 멸절된 지 196년 뒤에 주周나라 무왕이 기자를 봉하였다는 수치를 제시하기도 하였다.

『동사강목』에서 단군의 수명을 천여 년 같이 길게 보지 않고 이것은 실제로는 역년歷年이라고 본 점, 단군과 기자의 동봉東封(조선에 봉한 것) 사이의 간격을 196년(제왕운기 164년)으로 한 점, 기자가 주나라 무왕이 봉封하기에 앞서서 개국한 것이 아니라 주나라 무왕으로부터의 수봉受封 연도를 기자조선 개국의 시점으로 잡는 점 등은 『제왕운기』와 다르다. 그러나 단군조선의 종말과 기자조선 사이에 간격을 둔 점은 『제왕운기』와 『동사강목』이 같다. 『삼국유사』에서는 주나라 무왕이 기자를 조선에 봉하자 단군이 장당경으로 숨었다고 하였다. 이것은 승려로서의 일연과 유자로서의 이승휴의 차이를 보여주는 것이라고 하겠다. 그렇다면 『제왕운기』에서 이렇게 간격을 둔 것 역시 주나라 무왕의 수봉授封과 기자의 수봉受奉을 도덕적으로 더 정당화하기 위한 것이었다고 볼 수도 있겠다.

그러나 조선 초의 『삼국사절요』와 『동국통감』에는 단군조선과 기자조선에 간격을 두는 언급이 없다. 따라서 기자조선이 주나라 무왕이 봉하기에 앞서서 독자적으로 개국되었다는 『제왕운기』에서의 언급은 도덕적 정당화의 강화라는 측면에 더하여, 고려시기의 강한 자주성의 추구와 관련된 것이라고 여겨진다.

나중에 조선후기 유자들 사이에서도 이런 논의가 나오게 되지만 이런 주장이 조선후기에 다시 나오게 되는 것은 조선후기의 시대적 분위기와 관련이 있다고 생각된다. 다만 안정복은 실학적 역사가인 동시에 주자성리학자로서의 면모도 강하게 갖고 있으므로, 조선 중기 사림파의 대두 이래 기자箕子를 단군檀君보다 상대적으로 더 중시하는 관념의 증대 및 임란 이후 대명의리론 등의 영향으로 중국의 책봉冊封을 보다 중시하는 관점을 따른다. 그러므로 기자가

52 檀君初都平壤 後徙白岳 檀君薨後一百九十六年(此年數當係檀君子孫) 而箕子東封" (『동사강목』 1, 104면.)

나중에 책봉 받았다는 것까지 부정하지는 않았다(이 문제에 대하여는 후술). 이것은 요순시대부터 이미 우리가 그 기미국羈縻國이었다고 보는 입장과도 관련된다고 하겠다. 『동사강목』의 입장은 중국과는 별개의 우리 독자적 세계(지역) 및 중국과는 다른 독자적 종족 관념에 기초하고 이런 우리나라는 중국 내의 군현과는 다른 독자적 주권을 가진 나라로 생각하는 것이기는 하지만 형식적으로는 중국과 군신君臣 관계에 있어 왔다는 관념까지 부정한 것은 아니라고 하겠다.

둘째로 기자조선의 개국 및 수봉受封 문제에 대하여 살펴보기로 한다. 먼저 수봉 문제를 살펴보면 복생伏生의 『서대전』에서는, 위에서 살펴 본 『제왕운기』 실린 인용문에서 볼 수 있듯이 기자가 스스로 입국立國하고 주周나라 무왕이 나중에 봉封하였으며 봉한 뒤에 사은謝恩하기 위하여 주나라 무왕을 찾아간 것으로 보았다.[53] 이것은 『사기史記』의 「송미자세가宋微子世家」 부분의 기사와는 다르다. 「송미자세가」에는 다음과 같이 언급되어 있다.

> 무왕이 은나라를 정벌하고 기자를 방문하여 "하늘이 몰래 하민으로 서로 각자의 위치를 지키도록 정하였습니다. 저에게 인륜의 순서에 대하여 가르쳐 주십시오."라고 하였다. 기자가 대 답하여 말하기를 "……하늘이 우 임금께 홍범구주를 내리셨습니다.[중략] 이에 무왕이 기자를 조선에 봉하였으나 신하로 삼지는 않았다. [중략] 그 뒤 기자가 주나라에 입조하였다.[54]

53 (尙書疏云 虎王[무왕]〈釋〉箕子之囚 箕子走之朝鮮立國 虎王聞之 遂封焉 箕子受封 不得無臣禮 因謝入覲 虎王聞洪範九疇 在周之十三年也〉) 이 인용문에서 말하는 『尙書疏』는 원래 伏生의 『書大傳』「洪範」 부분의 내용이다.

54 武王旣剋殷 訪問箕子 武王曰於乎 維天陰定下民 相和其居 我不知其常倫所序 箕子對曰.... 天乃錫禹鴻範九等 常倫所序 [중략] 於是 武王乃封箕子於朝鮮而不臣也 [중략] 其後 箕子朝周 (『사기』 404~406면. 경인문화사 영인본)

이에 따르면 기자가 자체적으로 개국한 뒤에 주나라 무왕이 기자를 봉한 것이 아니고 무왕이 방문하여 기자가 홍범구주洪範九疇를 올리자 이 때 기자를 봉한 것이 된다. 『사기』의 이 기록은 물론 전승에 근거한 것이겠지만 조선을 정벌한 한漢 무제武帝 때의 시대적 분위기를 반영한 것으로 생각된다. 기자조선이 원래 중국의 봉국封國이었으므로 이를 찬탈한 위만衛滿의 조선朝鮮을 정벌하고 한사군漢四郡을 설치한 것은 정당하다는 생각과 연결되어 있다고 여겨진다. 복생 『서대전』에서 기자箕子가 조선朝鮮으로 달아나 건국하였다고 한 것은 전한前漢의 천하 통일 이후 주변 사이四夷에 대한 관심이 생겨나기 시작하는 분위기와 관련이 있었겠지만 이 단계에서는 아직 침략적 의도는 없었고 이것이 바로 기자의 독자적 건국, 사후事後 주나라 무왕의 책봉이라는 식으로 표명되었다고 하겠다. 이런 관념이 한무제 무렵 『사기』식으로 변한 것으로 볼 수 있겠다. 『사기』에서도 "무왕이 기자를 조선에 봉하였으나 신하로 삼지는 않았다"고 한 것이 주목된다. 하지만 한무제가 정벌한 것은 기자조선이 아니라 이를 찬탈한 위만의 조선이며, 위만은 원래 연燕나라 출신이지만 그는 전한前漢의 천하통일 이후 한漢에 신복하였던 자이므로 사마천의 입장에서 보아서 한무제가 조선을 정벌하고 한사군을 설치한 것은 정당화될 수 있다.

어쨌든 우리나라와 기자를 관련시킨 첫 번째 기록은 복생 『서대전』이며 그 다음이 『사기』의 「송미자세가」이다. 전자는 기자조선이 독자적으로 건국되어 사후에 주周나라의 책봉을 받았다고 보는 점, 후자는 주나라의 책봉으로 기자조선이 시작된다고 보는 점에서 차이를 보인다. 『삼국유사』의 기록은 후자의 입장과 같은 것이며 『제왕운기』는 직접적으로 전자의 견해를 계승한 것이다.

안정복은 이 문제에 대하여 『동사강목』 「고이」 「기자피지조선여수봉조선지별箕子避地朝鮮與受封朝鮮之別」에서 『사기』 「송미자세가」와 복생 『서대전』(「홍범」 부분)에서의 기자 수봉受封 기사를 언급하고서 이어서 다음과 같이 언급하였다.

> 『한서』 「지리지」에서 "은나라의 도가 쇠퇴하자 기자가 조선으로 갔다" 라 하였고 『후한서』에 "기자가 쇠퇴한 은나라를 떠나 조선 땅으로 피하였

다"라고 하였다. 후인이 반고와 범엽 두 사가를 믿어 본조(조선)의 장유와 임상덕도 그렇게 생각하였나.

계곡 장유는 '…… 무왕의 봉작을 받았다면 이는 주나라 신하가 된 것이어서 처음의 뜻을 바꾼 것이다. 사마천의 설은 분명히 잘못된 것이다'라 하였고. …… 임상덕은 '무왕이 기자를 존중하여 섬겼다면 당연히 봉토를 주었을 것이며 황막한 곳으로 내쳤을 리가 없다'라고 하였다. 『사기』는 일반적으로 소루 한 점이 있다고 한다. 따라서 지금 이 설들이 옳다고 판단된다.[55]

위 인용문에 따르면 안정복은 『사기』에서 먼저 수봉을 받고서 조선으로 간 것이라고 한 기사를 부인하였다. 이런 부정의 입장은 장유張維와 임상덕林象德의 영향을 받은 것임을 스스로 밝혔다. 양란 이후 우리영토를 지켜야 한다는 분위기 속에서 우리의 영토는 중국과는 관계없이 원래부터 독자적으로 우리의 것이었다는 생각에서 장유와 임상덕 같은 주장이 나왔고 안정복이 이를 계승한 것이라고 하겠다. 이런 견해는 16세기 조선 성리학이 성립되면서부터 더욱 고양되기 기자 존숭의 분위기와도 연결된다고 하겠다. 조선의 성리학은 명나라에 대한 사대 관념을 강하게 하는 측면으로 작용하기도 하였으나 또한 우리의 자주 의식을 고양시키는 면으로도 작용하였다고 생각된다.

그러나 안정복이 기자가 주나라 무왕에 의하여 책봉되었다는 사실까지 부인한 것은 아니었다. 그는 『동사강목』 고이 「기자수봉재무왕기묘箕子受封在武王己卯」조에서 "기자를 조선에 봉하였다는 기사가 『통감전편』에 무왕 기묘년에 실려 있다. …… 이 책을 믿을 수 있다."라고 하였다.[56] 그리고 고이 「기자조주箕子朝

55 漢書地理志曰"殷道衰 箕子去之朝鮮" 後漢書曰"箕子違衰殷之運 避地朝鮮" 後人以班·范二史爲信 至本朝張氏[張維]·林氏[林象德] 并以爲然 (谿谷張氏曰.....若受武王之封爵 是臣於周而變其初志也 司遷[사마천]之說 明是謬妄.....林氏曰 武王尊事箕子 當錫之爵土 無屛之荒服之理) 史記素號疏漏 故今以諸說爲正 (『동사강목』3 「고이」)

周』에서 "기자가 입조하였다는 사실은 『통감』 등 여러 책이 모두 따르고 있으므로 지금 여기에 취하여 기록한다."[57]라고 기자가 주나라에 입조한 것도 사실이라고 인정하였다. 이상과 같이 기자가 독자적으로 먼저 건국하였으나 사후에 주나라 무왕이 책봉하였고 기자는 입조하였다는 『동사강목』의 견해는 대체로 복생 『서대전』의 언급과 일치하는 것이라고 하겠다.

다음으로 기자조선의 개국 연도와 관련된 문제를 살펴보기로 한다. 위에서 살폈듯이 『삼국유사』, 『제왕운기』 둘 다 기자조선의 시작을 기묘년己卯年으로 보는 점에서는 같으며 『삼국유사』는 이 해를 무왕 즉위년이라고 하였고 『제왕운기』에서는 무왕 원년이라고 하였다. 『사기』에 따르면 주나라 무왕이 은나라를 정벌한 것은 무왕 13년으로서 그가 기자箕子를 방문한 것은 은나라를 정벌하고 나서이며[58] 앞의 인용문에서 볼 수 있듯이 복생 『서대전』에 따르면 주나라 무왕이 기자를 봉한 것은 무왕 13년이다. 『제왕운기』는 책봉을 받지 않고 먼저 가서 건국한 뒤 사후 책봉을 받았다고 본 점은 『서대전』을 따르고 있으나 기자조선 개국을 무왕 원년이라고 보는 점은 『서대전』과 다르다. 『제왕운기』와 『삼국유사』의 찬자 모두 공통적으로 '기묘년'(=무왕 즉위년=무왕 원년)이라고 한 것은 아마도 공통되는 선행 자료에 기초하였을 것이다.[59] 가장 먼저 선행 자료로서 『고기古記』가 있었고 『삼국유사』와 『제왕운기』 모두 결국 공통적으로 『고기』에 근거한 것으로 생각해 볼 수 있겠다.[60] 기자조선의 개시 연도를 주나라 무왕 원년이라고 보는 것은 단군조선의 개시 연도를 요임금 원년이라

56 箕子封朝鮮 通鑑前編 錄於武王己卯……前編之書爲可信 (『동사강목』3, 488면.)

57 箕子來朝 通鑑[자치통감]等諸書 皆從之 今取錄焉 (『동사강목』3, 489면.)

58 『사기』 31면.

59 殷周의 교체는 放伐에 의한 것이므로 이승휴는 '무왕 즉위년=원년'이라고 생각하여 원래는 "卽位"라고 되어 있던 표현을 『제왕운기』에서 "元年"으로 고쳤다고 생각된다.

60 『제왕운기』는 직접적으로는 구『삼국사』에 근거하였고 구『삼국사』의 내용은 『고기』에 근거하며 약간 수정을 가하였을 것이다.

고 보는 태도와 같다고 하겠다.

안정복은 기자의 수봉 연도에 대하여는 앞에서 살핀 바와 같이 "기자를 조선에 봉하였다는 기사가 『통감전편』에 무왕 기묘년 조에 실려 있다.....이 책을 믿을 수 있다."라고 하여 주周나라 무왕 기묘년으로 보았다. 그러나 이에 앞서서 기자가 독자적으로 개국한 것으로 보므로 기자조선의 기묘년 이전이어야 한다. 기자조선의 역사를 서술하는 맨 처음 부분에서 "(주나라 무왕) 기묘, 조선 기자 원년 은태사 기자가 동래하자 주나라 천자 인하여 이곳에 봉하였다."라고 하였다.[61] 기자가 조선으로 온 연도와 무왕이 책봉한 연도를 똑같이 기묘년이라고 보며 이것을 무왕 13년이라고 본 것이라고 생각할 수 있겠다. 따라서 『동사강목』에서의 기자조선의 개국 연도는 '기묘년=주나라 무왕 13년'이 된다. 기묘년이라고 본 점에서는 『삼국유사』, 『제왕운기』와 같지만 기묘년을 무왕 13년이라고 본 것은 다르다. 중국의 역사서들은 『사기』 이래 대체로 주나라 무왕이 은나라를 정벌한 것은 무왕 13년으로 하고 있고 이 해의 간지를 기묘己卯로 본다. 『동사강목』의 견해는 중국 역사서들과 불일치하는 『삼국유사』와 『제왕운기』에 비하여 발전한 것이라고 하겠다.

셋째로 기자조선의 강역 문제에 대하여 생각하여 보기로 한다. 『삼국유사』 「고조선」 조에서는 "『당서』 「배구전」에 '고려는 본래 고죽국(지금 해주)이니 주나라가 기자를 봉하고 조선이라고 하였다'라고 했다."라고 하였다.[62] 『삼국유사』의 언급은 인용문에서 보듯이 『당서唐書』 「배구전」에 근거하여 기자조선을 고죽국孤竹國이라고 하였고 『삼국유사』 찬자 스스로 당시 고려의 해주海州라고 주석을 붙였다. 『제왕운기』에서는 특별한 언급이 없지만 단군조선을 한반도 이내로 상정하였으므로 기자조선의 강역도 대체로 한반도 이내에 상정하였을 것으로 여겨진다. 『삼국유사』와 『제왕운기』는 기자조선의 강역을 대체로 한반도

61 (周武王十三年)己卯 朝鮮箕子元年 殷太師箕子東來 周天子因以封之 (『동사강목』1, 103면.)
62 (『삼국유사』 「기이」)

에 비정하는 것이라고 하겠다. 이것은 단군조선의 강역을 대체로 한반도 내에 비정한 입장과 연결되는 것이라고 할 수 있겠다.

기자箕子의 강역과 관련하여 안정복은 『동사강목』 지리고 「기자강역고箕子疆域考」 조에서 다음과 같이 언급하였다.

> 『한서』에 "현도, 낙랑은 본래 기자를 봉한 곳이다"라고 하였고 『당서』에서 배구가 "요동은 본래 기자국이다"라고 하였으며 『요사』 「지리지」에서는 "요동은 본래 조선이며 주나라 무왕 이 기자를 석방하여 조선으로 가자 이곳에 봉하였다"라고 하였다. 『요동지』에서는 "요동은 본래 기자를 봉한 곳이다"라 하였고 『일통지』 요동 명환名宦 부분에서는 도한 기자를 수록하였 으며 『성경지』에 "심양 봉천부와 의주 · 광녕 지역은 모두 조선 영역이다"라고 하였다. 그렇다면 요하 유역의 태반은 기자의 봉토이며… 기자가 또 평양에 도읍하였는데 대체로 도읍은 나라 한가운데 정하는 경우가 많으니 오운이 이른바 "요하 이동, 한수 이북은 모두 기자 지역이다"라고 한 것은 옳다. 후손 대 연나라 말기에 당하여 서쪽 경계 천여 리를 잃고 만번한을 경계로 하게 되었다. 즉 한나라 요동군 동부의 속현 만번하이다. 이에 요동 지역이 중국에 들어가게 되었다.[63]

위 인용문에서는 보면 안정복은 『한서』를 인용하여 "현도, 낙랑은 본래 기자를 봉한 곳이다."라고 하였다. 그러나 이런 언급은 사실 『한서』 자체가 아니고 『한서』에 대한 응소應劭의 주석이다. 『한서』 「지리지」 현도군玄菟郡 부분에서

63 『漢書』曰"玄菟 · 樂浪 本箕子所封" 『唐書』 裴矩曰"遼東本箕子國" 『遼史』地志[지리지]"遼東本朝鮮 周武王釋箕子囚 去之朝鮮 因以封之" 『遼東志』"遼東本箕子所封之地" 『一統志』遼東名宦 亦載箕子 『盛京志』"瀋陽奉天府 義州 · 廣寧之界 皆云朝鮮界" 則遼之太半爲箕子提封.....而箕子又都平壤 凡都邑之地 多定國中 則吳氏云所謂"遼河以東 漢水以北 皆箕氏地"者 然矣 至後孫當燕之末 失西界千餘理 以滿藩汗爲界 卽漢之〈遼東郡東部屬縣〉 滿藩汗也 於是 遼地入中國 (『동사강목』 3, 559~560면.)

유주幽州에 속한다고 하면서 주석 부분에서 유주幽州에 대하여 "應劭曰 故眞番 朝鮮 胡國"이라고 하였다. 그리고 낙랑군樂浪郡의 부분에서 유주에 대하여 역시 같은 주석을 달았다. 이 응소의 주석이 전한前漢 당시 현도군과 낙랑군을 속현으로 가진 유주幽州가 원래 조선(기자조선)의 강역이었음을 밝힌 최초의 언급이라고 생각된다. 이후 『당서』「배구전」 등의 자료는 모두 이에 근거하여 요동을 기자의 강역이라고 보았다.

위 인용문에서 안정복은 중국 측 자료에 근거하여 요동을 기자조선의 강역이라고 하면서 덧붙여 기자의 도읍지는 평양이라고 하였다. 그리고 도읍지가 평양이 아마도 대체로 강역의 한가운데 있었을 것이라고 생각하여 기자의 강역을 요하 이동에서 한강 이북에 걸친 것으로 판단하였다. 안정복에 앞서 오운吳澐이 『동사찬요東史纂要』에서 먼저 이런 주장을 하였는데 안정복은 이 견해가 타당하다고 하였다. 안정복의 이런 입장은 그가 단군조선의 강역을 요동과 한반부 북부에 걸친 것으로 보는 것과 연결된다. 앞에서 언급한 바와 같이 단군조선의 강역에 대한 안정복의 인식은 스승 이익의 영향을 받은 것이다. 아울러 안정복은 위 인용문에 보이는 것처럼 이런 기자조선의 강역이 중국 전국시대 연燕나라 말엽에는 요하 동쪽에 있는 만번한 이동以東(압록강 이서)으로 축소된 것으로 생각하였다.

이런 안정복의 입장은 한백겸의 『동국지리지』에서 기자조선의 강역을 대체로 한반도 북부(한강 이북)로 생각한 것과 차이가 난다. 『동국지리지』 찬술은 원래 오운의 『동사찬요』의 지리 인식에 대한 비판에 저술이 촉발된 것이며 기자조선의 강역을 대체로 한반도 북부(한강 이북)으로 비정하는 한백겸의 견해는 나중에 정약용의 『아방강역고』에 수용되었다. 다만 『아방강역고』에서는 처음 기자조선의 강역은 한반도 내에 국한되어 있었지만 중간에 요동 지역까지 확대되었다가 연나라의 공격을 받아 말년에 만번한 이동으로 축소된 것으로 보았다.

같은 기호남인 내에서 기자조선의 강역을 이렇게 요동 지역까지 확장하여 보는 입장과 한반도 내에 국한하는 관점으로 갈라지는 이유를 어떻게 설명하여야 할지 문제이다. 한백겸에 대하여는 어떻게 설명하여야 할지 모르겠으나 정약용은 그가 단군조선을 우리역사에서 배제하며 우리의 강역을 한반도 중심으로 보려는 견해에서 나온 것이며 이는 허구적인 북벌론 논의에 대한 비판 및 내정 개혁에 우선성을 두는 것과 관련이 있다고 생각할 수 있다. 이익의 경우 허구적 북벌론에 대하여 매우 비판적이었지만 단군 강역을 요동 지역까지 확대하여 보았고 단군이 내려온 태백산을 요동 지역으로 생각하였다. 오늘날 우리의 입장에서 볼 때 이익과 안정복이 자신들 당시 강역은 한반도에 국한하여야 한다는 생각을 가지면서도 역사적 사실로서의 단군조선의 강역은 정확히 밝혀야 한다고 생각하였다고 여겨진다. 이 견해가 정약용 『아방강역고』에서의 견해에 비하여 더 타당하다고 여겨진다.

넷째로 『동사강목』은 본기 맨 처음 부분에 중국 주나라 초에서 전한 초에 이르는 기자조선의 역사를 다음과 같이 체계적으로 정리하였다.

[1] 주나라

〈1〉 (주나라 무왕13년)기묘 조선 기자원년 : 은태사 기자가 동래하다. 주나라 천자가 이로 인하여 조선에 봉하다.[64]

〈2〉 평양에 도읍하다. ○ 성곽을 쌓다. ○ 8조의 가르침을 펼치다.[65]

〈3〉 전제田制를 정하고 민에게 전잠田蠶을 가르치다.[66]

〈4〉 (무왕16년)임오 4년 : 기자가 주나라에 입조하다.[67]

〈5〉 (성왕23년)무오 40년 : 기자 서거하다.[68]

64 (周武王十三年)己卯 朝鮮箕子元年: 殷太師箕子東來 周天子因以封之 (위와 같음.)

65 都平壤 0築城郭 0施八條之敎 (『동사강목』1, 105면.)

66 定田制 敎民田蠶 (『동사강목』1, 106면.)

67 (武王十六年)壬午 四年: 箕子朝周 (『동사강목』1, 108면.)

68 (成王三十三年)戊午 四十年: 箕子薨 (위와 같음.)

〈6〉 (주나라 경왕敬王41년)임오 조선(연기 미상): 공자가 노나라에서 졸하다.[69]

〈7〉 (주나라 현왕顯王46년)무술 조선기년 : ○ 연나라 백伯이 연왕燕王이라 참칭하다. 조선후가 정벌하려 하다가 행하지 않고 자신도 칭왕하다. [70]

〈1〉에서 보면 기자조선 개국 원년을 주나라 무왕 13년으로 보았다. 앞에서 언급한 것처럼 이것은 주나라 무왕 즉위년=원년으로 본 『삼국유사』와 『제왕운기』에 비하여 발전한 것이다. 〈2〉에서 평양에 도읍하였다고 하였는데 이것은 앞에서 언급한 것처럼 평양을 기자조선 강역(요하 이동, 한강 이북)의 중간에 위치하는 것으로 본 것이다. 〈2〉에서 기자가 평양에 축성하였다고 한 언급과 관련하여서는 『동사강목』「고이」「기자축성箕子築城」 조에서 다음과 같이 언급하였다.

『고려사』「지리지」에서 "평양의 고성은 기자가 쌓은 것이다"라 하였고 『동국여지승람』에서는 "평양의 외성은..... 세상에서 기자가 쌓은 것이라고 전해 온다. 그렇지 않은지 알 수 없다. 고려 태조5년 처음으로 서도西都를 이곳에 건설하였는데 아마도 이 성城인 것 같다"라고 하였다. 살펴보건대, 연대가 오래되어 이 성이 반드시 기자가 쌓은 것인지 알 수 없으나 역대로 기자가 예전에 쌓은 것을 수축하였다고 보면 될 것이다. 기자가 동래하여 비록 남면하는 즐거움은 없었으나 당시 구이九夷가 어지럽고 교화가 제대로 되지 않았으니 어찌 나라를 굳건히 하여 포악함을 막는 방도가 없었겠는가. 지금 『고려사』「지리지」를 따른다.[71]

69 (周敬王四十一年)壬戌: 朝鮮(年代紀年未詳): 孔子卒于魯 (위와 같음).

70 (周顯王四十六年)戊戌 朝鮮紀年: 0燕伯僭稱燕王 侯[조선후]欲伐不果 亦稱王 (위와 같음.)

71 『麗』[고려사]「志」[지리지]"平壤古城(一) 箕子所築" 『勝覽』[동국여지승람]"平壤外城……世傳

이와 같이 안정복은 평양의 고성古城을 기자가 쌓은 것으로 보는 『고려사』 「지리지」와 고려태조 5년에 쌓은 것으로 추정하는 『동국여지승람』 가운데 전자를 따른다고 하면서 기자가 먼저 건설하였고 뒤에 이어서 이를 보수한 것이라는 견해를 제시하였다. 이렇게 보는 것은 기자가 축성한 것으로 보는 것은 그가 처음 왔을 때에는 주변 구이九夷의 위협을 받고 있었을 것이라는 추정에 서였다. 이것은 안정복이 주자 성리학자로서 역사를 매우 도덕적 관점에서 이해하면서 역사적 현실에 대한 통찰이 있었음을 의미하는 것이라고 하겠다.

〈2〉에서 언급한 시팔조지교施八條之教에 대하여는 다음과 같이 자세한 설명을 덧붙였다.

(가) 기자가 올 때 중국인으로서 따라 온 자가 5천이며 시, 서, 예, 악, 의, 무, 음양, 복서 및 백공과 기예가 모두 그를 따라왔다. 처음 이르렀을 때 말이 통하지 않아 통역하여 알렸다(민에게 예의를 가르침). 이리하여 중국의 제도와 부자·군신의 도를 알게 하고 8조 범금을 설치하여[대략 요지는 사람을 죽이면 목숨으로 갚고 다치게 하면 곡식으로 갚으며 도적질한 남녀는 노비로 삼는다. 속량하려는 자는 50만 전을 내어야 하며 비록 면천하여 일반민이 된다고 하더라도 습속상 부끄럽게 여겨 혼인할 곳이 없다. 이리하여 민이 도적질하지 않고 문을 잠그지 않으며 부인은 정절이 있어 음란하지 않고 민은 제대로 된 그릇으로 먹고 마신다.] 신의와 양보를 숭상하여 유교를 잘 실천하고 중국의 풍교를 길러 서로 싸우지 않으며 덕으로 강포한 자를 복종시킨다. 이웃나라가 모두 그 의로움을 흠모하여 귀부하고 의관의 제도는 중국과 같다.(『한서』와 『함허자』로써 보충) …….

(나) 이수광이 '기자의 8조 가운데 3조만 남았는데 혹 5륜을 포함하여 8

箕子所築 不知是否 麗太祖五年 始築西都在城 疑卽此城" 按 年代久遠 雖不知此城必爲箕子所築 而歷代因箕子舊築而修治之 亦不異矣 箕子東來 雖無南面之樂 當時九夷交亂 敎化未被 則豈無固國禦暴之道 今從麗志 (『동사강목』 3, 488~489면.)

조가 될 수 있겠다'라고 하였다.

살펴보건대, 『한서』는 단지 3조목만을 들었는데 3조는 「홍범」의 8정 가운데 사구司寇의 일이다. 기자의 가르침은 반드시 「홍범」을 따랐을 것이니 나머지도 아마도 8정을 말하는 것이었을 것이다.[72]

(가) 부분은 대략 『함허자』의 내용이며 조선 초기 『동국통감』에도 인용되어 있다.[73] 『삼국유사』와 『제왕운기』에는 기자의 치적에 대한 구체적 언급이 없으나 『동국통감』에서부터는 8조 법금 등 기자의 치적에 대한 언급이 나타나기 시작하였다. 이것은 본격적인 유교 국가로서 출발하는 조선조의 이념과 관련되어 『제왕운기』 단계의 기자 존숭에서 한 걸음 더 나아가 성현聖賢기자의 치적에 구체적으로 주목하게 된 것이라고 하겠다. 이런 『동국통감』의 입장을 『동사강목』도 계승한 것이다. 다만 (나)에서 보면 안정복은 팔조법금의 내용을 홍범의 8정이라고 해석하였다. 이것은 영·정조대 탕평정치 속에서 기자의 「홍범」이 탕평정치의 이념과 관련하여 주목되기 시작한 시대적 분위기와 관련이 있다고 생각된다.[74]

72 (가) 箕子之來 中國人隨之者五千 詩書禮樂醫巫陰陽卜筮之流·百工技藝 皆從焉 初至 言語不通 譯而知之 [教民禮義] 使知中國之制·夫子君臣之道 設禁八條 [其略'相殺償以命 相傷以穀償 相盜者男沒爲其家奴 女爲婢 自贖者人五十萬' 雖免爲民 俗猶羞之 嫁娶無所售 是以 其民不盜 無門戶之閉 婦人貞信不淫 其民飮食以籩豆] 崇信讓篤儒術 養成中國之風教 以勿尙兵鬪 以德服强暴 隣國皆慕其義歸附 衣冠制度悉同乎中國 (『漢書』·『函虛子』補)……(나) 李氏睟光曰'箕子八條 只有三條 或疑幷五倫爲八'云 (按 漢書所稱八條 而只擧三條 三條則洪範八政中司寇事也 箕子爲治 必不舍洪範 而他〈圖〉八條 恐指八政而言也 (『동사강목』 1, 105~106면.)

73 (가) 가운데 [] 부분은 추가된 내용으로서 『한서』를 통해 보충한 것으로 보인다. 『동사강목』의 원주에서도 "『漢書』·函虛子補"라고 하였다. 함허자는 안정복에 따르면 조선초기의 승려 得通이며 위 인용문에 언급된 것은 그의 『天運所統』에서 기자의 사적을 논하는 가운데 나오는 것이라고 한다(『동사강목』3 고이 「설금팔조」 조, 489면). 득통의 위와 같은 언급이 어디에 근거한 것인지 추후 따질 필요가 있으나 안정복은 일단 그대로 받아들이는 것으로 여겨진다. 한편 함허자를 득통과 다른 사람으로 간주하는 견해도 있다.

한편 〈3〉 "전제田制를 정하고 민에게 전잠田蠶을 가르치다"라는 조목과 관련하여서는 "기자가 은나라 제도를 썼다. ······ (정전의 터가 지금 평양에 남아 있다."라는 설명을 덧붙이고 그 근거로서 한백겸의 「기전유제箕田遺制」(평양에 은나라식 정전井田의 자취가 남아 있다는 글)을 제시하였다.[75] 이것은 안정복이 조선후기 당시 토지개혁이 필요하다고 생각하는 것과 관련이 있다. 주자 성리학자인 안정복은 신분관 및 서학에 대한 태도에서는 보수적인 측면이 있지만 토지개혁를 생각하는 점에서는 다른 기호 남인실학자들과 같으며 주자의 경세학에 비하여 한 걸음 진전되었다고 할 수 있다.

〈4〉 "(무왕16년)임오 4년: 기자가 주나라에 입조하다"라는 조목과 관련하여서는 앞에서 언급한 바와 같이 기자가 독자적으로 개국한(주나라 무왕13년) 뒤 주나라 무왕의 책봉을 받고나서 무왕 16년에 입조하였음을 인정하였다.

〈5〉 "(성왕成王23년)무오 40년: 기자 서거하다"라는 조목과 관련하여서는 『동사강목』 「고이」 「기자홍箕子薨」 조에 보다 자세한 언급이 있다. 여기에서 이전 홍만종이 『동국역대총목』에서 "살펴보건대, 『진조통기』에서 '기자가 병술년에 태어나 무오년에 졸하였다. 93세로사 주나라 무왕과 동시이며 수명 또한 같다' 라고 하였다"라고 한 것에[76] 의거한 것으로서 안정복이 "『통기』는.... 그 말이 근거가 있는 것 같으므로 따른다."라고 하여 『진조통기』의 기록을 그대로 받아들여 주나라 성왕 33년 93세에 홍하였다고 한 것이다.[77] 안정복은 선초의 승려 함허자 득통의 『천운소통』을 인정하는 외에 출처 미상의 『진조통기』도 받아들

74 『상서』 「홍범」의 내용이 기자 정치사상을 언급한 것인지에 대하여는 『상서』의 성립 과정에 대한 고찰과 더불어 검토가 행해져야 한다. 아마도 전국시대 이후의 사상이 부회된 것으로 보아야 할 것이다.

75 『동사강목』 1, 106~107면. 또 『동사강목』3 고이 「平壤井田」 조(489면)에도 이에 대한 언급이 있다.

76 按 辰朝通紀曰'箕子生於丙戌而卒於戊午 九十三 與周武同時而壽亦同 異哉'云 (『홍만종전집』상, 212면[태학사 영인본]).

77 通紀爲何人所作而其言似有徵 故從之 (『동사강목』3, 490면.)

이는 태도를 취하였다. 이것은 중국 정사류의 사료 외에는 받아들이지 않으려는 한백겸, 정약용의 태도와는 매우 다르다. 단군조선과 기자조선의 내용을 구체화하기 위한 데에서 나온 태도라고 하겠다.

〈6〉 "(주나라 경왕敬王41년)임오 조선(연기 미상): 공자가 노나라에서 졸하다."라는 내용을 기자조선에 넣은 것은 아마도 기자조선에서 유교문화가 상당히 발전되어 있었음을 강조하기 위한 것이라고 하겠다. 〈7〉"(주나라 현왕顯王46년)무술 조선기년: ○ 연나라 백伯이 연왕燕王이라 참칭하다. 조선후가 정벌하려 하다가 행하지 않고 자신도 칭왕하다"라는 조목과 관련하여서는 "제나라 환공과 진나라 문공의 재주 및 열국의 도움이 없는데 자신의 역량을 생각하지 않고 이웃나라를 공격하였다면 의로움이 나타나기 전에 화부터 먼저 입었을 것이다. 대부 예禮가 나라를 위해 도모한 것(정벌을 그치게 한 일)은 충성스런 일이라고 할 것이다"이라 하여 신불리 연燕나라를 공격하지 않은 것에 대하여는 긍정적으로 평가하면서도 "또 연나라에게 참칭한 죄를 물으려 하면서도 결국은 잘못 그를 본받았으니 주나라를 존중하는 마음이 과연 어디에 있었던 것인가"라고 하여 기자조선이 스스로 칭왕한 것에 대하여는 부정적으로 평가하였다.[78]

여기에서 우리는 안정복의 입장을 분명하게 알 수 있다. 우리가 중국의 조공국으로서 형식적으로는 중국의 정통왕조를 받들어야 하지만 이러한 존중이 우리 자신을 위태롭게 하여서는 안 된다는 것이다. 이것은 허구적 북벌론을 반대하는 입장, 그리고 친명親明 외교를 하다가 호란을 자초한 일에 대한 반성에서 비롯되는 것이라고 여겨진다. 한편 안정복은 기자조선이 주나라 5등 작위에서 어느 위치에 있는지 분명하지 않다고 하면서 『위략魏略』에서 "조선후朝鮮侯"라고 한 것을 그대로 따른다고 하였다.[79]

---

78 無桓 · 文之才 列國之助 不量其力 挑禍隣國 則義聲未彰 而必先受禍 大夫禮之謀國 可謂忠矣.....且問燕之罪以其僭號 而末乃尤而效之 其尊周之心 果安在哉 (『동사강목』1, 109면.)

79 『동사강목』3, 고이 「조선후칭왕」 조, 491면. 다만 『魏略』은 현재 남아 있지 않고 일부 내용

아울러 주나라 당시 동이東夷의 활동에 대하여도 다음과 같이 비교적 상세하게 정리하였다.

(가) 주나라 초. …… 이 때 관숙, 채숙이 반란을 하여 회이淮夷를 불러들여 난을 일으키자 주공이 이를 정벌하다.

(나) 그 뒤 서이西夷가 참칭하자 주나라 목왕穆王이 초나라에 명을 내려 멸망시키다.

(다) 초나라 영왕靈王 회신會申이 또한 와서 동맹하다.

(라) 뒤에 월越나라가 낭야에 천도하여 마침내 여러 오랑캐를 물리치고 여러 소국을 멸망시키다.[80]

이렇게 동이東夷의 역사를 기자조선 부분에 정리한 것은 이것이 직접 기자조선과는 상관이 없을지라도 우리의 역사이며 기자조선은 정통국가로서 동이를 대표하며 동이 가운데 다른 종족들의 역사는 기자조선에 종속된다고 생각하였기 때문일 것이다. 위 인용문 가운데 (가) 주나라 은주殷周 혁명 때 은나라의 관숙·채숙 등이 회이淮夷(서이西夷의 일파)를 불러들여 함께 반란을 일으킨 사실, (나) 주나라 목왕 때 초나라에 명하여 서이西夷를 멸하도록 하였으나 (다) 초나라는 영왕 때에 이르러 서이와 동맹한 사실, (라) 뒤에 서이가 중국의 소국들을 침략하여 멸망시킨 사실 등을 언급하였다. 이상의 사실들은 대체로 동이東夷와 그 분파인 서이西夷가 매우 강성하였음을 말하는 것이라고 하겠다. 그러나

이 『삼국지』 魏書 「동이전」 조 등에 인용되어 있다.

80 (가) 周初. …… 時管·蔡叛周 招誘淮夷作亂 周公征伐之
(나) 其後 西夷僭號 穆王[주나라]命楚滅之
(다) 至楚靈王會申 亦來同盟
(라) 後 越遷都瑯琊 遂陵暴諸夏 侵滅諸小國
이상은 모두 『동사강목』 1, 105면에 정리되어 있다.

"진秦나라가 천하를 통일하자 준이와 서이는 모두 흩어져 민호에 편입되었다. 이에 동이 가운데 중국에 거하는 자는 사라지게 되었다"라고 진나라 천하 통일에 즈음하여서는 중국 내의 동이는 모두 멸절되고 중국의 민호民戶로 편성된 것으로 보았다.[81]

다음 중국 진나라 시기 기자조선의 역사에 대하여는 아래와 같이 정리하였다.

[2] 진秦나라

〈1〉 (진시황秦始皇26년)경진 조선기년: ○ 조선의 부否가 진나라에 복속하고 이윽고 서거하다. 아들 준準이 즉위하다.

〈2〉 (진시황27년): 기준 원년

〈3〉 (진2세원년)임진: 연, 제, 조의 민이 기자조선에 내투하다.[82]

〈1〉에 대하여는 다음과 같이 부연 설명을 하였다.

> 처음 기자조선이 칭왕한 다음 그 자손이 점차 교만하여졌다. 연나라 장수 진개가 동호東胡에 인질로 와 있었는데 동호의 신임이 컸다. 돌아가 동호를 습격하여 파하였고 조선의 서쪽을 공략하여 1천여 리를 취하여 경계가 만번한에 이르렀다. 조선이 비로소 약하여지기 시작하여 조선왕 비는 진나라를 두려워하여 마침내 진나라에 복속하였으나 조회하고자 하지는 않았다. 비는 기자의 40세 손인데 그가 곧 서거하자 아들 준이 즉위하였다

---

81 秦幷天下 其淮 · 西夷皆散爲人戶 於是 東夷之人居中國者皆盡 (『동사강목』 1, 103~105면.)

82 〈1〉 (秦始皇 二十六年)庚辰 朝鮮紀年: ○ 王否服屬于秦 尋薨 子準立
〈2〉 (秦始皇 二十七年)辛巳: 王準 元年
〈3〉 (秦二世元年)壬辰: 燕 · 齊 · 趙民來投 (〈1〉, 〈2〉, 〈3〉 『동사강목』 1, 109~110면.)

(『문헌통고』 및 『위략』으로 보충).[83]

위 인용문에 따르면 기자조선이 자손 대에 이르러 점차 교만하여지자 연나라(전국시대)의 장수 진개秦開가 동호를 친 여세를 몰아 기자조선의 서쪽 "1000여 리"를 차지하여 만번한滿潘汗(요하와 압록강의 중간 지점)를 경계로 하게 되고 이리하여 기자조선이 약화되었으며 진나라가 천하를 통일하자 기자의 40세 손 기비箕否가 진秦에 복속하였으며 얼마 있다가 죽어서 기비의 아들 기준箕準이 이어받게 되었다고 하였다. 또 위 인용문에서 "1천여 리를 취하여"라고 한 것은 『위략』에서는 "이천여 리"라고 한 것을 고친 것으로서, 2000여 리라는 수치를 의심하였기 때문이며 율곡 이이李珥도 「기자실기」에서 "일천여 리"라고 했다고 하였다.[84] 이것은 안정복이 요동의 지리에 밝았음을 의미하는 것이라고 하겠다. 안정복은 강목체 역사학자로서의 면모와 동시에 역사지리학 등에 정통한 철저한 문헌고증학자로서의 면모를 갖추고 있었던 점을 그의 여러 고증을 통해 확인할 수 있다.

〈2〉에서 "(진시황27년): 기준 원년"이라 하여 진시황 27년을 기준 원년으로 한 것은 유년칭원법을 따른 것이라고 할 수 있겠다. 즉 기준이 죽은 시점을 진시

83 初朝鮮稱王 其後子孫稍驕虐 燕將秦開嘗質於東胡 胡甚信之 歸以襲破東胡 攻朝鮮西方 取地一千餘里 至滿潘汗爲界 朝鮮始弱 及秦幷天下 王否畏秦 遂服屬於秦 不肯朝會 否箕子四十世孫也 尋薨 子準立(『文獻通考』·『魏略』 補) (『동사강목』 1, 109~110면.) 안정복 자신이 주에서 "『文獻通考』·『魏略』 補"라고 언급한 것처럼 『文獻通考』와 『魏略』에 근거하여 서술한 것이다. 다만 앞에서 언급하였듯이 『魏略』은 현재 남아 있지 않고 일부 내용이 『삼국지』 魏書 「동이전」 조 등에 인용되어 있다. 그리고 위 인용문에서 "否 箕子四十世孫"이라고 한 것 역시 『後漢書』에서 "四十餘世"라고 한 것을 『위략』에 따라서 고친 것이다 (『동사강목』3, 「조선후칭왕」 조, 491면. 아울러 안정복이 중국 정사의 東夷 관련 자료를 직접 이용하는 한편 『문헌통고』도 이용한 사실이 주목된다. 직접 입수하기 어려운 자료를 『문헌통고』에서 재인용한 면이 있다고 생각되며 이것은 중국 측의 희귀 자료의 입수가 용이하지 않았던 조선의 학자들에게 흔히 볼 수 있는 현상이라고 생각된다. 앞으로 이 문제에 대하여 체계적 검토가 필요하다.

84 『동사강목』3, 고이 「攻朝鮮西方取地二千餘里」, 491면.

황 26년으로 보는 것이다. 위에서 살핀 바와 같이 그가 죽은 사실을 〈1〉 "(진시황 26년)경진" 조에 서술하였다.[85]

한편 〈3〉 "(진2세 원년)임진: 연, 제, 조의 민이 기자조선에 내투하다."에 대하여는 다음과 같이 부연 설명하였다.

> 이때 연나라 전성기 때 진번과 조선을 경략하여 복속시키고 관리를 두어 요새를 쌓았다. 지나라가 연나라를 멸망시키자 요동의 변경은 진나라에 소속되었다. 진나라 2세 때 천하에 대란이 일어나자 연, 제, 조나라의 민들이 고통을 피해 점차 조선으로 망명하여 간 자가 수만 명에 이르렀다.(『한서』 및 『문헌통고』로 보충)[86]

위 인용문은 『한서』와 『문헌통고』에 의거하여 작성된 것이지만 안정복이 기자조선에 망명하여 온 자에 대하여 수만 명이라고 한 점이 주목된다. 안정복의 중국 내의 정세 변동 및 이에 따라 중국인이 우리나라에 많이 내투한 것의 문제점에 대하여 다음과 같이 우려를 표명하였다.

> 살펴보건대, 이것은 중국인이 내투한 때이다. 중국에 변란이 있으면 한 모퉁이 우리나라는 항상 피난 장소가 된다. 대대로 그러하였으니 참으로 위기이다. 처리가 마땅하면 우리의 백성이 되지만 잘못하면 변이 생기기 쉽다. 어떻게 처리하여야 하는가. 여러 주군에 분산시켜 농토에 안착시키고 재주와 용기 있는 자는 선발하여 군대에 편입하며 호걸은 선발하여 직임을 주어 자신의 자리를 얻게 하는 것이 가하다. 만약 절제를 잃어서 모여 무리를 이루도록 방치한다면 굶주림에 분노를 일으키기 쉬워서 절제하

---

85 이에 대하여는 『동사강목』3, 고이 「王否薨 子準立」 조(491면)에 고증이 있다.

86 時〈全〉燕時 略屬眞番 · 朝鮮 爲置吏築障塞 秦滅燕屬遼東外徼 及二世立 天下大亂 燕 · 齊 · 趙民愁苦 稍稍亡歸朝鮮者數萬口*(漢書 · 文獻通考 補) (『동사강목』 1, 110면.)

기 어렵게 된다. …… 기자조선의 왕이 잘못 처리하여 끝내 나라가 망하게 되었으니 후대의 경계가 된다.[87]

위 인용문을 통해 안정복은 중국 내의 정세 변동이 우리에게 미치는 영향을 역사를 통해 응시하면서 위만의 사례를 통해, 우리가 추후 중국의 변란 시에 중국 피난민을 제대로 통제하지 않으면 나라를 상실할 수도 있다고 우려하고 있었음을 알 수 있다. 이것은 안정복이 주자 성리학자이면서도 단순한 사대주의자가 아니라 우리나라를 보존하기 위하여, 중국 내의 국제정세 변동과 그것이 우리나라에 미칠 여파에 대하여 냉철하게 바라보는 자세를 갖고 있었음을 알게 한다. 이것은 명청 교체기의 우리 대처에 대한 반성 및 허구적 북벌론에 대한 비판적 자세와도 연결된다고 하겠다.

한편 전한 시기 기자조선의 역사에 대하여는 다음과 같이 정리하였다.

[3] 한나라(전한)

〈1〉 (한나라 고제高帝4년)무오: 준왕18년 8월: 북맥北貊이 효기梟騎를 바치고 한나라가 초楚를 정벌하는 것을 돕다. 맥은 동이의 국명이다.

〈2〉 기해: [준왕] 19년: 한나라와 패수를 경계로 삼다.

〈3〉 병오: [준왕]26년: 연나라 사람 위만이 내투하자 박사에 임명하고 서쪽 변경을 지키게 하다.

〈4-1〉 (한나라 혜제惠帝 2년)무신: [준왕]28년: (조선왕 위만원년 이 해가 참국

87 按 此中國人來投之時 中國有變 一隅東韓 常爲逃難之所 歷世皆然 此誠安危之機也 處置得宜則莫非我民 若失其道 易以生變 處之當如何 散處州郡 安其田業 簡其才勇 編之行伍 拔其豪俊 授以職任 使不失所而已可也 若失於節制 使之聚而成群 則飢附飽縪 喜怒易生 而至於難制矣. … 箕王處失其矣 終以滅亡 可謂後來之戒 (위와 같음.)

1년) 위만이 반란을 일으키자 왕(기준)이 남쪽으로 달아나니 위만이 조선왕을 칭하고 왕검성에 도읍하다.

〈4-2〉 왕(기준)이 마한을 공파하고 금마군에 도읍하다.

〈5〉 (한나라 혜제3년)기유: 마한왕 기준원년[88]

먼저 〈1〉에서 "(한漢나라 고제高帝4년)무오: 준왕18년 8월: 북맥北貊이 효기梟騎를 바치고 한나라가 초楚를 정벌하는 것을 돕다. 맥貊은 동이의 국명이다"에서 "맥貊은 동이의 국명"이라고 부연한 것이 주목된다. 기자조선이 아닌, 동이東夷 한 분파로사 맥貊을 생각하되 맥도 기자조선의 역사에 포함시켜 생각하였음을 알 수 있다. 이것은 주나라 때 동이의 역사를 기자조선 부분에 포함시켜 설명한 것과 맥락이다. 즉 기자조선을 동이를 대표하는 나라로 생각한 것이다.

〈2〉 "기해: [준왕] 19년: 한나라와 패수를 경계로 삼다"에 대하여는 "한나라가 천하를 평정하자 노관을 연왕으로 삼고 예전 연나라 때 쌓은 요동의 요새가 멀어 지키기 어렵다고 여겨서 다시 요동의 옛 요새를 수리하여 경계가 패수에 이르렀다(『한서』 보충)."라고 하였다.[89] 말기 기자조선과 한나라와의 경계가 패수浿水임을 중시한 언급이라고 하겠다. 다만 패수의 위치에 대하여 어디인지 구체적 언급이 없다. 앞에서 언급한 바와 같이 전국시대 연나라 말(진시황 이십육년) 연나라 장수 진개의 침략으로 중국과의 경계선이 만번한으로 되었다고 하

88 〈1〉 (漢高帝四年)戊戌: [준왕]十八年 八月: 北貊致梟騎 助漢伐楚 貊東夷國名
〈2〉己亥: 十九年: 與漢以浿水爲界
〈3〉 丙午: 二十六年: 燕人衛滿來降 拜爲博士 守西鄙
〈4-1〉 (惠帝 二)戊申: 二十八年: (朝鮮王衛滿元年 是歲僭國一) 衛滿叛襲王都 王南奔 滿稱朝鮮王 都 王儉城
〈4-2〉 王攻破馬韓 都金馬郡
〈5〉 (漢惠帝 三年)己酉: 馬韓王箕準元年 (〈1〉~〈5〉 『동사강목』1, 110-114면.)

89 漢旣定天下 以盧綰爲燕王 以燕所築遼東障塞爲遠難守 復修遼東古塞 至浿水爲界 (漢書補) (위와 같음.) 이 구절은 원주에서 보이듯이 『한서』와 근거한 것이다.

였으며 「위씨강역고衛氏疆域考」에서는 “위만이 기자조선의 왕위를 찬탈하여 그 경계가 북쪽으로 만번한에 이르렀다.”라고 하였다.[90]

하지만 〈3〉 “병오: [준왕]26년: 연나라 사람 위만이 내투하자 박사에 임명하고 서쪽 변경을 지키게 하다.”에 대한 부연 설명을 보면 약간 다른 판단을 내릴 수 있다.

> 한나라의 연왕이 노관이 반란을 일으켜 흉노에 들어가자 위만이 망명하여 무리 천여 인을 이끌고 상투를 틀고 오랑캐의 복색을 한 채 동쪽으로 달아나 요새를 나가서 패수를 건너 기준에게 서쪽 경계를 요구하였다. 이리하여 진나라의 공지 상장上障과 하장下障에서 여러 망명객들과 더불어 번병이 되었다. 기준이 믿고 총애하여 박사에 임명하고 봉토 백 리를 주어 서쪽 변경을 지키게 하였다.(『한서』·『문헌통고』·『위략』으로 보충)[91]

기자조선의 왕 기준이 위만의 귀순을 받고서 “진秦나라 공지 상장上障과 하장下障”을 주었다고 한 점이 주목된다. 기준이 진秦나라에 복속하면서 이미 만번한 이동以東에서 패강浿江 이서以西 사이가 진秦에 넘어 갔고 한漢나라가 다시 이것을 확인하여 패수를 경계로 하였으나 공지空地 상태가 되어 있었는데 기준이 이곳을 봉토로 준 것으로 볼 수 있겠다. 즉 안정복은 기자조선과 중국 사이에는 전국시대 말 만번한이 경계로 되었고 다시 진秦나라 때 패수가 경계로 되었는데 이를 한漢나라에 들어와 다시 확인하였으나 기자조선은 만번한과 패수 사이에 위만을 두고 지키게 한 것으로 생각한 것으로 추정된다. 즉 한나라와 기자조선 사이에 이 지역을 두고 영토 분쟁이 있었다고 여겨진다. 이렇게 보면

90 衛氏簒箕氏 其地西北限滿藩汗 (『동사강목』3, 560면.)

91 漢燕王盧綰反入匈奴 衛滿亡命聚黨千餘人 椎結蠻夷服 東走出塞 渡浿水來降 說王求居西界 故〈秦空地上·下障〉與諸亡命爲國藩屛 王信寵之 拜爲博士 賜以圭封地百里 令守西鄙 (漢書·文獻通考·魏略補) (『동사강목』1, 111면.)

패수는 만번한 동쪽에 있는 강이 된다.

한편 위만조선의 멸망과 관련하여 중국에 대하여 적대한 것을 문제 삼고 다음과 같이 언급하였다.

> 작은 자로서 큰 자를 섬기며 약한 자로서 강한 자에게 복종하고 오랑캐로서 중국에 귀부하는 것은 바꿀 수 없는 바른 이치이다. 우리나라는 땅이 좁고 작으며 중국에 가깝다. 대국의 도움을 잃어버리지 않은 뒤에야 자존할 수 있다. ……[92]

이것은 우리가 중국에 대하여 사대하는 것은 중화의 문물 때문이기도 하지만 기본적으로 강대한 중국과 인접해 있는 처지에 스스로를 보존하기 위한 방책이라고 생각하였음을 알 수 있다.

다음으로 〈4-1〉 "(한나라 혜제 2년)무신: [준왕] 28년: (조선왕 위만 원년 이 해가 참국1년) 위만이 반란을 일으키자 왕(기준)이 남쪽으로 달아나니 위만이 조선왕을 칭하고 왕검성에 도읍하다"라는 조목과 관련하여서는 다음과 같은 평가를 하였다.

> 또 살펴보건대, 혹자는 '위만은 중국인이고 조선의 신하가 아니므로 찬적으로 보는 것은 옳지 않다'라고 하지만 이 말은 옳지 않다. 『사기』에서 '위만이 항복하였다.'라고 하고 또 '위만을 임명하여 박사로 삼았다'라고 하였으며 또 '들어가 숙위하기를 청하였다'라고 하였으므로 위만이 신하로서 준왕을 섬긴 자취는 명백하니 또한 양나라의 후경과 같은 부류라고 할 것이다. 『자치통감강목』에서 후경에 대하여 일찍이 찬적으로 간주하지 않았

92 以小事大 以弱服强 以夷狄歸中國 此不易之正理也 我東地偏國小 昵近中華 唯不失大國之援 然後可以自尊矣. …… (위와 같음.)

> 는가. 『동국통감』에서 단군, 기자와 더불어 삼조선이라 병칭하여 마치 덕과 의리가 동등한 것처럼 한 것은 의리상 잘못된 것이다.[93]

위만은 중국인이므로 기자조선의 신하로 볼 수 없고 따라서 그를 찬적簒賊이라고 볼 수 없다는 혹자의 주장에 대하여 안정복은 위만이 신하가 되어 기준을 왕으로 섬겼으므로 명백히 찬적이라고 하였다. 이것은 주자 성리학자로서의 그의 입장에서는 당연한 것이다. 이에 근거하여 조선초기 『동국통감』에서 단군조선·기자조선과 위만조선을 병칭하여 삼조선이라고 한 것을 비판한 것이다. 이리하여 그는 위만조선을 정통으로 보지 않고 대신 〈5〉에서 "(한나라 혜제 3년)기유: 마한왕 기준원년"라고 한 것처럼 기준이 마한을 공파한 다음 해를 새로이 "마한 원년"이라 하여 이 기준의 마한을 정통으로 하면서 이하 기준의 마한이 백제에 의하여 망할 때까지(백제 온조 25년) 마한의 연대를 가장 위에 쓰고 신라, 고구려, 백제의 연기를 그 아래에 부기하는 방식을 취하였다.[94]

이것은 주자 강목체적인 정통론을 충실히 지키려 한 것으로서 선초 아직 이런 식으로 정통론을 철저히 지키지 않은 것(주자 성리학을 완벽하게 따르지 않는 것)에서 한 걸음 나아가 주자 성리학의 의리를 철저하게 따르는 것으로 발전한, 16세기 조선 성리학이 성립된 이후 단계의 생각에서 나온 것이다. 이렇게 위만조선을 배제하고 마한을 정통으로 하는 것은 이미 17세기 홍여하의 『동국통감

93 又按 或言"衛滿是中國之人不係朝鮮臣子 則不當在簒賊例"云 此言不是 史記云'滿乃降' 又云'以滿拜爲博士' 又云'求入宿衛' 其臣事之迹明矣 亦梁侯景之流也 綱目[자치통감강목]於侯景曷嘗不以簒賊待之耶 〈通鑑[동국통감]與檀·箕幷稱三朝鮮 有若德同義均者然 其義謬矣〉(위와 같음)

94 『동사강목』 1, 114~135면. 기준이 이전에 존재하던 마한을 공파하였다면 기존의 마한과 기준의 마한의 관계를 어떻게 설정해야 할 것인가, 기준이 마한을 공파한 것이 옳은 일인가 하는 것 등이 문제될 수 있다. 이와 관련하여 기준이 건국한 마한은 공파한 것이 아니라 무주지에 새로 건설한 것이라는 견해도 있다. 그러나 안정복은 이 문제에 대하여는 유의하지 않았다.

제강』에서 나타났다. 그러나 『동사강목』 채거서목 가운데 홍여하의 『휘찬여사』는 보이지만 『동국통감제강』은 보이지 않으므로 안정복의 마한정통론은 일단 직접적으로는 이익의 삼한정통론에 영향을 받은 것으로 볼 수 있겠다. 그러나 안정복이 홍여하의 마한정통론에 대하여 들었을 가능성을 완전히 배제할 수는 없다.

한편 〈4-2〉 "왕(기준)이 마한을 공파하고 금마군에 도읍하다."라는 조목은 위만이 찬탈한 한나라 혜제 2년과 같은 해에 배치되어 있다.[95] 즉 기준이 위만에게 찬탈을 당하자 바로 마한으로 내려가 그 해에 마한을 공파한 것으로 생각한 것이다. 여기에서 언급된 도읍지 금마군에 대하여는 안정복 자신의 주에서 익산군으로 비정하였으며 아울러 마한의 초대 왕이 된 기준은 "무강왕武康王"이며 "지금 익산 오금사 봉우리에 쌍릉이 있다. …… 『고려사』에서 '… 기준의 성이 용화산에 있다.'"라고 하는 부연 설명을 붙였다.[96]

아울러 기준이 마한왕이 되어 도읍한 금마군을 익산군에 비정한 것 및 기준이 바로 무강왕武康王이라고 한 주장에 대하여는 『동사강목』 「고이」 「무강왕」 조에서 다음과 같이 비교적 상세한 고증을 더하였다.

> 무강왕武康王은 고려 사람들이 피휘하여 호강왕이라고 하였다. 『고려사』 「지리지」에서 "금마군에 후조선 무강왕과 왕비의 능 계곡이 있어 '영통대왕릉'이라고 한다. 일설에는 '백제 무왕의 아명이 서동이다'이라고 한다"라 하였다. 『동국여지승람』에는 "익산의 옛 명칭 금마는 영통 즉 서동의 전이이다"라 하고 또 "무강왕이 선화부인과 미륵사를 창건할 때 신라 진평왕이 백공을 보내 도왔다"라고 하였다. 살펴보건대, 여기 『동국여지승람』에서 '무강武康'이라고 한 것은 '무왕武王'의 오류이다. 백제 무왕은 진평왕과 같

95 『동사강목』1, 112면.

96 今 益山 五金寺峯有雙陵 …… 高麗史云 … 箕準城在龍華山 (위와 같음).

> 은 때이며 선화부인이 있었는데 『동국여지승람』은 이 점을 고찰하지 못하였다. 『삼국유사』에서 "백제 무왕은 이름이 서동이며 선화부인은 신라 진평왕의 따님이다"라고 한 것은 옳다. 『고려사』 충숙왕 26년 조에 "도적이 마한 호강왕의 무덤을 발굴하였다"라 하였고 『지봉유설』에서는 "『동국여지승람』의 소위 호강왕은 즉 기준이다"라고 하였다. 두 설이 모두 당연히 근거가 있을 것이므로 이를 따른다.[97]

이상에서 보면 『고려사』 「지리지」에서는 익산에 있는 무강왕의 능을 기준箕準의 능이라고 하면서도 일설에는 백제 무왕의 능이라고 한다는 것을 덧붙이고 있는 데 비하여 『동국여지승람』에서는 명백하게 백제 무왕이라고 보면서 이 무왕을 무강왕이라고 하였다. 이에 대하여 안정복은 『동국여지승람』에서 백제의 무왕을 무강왕이라고 한 것이 오류라고 지적하고 『고려사』 충숙왕 26년 조의 기록과 『지봉유설』에 근거하여 익산에 있는 무강왕의 능을 바로 기준의 능이라고 하였다. 기준이 남천하여 마한의 왕이 되었음을 주장하는 안정복의 입장에서는 당연한 해석이라고 하겠다.

현재 익산의 미륵사지 및 왕궁지 등은 백제 무왕과 관련되어 이해되고 있는 한편 최근 사리기의 발견으로 선화공주가 무왕의 왕비였다는 설에 대하여도 회의가 강력하게 제기되고 있다. 그러나 고려 충숙왕대의 후조선 무강왕 기사 및 『고려사』 「지리지」의 마한馬韓 조 무강왕의 기사도 어떤 근거에서 나온 것일 가능성(마한 이래의 전승과 연관된 것일 가능성)이 있으므로[98] 앞으로 이 문제는

---

97 武康王 麗人避惠宗諱 多稱虎康王 麗志[고려사 지리지]"金馬郡有後朝鮮武康王 · 妃陵谷 號永通大王陵 一云百濟武王小名薯童" 輿地勝覽[동국여지승람]"益山古號金馬 永通卽薯童之轉" 又云"武康王與善化夫人 作彌勒寺 新羅眞平王 遣百工助之" 按 此云"武康"卽"武王之謬也" 百濟武王 與眞平王同時而有善化夫人 則勝覽未之考也 三國遺事"百濟武王名薯童 妃善化夫人 新羅眞平王之女"云者是也 高麗史 忠肅王三十六年云"盜發馬韓朝虎康王陵" 又芝峯遺說曰"輿地勝覽所謂武康王 卽箕準也" 二說亦當有據 故從之 (『동사강목』 3, 492~493면.)

98 혹은 고려 중기 이후 기자에 대한 존숭 이념이 증대되면서 기자 마한 건국 설에 주목하여

치밀한 고고학적 발굴을 통하여 더 조사할 필요가 있다고 생각된다.[99]

이와 관련되어 문헌 자료 가장 오래 된 것은 『삼국지』 위서 「동이전」의 "위만이 조선을 격파하자 조선왕이 궁인과 주변 인물을 거느리고 바다를 건너 한韓 지역에 이르러 개국하고 마한이라고 하였다."라는[100] 기사이며 우리나라 자료로서는 『삼국유사』 기이 「마한」조에서 이를 처음 인용하였고 선초의 『삼국사절요』에서도 "궁인과 좌우를 이끌고 바다를 건너와서 남쪽으로 금마군에 이르렀다."라고 하여 기준이 새로 건국한 도읍이 금마군임을 밝혔다.[101] 이어 『동국통감』에서는 "바다를 건너 남쪽으로 달아나다."라고만 하였다.[102] 『삼국사절요』에서 금마군이라고 한 것은 『고려사』 「지리지」에 근거한 것으로 추정된다. 이 『고려사』의 기록이 기준의 마한 도읍지가 금마군=익산임을 분명히 한 최초의 기록이며 『동사강목』은 이를 따른 것이라고 할 수 있겠다. 다만 앞에서 언급하였듯이 『고려사』 「지리지」에서는 무강왕을 백제의 무왕으로 보는 다른 설도 소개하였다.

3. 결어結語

이상 본론에서의 논의를 간략히 정리하면 다음과 같다.

첫째 안정복은 단군조선을 역사적 사실로 인정하였으며 이것은 역사적 사실

익산을 기자가 건국한 마한이라고 생각하기 시작하였고 이와 더불어 백제 무왕의 능에 대한 전승이 기준의 능으로 와전되었고 이 와전이 충숙왕 무렵에 와서는 정착하게 되었을 가능성도 생각하여 볼 수 있겠다.

99 다만 현재 익산의 쌍릉은 고고학적 견지에서 대체로 백제 무왕 때 무렵의 것으로 이해되고 있다.

100 衛滿擊朝鮮 朝鮮王準率宮人左右 越海而至韓地開國 號馬韓 (『삼국지』 「동이전」)

101 準率宮人左右 浮海而至南金馬郡 (『삼국사절요』 외기 「기자조선」 조.)

102 浮海而南奔 (『동국통감』 외기 「기자조선」 조.)

로서의 단군조선을 우리 역사에서 배제하려는 『삼국사기』 및 『아방강역고』 등의 태도와는 다르다. 17세기 한백겸 이래 역사지리학을 중심으로 치밀한 문헌고증을 전개하여 왔던 흐름, 중국 측 사료를 중시하고 우리의 사료를 배제하려는 태도와도 구별된다. 이것은 같이 치밀한 문헌고증학이면서도 안정복의 역사학이 정약용의 역사학과 구별되는 점이다

둘째 주자 강목체 역사학의 정통론에 따라서 안정복은 우리 역사에서 정통은 단군－기자－마한－(통일)신라－고려로 이어진다고 보고 단군조선과 기자조선을 「외기」에 넣은 조선 초기 단계의 『동국통감』을 비판하였다. 안정복은 강목체적 역사관은 선초의 『동국통감』 단계에서 채택한 『자치통감』 단계의 의리론을 뛰어넘는 것이고 우리나라 강목체 역사학 가운데 가장 그 이념에 철저하여 그 정점에 있다. 아울러 단군을 하늘의 후손으로 보는 관점을 벗어나 단순히 신인神人으로 보았으며 이것은 조선 개국 초 권근의 「응제시」, 『동국통감』으로 이어지는 흐름을 계승한 것이다. 여기에는 우리나라 중국의 제후국처럼 생각하는 선초 이래의 인식이 여전히 반영되었다고 여겨진다.

셋째 단군檀君의 명칭에 대하여 『삼국유사』에는 "단군壇君"으로 되어 있고 『동국통감』 및 『고려사』 「지리지」 등에는 "단군檀君"이라고 되어 있는데 안정복은 후자를 따른다고 하였다. 왕검王儉에 대하여 지명으로 보면서도 이름에서 완전히 제거하지는 않았다. 역사학자로서 사료를 남겨두어야 하며 우리 역사에서는 우리의 기록을 존중하여야 한다는 자세를 그가 갖고 있었음을 의미한다. 이런 태도는 "왕검王儉"을 완전히 부정하고 "왕검王險"을 지명으로 한 정약용의 태도와는 다르다

넷째 『삼국유사』와 『제왕운기』 이래 조선 건국 초 권근의 「응제시」 단계까지 단군의 개국 연도를 요임금과 동시이며 무진년이라고 보는 인식이 계속되었으나 서거정 단계에서부터 이런 인식에 대한 비판이 보이기 시작하여 『동국통감』에서 단군이 개국한 무진년은 "요임금 25년"이라고 하게 되었으며 이에 따라 안정복의 『동사강목』에서도 단군개국 연도를 "요임금 25년 무진년"이라고 하게 되었다

한편 『삼국유사』에서 단군의 수명이 천년이 넘는 것으로 본 문제를 합리적으로 설명하려는 것은 『동국통감』의 안설에서 비롯된다. 권근의 「응제시」에 근거하여 천여 년은 단군의 수명이 아니라 "단군전세지역년檀君傳世之歷年"라고 하였다. 『동사강목』은 이 견해를 받아들이면서도 단군이 신神이 된 것은 인정하는 태도를 보였다. 안정복은 합리주의자이면서도 사람들이 사후에 신으로 높여 제사지냈다면 그대로 따르겠다는 입장이다. 매우 진지한 역사학자의 자세를 엿볼 수 있다.

다섯째 안정복은 단군조선의 영역을 요동과 한반도 북부(한강 이북)에 걸쳐 있었던 것으로 생각하였다. 그러나 단군이 내려왔다는 태백산太白山과 평양에서 이도移都한 백악白岳에 대하여는 「태백산고」와 「백악고」에서 각기 오늘날의 백두산과 평양 부근으로 생각하였다.

안정복의 단군조선 강역에 대한 인식은 단군조선의 영역을 대체로 한반도 내부로 비정한 『삼국유사』 및 『제왕운기』 그리고 선초의 『동국통감』에 비하여 발전한 것이고 17세기 초 한백겸의 『동국지리지』 단계에서 고조선의 영역을 대체로 한반도 북부 지역(한강 이북)으로 본 것에 비하여도 발전한 것이다. 안정복의 이런 견해에는 이익李瀷의 영향이 있었다.

여섯째 이전의 『동국통감』, 나아가 『동사회강』 단계까지도 단군조선의 역사에 대한 구체적인 언급이 없었던 비하여, 『동사강목』에서는 단군조선을 구이九夷(동이 9종족) 가운데 하나로 보면서 동이東夷와 관련된 중국 측 자료를 모아서 중국의 요순堯舜, 하나라, 상商(은殷)에 해당하는 단군조선의 역사를 비교적 자세하게 정리하였다. 물론 정통국가가 단군조선이고 다른 동이의 역사는 이에 종속되는 것으로 생각한 것이다.

일곱째 단군조선의 계승 문제와 관련하여 『삼국유사』는 단군과 북부여를 연결시켜 생각하여 해모수=단군이라고 보는 한편 단군의 아들로 해부루를 말하면서도 주몽도 단군의 아들이라는 절충을 시도하였다. 안정복은 논리적 추론을 통하여 이 문제에 대하여 부루가 둘이 있으며 주몽은 북부여의 시조 해모수의 아들임을 명쾌하게 밝혔다. 이런 식의 안정복의 정리는 단군조선의 계승이 북부여(단군 후예인 해모수가 건국)임을 밝힌 것이다. 아울러 안정복의 이와 같은 주장은 시라(신라), 고리(고구려), 남옥저, 동북부여, 예맥 등 우리 상고사의 여러 국가들을 모두 단군의 후손이라고 보는 『제왕운기』의 입장도 논파한 것으로 볼 수 있겠다. 이리하여 그는 단군조선 하나에서 우리 역사가 시작되는 관점을 벗어날 수 있게 되었다.

여덟째 안정복은 단군조선이 쇠퇴하자 후손 해모수가 요동 북쪽 천여 리 지점으로 이동하여 (북)부여를 건국한 것으로 보고 기자조선은 주인이 없는 황무지에 새로 개창된 것으로 생각하였다. 단군조선과 기자조선 사이에 공백이 있다는 견해는 『제왕운기』 단계부터 있었고 안정복의 견해는 여기에서 한 걸음 더 나아가 단군의 후예들이 북부여로 이동하여 간 것이라는 견해를 추가한 것이다. 아울러 자신의 비교적 정밀한 연대 계산에 기초하여 단군조선이 멸절된 지 196년 뒤에 주나라 무왕이 기자를 봉하였다는 수치를 제시하기도 하였다.

아홉째 우리나라와 기자를 관련시킨 첫 번째 기록은 복생 『서대전』이며 그 다음이 『사기』의 「송미자세가」이고 전자는 기자조선이 독자적으로 건국되어 사후에 주나라의 책봉을 받았다고 보는 점, 후자는 주나라의 책봉으로 기자조선이 시작된다고 보는 점에서 서로 차이를 보인다. 『삼국유사』는 후자의 입장과 같으며 『제왕운기』는 직접적으로 전자의 견해를 계승한 것이다. 안정복의 입장은 대체로 『제왕운기』의 입장과 같은 것으로서 조선후기 당시 일부에서 주장되던, 기자 수봉受封을 부인하는 입장과는 다르다.

한편 『동사강목』에서는 기자조선의 개국 연도를 '기묘년=주나라 무왕 13년'으로 보았다. 개국 연도를 기묘년이라고 본 점에서는 『삼국유사』 및 『제왕운기』와 같지만 기묘년을 무왕 13년이라고 본 점은 다르다. 중국의 역사서들은 『사기』이래 대체로 주나라 무왕이 은나라를 정벌한 것은 무왕 13년으로 하고 있고 이 해의 간지를 기묘己卯로 본다. 『동사강목』의 견해는 중국 역사서들과 불일치하는 『삼국유사』와 『제왕운기』에 비하여 발전한 것이라고 하겠다.

열 번째 안정복은 요동을 기자조선의 강역에 속한다고 보면서도 기자의 도읍지는 평양이라고 하였다. 그러나 도읍지가 평양이 아마도 대체로 강역의 중간에 있었을 것이라고 생각하여 기자의 강역을 요하 이동에서 한강 이북에 걸친 것으로 생각하였다. 안정복에 앞서 오운이 『동사찬요』에서 먼저 이런 주장을 하였는데 안정복의 견해는 이를 따른 것이다. 다만 기자조선 말년의 강역에 대하여는 기준箕準이 진나라에 복속하면서 이미 만번한 이동에서 패강浿江 이서以西 사이가 진秦에 넘어 갔고 한漢나라가 다시 이것을 확인하여 패수를 경계로 하였으나 실질적으로는 공지空地 상태가 되어 있었는데 기준이 이곳을 위만衛滿에게 봉토로 준 것으로 생각하였다. 즉 기자조선과 중국 사이에는 전국시대 말 연燕나라와 사이에 만번한이 경계되었고 다시 진나라 때 패수가 경계로 되었는데 이를 한나라에 들어와 다시 확인한 것으로 생각하였다.

열한 번째 『동사강목』에서는 중국 주나라 초에서 전한 초에 이르는 기자조선의 역사를 체계적으로 정리하였다. 주나라 때 동이의 역사를 기자조선 부분에 포함시켜 설명한 것은 정통국가로서의 기자조선을 동이東夷를 대표하는 나라로 생각하였기 때문이다. 아울러 평양의 기자 정전井田을 인정한 것은 안정복 역시 토지개혁론자이었기 때문으로 여겨진다.

열두 번째 기준箕準의 남분南奔과 마한馬韓 개국開國 문제에 대하여 언급 가운데 가장 오래 된 기록은 『삼국지』 위서 「동이전」의 것이며 우리나라 자료로서는 『삼국유사』에서 이를 처음 인용하였고 선초의 『삼국사절요』에서는 금마군임을 밝혔다. 『삼국사절요』에서 금마군이라고 한 것은 『고려사』 「지리지」에 근거한 것으로 추정되며 이 『고려사』의 기록이 기준의 마한 도읍지가 금마군=익산임을 분명히 한 최초의 기록이며 『동사강목』은 이를 따른 것이다. 마한정통론을 주장하는 안정복으로서는 기준의 남분南奔과 마한 개국을 부정할 수 없었을 것이다.

이상에서 본론의 내용을 요약하였다. 다음으로 『동사강목』의 우리 상고사 인식의 사학사적 위치와 의의, 강목체 역사학과 "민족적 지향"과의 관계, 우리 근대역사학과의 관련 문제, 앞으로 역사학 진전을 위하여 안정복의 역사학에서 배울 점 등에 대하여 생각하여 보기로 한다.

(1) 먼저 사학사적 위치에 대하여 생각하여 보면 우리 17세기 이래 선행한 강목체 역사서의 미진한 점을 보완하여 강목체 역사서 가운데 가장 철저하게 강목체 사관에 입각하여 정연하게 정리한, 우리나라 강목체 역사서의 정점에 있는 책이다. 동시에 이전까지의 문헌고증적 역사학 발전의 성과를 집성한 것으로서 유형원과 이익에게서 영향을 받았다. 이것은 강목체 역사학과 문헌고증적 역사학의 결합이라는 점에서 의의가 있다. 그리고 단군조선을 인정하고 그 강역을 요동과 한반도 북부에 걸친 것으로 보는 관점은 조선후기 역사지리학파와는 다른 입장이지만 오늘날의 학문 수준에서 보면 안정복의 견해가 더 타당하다.

(2) 강목체 역사학은 보수적이며 사대적인 것으로 생각하기 쉬우며 이런 견해가 완전히 틀린 것은 아니다. 그러나 『동사강목』은 강목체 역사학의 정통론의 입장에 서면서 "단군조선－기자조선－마한－삼국(무통)－통일신라－고려"라는 식으로 우리역사를 체계화하였다. 이것은 근대 민족국가의 "국사"(내셔날 히스토리)의 체계 구축 가운데 선구적 위치에 서는 것으로도 볼 수 있겠다. 그리고 『동사강목』에서는 중국을 사대하는 이유에 대하여 우리의 생존과 독립을 위한 것이라는 점을 분명하게 하였다. 안정복은 나라가 망해도 명나라에 의리를 지켜야 한다고 주장한 병자호란 당시의 맹목적 척화파와는 완전히 반대의 입장을 갖고 있었다. 그는 철저하게 퇴계식의 주자성리학을 신봉하지만 매우 현실적 감각을 갖고 우리역사의 우리의 생존을 위한 방략을 구하고 있었다. 강목체 역사학은 중국의 입장에 서서 주체성을 강조한 것이기는 하지만 이것을 우리가 전유할 때에는 우리의 주체성 강화로 발전할 수 있다.

(3) 현재 내셔날 히스토리로서의 국사에 대하여 많은 비판이 행해지고 있으며 이런 각도에서 단재 신채호 등으로 대표되는 우리 근대의 민족주의 역사학에 대하여 부정적으로 생각하는 경향도 증대하고 있다. 그러나 지금 분단 상황에서 통일에 기여하는 우리역사를 정립하기 위해서는, 우리 근대의 민족주의

역사학을 비판하는 동시에, "남북을 포괄할 수 있는 새로운 국사"를 정립할 필요가 있다고 생각된다. 이것은 한반도를 포괄하는 남북한 주민 대다수의 조상이 되는 동이東夷의 역사에서 출발할 수밖에 없다. 이 점에서 단군조선을 동이족의 역사 가운데 하나로 보며 기자조선을 동이족의 국가로 보면서, 단군조선과 기자조선을 동이족의 대표 국가로 생각하여 동이족의 역사 전체를 구체적으로 우리역사에 편입한 『동사강목』의 의의는 매우 깊으며 이것은 우리 근대 민족주의 역사학의 입장을 선취한 것이라고 할 수 있겠다.

(4) 상고 동이족의 역사를 모두 우리역사에 편입하면서 단군조선과 기자조선을 그 대표국가로 보는 『동사강목』의 견해는 21세기 민족통일에 기여하는 역사학이 되기 위하여 더욱 발전시켜 가야할 점이다.[103] 그리고 우리의 생존과 독립을 위한 경험을 우리역사에서 배우려는 자세 역시 21세기 우리가 계승, 발전시켜야 할 점이다. 더욱이 그가 단군조선, 기자조선 시대부터 요동 지역이 우리 영역이었다고 하면서 현실적으로 조선의 영토가 한반도 내로 되어야 한다고 생각한 것 역시 우리가 배울 점이다. 과거의 강역은 정확히 밝히면서도 그것을 현재의 영토 분쟁으로 끌고 가려는 오류를 범해서는 안 되며 안정복은 이 점을 잘 깨닫고 있었다.

다만 『동사강목』에서는 우리의 상고 문화에 대하여 유교 문화를 요순 단계부터 받아들인 점에서 높이 평가하였으나 21세기 단계에서는 중국과 구별되는 고유성과 거기에 내재하는 보편적 가치를 찾고 이런 측면이 중국의 유교 문화 및 불교문화를 수용하는 과정에서 어떤 역할을 하였는지 찾는 노력, 그리고 지

103 다만 앞으로 동이족 전체와 현재 우리 남북한 주민과의 관계, 기자조선의 성격 문제, 마한을 정통으로 할 때 북방 우리 조상들의 역사는 어떻게 하나로 합쳐 이해해야 하는가 문제 등은 좀 더 깊이 추구되어야 할 문제이다. 기자조선에서 서방에서 온 인물, 혹은 중국인들이 포함되었을 가능성은 크지만 주민의 다수는 동이족이었을 것이고 동이족이 새로운 문물을 흡수하여 자기화한 것이 기자조선의 문화였다고 생각된다.

배층이 아니라 민중의 입장에서 우리역사를 보고자 하는 고민이 덧붙여져야 할 것이다.

순암 안정복 연구의 현황과 과제

함영대

1. 머리말

순암 안정복(1712~1791)에 대한 연구는 그가 편찬한 『동사강목』에서 비롯되었다. 『동사강목』은 조선 최고의 역사서로, 근대 민족주의 사학자 신채호・박은식에게도 큰 영향을 끼친 것으로 평가되고 있다. 그 결과 순암은 조선 후기 실학의 성과를 역사학 방면에서 성취한 수준 높은 역사학자로 확고한 지위를 획득했다.[1]

1 이러한 평가는 순암에 대한 연구의 초기 성과가 거의 『동사강목』에 집중되어 있는 점에서도 잘 확인할 수 있다. 그 주요한 성과를 들어보면 다음과 같다. 김사억(1965), 「동사강목 해제」, 『역사과학』, 과학백과사전 종합출판사의 연구에서 비롯된 이러한 시각은 이우성(1966), 「조선후기 근기학파에 있어서의 정통론의 전개」, 『한국의 역사상』, 창작과비평사에 의해 좀 더 뚜렷하게 포착된 이래 김철준(1976), 「동사강목-정리된 유교사관」, 『한국문화사론』, 지식

순암에 대한 관심이 고조되어감에 따라 연구자들은 방대한 그의 여타 저작에도 눈을 돌렸다. 『하학지남下學指南』, 『열조통기列朝通紀』를 비롯하여 『잡동산이雜同散異』 등의 저작들이 발굴되었고, 1970년대 중반에는 그의 전집이 출간되기도 했다.[2] 그에 대한 관심을 촉발시켰던 『동사강목』은 스승인 성호 이익의 저작인 『성호사설星湖僿說』과 함께 국학서 가운데서도 비교적 일찍 번역되었다.[3] 뜨거운 국학연구의 분위기 속에서 사학 분야의 탁월한 실학자로 순암은 진작 학계의 조명을 받은 것이다.

그런데 간간이 서학과 관련하여 그의 비판적인 관점이 소개되면서 순암 학문의 보수성이 노출되고,[4] 그의 학문과 저작에서 부정하기 어려운 성리학적 저변이 확인되면서 순암의 학문은 이중적인 성격을 지닌 것으로 파악되었다. 곧 실학자이면서도 성호 이익의 학문을 온건하고 보수적인 관점에서 발전시킨 학자로, 또는 성리학과 실학이 중첩되어 있는 학자로 파악되기 시작한 것이다.[5] 한편, 주자학의 실천적인 면을 강조한 『하학지남』이 검토되면서 그는 관념화된 주자학의 문제점을 극복하면서 실학적 측면을 열어간 학자로 인식되기도 했다.[6]

산업사; 윤남한(1977), 「해제」, 『동사강목』 1, 민족문화추진회; 천관우(1978), 「『동사강목』 관규」, 『한국학』 19, 영신아카데미 한국학연구소로 이어지면서 그 중요성이 더욱 심화되었다.

2 『순암총서』와 『동사강목』에 대한 이우성(1970), 「해제」, 『순암총서』, 성균관대 대동문화연구원; 「『동사강목』 해제」, 경인문화사의 해제는 이후 순암 연구의 방향을 제시했다.

3 민족문화추진회에서 『성호사설』과 『동사강목』을 번역한 것은 모두 1977년이다.

4 최동희(1976), 「안정복의 西學 비판에 대한 연구」, 『아세아연구』 19-2(56호), 고려대 아세아문제 연구소; 이원순(1986), 『조선서학사연구』, 일지사; 강재언(1990), 『조선의 서학사』, 민음사.

5 이우성(1999), 「근기학파에 있어서의 순암의 위치」, 『한국실학연구』 1, 한국실학학회.; 이봉규(2000), 「순암 안정복의 유교관과 경학사상」, 『한국실학연구』 2, 한국실학학회; 이동환(2004), 「도학과 실학 그 이분법의 극복 – 순암 안정복은 실학자인가」, 『한국실학연구』 8, 한국실학학회.

6 윤남한(1974), 「『하학지남』 사본」, 『고서해제』, 국회도서관보; 정순우(2003). 「순암 안정복의

한편 『임관정요臨官政要』와 『이리동약二里洞約』 등에 보이는 향정론鄕政論이 주목받으면서 순암의 사회사상에 대한 검토가 본격적으로 이루어졌다. 그 결과 지방 행정가와 향토 지식인으로서 순암의 면모가 속속 밝혀졌다.[7] '열녀烈女'에 대해 전통적인 관점을 보여준 묘지명 등의 산문분석을 통해 그의 여성인식에 대한 비판적인 평가가 제기되기도 했다.[8]

최근에는 새삼 순암의 저작과 그의 서재인 이택재麗澤齋에 소장되었던 방대한 장서에 대한 관심이 제기되어 그의 저작, 이택재 장서의 형성과 산일, 안정복 집안에 전해지던 책력일기冊曆日記에 대한 연구가 보고되어 근기남인 지식인으로서의 순암의 면모가 새롭게 주목받고 있다.[9]

본고는 이제까지 진행된 순암 안정복 연구의 큰 흐름을 따라가면서 연구 주제별로 그 성과를 검토하려 한다. 쟁점에 대한 본격적인 논쟁사의 파악이라기보다는 각 연구의 관점과 성과를 소개하여 이후 전개될 수 있는 순암 연구의 쟁점에 대한 이해의 교두보를 확보해 두고자 한다. 아직은 순암에 대한 연구는 논쟁사를 거론할 만큼 축적되어 있지는 않다는 판단에 따른 것이다. 하지만 충실한 현황에 대한 파악은 이후 순암 연구에서 제기될 수 있는 문제의식과 시야를 확보하는데 일정부분 도움을 줄 수 있을 것이다. 아울러 이 글에서는 지면의 제한을 고려하여 기존 순암 연구에서 높은 비중을 차지했던 사학 분야에 대

공부론과 그 의미」, 『한국실학연구』 6, 한국실학학회.

7 대표적인 연구로는 한상권(1987), 「順菴 安鼎福의 社會思想－民에 대한 인식을 중심으로」, 『韓國史論』 17, 서울대; 김태영(1999), 「순암 안정복의 鄕政論」 『한국실학연구』 1, 한국실학학회; 김보경(2009), 「18세기 향촌사회와 유교공동체－순암 안정복을 중심으로」, 『東洋古典硏究』 35, 한림대태동고전연구소.이 있다.

8 강명관(2004), 「순암 안정복의 여성관」, 『한국실학연구』 8, 한국실학학회; 김보경(2004), 「순암 안정복의 여성 인식」, 『한국고전여성문학연구』 8, 한국고전여성문학회

9 2012년 10월 8일 국립중앙도서관에서 개최된 『순암 안정복 탄생 300주년 기념학술회의』에 제출된 김현영(2012), 「순암 이택재 장서의 형성과 散逸」과 전경목(2012), 「일기를 통해서 본 조선후기 근기 지식인의 생활」 등의 연구가 대표적이다.

한 연구사 정리는 차후의 과제로 남긴다.

그런데 순암 연구사에서 간과할 수 없는 것이 그의 생애별 저작과 그에 대한 연구이다. 순암이 제출한 대부분의 저작은 그 삶의 변화 국면과 깊은 연관성 속에서 탄생했다. 그러므로 생애를 따라가며 그의 저작을 검토해 보는 것[10]은 순암 연구사의 지반을 튼실하게 하는 의미가 있다.[11]

2. 순암 연구의 현황과 쟁점

1) 생애별 저작 현황

기존의 연구사에서 순암의 생애를 구분하여 이해한 것으로는 한상권(1987)과 강세구(1996)[12]가 있다. 한상권은 총4기로 순암의 생애를 나누었는데 1기(1712~1754)는 그의 나이 43세까지의 시기로서 수학기인 동시에 초기사환기이며, 2기(1755~1771)는 60세까지의 시기로 향촌에 복거하면서 저술 활동에 몰두한 시기로 그의 사상 체계는 이 시기에 거의 완성되었다고 본다. 3기(1772~

10 이 방면의 연구로 가장 정리된 최근의 연구는 안병걸(2012), 「순암 안정복의 생애와 학문적 성과」, 『선본해제14－순암 안정복』, 국립중앙도서관이 있다.

11 순암은 『동사강목』, 『임관정요』, 『하학지남』 등의 草稿를 完稿로 완성하는데 적지 않은 시간을 보냈으므로 생애의 국면과 저작이 반드시 일치하는 것은 아니다. 그러나 대체로 성리학으로 전환하여 학문에 대한 입지를 굳히는 단계에서 『하학지남』을 쓰고, 향리에 머물면서 『二里洞約』을 작성하고, 향정책을 담은 『임관정요』를 다듬었으며, 은거와 독서의 시기에 『동사강목』과 『열조통기』를 저술했다. 西敎의 문제가 불거진 이후에는 『천학고』와 『천학문답』을 제출하는 등 자기 인생의 변화에 대응하여 주요한 저작들을 남겼다. 그러므로 그의 생애를 고려하여 그 저작의 상황을 살펴보는 것은 순암에 대한 연구사를 검토하는데 긴요한 과제라 할 것이다.

12 강세구(1996), 「안정복의 실학사상 형성과 『임관정요』 저술」, 『순암 안정복의 학문과 사상 연구』, 혜안

1779)는 그의 나이 68세가 되는 시기로 1772년부터 1775년 사이에 채제공의 추천으로 당시 동궁으로 있던 정조의 서연書筵에 두 차례 입참入參하여 이를 계기로 정조의 지우知遇를 받아 1776년부터 1779년까지 목천현감을 역임한 시기이다. 4기(1780~1791)는 80세의 말년까지로서 향리에 은퇴하여 서학西學의 배척에 주력하였다. 사환과 은거를 반복한 순암의 삶을 기준으로 구분한 것이다.

한편 강세구는 순암의 일생을 성호와의 만남을 중시하여 3기로 구분했다. 곧 성호를 만나는 35세와 성호가 타계한 52세가 그 기준이라고 본다. 1기는 성호를 만나기 이전으로 하학으로 다져진 실학문과 농촌생활로 얻어진 경험적 사상이 형성된 청년기이고, 2기는 성호가 타계하기 전까지로 성호 문인으로서 성리학과 역사학, 그리고 실학사상이 정착된 중・장년기이며, 3기는 생애를 마치기 전까지로 이단사상을 배격하고 하학을 장려하면서 성호학파의 유지에 심혈을 기울인 노년기이다.

순암의 제자 하려 황덕길이 찬한 『순암연보』를 토대로 순암의 생애를 좀 더 세분하여 구분해보면 다음의 5기로 나눌 수 있다. 곧 수학기, 1차 사환기, 향리은거기, 2차 사환기, 만년기 등이 그것이다. 이러한 구분은 한상권의 구분에 수학기를 다시 세분한 것으로 순암의 학문적 입장이 구축되는 과정을 좀 더 주목하고자 한 것이다. 해당 각 시기별로 순암은 자기 인생의 여정을 담담하게 받아들이면서 수많은 책들을 초록하여 방대한 이택재 장서를 구축하고, 그 장서에 대한 독서를 바탕으로 수많은 저작을 남겼다. 그러한 생애별 저작상황은 안정복 연구에 대한 사적 파악에도 적지 않은 시사점을 준다.

(1) 수학기(1712년~1748년) 37세 이전

38세에 처음 관직을 나가지 전까지의 시기이다. 이 때의 순암은 조부의 관직이동과 집안의 형편에 따라 전국을 떠돌며 생활하다 25세에 경기도 광주 텃골에 정착하게 된다. 26세부터 『성리대전性理大全』, 『심경心經』 등 성리학 서적을 독서하면서 「치통도治統圖」, 「조통도道統圖」를 만들고, 29세에는 『하학지남下學指南』과 「정전설井田說」을, 30세에는 『내범內範』을 저술한다. 33세에는 유형원의 증손 유발을 만나 유형원의 저작을 접하게 되고, 35세에는 안산의 성호 이익을 처음으로 찾아뵙게 된다. 36세에 성호에게 주역 괘변卦變에 대한 가르침을 받고 37세에는 『홍범연의洪範衍義』를 초草한다.

이 시기는 순암이 아직 반계와 성호의 학문을 충분히 소화하기 이전이다. 순암은 이 때에 이미 어느 정도 자기류自己流의 학문적 입장에서 학문체계와 사상체계를 구축했다.[13] 오랜 기간 현실적인 농촌 체험과 독자적인 공부로 애민사상, 자립지향의 농본사상, 여론을 중시한 목민관상이 구축되었던 것이 이 시기의 저술인 『임관정요』에 보인다. 하학상달下學上達이라는 학문정신도 『하학지남』에 어느 정도 체계를 갖추어 나타난다.[14] 학문성립기에 형성된 '하학下學'을 중시하는 논리는 당대 학술에 대한 비판적 인식에서 비롯된 것으로 순암의 '실학實學' 인식과 맞물려 학문의 지향이자 방법론으로 정립되었다. 이는 만년까지 견지된 학문적 지향으로 이해되고 있다.[15]

『성리대전』을 읽고 『하학지남』과 『내범』을 지은 순암은 성리학을 공부하면서 자신의 학문적 입장을 정립한 후, 반계의 저작을 접하고 성호를 만나면서 그 인식의 폭을 넓혀 나갔다. 이 시기부터 순암은 '하학'이라는 실천지향의 주자학을 자기 학문의 입각점으로 설정했다.

그렇다면 순암이 정립한 '하학'의 논리는 성리학 내지 실학의 입장에서 어떠한 의미를 가지는가? 이 점에 대해서는 제기되는 의견이 적지 않지만[16] 순암

13 한영우(1989), 「18세기 후반 남인 안정복의 사상과 『동사강목』」, 『조선후기사학사연구』, 일지사

14 강세구(1996), 앞의 책.

15 함영대(2008), 「순암 안정복의 학문적 지향과 『孟子疑義』」, 『한국실학연구』 16, 한국실학학회.

16 원재린(2003), 「순암 안정복의 하학관과 "東史" 이해」, 『한국실학연구』 6, 한국실학학회; 함

학문의 성격과 관련하여 좀 더 깊이 있는 성찰이 요청되고 있다.

한편 순암의 학문적 관심과 태도가 유형원과 이익을 접한 이후 크게 전환되었다는 것에 대해서도 다양한 의견이 제출되어 있다. 순암은 성호를 사사事師했지만 동몽교육童蒙教育을 받아온 제자가 아니었으며, 그의 문하에서 성호의 인정을 받은 학자의 한 사람으로 보는 견해도 있다.[17] 그런데 순암이 성호와의 만남을 기록한 『함장록函丈錄』을 분석해 보면 지식을 강조한 성호에 비해 순암은 오직 성현의 말씀을 따라 성실히 실천에 옮기겠다는 지향을 보인다.[18] 이러한 순암의 학문적 지향은 성호와의 만남 이후 반드시 전환되었다고 보기 어려운 점이 있다. 이는 『동사강목』에 대해 그 고거考據에 만족하면서도 무엇인가 미진한 점이 있다고 평가한 성호의 언급[19]과 연관하여 좀 더 살펴보아야 할 과제이다.

순암이 35세 때부터 성호 이익을 사사事師함으로써 자신의 학문경향에 대한 확신을 가지고 반계－성호로 이어지는 경세치용의 학문을 계승하는 계기가 되었다[20]는 주장이나 성호와 사제관계를 맺으면서 성호－퇴계로 이어지는 영남학파와 학적 연원이 닿아있다[21]는 생각은 정황증거가 아니라 구체적인 자료와

영대(2012), 「성호학파의 학문전승과 下學의 논리－순암계열을 중심으로」, 『문화전통논집』 19, 경성대학교 부설 한국학연구소.

17 심우준(1985), 「순암 안정복의 생애와 저술」, 『순암 안정복 연구』, 일지사.

18 이우성(1974), 「해제」, 『순암전집』, 여강출판사.

19 『星湖全集』, 卷26, 「答安百順」, "東史時一略窺, 考據該備, 殆可謂東方未得未曾有, 亦見往往有未甚安者. 雖欲附見愚見, 精力旣疲, 無緣照閱勘定, 不免閣筆長嗟, 是天分有定, 使不得藉手大業耳."

20 강세구는 순암이 성호선생과의 사제의 연으로 인해, 邵南 尹東奎(1695~1773), 貞山 李秉休(1710~1776), 河濱 愼後聃(1702~1761), 茯菴 李基讓(1744~1802), 鹿庵 權哲身(1736~1801) 등과 친교를 맺었고, 천주학에 경도되어 있는 성호좌파들을 설득하기위해 「天學考」와 「天學問答」을 지어 천주교 배척에 심혈을 기울였다고 보았다. 그는 순암이 성호의 학문을 근기지방은 물론 영남지방에까지 확산하고 공고히 하는데 크게 기여했다고 평가했다.

21 김인규(2005), 「순암 안정복의 학문적 연원과 그 특징」, 『韓國思想과 文化』 29, 한국사상문화학회

분명한 논리적 연관을 바탕으로 좀 더 세밀하게 검토해볼 필요가 있다.

(2) 1차 사환기 (1749년~1754년) 38세~43세

중앙의 하급관료직을 수행한 시기이다. 순암은 38세 3월에 동몽교관童蒙敎官의 의망擬望에 들고, 경학經學으로 후릉참봉厚陵參奉에 제수되었으며, 만녕전참봉萬寧殿參奉에 부임했다. 40세 의영고봉사義盈庫奉事에 승진되어 서울로 들어갔으며, 다음해 정릉직장靖陵直長으로 옮길 때에 백성들이 의영사義盈司 문밖에 거사비去思碑를 세워 성호의 치하를 받았다. 성호는 경아문京衙門의 낮은 관원에게 이렇게 한 사례가 없음을 들어 순암이 학문을 하거나 벼슬살이에 최선을 다했다는 것을 알 수 있다고 하며, 낮은 관직에 좌절하지 말 것을 당부했다. 순암은 서신을 통해 성호에게 『가례家禮』와 『주역周易』을 물었으며, 성산 이병휴와 공희노이발公喜怒理發에 대해 논란했다. 순암은 소남 윤동규의 의견에 동조하여 공희노公喜怒는 기발氣發이라고 주장했다. 정릉직장의 시기 순암은 영남으로 옮길 계획을 가지고 있었으나 이루지 못했다. 42세에 『광주부지廣州府志』를 찬하고, 『이자수어李子粹語』를 편집했다. 43세에 사헌부 감찰로 옮겼으나 6월에 부친의 상을 당해 벼슬길에서 돌아왔으며, 이 때부터 피를 토하는 증세가 도져 종신토록 고질병으로 고생했다.

하급관료로 지낸 이 시기에 대한 연구는 상대적으로 소략한 편이다. 아직 순암 학문의 특징적인 면모가 잘 나타나지 않아 학적 조명을 가할만한 여지가 많지 않아서일 것이다. 그러나 관료 생활의 여가에 순암은 이미 광주의 향토지식인으로 『광주부지』를 편찬하기도 하고, 성호학파의 일원으로서 '공희노논쟁公喜怒論爭'에 참여하였으며, 『이자수어』를 정리하기도 했다. 순암의 성실한 관료로서의 면모와 향토지식인으로서 역량이 조금씩 발휘된 시기이다. 그러므로 이 시기는 성호학파의 주요한 일원이 되어가는 과정으로서, 또는 순암의 경세적인 면모를 가늠하는 초기 단계로서 좀 더 새롭게 연구될 필요가 있다.

(3) 향리 은거기 (1754년~1771년) 43세~60세

부친의 3년상을 위해 고향에 은거한 이래 익위사익찬으로 서연書筵에 참여하기 이전까지의 18년간이다. 이 시기 순암은 광주 텃골에 머물면서 예학 등 경학을 공부하고, 동약洞約을 제정하며, 이택재麗澤齋를 건립하여 소학小學을 강론하는 등 향토지식인으로서 적극적으로 활동을 전개한다. 또 한편으로는 『동사강목東史綱目』과 『열조통기列朝通紀』를 저술하는 등 재야사학자在野史學者로서 뛰어난 학문적 성과를 제출한다. 학술적으로는 이 시기가 순암의 전성기다.

45세에는 「광주부경안면이리동약廣州府慶安面二里洞約」을 제정하여 마을 사람들에게 반포하며 향정鄕政에 대한 적극적인 의지를 드러냈으며 이듬해에는 『임관정요』를 완성했다. 『임관정요』는 27세 때 『치현보治縣譜』라는 이름으로 초고가 작성되어 있던 것인데 이때에 이르러 완성한 것이다.

이들은 모두 순암의 향정론을 검토하는 기초자료인데 순암이 동약洞約을 반포하면서 새삼 『임관정요』의 원고를 마무리했다는 점은 『임관정요』의 성격과 관련하여 생각해 볼 점이 있다. 한편 이 시기에 지어진 시, 〈제초서롱題抄書籠〉과 〈제저서롱題著書籠〉에는 초록抄錄과 독서를 통해 저작을 이어가며 은거한 독실한 학자로서의 순암의 면모가 생생하게 나타나 있다.

46세에 『희현록希賢錄』을 완성했다. 44세부터 시작한 것으로 상중하 3권이다. 상권은 이윤伊尹·백이伯夷·유하혜柳下惠에 대한 「삼성전三聖傳」이고, 중권은 제갈량諸葛亮과 도잠陶潛에 대한 「양현전兩賢傳」이고, 하권은 안자顔子·주렴계周濂溪·정명도程明道에 대한 「희안록希顔錄」이다. 그 주된 내용은 성현들의 벼슬진퇴에 대한 언행을 모은 것이다. 이 시기 순암은 자기 삶의 진로에 대해 고민하고 있었다. 이 해 7월에 순암順菴, 분의당分宜堂, 담숙실湛肅室을 지었다. 또 이 때에 『천주실의天主實義』, 『기인편畸人篇』, 『변학유독辨學遺牘』 등을 읽고 서양학술에 대한 비판적인 의견을 담은 편지를 성호에게 보내기도 했다. 이 때까지 순암의 서양학술에 대한 기본 입장은 서양 기술은 볼만한 것이 있으나 서교의 내용은 단연코 이단異端의 학문이라는 것이다.

48세에 『동사강목』을 완성했다. 49세에 서신으로 권철신과 학문의 방법에 대한 논란했는데, 신의新義를 찾으려는 권철신에 대해 본문의 평이한 뜻에 주의注意할 것을 당부했다. 50세에 이택재를 짓고 소학을 강의했으며, 51세에는 『성호사설유편星湖僿說類編』을 편차編次했다. 52세에 『백선시百選詩』, 『사감史鑑』을 저술하고, 12월에 성호의 부음을 듣고 『함장록函丈錄』을 남겼다. 55세에 권철신과 왕양명의 치지설致知說에 논변하며 그 학설을 비판했다. 56세에 윤동규에게 사칠설에 대한 순암의 종합적인 견해가 담긴 서신을 보내고 이때부터 『열조통기列朝通紀』를 초한다. 57세부터 권철신, 이기양, 이병휴 등과 『대학』의 청송장聽訟章, 격치장格致章, 학문하는 방법, 사칠설四七說 등에 대해 논변했다.

이 향리 은거기는 순암의 향정에 대한 기획과 학자적 일상이 가장 확연하게 제시된 때이다. 45세에 『동약』을 반포하고 그 실시를 주장한 것은 순암이 동약을 통해 향촌 사회의 문제를 해결할 수 있다고 본 것으로 이해된다. 20대에 초고를 써둔 『임관정요』를 이듬해 완성한 것은 이러한 맥락에서 이해될 필요가 있다. 이는 훗날 목천현감으로 재직하면서 실제적인 행정의 지침으로 활용되었다.[22] 이 시기 향촌 지식인으로서 동약을 제정하고 서재에서 학동을 가르치면서 자신의 대표적인 저작들을 완성시켰다. 아울러 순암은 『동사강목』을 완성하기 위해 성호학파의 사우師友들과 긴밀한 협력관계를 형성하며 내용을 교정해 나가기도 했다.[23]

초록과 독서, 저작의 과정을 담담하게 그려낸 초서롱과 저서롱 시를 통해 우리는 순암 학문의 축적 과정을 엿볼 수 있다. 완성된 저작만을 기록한 『연보』와 '저술목록'에는 나타나지 않지만 이택재 장서목록에서 확인할 수 있는 방대

22 한상권(1987).

23 강세구(1994), 『동사강목연구』, 민족문화사; 김문식(2012), 「성호의 역사인식」, 『성호이익연구』, 사람의 무늬; 박한남(2012), 「「동사문답」을 통해 본 『동사강목』의 편찬과정」, 『순암 안정복탄생 300주년 기념학술회의 논문집』, 국립중앙도서관.

한 초서류抄書類 문헌은 『동사강목』과 『열조통기』 등의 역사 저작들이 숱한 초서와 예비적 훈련을 통해 완성된 것임을 짐작케 한다. 순암의 학술적 여정은 여전히 탐구할 만한 가치를 가지고 있다.[24] 그것에 대한 연구는 결국 완성된 『동사강목』을 놓고 성호가 아쉬워한 면이 무엇인지를 규명하는 데 기여할 수 있을 것이며, 성호와 역사관이 어떻게 계승되고 또 전변되어 순암의 역사서술로 자리잡게 되는가를 추적하는 데 기여할 수 있을 것이다.

서학에 대한 인식이 40대 중반에서 70대 후반으로 이어지면서 어떻게 변화하는가를 살펴보는 것도 흥미로운 연구 주제이다. 향촌에 머물고 있으면서 『임관정요』를 완성한 것, 『동사강목』에 이어 『열조통기』를 저술한 의미에 대해서도 좀 더 검토가 요청된다. 향리 은거기 그 학자적 일상 역시 좀 더 세심하게 살펴볼 일이다.

(4) 2차 사환기 (1772년~1779년) 61세~68세

61세에 익위사익찬翊衛司翊贊에 제수되어 서연에서 훗날 정조가 되는 동궁을 가르쳤다. 62세에 익위사 위솔翊衛司衛率에 제수되어 서연에서 『주자어류朱子語類』의 현토懸吐문제와 퇴계와 율곡의 이기설에 대한 견해를 제시했다. 순암은 사단四端은 리理가 발發한 것이고, 칠정七情은 기氣가 발發한 것이라는 입장을 강조한 퇴계의 견해를 따른다고 하였다. 64세에 『주자어류절요朱子語類節要』를 완성했고, 반계 유형원의 연보를 찬했다. 65세에 목천현감이 되어 10월에 부임했다. 부임과 동시에 명태조明太祖의 훈민육조訓民六條로 효유曉諭했고, 12월에 민정民丁을 고용하여 빙고氷庫 작업을 했다. 66세에 1월에 방역소防役所를 설치하고, 사사조書寫租 100석과 별도의 쌀 300여말로 수백금을 마련하여 고을별로 나누어 이자를 불려 일종의 사창社倉을 만들게 하고, 쇄마가刷馬價 등 일체의 부역

---

24 김현영(2012).

을 여기에서 지출하도록 했다. 동회의洞會議를 만들어 이를 준행하도록 하였다. 68세에는 목천의 읍지인 『대록지大麓志』를 찬하고, 향약을 권장하여 시행하도록 했으며 사마소司馬所를 다시 설치했다. 4월에 관직을 그만두고 향리로 돌아갔다.

이 시기에 대한 연구로서 우선 『어류절요』에 대한 검토가 요청된다. 세자를 가르치기 위해 『주자어류朱子語類』를 절요節要한 것으로 판단되는 『어류절요』의 내용과 그 절요의 방식은 순암이 시도한 주자학의 방향과도 무관하지 않을 것이다.[25] 아울러 목민관으로서의 행정에서 자신이 평소 준비한 향정을 얼마나 실천했는가 하는 점에 대해서도 짚어보아야 한다. 순암은 목천현지인 『대록지』를 저술하면서 상당한 수준의 경세가적인 면모를 보인다.[26] 40대 향정에 대한 기획이 60대에 목민의 현장에서 구체적으로 어떻게 구현되는가 하는 것을 대비하여 성찰해 보는 것은 흥미로운 연구 대상이다.

(5) 만년기 (1780년~1791년) 69세~80세

이때에는 때로 중앙관직에 제수되었으나 한가한 산직이었다. 순암은 『동사강목』을 비롯한 저술들을 정리하고, 천주교 신앙으로 경도되어 있는 일군의 성호학파 구성원들에 대해 벽이단의 논리로 시비를 변석했다.

70세에 『가례집해』를 만들었다. 52세 때부터 초고를 작성해 두었던 것을 제자 황덕일과 함께 정리한 것이다. 73세에 손자 안철중安喆重에게 유계遺戒와 송종록送終錄을 쓰게 했다. 정조가 내린 '불쇠不衰'라는 유시를 받들어 불쇠헌不衰軒

25 정선모(2013), 「안정복의『주자어류』고」, 『한국실학연구』25, 한국실학학회.

26 김수태(1987), 안정복의 大麓誌」, 『백제연구』 18, 충남대 백제연구소; 오환일(1993), 「안정복의 社倉에 대한 연구」, 『국사관논총』 46, 국사편찬위원회; 이명희(2005), 「18세기 지방자치의 구조와 기능에 대한 고찰－순암의 경기도 광주부 二里洞約을 중심으로」, 『한국실학연구』 9, 한국실학학회.

으로 이름을 삼았다. 미암서원眉泉書院 부원장직을 허락했다. 74세에 『천학고天學考』와 『천학문답天學問答』을 지어 천주교에 대한 시비를 변석했다. 이 해에 『시경명물고詩經名物考』를 완성했다. 75세에 광주 덕곡에 재사齋舍를 세우고 덕사학약德社學約을 만들었다. 채제공에게 보내는 편지에 천주학을 배척하는 것에 대해서 논의했으며, 「동명도東銘圖」를 만들었다. 77세에 서조수徐祖修가 '반사설反僿說'을 지어 성호의 설을 비난한 것에 대해 성호의 입장을 변호했다. 78세에 통정대부가 되고 79세에 가선대부로 승진했다. 이 해에 광성군廣成君을 습봉하였고, 80세 생을 마쳤다.

순암의 만년기에 가장 주목받은 것은 서교西敎에 대한 벽이단闢異端 활동이다. 순암은 서교에 대한 비판적 인식 이외에도 자기 학파의 존립에 대한 우려에서 적극적인 서교 비판의 논리를 펼친 것으로 파악되고 있다.[27] 순암이 만년에 학파의 존립을 위해 부심하면서도 저술과 향촌 강학에 많은 관심과 열정을 쏟았던 것은 순암의 학적 여정에 어떠한 의미를 줄 수 있을 것인가? 상대적으로 서학에 대한 대응만이 부각되어 있는 현실에서 이러한 실상에 대한 파악은 간과되어서는 안 될 것이다.

2) 주요 주제별 연구 현황과 쟁점

(1) 성리학과 경학

윤남한은 일찍부터 순암 연구에서 그의 사회적 배경을 중시해야 한다고 주장했다.[28] 즉 순암은 성리학 중심의 사회분위기 속에서 불우한 남인 학자로 살

27 이봉규(2002), 앞의 논문.

28 윤남한(1974), 「『하학지남』 사본」, 『고서해제』, 국회도서관보.

았으므로 성리학에서 실학으로 전화轉化된 논리는 그의 처지에서부터 검토해야 한다는 것이다. 순암학의 성격이나 현실적 기능은 성리학과 정통론적 역사의식을 떠나 있지 않았던 그의 실제 학문체계 속에서 정당하게 포착해야 하며, 순암이 주장한 일용이륜상日用彝倫上에서의 실심實心, 실덕實德, 실공實工의 의미가 종전의 성리학에서의 가치와 어떻게 변별되는지 우선 파악한 다음 그의 학술을 이해해야 한다고 보았다. 순암의 학문이 정주적 의리론이나 강목적 정통론을 벗어난 것이 아니라면 그 사상을 산생한 조선 후기사회의 사상적 배경이나 역사적 현실도 역시 정당하게 해명해야 한다는 문제제기도 이어졌다. 윤남한은 순암의 시대가 전통주의가 고취되고, 극도로 통제적인 교학체제가 운용된 시기였으므로, 주류에서 배제되었던 그의 정치적 사회적 위치를 고려하면, 순암이 집권세력보다도 오히려 더욱 정통의식이나 복고의식이 강하게 나타날 수 있다고 파악했다.

이러한 윤남한의 연구 시각은 순암의 학문이 지닌 복고성이나 보수적 입장이 지닌 현실적 의미를 정당하게 이해하려는 것이다. 이른바 '실학사상을 지나치게 신시대적 사조思潮로 전화시켜서 생각한다면 그러한 의식이나 결단을 그에게서 기대할 수는 없다.'는 비판적 옹호론의 입장이다. 순암을 '실학자'로, 그의 학문을 '실학적'인 것으로 비정批正함으로써 초래된 논란에 대해 윤남한의 지적은 여전히 경청할 만한 가치를 지닌다.

성리론에 대한 연구에서 최봉영[29]은 국립중앙도서관에 소장된 『안정복일기』라는 총서류의 저작에서 「의문답疑問答」이라는 자료를 발굴하여 순암의 학문은 정주학적 도통의식이 강한 엄연한 성리학적인 토대에 기초하고 있음을 규명했다. 최봉영은 순암이 사칠이기四七理氣나 인물지성人物之性등과 같은 극미한 부분의 이론적 논쟁에 골몰하는 당대 학문을 비판했으며, 당대 학문의 시의時宜는 실천 역행하는 것이라는 점을 지적하면서도 순암의 성리론에 내포되어 있는

29 최봉영(1983), 「순암 안정복의 성리론 연구」, 『논문집』 21, 한국항공대.

의미를 몇 가지로 정리했다. 곧 순암은 성리론에서 퇴계의 심성론을 바탕으로 이기호발理氣互發이며, 이존기비理尊氣卑적인 관점을 드러냈으며, 인人·물지성物之性을 구분하되 다만 인간에게는 본연지성과 기질지성이 겸비되어 지각적 행위를 한다는 점을 지적했다. 순암의 성리론이 퇴계의 입장을 따른다는 주장은 심우준[30]도 동의하는 것이다.

강세구[31]와 장승희[32]는 순암의 심성정心性情의 정의와 공희노기발설公喜怒氣發說, 인물지성人物之性의 논의를 더 한층 세밀하게 살펴보았다. 특히 강세구는 『의문』의 「사칠이기」 말미에 부록된 순암의 하학공부에 대한 주장을 강조하며 결국 순암의 성리론은 이기론 위주의 성리학보다는 수사학洙泗學에 깊이 뿌리를 두고 있다고 주장했다.

이봉규[33]는 성리론의 문제에 대응하는 순암의 입장을 검토했다. 순암은 신후담愼後聃·이병휴李秉休·윤동규尹東奎 등이 진행한 성호학파의 논쟁에 적극적으로 가담하기 보다는 관찰자의 입장이어서 그 이론적 해명에 크게 관심을 보이지 않으며, 다만 윤동규의 입장을 지지하여 공정한 희노는 기발이라는 입장을 지지했다고 파악했다. 순암의 성리론에 대한 대응의 저변에는 유교적 지식보다 유교적 인격 확립을 우선시한 관심사가 반영되어 있다는 것이다.

이봉규의 이러한 파악은 순암의 성리론에 대한 전체적인 윤곽에 대한 이해이자 그 논쟁에 참여하는 입장에 대한 정당한 해명이다.

순암이 지지했던 성리론의 내부적 의미에 대한 연구는 안영상[34]의 검토가

---

30 심우준(1985), 앞의 책.

31 강세구(1996), 「안정복의 실학사상 형성과 『임관정요』 저술」, 『순암 안정복의 학문과 사상 연구』, 혜안.

32 장승희(1999), 「순암 안정복의 성리론 고찰」, 『유교사상연구』 11, 한국유교학회.

33 이봉규(2000), 「순암 안정복의 유교관과 경학사상」, 『한국실학연구』 2, 한국실학학회.

34 안영상(2001), 「순암 안정복의 사단칠정설－성호학파 내부 논쟁을 중심으로」, 『한국실학연구』 3, 한국실학학회.

가장 치밀하다. 안영상의 설명에 따르면 순암은 기본적으로는 윤동규의 기지순리설氣之順理說을 따라서 공희노公喜怒를 칠정七情의 명목으로 보았다. 그러나 다른 한편 공희노의 실제적 내용은 리理에서 발현한 사단과 같이 확충해야 하는 것이라고 하여 공희노는 이발이면서 기발이라는 절충론을 제출했는데, 이러한 절충론은 영남학자 이상정의 혼륜설을 받아들여 성립한 것이다. 또한 순암은 기발과 이발을 막론하고 혼륜설을 부정한 이병휴나 기발일 때만 인정한 윤동규와 달리 이발과 기발에 모두 혼륜설을 인정했다고 보았다. 일반감정인 칠정七情과 순수도덕감정인 사단四端을 명확하게 구분하고자한 이병휴 계열과 달리 순암은 혼륜속의 분개로 설명하여 퇴계학설의 무오류성을 강조하는 한편, 우주관과 심성관을 일성一性, 일심一心, 일정一情으로 보아 사단과 칠정이 구분되지 않는다고 하였다. 곧 혼륜과 분개의 개념을 매우 적극적으로 활용하여 우주론적 이기理氣의 바탕 위에 사단칠정四端七情의 이기理氣가 성립되어 우주론과 가치론적 심성론이 일치되어 있다는 것이다.

이상의 연구에서 순암은 성리론을 연구 대상으로 삼아 추구할 만큼의 관심을 가진 것이 아니었지만 성호학파의 일원으로 자연스럽게 논의에 참여했고, 대체로 학파의 분열을 조정하려는 관점에서 견해를 제시한 것으로 이해되었다. 순암이 혼륜과 분개에 대한 논리를 수용한 것 역시 이러한 순암의 의도를 반영한 것으로 이해된다.

한편 이동환[35]은 순암 사상의 실학적 면모를 다각적인 논점을 들어 재검토했다. 이동환은 민생의 경제적 안정, 사상의 자유, 생활의 일정한 향유, 민족주체성, 계급 타파 등은 실학을 구성하는 핵심 요소로 파악했다. 이러한 지표들을 기준으로 보면 순암은 보수적인 실학자이자 진보적인 도학자라고 평가했다. 순암은 애민의식을 발휘하여 윤리적인 안정은 물론 경제적인 측면에서도 현실

35 이동환(2004), 「도학과 실학 그 이분법의 극복－순암 안정복은 실학자인가」, 『한국실학연구』 8, 한국실학학회.

적인 방략을 가지고 조치를 취했으므로 변별적인 특징이 있지만 사상의 자유라든지, 생활의 향유 등은 엄숙주의의 통제를 받았다고 부정적으로 평가했다. 민족주체성 역시 유보적이며, 계급타파에 대한 도달은 검증되지 않았으므로 담헌이나 정조의 사상에서처럼 도학의 난숙爛熟한 발전 위에 그 발전의 필연적인 결과로서 실학을 겸유兼有하게 되는 경우와는 다르다고 보았다. 이동환은 순암이 보여주는 도학과 실학의 논리가 내재적인 연계 없이 무매개적으로, 우연히 한 실체 위에, 도학 논리의 우세 속에 병존하므로 순암을 도학과 실학의 완충지대에 있는 사상가로 부르자고 제안했다.

이러한 주장은 전통시대 학자들을 도학과 실학이라는 개념을 통해 유형적으로 구분하려는 시도에서 비롯된 것이다. 구분지어 이해함으로써 대상의 속성을 뚜렷하게 파악해보자는 것이다. 그러나 의도적인 시선은 자칫 선입견으로 작용할 여지가 있다는 점에서 세심한 주의가 필요하다. 그보다는 아직 충분하게 규명되지 않은 순암의 다양한 학적 면모를 좀 더 세밀하게 파악하는 것이 우선 되어야 할 것이다.

순암의 경학에 대해서는 『시경詩經』과 『가례家禮』, 『맹자孟子』, 『주역周易』에 대한 연구가 진행되었다.

이봉규[36]는 순암은 성리설에 관한한 주자의 해석체계에 비판적 의문을 제기하지 않고, 이견에 대면해서는 주자의 해석체계를 옹호했으며, 경전에 대한 독법에서는 주자의 해석체계에 토대를 두면서도 유연성을 발휘하고 있다고 보았다. 다만 순암은 신학新學이 자의적으로 기존의 전통을 이탈하는 것에 대해 위기감을 느끼고 이미 확립된 진리성을 이반하거나 깨뜨리는 이단, 또는 비진리의 사설邪說에 대응하는 벽이단의 층차에서 새로운 변화에 휩쓸리는 후학들을 치유하기 위해 다시 본원을 확립하는 하학 공부가 절실하다는 학문적 지향을 갖게 되었다고 분석했다. 『가례』에 대해서 순암은 예禮의 본의를 중시하는 입

36 이봉규(2000).

장에서 본래의 격식과 당시의 관행을 수용하여 성호의 간소함을 보완하고 있다고 보았다.

이봉규는 순암의 경학관과 유교사상이 궁극적으로 본원本源을 지향하면서 성호 좌파와의 대립 속에서 유교적 질서를 재정립 하려는 시대적 문제의식을 담고 있다고 적극적으로 그 가치를 평가했다.

함영대[37]는 『맹자의의』에 나타난 맹자학의 주제에 대한 파악과 언해의 방식에 대한 검토, 존주행왕론에 대한 고찰을 통해 순암의 경학 해석에 드러난 존주의식은 역사의식에 있어서는 정통론과, 문명의식에 있어서는 화이관과 깊은 의식적 친연성 속에서 제출되었다고 분석했다. 그는 이것이 순암의 정통 성리학적 토대와 보수적인 입장을 확연하게 파악할 수 있는 핵심 지표라고 주장했다.

엄연석[38]은 순암이 『주역』을 주로 상수와 의리를 종합하고 통섭한다는 관점에서 이해했다. 그러므로 의리역학의 측면에서는 괘명卦名과 비응比應관계를 살펴보고, 상수역학의 측면에서는 호체설과 효변설을 살펴보며, 순암이 큰 관심을 가졌던 잡괘설雜卦說에 대한 인식을 검토하는 과정을 통해 순암은 『주역』을 미래를 예측하는 점서占書로서의 기능과 함께 특정한 실천 상황에서 인간이 어떻게 행해야 할 것인가 하는 의리적 목표를 함께 통섭하는 의미를 가지는 것으로 이해했음을 규명했다. 그는 이러한 관점이 인간이 실현하고자 하는 보편적 의리와 함께 구체적이고 특수한 상황의 특성[吉凶]에 대한 객관적 평가를 함께 중시하는 것을 의미하며, 이러한 순암의 주역인식은 경세론이나 역사사상과 관련하여 특수한 시대적 상황에 대한 구체적 인식을 중시하는 것과 연결될 수 있

37 함영대(2008), 「순암 안정복의 학문적 지향과 『孟子疑義』」, 『한국실학연구』 16, 한국실학학회.

38 엄연석(2009), 「순암 안정복의 『周易』 인식과 象數義理論」, 『철학사상』 34, 서울대 철학사상연구소.

다고 보았다. 이것은 다시 상수역학적 흐름이 주도하던 조선 후기 『주역』 해석에서 '의리'가 지니는 중요성을 강조했다는 점에서 커다란 의의를 가진다고 평가했다.

이상의 순암 경학에 대한 검토에서 뚜렷하게 부각되는 것은 순암의 학문이 지향하는 바가 본원本源과 정통正統, 의리義理라고 하는 상대적으로 보수적인 측면이라는 것과 순암이 기존의 논의를 종합적으로 이해하려는 시각을 보인다는 점이다. 이봉규[39]는 순암의 학문에 내포된 보수성의 원인으로 순암이 서원을 중심으로 공부한 향촌 지식인들이 그러하듯, 서울에서 전개되는 새로운 학문변화를 접하는 환경에서 소외되어 있던 처지를 지적했다. 이러한 처지의 상이함이 유학을 대하는 인식의 차이를 낳았다는 것이다. 이는 성호학파의 좌우분기에 대한 흥미로운 성찰이자, 순암의 학문이 상대적으로 확고한 전통의 지평에 서있는 이유에 대한 한 가지 대답이 될 수 있을 것이다.

(2) 사회사상

순암의 사회사상으로는 향촌자위론鄕村自衛論, 향정론鄕政論, 민民에 대한 인식, 여성인식 등이 검토되었다. 순암은 중앙에서 관직을 수행할 때를 제외한 수학기와 중장년기, 만년기의 대부분을 광주 텃골의 향리에서 보냈다. 목민관의 역할을 수행한 곳도 목천이라는 인근의 향촌이다. 순암의 향촌에 대한 다양한 구상과 구현에는 이러한 삶의 배경이 크게 관련되어 있다.

반윤홍[40]은 『임관정요』에 부록된 「향사법鄕社法」을 검토하여 순암이 향촌조직을 종래 면－리－통 조직에서 향鄕－사社－갑甲－통統제로 바꾸고 각기 향사鄕師, 사정社正, 갑장甲長, 총수統首의 책임자를 두어 이들의 주관아래 향촌정사와

39 이봉규(2000), 앞의 논문.
40 반윤홍(1982), 「순암 안정복의 鄕村自衛論 연구」, 『軍史』 5, 국방부 군사문제연구소.

향촌자위를 운영케 하려 했다는 점을 규명했다. 이는 종래의 향약법적 체제에 중국의 보갑법적 성격을 가미한 자위단적 향촌편제이다. 반윤홍은 순암의 이러한 향촌자위론이 조선후기 실학자들의 농병일치적 양병책과 향촌자치교화조직의 활성화를 통한 지역방어의 견해과 그 맥을 같이 하는 것이며, 소극적 향촌치안 유지론에서 적극적 외침방위론까지 그 구상이 진전되었다고 평가했다. 다만 순암의 향촌방위론은 '모든 정교政敎는 반드시 동약洞約이 행해진 후에야 쉽게 행할 수 있다'라는 이상적 향약鄕約으로의 회귀성을 가진다고 지적했다.

순암의 향촌방위론에 대한 반윤홍의 연구는 순암이 구상한 향촌의 질서 유지의 체제와 그 주체에 대한 이해를 심화시킨다는 점에서 순암의 동약의 성격과 함께 연관지어 파악될 필요성을 남겼다.

김수태[41]는 순암이 목천현감으로 재직하며 편찬한 『대록지』를 분석하여 순암의 향정에 대한 구체적인 노력을 평가했다. 순암의 『대록지』는 16세기에 편찬된 지리지들에 있는 명환名宦 대신에 읍선생안邑先生案을 마련하고 생원生員, 진사進士를 탈락시키고 수직壽職을 새로이 넣어 읍지邑誌의 성격을 잘 살릴 수 있도록 했다. 호구戶口나 전결조田結條 등의 변동사항을 기록하여 그 변화를 파악할 수 있도록 한 것 역시 조선후기 향촌사회의 모습을 잘 반영하면서 내용과 체재의 면에서 보완한 것이다. 김수태는 당대 군읍의 구체적인 형황과 그 변화상을 반영하여 제작된 순암의 『대록지』는 18세기 읍지편찬의 추이를 잘 파악할 수 있는 모범적인 읍지라고 평가했다. 순암은 『대록지』를 편찬하면서 수령을 중심으로 재지사족在地士族과의 협력을 통해 완성했는데 김수태는 이러한 시도가 편찬의 과정을 통해 향촌사회의 질서를 회복하려고 한 것으로 파악했다.

이러한 김수태의 진단은 광주부사의 사적인 청에 의해 순암이 작성한 『광주부지』의 편찬과 비교하여 검토될 필요가 있으며, 지방지의 편찬을 향정의 구상이라는 맥락에서 검토할 필요를 제기한다.

---

41 김수태(1987), 「안정복의 大麓誌」, 『백제연구』 18, 충남대 백제 연구소

한상권[42]은 순암의 향촌에 대한 구상을 『임관정요』와 『이리동약』을 연관지어 규명하려 했다. 『임관정요』가 목민관으로서 향촌 사회 전반 문제에 대한 통치론을 피력한 것이라면 『이리동약』은 향촌 지식인으로서 자기 마을의 질서를 구축하기 위해 제출한 것이다. 그런 점에서 한상권의 연구관점은 합당해 보인다.

한상권에 따르면 순암은 향촌에 은거하며 향정에 대한 생각을 체계화해 나갔는데 그 핵심은 환곡을 혁파하여 사창을 설치하며, 정전론을 작성하여 균산에 주의하는 것으로 그 성격은 모두 빈민이하의 계층의 이익을 보호하려는 것이다. 그러나 순암의 사창법은 환자제의 실시를 전제로 병행 운용되도록 함으로써 환곡 제도의 모순을 완전히 타개하지 못했으며, 극빈농에 대해서는 이들을 귀농시키려 하였을 뿐 적극적인 보호책을 마련하여 주지 못하는 약점이 있다. 토지제도에 있어서도 생산관계의 변혁보다는 농업기술 개선을 통한 생산력의 제고에 관심을 가지고, 부민富民을 주축으로서 향정의 문제를 풀어가려했다.

그러므로 한상권은 순암이 초기에는 부세문제, 토지문제 등 중세사회의 근본문제에 대하여 관심을 가지고 있었으나 이후로 가면서 사창론, 농업기술 문제 등 사회의 운영문제에 관심을 가졌다고 진단하면서 그것을 '변질'이라고 파악했다. 곧 사회 제도를 근본적으로 개혁하려는 혁신적인 태도를 취하기보다는 운영을 합리적으로 개선하려는 현실적인 태도로 전환했다는 것이다. 한상권은 이러한 전환이 순암 스스로가 자신의 계급적 기반인 사족 중심의 사고를 극복하지 못한 데서 말미암은 것으로 보고, 그를 당시의 사회 모순을 제도개선 내지는 운영의 합리화를 통하여 점진적으로 해결하려는 개량주의자로 파악했다.

42 한상권(1987), 「順菴 安鼎福의 社會思想－民에 대한 인식을 중심으로」, 『韓國史論』 17, 서울대.

오환일[43]은 순암의 구상에서 중요한 것은 순암이 직접 생산층인 향촌민을 토지에 집적시켜 유리遊離를 막고 그들을 성리학적 이념으로 교화시켜 안정을 이룩하는 취지로 향사법을 고안했다고 파악했다. 곧 향사법의 핵심인 사창은 구황의 방도로서 뿐만 아니라 향촌공동체 결성에 기여하는 것이며 『광주부경안면이리동약』과 『목천향약』은 그러한 면모를 직접적으로 보여주는 증거라는 것이다. 순암은 동약의 임원을 그대로 사창 임원으로 삼고, 신분의 제한을 두지 않으면서 사창 소재 10리 내의 원입자願入者를 대상으로 한 자치조직으로 구성되도록 했는데 이것은 관 주도 사창과는 성격을 달리하는 것으로 재지사족으로서의 한계이며 하나의 특징으로 파악된다는 것이다.

순암의 향정에 대한 한상권과 오환일의 이러한 연구 시각은 순암의 향정을 다소 보수적인 재지사족의 입장으로 파악하는 것이다. 순암이 지향한 것은 혁신적이고 전환적인 사회 변혁이 아니라 재지사족을 중심으로 운영되는 성리학적 향촌질서였으며, 폐단을 바꾸는 방식은 부분적이고 점진적인 것이었다는 것이다. 이러한 평가에 반해 심우준과 김태영은 순암의 향정 활동을 시대의 변화에 대한 적극적인 대응이었다고 긍정적으로 평가한다.

심우준[44]은 「동약」을 순암이 창안한 것으로 보았다. 종래의 여러 향약이 주로 사대부士大夫를 중심으로 마련된 것임에 반해 순암의 동약은 서민인 양민良民·상인常人을 중심으로 마련된 것으로, 종래의 사대부 중심이었던 특권의식을 불식하고 신분이 낮은 하계인下契人들의 인권을 보호하는 입장에서 만들어진 것으로 파악했다. 그러므로 약헌約憲을 기초로 상하간에 계급을 좁히고, 국태민안國泰民安의 사상을 받들면서 부락간의 고유의식을 고취시키는 한편 사회복지에 주안主眼을 두었다고 것이다. 이는 순암의 동약에 대한 매우 적극적인 평가이다.

---

43 오환일(1993), 「안정복의 社倉에 대한 연구」, 『국사관논총』 46, 국사편찬위원회.
44 심우준(1985). 앞의 책.

김태영[45]은 순암이 고안한 동약을 중심으로 향약을 시행하고자 하는 조항들의 특징은 한마디로 양반이 향리에서 어디까지나 일상의 모범을 보이면서 상민층을 이끌어가는 향정론이라고 지적했다. 아울러 순암은 동약을 시행하는 단위에서 사창社倉이라는 물가 조절 기구를 운용함으로써 주민들이 경제적으로 다소 안정된 삶을 영위할 수 있도록 하는 장치를 고안하였는데 이것은 하층민의 위상이 단순한 지배와 복속의 관계로서가 아니라 동참의 관계로 변동하고 있었다는 사실을 증명하는 것이라고 보았다. 궁극적으로 순암이 추구한 동약은 주민들 사이에서 일어나는 모든 사회 문제를 공동체적 규제와 권면을 통하여 해결하면서 조화롭게 살아가는 길을 모색하고 있었던 것으로 파악했다.

김태영은 순암의 향정론이 물론 아직 신분제적 제약을 벗어나지 못했다는 비판을 받을 수도 있지만 그의 동약론은 이전의 향약을 상하의 동민 모두에게 확대 시행하려는 속성이 큰 것으로 그 본질로 따지자면 양반이 주도하는 향촌 질서를 보수해가고자 하는 데에 핵심이 있다고 보아야 한다는 점을 역설했다. 그것은 시대적 제약으로 인식해야 하며 하계원인 삼로에게 동약에서의 징벌권을 부여하고 있다든가, 동리의 하민에 가중되는 해정害政을 양반들이 솔선하여 혁거한다거나, 혹은 중하층의 사상死喪에 양반이 조위해야 한다는 등의 전에 없는 약조를 새로 세우는 등, 새로운 이상적 가치 질서를 추구하는 동약인으로서의 동질성을 구현하기 위한 노력을 다해야 한다는 사실이 중요하게 포착되어야 한다고 주장했다. 그것은 동약의 하층민들에 대해서도 같은 인간으로서의 실체, 동약인으로서의 주체성을 긍정하는 규정으로 양반만이 중심이 되어 일방적으로 운용하던 구래舊來의 향약보다도 역사적으로 진전된 동약 공동체라고 보아야 한다는 것이다. 그것은 중앙 정치 권력이 자행해온 일방적 억압 구조로부터 그 저변의 지역 단위가 새로운 가치 질서를 추구하면서 주체적으로 성장하는, 새로운 역사적 의미를 띠는 것이라고 이해할 수 있을 것이라고 큰 의미

45 김태영(1999), 「순암 안정복의 鄕政論」 『한국실학연구』 1, 한국실학학회

를 부여했다.

심우준과 김태영의 연구는 동일한 내용을 새롭게 해석함으로써 순암의 향성이 지닌 의미를 적극적으로 평가하려는 시각이다. 향정에 대한 평가는 이제 그 내용에 대한 파악보다 그 의미가 무엇인지에 대한 사회전반에 대한 사회적 역사적 이해의 시각이 요청된다고 하겠다.

최윤오[46]는 순암의 토지론을 검토했다. 순암이 반계와 성호를 어떠한 방식으로 계승하고 있는가에 좀 더 초점을 맞추어 『잡동산이雜同散異』에 기록된 토지 관련 글을 살핀 것이다. 검토 결과 순암은 지주제 혁파를 통해 소농경영을 일으키는 방안으로서 정전법丁田法을 제기하여 그를 통해 민부民富를 유도하려는 것이 그 토지론의 목표였던 것으로 파악되었다. 예컨대 『주례』「대사도」에서 만민을 기르는 방법 가운데 '안부安富'를 주목한 것이다. 순암이 생각하던 왕정은 이 같은 정전법丁田法에 의해 정전井田의 이념을 실현하는 것이었고, 그것은 강제적이고 폭력적인 방법이 아니라 점진적으로 자연스럽게 민부를 달성하는 방법이다. 토지소유라는 측면에서 순암의 방법은 사적소유를 전제로 하면서도 국가 권력을 이용해 정전丁田을 갖도록 유도하는 방식이었고, 농업경영 형태로 보면 궁극적으로 지주제적인 방식을 부정하면서 노동생산성에 기반을 둔 소농민 경영에 초점을 두고 있어, 토지를 확대하는 방식보다 집약적으로 농업기술을 촉진시켜 단위 면적당 생산량을 증대시킬 수 있는 계기를 가져올 수 있고, 나아가 지대의 상품화보다는 상품작물 재배를 통해 시장경제를 활성화시키는 방향을 지향하고 있다고 파악되었다. 다만 순암의 토지론에서는 이상적인 형태로서의 정전제와 정전법丁田法이 제시되는 가운데 소농경제를 지향하고 있지만, 현실적으로는 『임관정요』에 보이는 것처럼 부실근간자富實勤幹者 또는 부농층을 중심으로 새롭게 성장하는 계층을 사회조직의 실무진으로 배치시키고 그들을 통해 상上·중中·하민下民을 조화시키려 하고 있는 점이 강조되고 있는

46 최윤오(2002), 「순암 안정복의 토지론」, 『한국실학연구』 4, 한국실학학회.

것은 눈여겨 볼 필요가 있다.

토지개혁론 차원에서 순암이 반계를 주목한 것은 사실이지만, 반계의 공전제公田論을 국가적 차원에서 재검토하지 못했고, 더 나아가 반계가 비판했던 인정人丁 기준의 균전론 형태를 지향했다는 점에서, 정전제를 실현하는 방법이 반계에 비해 불철저했다는 비판이 제기된다고 했다. 또한 스승 성호가 균전적인 영업진을 통해 농민층의 항산을 마련하고자 했다면 순암은 정전법丁田法을 통해 항산常産을 마련하는 방법을 생각하고 있었다는 점에서 체계적이지 못했다. 성호와 순암, 특히 순암은 반계가 제시했던 공전제와 그것을 기준으로 했던 균전 실현의 방법을 더욱 완화시켜 현실가능한 방법을 모색하려 했다는 점에 특징이 있다.

순암의 사회경제적 개혁논리는 진보적이지만 온건하고 점진적인 방법을 모색하고 있다는 점이 특징이며, 특히 민부를 중심으로 부농을 선두에 세우고 사회모순을 해결하려 했다는 점에서 부농과 임노동층이 결합된 사회조직을 구상하고 있었다고 볼 수 있다. 이는 계약에 바탕을 둔 농업고용관계를 구상하였다는 점에서 중세적 생산방식을 극복할 수 있는 선진적인 방안이며 또한 순암의 정전법丁田法과 같은 실학파의 개혁론이 채택될 수 있는 사회라면 그것은 하정下情이 상달上達할 수 있는 체제였기 때문에 그렇지 못한 폐쇄적이고 특권적인 체제보다 열려 있다고 할 수 있으며 사회경제적 토대를 재편하는 가운데 마련된 체제개편 논리였다는 점에서 독창적이라고 평가되었다.

원재린[47]은 『임관정요』가 국가적 차원에서 향촌사회에 적용될 국정 원리를 제시한 것으로 보고, 그 저작이 너그럽기만 하면 통치하기 어렵다는 '관난寬難' 인식과 정情과 법法의 경중을 헤아려 중도를 구하는데 힘쓴다는 정법구중情法求中의 형법운영원리로 구축되고 있음을 지적했다. 또한 향사법鄕社法을 집권체제 강화가 목적인 공적제도로, 동약洞約은 향촌의 자율성을 보장하는 사적 기구로

47 원재린(2004), 「순암 안정복의 형법관과 향정론」, 『韓國思想史學』 23, 한국사상사학회.

파악하여 이 원리와 제도의 적용을 통해 순암의 향정론이 구축되었다고 파악했다. '관난'의식과 '정법구중'의 원리는 이익의 학풍을 계승한 것으로 파악했다. 아울러 향사법은 수령의 통솔아래 향촌사회가 일사분란하게 움직이는 것으로 국가는 향사법으로 인해 일민一民적 통치를 관철시키며 중강지배층의 수탈을 배제하여 소농의 경제적 안정을 이룰 수 있는 것으로 이해했다. 이런 점에서 향사법은 객관적 통치 수단으로서의 법의 역할이 기대되는 향정책이라는 것이다. 동약은 바로 이러한 형법과 조화를 이루며 민정을 헤아리는 방안으로 입안된 것이라고 파악했다.

기본적으로 이러한 시각은 순암의 향정론이 국가적 의도를 개별 고을에 적용되는 기획이라는 점을 강조하려는 것이며, 그것은 법法과 민정民情의 조화 속에서 이루려 했다는 점을 중시했다는 파악이다.

이러한 원재린의 입장은 『임관정요』의 「시조時措」에 대한 분석[48]에서도 관철되었다. 원재린은 「시조」편이 18세기 중반이래 양반사족들의 현실인식과 향정방략을 검토하는 구체적인 계기를 제공한다고 보았다. 수령칠사守令七事에서 강조한 내용은 균평均平의 실현과 하학下學의 실천, 민정의 안정과 민산民産의 확보에 있다고 보고, 왕도정치의 실현을 위해 순암은 항업恒業을 중시하면서 순량원리를 통해 향촌사회를 안정시키려 했다고 분석했다. 향촌 내 여러 세력간의 조화를 염두에 두되, 수령과 갈등을 일으킬 수 있는 향촌 내 지배세력의 실체를 명기하여 이를 합법적으로 제어할 방도를 마련하여 민폐를 최소화 시키는 방향으로 경세치용의 학풍을 발휘했다는 것이다.

이러한 구체적 목민 행정의 원리와 그 실천에 있어서 세밀하게 파악되어야 하는 것은 그 원리 자체의 정합성만큼이나 목민하는 당사자 순암의 실질적인 형편이다. 기실 순암은 과거를 통해 벼슬을 시작한 것이 아니어서 목천에서의

48 원재린(2008), 「순암안정복의 鄕政方略 -『임관정요』「時措」분석을 중심으로」, 『大東文化研究』 64, 대동문화연구원.

지방관 생활은 적극적인 향반들의 지지를 받는 가운데 진행된 것은 아니었던 것으로 파악되고 있다. 그렇다면 순암은 최대한 해당 고을의 양반들의 세력을 아우르며 목민관으로서의 지도력을 발휘해야 할 처지였다. 그러므로 그의 구상과 실천 사이의 틈과 시기별로 조금씩 전환되고 있는 순암의 생각을 좀 더 치밀하게 따라가며 순암 목민행정의 이상과 실천의 측면을 입체적으로 다루어야 할 것이다.

순암을 향촌 지식인으로 보고, 그 의미를 찾아보려는 시도도 있었다. 동약洞約과 덕사德社라고 하는 향촌질서규약 제정과 서재에서의 교육활동을 주목한 것이다.

이명희[49]는 순암의 『이리동약』을 분석하여 그 자료에 내포된 18세기 지방자치의 구조와 기능을 이해하려 했다. 그 결과 사족과 중인・서민・천민이 함께 참여한 상하합계上下合契인 이리동약은 그 운영 목적이 서민의 도덕교화에 있었으며, 사족은 그 자문역할을 한 것으로 이해되었다. 곧 직접 관련자인 서민들이 주체가 되어 동약을 운영하여 그 효율성을 높인 것인데 이것은 서민들의 능력에 대한 신뢰를 바탕으로 한 것이다. 또한 지역사회의 운영에 질서와 능률을 높이기 위해 '직임職任을 분업' 하였으며, 국가권력의 횡포 등에 대해서는 동계조직 차원에서 다스리거나 공동 대응함으로써 향촌 사회의 경제적 안정과 도덕적 질서 확보를 기약했다. 이것 역시 지식인이 담당해야할 하나의 역할로 인식되었다는 것이다.

김보경[50]은 순암이 오랜 향리생활과 지방관 직책을 통해 향촌의 교화에 힘쓰고, 독서와 강학을 통한 학문공동체를 기획한 삶의 이력에 주목하여 그를 향

49 이명희(2005), 「18세기 지방자치의 구조와 기능에 대한 고찰－순암의 경기도 광주부 二里洞約을 중심으로」, 『한국실학연구』 9, 한국실학학회.

50 김보경(2009), 「18세기 향촌사회와 유교공동체－순암 안정복을 중심으로」, 『東洋古典研究』 35, 한림대태동고전연구소.

촌 사회에서 유교 공동체를 구축하려한 유교지식인으로 평가했다. 순암에게 향촌이란 자신의 고향이자, 평생학문과 사상을 연찬하고 실천한 공간이며, 목민관으로 실무행정을 행한 공간으로서 '향정鄕政이 곧 왕정王政'이라고 여긴 순암의 인식은 유교공동체를 구상할 바탕이 되었다고 보았다. 향약을 통해 윤리와 예를 회복하고, 향촌사회 계층간의 협력과 조화를 통해 신분지배기구를 넘어서 지역공동체로서의 기능과 역할을 했다는 것이다. 또한 덕사학약德社學約의 경우 동洞단위의 서재 교육을 중추로 향교와 연계하여 향촌교육체제를 조직적이고 통일적으로 운영하고자 한 것으로 이해하였다. 곧 순암은 향촌 교육 활동은 지역공동체와 학문공동체를 연장선상에서 파악하여 그 사회적 확장의 가능성을 보여준다는 것이다.

이렇게 순암을 향토 지식인으로 보고 그의 활동이 지닌 사회적 의미를 파악해 보려는 것은 순암의 삶을 고려할 때 충분히 시도해 볼만한 것이다. 그러나 기실 남아있는 자료에 근거해 볼 때 지금 우리가 파악할 수 있는 것은 순암의 의도와 기획일 뿐 그 구체적 실천에 대한 자료와 그 당대의 평가는 매우 제한적으로 확보될 뿐이다. 그러므로 이러한 방면에 대한 연구는 좀 더 구체적인 자료를 바탕으로 그 실질적인 면모를 파악할 수 있을 때 그 연구의 알찬 성과를 취할 수 있을 것이다.

순암의 사회사상과 관련하여 제기된 흥미로운 보고로 여성인식에 대한 검토가 있다. 비슷한 시기에 보고된 두 편의 논문은 모두 순암의 여성인식이 매우 보수적이었다고 판단한다.

강명관[51]은 순암이 딸아이를 경계하거나 아내를 제사지내면서 철저하게 남성의 종속적인 존재로 가부장제에 규정된 여성의 성역할을 충실하게 수행해야 하는 존재로 인식했다는 점을 지적하고, 열녀에 대한 기록에서 순암이 여성에게 기대한 것은 결론적으로 유순柔順과 정렬貞烈이며 이 두 가지가 순암 여성관

51 강명관(2004), 「순암 안정복이 여성관」, 『한국실학연구』 8, 한국실학학회.

의 기초를 이룬다고 파악했다. 그것은 진보적일 것으로 기대되는 실학의 여성 인식에서 발견되는 의외의 보수성이며, 이는 실학의 개념과 연관지어 근원적 차원에서 검토되어야 과제라고 보았다.

김보경[52]은 순암이 여성 교육서로 저작한 『내범內範』과 여성의 죽음에 대한 서사, 『동사강목』에서 표출된 여성인식이 어떠한 뚜렷한 연관 속에서 제시되고 있는 것에 주목한다. 그 탐색의 결과 순암은 『내범』이라는 여성 교훈서를 저술하고, 여성의 유순을 절대적으로 강조하고 정렬을 열렬히 포양했으며, 역사 서술에서 특히 권력층의 여성을 엄혹한 사필史筆로 심판했음을 짚었다. 이것은 바로 흔들리는 시대에 '정통'을 존숭하고 '간통'을 엄단하여 성리학적 질서의 문맥 속에서 여성의 규범을 재확립하려는 시도였다고 평가하며, 이러한 여성 인식은 교조적으로 경직되어 열녀전이 다량 산출되던 18세기 일반적인 여성관을 순암 역시 반영하고 있는 것으로 이해했다. 그러나 순암은 단순히 시대의 경향을 추수追隨하는 데 그치지 않고 자신의 학문 및 사상과 통합적인 관계 속에서 여성에 대한 인식을 이념적으로 강고하게 보수화하는 데 앞장섰다는 것이 문제였다고 지적했다.

그러나 이상의 순암 여성인식에 대한 연구는 기본적으로 순암에게 어떠한 기대를 하고 바라본 결과가 아닐까 여겨진다. 수준높은 저작을 산출한 실학자 순암의 여성 인식이 생각보다 정통 보수적인 것에 대한 실망이라고도 볼 수 있을 것이다. 그러나 『내범』의 저술에는 순암이 여성에게도 교육이 필요하다는 인식, 즉 그 교육 대상에 대한 존엄을 고려한 측면이 있다. 연구의 시각은 현재적인 입장 뿐 아니라 당대의 상황도 고려하여 그 저술의도에 대한 좀 더 다각적이고 설득력 있는 접근이 요청된다.

52 김보경(2004), 「순암 안정복의 여성 인식」, 『한국고전여성문학연구』 8, 한국고전여성문학회.

(3) 서학

서학분야에 대한 연구는 안정복 서학론의 성격과 그 구체적인 내용, 그리고 그것이 조선의 서학사에서 가지는 의미를 찾아보는데 주목했다. 대체로 순암의 서학론 연구 성과물은 그 긍정적인 측면과 한계를 적절하게 지적한 것으로 파악된다. 이는 이 분야 연구자들의 중후한 연구시각이 그 근저에 자리잡고 있기 때문일 것이다.

최동희[53]는 순암의 서학론을 형성하는 과정을 추적하면서 47세 때의 순암은 서양서를 연구하고 있었으며 서양서로부터 상당한 영향을 받았다고 평가했다. 새삼스러운 귀신에 대한 관심이나 서학이나 불교, 서경덕의 입장을 공평하게 평가하고 정당하게 이해하려는 태도는 서양서의 영향이라고 판단했다. 또한 순암은 서적만으로 서학을 알게 된 신후담과는 달리 본격적인 신앙생활을 하는 종교로서의 서학을 직접 접했기 때문에 그 살갗으로 느끼는 정도가 달랐으며, 그것은 이론만으로 서학을 비판했던 신후담과는 구별되는 점이라고 지적했다. 이러한 언급은 이후 순암 천학론을 이해하는데 적지 않은 시사점을 준다.

금장태[54]는 천주와 강생, 윤리와 사회질서, 영혼론 등을 논점으로 순암의 서학 비판론이 교리의 이론적 논쟁과 사회 규범의 갈등 문제를 아우르는 광범위한 것이었다고 본다. 순암의 서학론은 동문 후배와 후학들 사이에 일어난 천주신앙을 회유하기 위한 것으로 천주교 신앙집단과 직접 대면한 비판이며, 비판으로 이끌어 가면서도 교리서에 입각해 논리적으로 설명할 수 있는 것은 받아들이는 토론을 위한 상호이해의 기초를 마련하는 비판론이었다는 점을 지적했다. 또한 서양과학에 대해 적극적인 관심을 보이지는 않았지만 그것을 비판의

53 최동희(1976), 「안정복의 西學 비판에 대한 연구」, 『아세아연구』 19-2(56호), 고려대 아세아 문제 연구소.

54 금장태(2003), 「順菴 安鼎福의 서학비판이론」, 『철학사상』 16, 서울대 철학사상연구소.

대상으로 삼지 않고 처음부터 끝까지 천주교 교리에 대해 비판적 입장을 관철하고 있다는 점도 중시하였다. 이는 한말 위정척사론자들에서 서양과학기술을 기기奇技·음교淫巧로 규정하여 거부하는 것에 비교해 보면 덜 폐쇄적인 것이다. 18세기 공서파功西派의 전개과정에서 신후담의 비판론과 홍정하의 비판론 사이에 위치하면서 유교와 서학의 갈등이 전개되는 과정의 과도기적 성격을 보여주는 것이다.

이 연구를 통해 순암 서학론의 구체적인 면모가 상당부분 포착되었다.

김홍우[55]는 이러한 성과를 부연하여 안정복의 서학 비판은 사제·친척·인척의 관계로 얽혀 있는 남인의 세력을 보호한다는 제한된 목적에서 쓰여졌으며, 안정복의 서학비판은 어디까지나 서학을 따져서 배척함으로써 서학에 감염된 자들의 마음을 돌이키고 생각을 바꾸게 하려는 설득방식에 입각해 있어 그 성격이 배척이 아니라 단지 서학의 잘못을 밝히는 것에 불과하다는 것을 지적했다.

이는 순암 서학론의 특징적인 객관적인 시각으로 짚어낸 것으로 이해할 수 있다.

이원순[56]은 순암의 서학론을 조선사회의 전통적 이념인 유학에 침잠하였던 식자들의 이질적 이념세계에 전래된 서구문명에 대한 대응작용으로 파악하여 이를 침체된 사회에서의 탈피를 지향하면서 고민하는 선각적 지식인의 신문화에 대한 대응양상으로 파악했다. 순암은 『천학고』에서 천주교의 연원을 사학가다운 안목으로 여러 사적을 동원해 파악했는데 그 사료집적인 편저의 의도는 이해되지만 천주교와 회교의 교리를 식별하지 못하는 등 오류가 적지 않다고 지적했다. 『천학문답』은 위정척사론서로서 경학과 예학에 걸쳐 박학다식한

55 김홍우(1986), 「정조조의 천주교 비판 – 안정복과 이헌경을 중심으로」, 『한국정치학회보』 20, 한국정치학회.

56 이원순(1986), 『조선서학사연구』, 일지사.

그의 학문적 교양이 유감없이 발휘된 것이지만 결론적으로 그의 천학관은 유교세계를 탈피하지 못하고 성리학적 세계관에 새로 들어온 천학을 조감시켜본 것에 지나지 않는다고 비판했다. 천학이 불교의 한가닥이며 노자, 묵자의 겸애설과도 상통하는 이단지교異端之教이니, 평소 석도釋道를 배척하던 유가로서 마땅히 천학도 배척하여야 한다는 삼단론적 사고가 그의 천학관의 논리이며, 그 바탕을 이루는 것은 조선 초기부터 조선조 유가를 지배하던 위정衛正이라는 척사벽이斥邪闢異정신이라고 이해되었다. 신후담의 서학변이 철학적이라면 순암의 서학비판은 역사적 식견이 가미되었다는 것이 그 특색으로 지적되었다.

강재언[57]은 순암이 신후담의 경우처럼 그 스승 이익이 긍정적으로 평가한 서학에는 별로 관심이 없고, 부정적으로 평가한 서교에 대해서는 역사적이고 교리적인 비판을 통하여 유교와 서교간의 교리적인 대결점의 전모를 거의 완벽하게 부각시켰다고 평가했다. 조선 유학사에서 차지하는 그들의 업적은 서교에 대한 내재적인 비판을 통하여 그에 맞설 수 있는 유교적인 논리의 위치를 확고히 정립한 것이라고 보았다. 그 후에도 공서파攻西派나 19세기에 이르러서는 이항로를 비롯한 위정척사파에 의하여 조선 유교의 서학 비판이 이어지지만 서교 자체에 대한 체계적인 파악에 의거한 내재적 비판에서, 신후담과 안정복의 수준을 능가할 수 없었다고 그 서학사상의 의미를 평가했다.

한자경[58]은 순암이 천주교와 유교의 입장 차이를 비교하여 그 변별적인 지점을 짚었다고 보았다. 순암은 천주교의 신앙이 결국 도덕적 의리가 아닌 자기이익추구에 입각한 것일 뿐이어서 영혼불멸설이나 천당지옥설 역시 사후에 보상받고자 하는 이기심의 발로라고 보는 것이 큰 시각의 차이이다. 곧 천주교는 인간의 본성과 삶의 의미를 신적 마음인 도심의 차원에서가 아니라 오히려 사적 욕망이 인심의 차원에서 구하는 것이라고 비판한 점을 주목했다. 상반되는

57 강재언(1990), 『조선의 서학사』, 민음사.
58 한자경(2005), 「18세기 조선 유학자들의 『천주실의』 비판」, 『철학연구』 69, 한국철학회.

시각과 입장에서 바라본 것이다. 이러한 비판은 논점을 달리하는 것으로 상호 논박하기 어렵다는 것을 우회적으로 짚어냈다.

함영대[59]는 순암의 서학인식이 성호학파의 서학인식과 깊은 관련이 있고, 특히 신후담의 『서학변』은 『천학문답』의 다양한 논변에 적지 않은 영향 관계가 있다고 보았다. 『서학변』에 비해 『천학문답』은 이미 성리학과 사학의 학문적 바탕위에 74세라는 순암의 삶의 연륜이 더해져 한역서학서들에 대한 교리비판이 인간의 삶에 대한 궁행실천이라는 유학의 관점에서 세밀하고 설득력 있게 논증될 수 있었다고 파악했다. 또한 영남학자 유건휴의 『이학집변異學集辨』과의 비교를 통해 순암은 비판대상이 되는 한역서학서를 직접 독서하고, 유학의 입장에서 그 득실을 검토하여 『이학집변』에 비해 상대적으로 상당히 아카데믹한 학술비판서임을 규명했다. 유건휴의 순암 비판을 통해 볼 때 순암의 『천학문답』은 당대 조선에서 상대적으로 서학의 장점을 제대로 보고 있었으며, 그 교리의 일부는 긍정하였고, 또한 스스로의 학문에 대해 비판적으로 성찰할 수 있는 능력 역시 어느 정도는 내장하고 있었다는 점을 확인했다.

이것은 금장태의 연구에 대한 논거를 보완한 것으로 이해할 수 있다. 결국 성호에서 비롯되어 신후담에서 파헤쳐진 서학의 비현실적인 요소에 대한 비판은 순암에 이르러 정점에 도달했고, 이는 벽이단의 관점과 맞물리면서 이후 성호우파 서학인식의 학술적 근간이 되었다고 이해된다.

(4) 교육과 문학 및 기타

순암의 교육사상과 관련해서는 주로 『하학지남』이 검토되었다. 가장 집중적으로 논의된 것은 편집서적 성격을 가지는 『하학지남』의 저술동기와 그 저술의 성격이다.

59 함영대(2010), 「순암 안정복의 서학인식과 『天學問答』」, 『성호학보』 7, 성호학회.

윤남한[60]은 29세에 완성된 『하학지남』의 초고를 순암이 73세에 완성한 것을 근거로 이 책의 가치가 끝까지 유지되었다고 보았다. 순암은 『동사강목』을 교정하고 일 년이 지나 이 책을 완성한 것인데, 이 때는 『천학고』를 저술하기 1년 전이었다. 초고를 완성할 당시 그는 무주에서 광주 영장산 아래 덕곡리로 옮겨 자리잡고 『성리대전』과 『심경』을 탐독함으로써 비로소 본격적인 학구學究에 침잠해 있었다. 「제하학지남서면題下學指南書面」에서 밝힌 내용은 이 책에서 설정한 내용이 그가 지향하고자 한 위학爲學의 이상이고, 그의 학문방향의 요점이다. 이기理氣, 성명론性命論을 위고爲高한 것으로 자부하던 시속時俗의 학풍을 비판하고 속학俗學이 비천시하던 일용이륜간日用彝倫間에서의 지행知行의 규범을 중시하므로써 『소학』과 『대학』[61]을 연결시켜 예교주의禮敎主義를 고취하고 이를 지향한 것이다. 그러므로 하학의 근본 의도는 심성학적心性學的 존양주의存養主義보다는 성리학의 격물格物·궁리窮理 즉 독서주의讀書主義에 있었고, 이에 바탕한 주경적主敬的 존양주의存養主義였다는 것이 윤남한의 평가다.

이채구[62]는 『하학지남』의 편목을 하나하나 검토하면서 순암이 일견 소학의 체제로 편집하여 그 내용에 특색이 없을 듯 하지만 전편에서 각주를 통해 저자의 의도를 분명하게 제시하였으므로 순암의 교육사상이 제시된 것으로 평가할 수 있다고 주장했다.

역시 조목을 하나하나 검토한 정낙찬[63]은 『하학지남』을 순암의 초등교육사상에 대한 체계와 성격을 드러낸 것으로 보았다. 그 사상이 기본적으로 주자학

60 윤남한(1974), 「『하학지남』 사본」, 『고서해제』, 국회도서관보.

61 이 점에 대해서 윤남한은 "순암의 『하학지남』은 首卷에 日用篇을, 상권에 독서, 爲學, 心術을, 하권에 威儀, 正家, 處己, 接人, 출처의 각장 도합 수권, 상하권 8편으로 만들고 있으므로 소학의 內外篇을 합하여 상권에 두었고 하권은 修己治人의 術을 배치하였을 뿐만 아니라 日用編과 讀書編을 앞에 두어 『소학』과 『대학』을 연결시키고 있는 것이다."고 파악했다.

62 이채구(1990), 「안정복의 下學指南」, 『교육연구』 9, 원광대학교 교육문제연구소.

63 정낙찬(1994), 「順菴 安鼎福의 初等敎育思想 –『하학지남』을 중심으로」, 『교육철학』 12, 한국교육철학회.

적 측면에 근본을 두고 있지만 현실적 · 실제적 · 실천적인 면을 강조하고 있는 생활교육이며, 인식과 학문 인격과 태도가 서로 연계된 교육으로 뜻을 세우고 그에 따라 행동하게 하는 생각 · 행동 · 실천의 교육이며, 인간관계를 중시하는 교육임을 밝혔다.

『하학지남』에서 순암의 견해를 확인할 수 있는 것은 각주일 것이지만 가장 근본적으로 검토되어야 할 것은 순암이 택한 『소학』 체제로의 편집형태가 아니라 그러한 형식을 실질적으로 구현하고 있는 선택된 소단위의 내용요소일 것이다. 구체적으로 어디에서 자료를 취재하고 있으며, 어떠한 맥락에서 배치하여, 궁극적으로 어떠한 목표를 지향하는가에 대한 투철한 인식이 '하학지남下學指南'이라는 그 제목의 의미를 핵실하게 살려줄 것으로 기대된다.

한편 정순우[64]는 순암의 공부론을 검토하여 그를 도통 내부의 해석체계를 벗어나서 그의 시대를 독자적으로 살펴보려는 시도를 기획한 인물로 평가했다. 곧 순암은 성리학과 서학이 공히 조선후기의 모순을 극복할 적합한 대안이 되지 못한다고 판단하고, 이를 극복할 새로운 사상적 대안을 모색하고 있었으며 그의 공부론에는 그 점이 잘 나타난다고 보았다. 결론적으로 순암은 퇴계에 의해서 정초된 심학적 공부론을 극복하고, 도구적 이성에 근거한 실학적 공부론으로 전환해 갔다는 시각이다. 순암의 공부에는 성誠을 강조하여 수사학적洙泗學的 실천성에 근거한 하학下學을 주장하고, 『논어』에서 나타나는 형形과 형상形象에 주목하여 그것이 도道와 기器사이에 존재하는 것임을 강조하는데 이것은 몸을 중시한 것이라고 파악했다. 형기形氣를 지닌 인간의 욕구를 전적으로 배제하지 않는다는 점에서 현실적이다. 미발설未發說에서는 미발시에도 지각이 있음을 강조하여, 미발론에 대한 서학적 해석을 비판하고, 퇴계의 경敬공부에서 보이는 종교성을 약화시키고 몸의 욕망을 인정한다. 상제론上帝論에서 역시 초월적이고 인격적 주재자가 아니라 하학의 세계에 합리성과 도덕성을 주는 근

64 정순우(2003), 「순암 안정복의 공부론과 그 의미」, 『한국실학연구』 6, 한국실학학회.

거로 파악했으며 이것은 이성의 힘으로 조선조 사회를 구제할 수 있을 것으로 믿었다고 파악했다. 순암은 현실적인 인간의 학문으로서 실현할 수 있는 학문 체계를 정립했다는 것이다.

문학에 대해서는 시와 전 작품이 주로 검토되었다.

최준하[65]는 순암의 문학을 시문학詩文學과 전傳문학으로 구분하여 순암의 문학에는 연암이나 다산처럼 직설적인 풍자나 비판은 보이지 않지만 우국충정의 국가관과 문인으로서의 섬세한 감정과 사실적인 표현이 돋보인다고 평가하고, 사실성을 확보하면서 우국과 고고한 선비적 삶을 시와 가전假傳을 통해 보여주었다고 보았다. 여성의 화장도구를 의인화한 여용국전女容國傳은 전 문학으로서의 가치도 높게 평가했다.

윤재민[66]은 자전적인 내용을 담고 있는 43세의 작품 「영장산객전靈長山客傳」을 분석하여 그 작품이 탁전托傳의 형식을 취하고 있어 순암의 정신적 풍모를 과장과 해학으로 형상화 하고 있지만 형사形似의 측면에서 매우 닮아있어 실전實傳의 성격이 강하다고 평가했다. 그 작품의 바탕에는 순암 자신의 실제 개인사적 배경뿐만 아니라 그가 가지고 있거나 가지고 싶어했던 정신적 지향이 깔려 있는데 이것은 이후의 지향과도 무관하지 않다고 보았다. 특히 「영장산객전」의 주인공 영장산객의 일생과 언행 및 이를 형상화하고 평가하는 서술자의 태도에서 주목되는 면모는 대상을 바라보는 너그럽고 여유 있는 열린 자세이며 이러한 열린 자세는 바로 세상을 바라보는 안정복의 시각 바로 그것이다. 그러한 지향은 기본적으로 수기修己와 치인治人, 내성內聖과 외왕外王을 아울러 갖추는 데 있었으며 순암에게서 실학적 태도를 찾을 수 있다면, 바로 이러한

65 최준하(2003), 「順庵 安鼎福 文學의 一考察: '詩'와 '傳'을 중심으로」, 『語文硏究』 43, 어문연구학회.

66 윤재민(2004), 「18세기 광주와 문학－순암 안정복의「靈長山客傳」을 중심으로」, 『한국실학연구』 8, 한국실학학회.

열린 도학가로서의 면모에서 가능할 것이라고 하였다.

순암은 그 스스로 문학가로 자처하지 않았고, 실제로 남긴 문학 작품도 많지 않지만 연구된 바와 같이 사실적이면서 진솔한 인생의 정감을 솔직하게 표현한 작품들이 있고, 분석은 전 작품의 경우는 가전의 흐름에서 또는 자전적 성향의 전 작품에서도 손꼽을 만한 성취를 보여주고 있다는 점에서 주목할 만하다. 특히 「영장산객전」에 대한 연구는 문학 작품에 대한 분석이지만 순암의 삶이 깊이 반영된 작품에 대한 심층적인 분석이라는 점에서 순암의 삶과 그 철학에 대한 새로운 시야를 열어준 노작이라고 평가할 만하다.

한편 순암 연구와 관련하여 이채로운 것으로 일본인식과 순암의 글쓰기, 순암의 복식관에 대한 것이 보고되어 있다.

하우봉[67]은 실학파 학자들의 일본인식을 검토하는 일련의 연구 가운데 순암의 일본 인식을 검토하고 순암의 일본인식이 지닌 특징적인 면모를 이렇게 파악했다. 순암은 체계적으로 정리한 일본에 대한 저작을 남기지는 않았지만 상당한 관심을 가지고 연구를 하였다. 문집과 『잡동산이』에 30여 편의 단편적인 기사가 수록되어 있고, 『동사강목』, 『열조통기』, 『동사외전』에 일본의 역사 지리 및 한일관계사에 관한 기사가 꽤 많이 실려 있는데 그 내용면에 있어서도 주목할 만한 식견을 보여주고 있다고 평가했다. 순암의 일본에 대한 관심은 주로 정치 군사적인 차원에서의 대책을 마련해 보려는 실용적인 것이며 한일관계사와 그에 관련한 일본의 역사·지리에 대한 연구는 정채로운 것이다. 순암은 유학을 제외하고 일본의 사회·종교·풍속 등에 대해서는 거의 관심을 두지 않았는데 이것은 그가 조선중심의 화이관의 입장에 서서 이적시하고 조공국의 관계로 보았기 때문이라고 지적했다. 순암은 일본과의 외교관계나 대일본정책에 있어서도 강경한 원칙론자 내지는 명분론자로서의 주장을 피력하여 조선정부가 취한 일련의 대일유화정책을 비판했으며 일본의 침략가능성에 대

67 하우봉(1988), 「순암 안정복의 일본인식」, 『전라문화논총』 2, 전북대 전라문화연구소.

해 절박한 위기의식을 느낄 정도는 아니었지만 그 가능성은 상존한다고 보았다. 순암의 일본에 대한 관점은 전체적으로는 일본문화를 무시하고 유교의 미개국으로 보았던 조선 유학자들의 전통적인 관념에서 크게 벗어나 있지 않으며 일본을 문화의 대상으로 인식하고 본격적으로 연구한 것은 18세기 후반 내지 19세기 초기의 아정 이덕무·다산 정약용·추사 김정희 단계에 와서야 이루어진다고 진단했다.

이러한 순암의 일본 인식은 그의 스승 성호가 일본의 정보에 밝았으며 상대적으로 객관적인 입장에서 일본의 존재를 평가한 것에 비하여 그 인식의 수준이 다소 퇴보한 듯한 인식을 주는 것이 사실이다. 이 점에 대해서는 순암의 국제감각에 대한 전반적인 성찰과 함께 그러한 인식의 배경과 이유에 대해 좀 더 고찰할 필요가 있다.

허순우[68]는 17년 간 단 4번의 대면이 있었을 뿐이면서도 편지를 활용하여 긴밀하게 학문적 교류를 나누었던 순암과 성호의 관계나, 그 외 성호 학통의 문인들 사이에서 편지 교류가 이루어진 환경적 조건을 생각한다면, 지속적인 인간적 교류이면서 동시에 학문적 교류이기도 한 순암의 편지가 갖는 의의가 적지 않다고 보았다. 순암의 편지는 논리와 이성을 중시하며, 인사말을 줄이고 본문을 확대했으며, 형식적인 겸양과 직설적인 어휘를 사용했다고 보았다. 학문에 대한 깊은 관심이 글쓰기의 전반에 내포되어 있다고 파악되기도 했다.

이은주[69]는 순암이 스스로 기록해 둔 상례관련 예서인 『송종록送終錄』에 드러난 상례복식喪禮服式과 상례제구喪禮諸具를 분석하여 순암이 제시한 상례제구는 합리성과 실용성 등을 강조한 성호학통과 무관하지 않으며 그 예절의 핵심은 상례의 번거로움을 줄이는 개혁이었음을 밝혔다. 순암은 당시 새로 수의를

68 허순우(2005), 「순암의 편지에 나타난 글쓰기 방식 연구」 『한국문화연구』 9, 이화여대 한국문화연구원.

69 이은주(2008), 「순암 안정복의 喪禮諸具와 喪禮服食觀」, 『성호학보』 5, 성호학회.

장만하는 풍속을 따르지 않고 평상시 입던 옷으로 수의와 염의를 하는 등, 철저하고 간소하게 생략함으로써 남에게 폐가 되지 않는 상례 절차를 원했는데 이는 실용성에 기초한 합리성, 변화를 허용한 융통성, 타인에 대한 배려, 더 나아가서는 개혁의지 등으로 일관되어 있음을 확인시켜 주는 것이라고 보았다.

순암의 일상에 나타난 글쓰기와 상례 등 예절에 대한 인식은 순암이 당대의 일상을 살아가면서 보여주는 삶의 자세와 관련된 것으로 순암의 인간상과 그 사람의 실제 내밀한 모습을 보여주는 것이다. 이 점에 대해서는 학자의 일상이라는 관점에서 학문과 생활이 어떻게 유기적으로 연관되는가에 초점을 맞추어 살피는 연구가 요구된다고 할 것이다.

3. 순암 연구의 과제

이제까지 검토한 일련의 연구성과를 바탕으로 순암 연구에서 요청되는 몇 가지를 제시해본다.

우선은 순암과 순암학술의 성격에 대한 파악의 문제이다. 서론에서도 밝힌 바와 같이 순암에 대한 연구는 순암의 저작 『동사강목』에 의해 촉발된 것이다. 지리와 사실에 대한 탁월한 고증과 단군을 시작으로 역사서술을 시작한 민족주체적인 역사관점이 높이 평가받은 것이다. 그러나 성호의 평가에서 보듯 역사서술의 기본 시각과 주자학적 의리를 내포한 '강목綱目'이라는 문체는 여전히 『동사강목』의 성격과 그 성과를 재론할 이유를 제공하고 있다.

아울러 순암이 견지한 강한 주자학적 의리관은 실학에 의해 포착된 순암의 인물상과 배치되어 순암에 대한 온전한 면모를 파악하는데 어려움을 주고 있다. 순암의 여성인식에 대한 논란 같은 경우는 순암 학술의 성격이 정립되지 못한 결과 빚어진 것이다. 이에 대한 접근은 결국 순암의 삶의 궤적을 따라가며 그의 발언과 저작을 추적하는 방식을 통해 좀 더 세밀하게 파악될 필요가 있다.

이에 대해서는 상대적으로 그 편수가 적고, 문학적 성취를 평가받지 못해 상대적으로 활용이 적으나, 연대기적으로 구성되어 있어 순암의 심리상태를 가장 곡진하게 드러내 주고 있는 『순암문집』의 시詩와 서간書簡에 대한 연구를 통해 진전될 수 있을 것이다. 그것이 순암을 실학자로 규정하여 선입견을 가지고 그를 평가하려는 시도보다는 분명 실사구시적인 것이다.

다음은 순암의 저작에 대한 좀 더 포괄적인 파악과 접근이 필요하다는 것이다. 이제까지 제출된 연구 성과들이 적지 않음에도 불구하고 그 연구대상이 되는 텍스트들은 검토된 바와 같이 『동사강목』, 『임관정요』, 『하학지남』, 「동약」, 「천학고」, 『천학문답』 등 겨우 몇 종에 불과한 실정이다. 물론 이 수종의 텍스트가 지닌 가치와 의미는 각별한 것이지만, 그 외에도 순암은 다양한 방면의 저작을 남겼다는 점을 상기해야 할 것이다. 그가 『동사강목』을 저작하는 가운데 건강이 악화되어 남긴 유계遺戒에는 이제까지의 자신의 저작에 대한 스스로의 평가가 제시되어 있는데, 그 가운데 가장 비중이 큰 것이 예학禮學이었다. 이 점에 대한 검토는 여전히 요청되는 분야이다.

또한 주목받는 저작과 유관한 인근 저작에 대한 검토가 요청된다. 일례로 사학 분야만 들어보면 『동사강목』외에도 우선 『열조통기列朝通紀』를 우선 꼽을 수 있다. 이 외에도 『사감史鑑』, 『독사상절讀史詳節』, 『동사보궐東史補闕』 등 수준높은 저작들이 무수하다. 『백선시百詩選』, 『이자수어李子粹語』, 『사설유편僿說類編』 등의 편서류와 『어류절요語類節要』, 『희현록希賢錄』 등의 성리서들은 순암의 학문적 시야와 성리학적 취향을 이해하는 데 기여할 수 있는 것이다.

아울러 순암의 방대한 이택재 장서의 절반 이상을 차지하는 초서류抄書類 저작을 살펴볼 필요가 있다. 그 스스로 밝히고 있는 바와 같이 순암의 저서는 초서抄書한 책들의 독서 결과로 제출된 것이다. 순암은 수많은 분야에 대해 초서하여 편집, 개고하는 과정을 거쳐 한권의 책을 완성하였다. 『하학지남』과 『임관정요』는 그러한 과정의 산물이며, 『열조통기』는 그러한 과정상의 산물이고, 『동사강목』은 그러한 성과가 사우師友들과의 교류를 통해 결실을 맺은 것이다. 순암이 무엇을 읽고, 또 그 가운데 무엇을 중시했으며, 어떠한 인물, 사상과의 연관속에서 한권의 저작이 탄생하는가에 대한 실증적인 파악은 순암의 학문의 여정을 따라가는 방법으로 긴요한 것이다. 무엇보다 그러한 추적을 할 수 있는 자료들이 여전히 풍부하게 남아있다는 점에서 순암에 대한 연구의 저변은 상당히 넓다고 하겠다. 순암 가문의 책력일기冊曆日記가 수록되어 있는 『안정복일기』를 비롯한 100여 종에 가까운 초서류抄書類 저작들과 『잡동산이雜同散異』를 비롯한 유설류類說類 저작에는 아직도 연구자의 손길을 기다리는 순암의 친필 자료들이 산재해 있다.

마지막으로는 순암의 학문을 이해하는 기초자료인 『순암집』의 정본에 대한 요청이다. 알려진 바와 같이 『순암집』은 순암의 제자 하려 황덕길이 정리하여 상당히 구비된 것으로 파악되고 있지만 최근의 연구에서 보듯 여전히 많은 흥미로운 자료들이 산일된 채 전해진 것이 사실이다. 안정복의 친필 초고본인 『부부고』는 총19책 중 17책이 전해지고 있는데, 여기에는 문집과 관련된 글 947편이 시대적으로나 종류별로 제대로 분류되지 않은 채 두서없이 수록되어 있다. 『부부고』에 수록되어 있는 319편의 서간들 가운데 『순암집』에 수록되어 있는 것은 175편에 불과하다. 나머지 144편은 『순암집』에는 없고 『부부고』에만 수록되어 있다. 뿐만 아니라 『순암집』에 수록되어 있는 175편 가운데 『부부고』의 내용이 그대로 전부 수록되어 있는 것은 74편에 불과하다. 나머지 101편은 『부부고』의 내용 중 일부가 삭제된 채로 수록되어 있다. 이처럼 삭제된 내용은 본문인 경우도 있고 서두의 부분인 경우도 있다. 『순암집』에 누락되거나 일부 삭제된 서간들의 내용 가운데는 안정복의 주된 저술인 『동사강목』에 관한 것과 성호학파의 소장학자들 사이에서 논의되던 양명학이나 천주교에 관한 것이 많이 포함되어 있고, 북학파나 영남 학자들과의 학문 교류를 엿볼 수 있는 것도 많이 들어 있다. 그러므로 안정복의 학문이나 사상은 물론이고 성호학파 사상의 동향이나 성호학파와 영남학파의 학문 교류, 나아가 성호학파와 북학파의 학문 교류를 연구하고자 할 때 『순암집』 뿐만 아니라 『부부고』도 아울러 자료로 활용해야 한다.

그런데 『부부고』는 많은 부분이 초서로 되어 있고 분류가 제대로 되어 있지 않기 때문에 초서로 되어 있는 부분을 탈초한 뒤 글의 종류에 따라 구분하고 다시 이를 시간의 순서에 따라 배열하여 체계적으로 재구성할 필요가 있다. 흥미로운 것은 『순암집』에는 『부부고』에 누락된 서간이 모두 71편이나 수록되어 있다는 점이다. 그러므로 『부부고』를 탈초하여 재구성하는 작업은 순암 문집의 정본화 작업의 일환으로 추진하는 것이 효율적이고 합리적이다.[70] 순암 문집의 정본화 작업은 가장 많은 자료를 가장 완전한 형태로 포괄하고 있는 『부부고』와 여기에 누락된 많은 자료를 포함하고 있는 『순암집』을 기본 자료로 삼고, 국립중앙도서관에 소장되어 있는 『안정복일기』와 한국학중앙연구원에서 수집한 안정복 후손 가장문서 등을 아울러 활용하는 것이 좋다. 순암 문집의 정본화는 안정복이나 성호학파의 학문과 사상을 연구하는 데는 물론이고 현재 막 시작한 성호 문집의 정본화 작업에도 많은 도움이 될 것이다. 안정복은 성호의 뛰어난 제자들 중에서도 가장 오래까지 살면서 성호학파의 많은 학자들과 두루 학문적 교류를 하였기 때문이다.[71]

이렇게 당대의 기휘로 삭제된 자료를 복원하여 『순암집』을 정본화 한다면 학계는 순암의 전모에 대한 좀 더 근거있는 자료를 확보하게 될 것이다.

이러한 다각적인 방면에 대한 연구를 진행함에 있어 간과하지 말아야 할 것은 순암이 당대 학계 혹은 남인 학계와 어떠한 관계를 맺으며 자신의 학문적 체계를 구축해 나갔는지를 살펴보는 것이다. 이미 순암이 성호학파의 주요 구성원으로 또 그 학파의 학맥을 계승·전수한 면모들은 적지 않게 밝혀져 있다. 하지만 성호 문하의 고제高弟들, 이를테면 소남 윤동규, 정산 이병휴를 비롯한 다양한 학자들과 교류하면서 고민한 학술적 문제의식의 전개와 그 전환은 여전히 순암의 학적 입장과 그 가치를 규명하는데 요긴하다. 이와 관련한 자료들

70 최근 국사편찬위원회(2012)에서 한국사료총서 제56권으로 『順菴覆瓿稿』(上)(下)편이 간행된 것은 순암 연구와 학계에 매우 다행한 일이다.

71 서종태(2011), 「順菴 文集의 정본화를 위한 일 방안」, 『성호학보』 10, 성호학회.

이 속속 학계에 소개되어 출간되고 있으므로 이와 관련한 규명은 더욱 가속화 될 것으로 기대된다.

찾아보기

| 가 |

| 라 |

| 마 |

| 바 |

| 사 |

| 아 |

| 자 |

집필진(원고 게재 순)
임형택 · 성균관대 명예교수, 실학박물관 석좌교수
가와하라 히데키 · 일본 도쿄대 교수
금장태 · 서울대 명예교수
문석윤 · 경희대 철학과 교수
정선모 · 중국 난징대 한국어과 교수
원재린 · 덕성여대 연구교수
오항녕 · 전주대 역사문화콘텐츠학과 교수
유국충 · 중국 칭화대 교수
조성을 · 아주대 인문학부 교수
함영대 · 고려대 한자한문연구소 연구교수

순암연구총서 06
순암 안정복의 학문과 사상
순암선생 탄신 300주년 기념 국제학술회의 논문집

1판 1쇄 인쇄 2013년 10월 10일
1판 1쇄 발행 2013년 10월 20일

집필진 | 임형택 외
편집인 | 순암 안정복 선생 기념사업회

펴낸곳 | 성균관대학교 출판부
등록 | 1975년 5월 21일 제1975-9호
주소 | 110-745 서울특별시 종로구 성균관로 25-2
전화 | 02)760-1252~4 팩스 | 02)762-7452
홈페이지 | http://press.skku.edu

ISBN 979-11-5550-013-2 94150
978-89-7986-955-2 (세트)
값 28,000원